복 있는 사람

오직 여호와의 율법을 즐거워하여 그 율법을 주야로 묵상하는 자로다.
저는 시냇가에 심은 나무가 시절을 좇아 과실을 맺으며 그 잎사귀가 마르지 아니함 같으니
그 행사가 다 형통하리로다.(시편 1:2-3)

역사상 수많은 설교자들이 사도행전을 설교했고, 지금도 사도행전에 대한 책들이 쏟아져 나오고 있음에도 우리가 마틴 로이드 존스의 『사도행전 강해설교』에 주목해야 할 분명한 이유가 있다. 첫째, 사도행전 강해는 마틴 로이드 존스가 자신의 사역 마지막 시기에 주일 저녁마다 전했던 그의 전도설교의 백미이기 때문이다. 그는 사도행전 강해에서 참된 기독교와 복음이 무엇인지를 선명하게 보여주었다. 나는 이 복음이야말로 오늘 우리 시대 설교자들이 잃어버린 본질이라고 생각한다. 둘째, 부흥에 대한 로이드 존스의 간절한 갈망이 이 책 곳곳에 녹아 있기 때문이다. 1981년 로이드 존스를 처음 읽기 시작했을 때, 나는 부흥에 대한 그의 갈망에 온전히 공감할 수 없었다. 그 당시 한국교회는 큰 어려움 없이 계속 성장하고 있었기 때문이다. 그로부터 수십 년이 지난 지금, 타락하고 무능력해진 교회를 보며 한국교회가 로이드 존스의 사도행전에 다시금 귀 기울여야 할 때임을 절감한다. 20세기 후반 영국교회의 현실을 보며 하나님의 주권적인 영적 부흥 없이는 인간의 그 어떤 노력으로도 교회를 회복할 수 없다고 느꼈던 그의 심정을 지금의 한국교회를 보며 절절히 이해하게 되었기 때문이다. 21세기 한국교회의 신실한 성도들과 설교자들에게 이 책을 강력하게 추천한다.

김형익, 벧샬롬교회 담임목사

교회는 말씀의 창조물이므로 영적 활기를 잃어버린 이 땅의 교회를 회복시킬 유일한 길은 말씀의 회복이다. 그리고 그 말씀의 능력을 자신의 설교 사역을 통해 가장 강력하게 증언한 인물이 있다면, 바로 지난 세기 위대한 설교자 마틴 로이드 존스일 것이다. 그의 사역이 가장 완숙했던 시기에 선포된 이 사도행전 강해는 본문에 기록된 성령의 강림과 교회의 탄생, 담대한 복음 선포와 살아 역사하는 교회의 역동성을 생생하게 펼쳐 보인다. 특히 설교문 곳곳에서 드러나는 인간의 본질적 상태와 당시 서구 교회 현실에 대한 통찰은 시대와 장소를 초월하여 오늘날 교회에도 여전히 큰 울림을 준다. 불붙은 논리와 확신에 찬 선포, 복음에 대한 거룩한 집착이 깃든 이 설교는 무기력한 이 시대의 교회를 향한 하나님의 처방이자 호소다. 교회와 강단의 회복을 바라는 설교자들과 영광스러운 복음 앞에 다시 서고자 하는 성도들은 지금, 로이드 존스의 목소리에 귀 기울여야 한다.

조광현, 고려신학대학원 설교학 교수

마틴 로이드 존스의 『사도행전 강해설교』 첫 장은 내게 상당히 큰 충격을 주었다. 이 한 장이 이후 내 모든 사역과 삶을 결정했다고 해도 과언이 아니다. 그중 내 마음을 사로잡은 문장은 다음과 같다. "기독교는 가르침이 아니라 인물(person)입니다. 기독교는 단순히 정치에 적용돼야 할 도덕사상이 아닙니다. 기독교는 역사적 인물에서 시작됩니다.……여러분은 사도행전을 읽으면서, 주님의 제자들이 항상 '예수와 부활'을 전파했다는 사실을 발견할 것입니다(행 17:18). 이들은 사람들에게 가서 그분을 전했습니다. 이것이 제자들이 가르친 전부였습니다."

기독교는 인물이다! 이것은 단순한 설명이 아니라, 내 생각의 기초를 흔들어 놓은 선언이었다. 나는 기독교를 전한다는 것은 일종의 '올바른 삶' 또는 '일련의 교리체계'를 전하는 것이라 생각했다. 물론 삶도 중요하고 교리도 중요하지만, 이 모든 것이 예수 그리스도라는 인물(이자 하나님)을 가리키지 않는다면 무용하다는 사실, 그리고 예수 그리스도를 드러내고 가르치는 것으로부터 모든 삶과 교리가 나온다는 사실은 충격과 동시에 기쁨으로 다가왔다. 그래서 나는 내 삶과 사역의 목적을 "예수 그리스도를 높이고 전하는 것"으로 정했다.

이후 나는 로이드 존스의 다양한 설교집을 통해 이러한 목적을 성취하기 위한 설교의 기술을 더욱 확실히 배우게 되었다. 로이드 존스를 열정적으로 좋아하는 사람이라도 그에 관해 잘 모르는 사실이 하나 있다. 그가 매 주일 오전과 저녁, 금요일에 설교를 했으며 각 시간마다 설교의 목표가 달랐다는 사실이다. 주일 오전에는 신자들을 위한 양육설교(에베소서 강해, 산상설교 등)를 했고, 주일 저녁에는 비신자들을 위한 전도설교(요한복음 강해, 여러 짧은 강해 설교들)를 했으며, 금요일 저녁에는 교리적 설교(교리강좌 시리즈, 로마서 강해)를 했다.

이번에 출간 20주년 기념 개정판으로 새롭게 출간되는 『사도행전 강해설교』는 주일 저녁예배 설교였다. 그렇기 때문에 주로 비신자들을 대상으로 한 설교다. 로이드 존스는 언제 복음전도 집회나 캠페인을 하는지 묻는 질문에 "매주 한 번씩 하지요"라는 말로 응수했는데, 저녁예배 때마다 그렇게 설교했기 때문이다.

기독교 신자 가운데 누군가는 이 설교들이 자신에게 덜 유익할 것이라 생각할 것이다. 하지만 절대 그렇지 않다. 나는 산상설교나 에베소서 강해를 통해서도 유익을 얻었지만, 그의 저녁예배 설교를 통해 더없이 큰 유익을 얻었다. 실제로 1960년대 당시 웨스트민스터 채플에서 진행된 모든 예배 중 저녁예배 때 가장 많은 청중들이 참석했다. 왜 그랬을까? 그것은 이 설교들이 신자와 비신자를 동시에 겨냥했기 때문이다. 누구든 이 설교들을 통해 많은 유익한 적용과 영적 통찰을 얻을 수 있었을 뿐 아니라, 복음의 의미와 진면목을 지속적으로 확인할 수 있었기 때문이다. 나는 정말 많은 사람들에게 『사도행전 강해설교』를 포함한 그의 저녁예배 설교를 권했는데, 이 설교들을 읽은 사람들은 한결같이 이렇게 고백했다. "지금까지 저는 복음을 제대로 알지 못하고 있었군요!"

왜 그러한 일이 일어날까? 복음은 비신자를 회심시키는 동시에 신자를 양육하기 때문이다. 기독교의 본질은 도덕이나 윤리, 교리가 아닌 예수 그리스도라는 인물인데, 그분이 어떤 분이신지와 어떤 일을 하셨는지를 알아감으로써 신자들은 성장한다. 신자들의 선한 행위는 결코 지적으로 몰랐던 것을 알게 됨으로써 나오는 것이 아니다. 오히려 그리스도의 아름다운 성품과 사역을 봄으로써 나온다. 로이드 존스는 지치지 않고 그리스도와 그분이 하신 일을 매번 설교를 통해 선포했고, 그 결과 나는 신자와 비신자를 동시에 겨냥하는 설교를 터득할 수 있었다(팀 켈러와 존 스토트 또한 마찬가지였다).

그러한 의미에서, 나는 누구든 이『사도행전 강해설교』를 진지하게 읽기를 바란다. 비록 로이드 존스가 사도행전 8장까지만 강해하고 은퇴했지만, 우리는 이 책을 통해 사도행전을 이해할 뿐만 아니라, 사도행전의 주인이신 예수 그리스도를 볼 수 있다. 이 책을 읽는 독자들은 누구나 다음과 같이 고백하게 될 것이다. "똑같은 복음의 메시지, 예수 그리스도를 가리키는 메시지를 듣는데 왜 매번 새로운 감동과 깨달음이 있을까?"

참고로 나는 여섯 권으로 구성된 이 강해 시리즈를 끝까지 읽었다. 같은 물 한 모금이라도 갈증이 심할 때 더 큰 청량감을 주듯, 이 책의 매 장은 복음에 목말라 있던 내게 한결같이 시원한 생수와 같았다. 누구든 이 책을 읽으라. 그러면 로이드 존스가 던지는 다음의 질문에 강한 확신으로 "예!"라고 답하게 될 것이다. "예수께서 이 세상에 오신 것은, 우리를 지옥에서, 여러분과 제가 우리의 죄 때문에 마땅히 받아야 할 형벌에서 구원하시기 위해서라는 것을 여러분은 깨닫습니까? 기독교의 본질은 여러분에게 무엇을 하라고 요구하는 것이 아니라 예수께서 여러분을 위해 무엇을 하러 이 땅에 오셨는지 말해 주는 그 무엇이라는 사실을, 이제 여러분은 깨닫습니까?"

이정규, 시광교회 담임목사

담대한 기독교

D. Martyn Lloyd-Jones
Courageous Christianity

담대한 기독교

마틴 로이드 존스 지음 | 정상윤 옮김

복 있는 사람

담대한 기독교

2003년 12월 5일 1판 1쇄 발행
2011년 10월 17일 2판 1쇄 발행
2025년 7월 10일 3판 1쇄 인쇄
2025년 7월 23일 3판 1쇄 발행

지은이 마틴 로이드 존스
옮긴이 정상윤
펴낸이 박종현

(주) 복 있는 사람
주소 서울특별시 마포구 연남동 246-21(성미산로23길 26-6)
전화 02-723-7183(편집), 7734(영업·마케팅)
팩스 02-723-7184
이메일 hismessage@naver.com
등록 1998년 1월 19일 제1-2280호

ISBN 979-11-7083-266-9 04230
ISBN 979-11-7083-264-5 04230 (세트)

Courageous Christianity
by D. Martyn Lloyd-Jones

Copyright © 2001 by Lady Catherwood and Mrs Ann Beatt
Originally published in English under the title
Authentic Christianity Vol.2 by D. Martyn Lloyd-Jones
by The Banner of Truth Trust, Edinburgh EH12 6EL, UK
All rights reserved.

Translated and used by the permission of The Banner of Truth Trust
through the arrangement of rMaeng2, Seoul, Republic of Korea.
Korean Translation Copyright © 2003, 2011, 2025 by The Blessed People Publishing Inc., Seoul,
Republic of Korea.

이 한국어판의 저작권은 알맹2 에이전시를 통하여 The Banner of Truth Trust와 독점 계약한 (주)복 있는 사람에 있습니다. 신저작권법에 의하여 한국 내에서 보호받는 저작물이므로 무단 전재와 무단 복제를 금합니다.

그들이 사도의 가르침을 받아
서로 교제하고 떡을 떼며 오로지 기도하기를
힘쓰니라

차례

		서문	09
4:8-10	01	불신앙의 비극	10
4:1-3, 5-7	02	불신앙의 특징	34
4:11	03	어리석고 허망한 건축자들	56
4:12	04	유일한 구주	76
4:13	05	기독교의 진정한 표지	98
4:19-20	06	목격자들	118
4:18-20	07	변화시키는 메시지	138
4:13-22	08	불신앙의 영	162
4:23-24	09	하나님을 아는 지식	184
4:25-26	10	유일한 답변	206
4:23-28	11	그리스도의 십자가	228

4:29-33	12	예수와 부활	246
4:31	13	성령 하나님	266
4:29-33	14	성령의 사역	286
4:32, 34-35	15	땅에는 평화	308
4:31, 33	16	능력과 은혜	328
4:33-5:2	17	보이지 않는 실재	352
5:1-11	18	마음과 그 원수들	374
5:1-11	19	인간의 필요를 채우신 하나님	392
4:31; 5:3	20	큰 싸움	412
5:11-14	21	표적과 기사	436

서문

이 책은 마틴 로이드 존스 박사의 사도행전 강해설교 시리즈 제2권이다. 1권과 마찬가지로 웨스트민스터 채플 주일 저녁예배 때 설교한 강해설교들을 수록해 놓았다. 여기에 실린 21편의 설교는 1965년 하반기부터 1966년 초에 걸쳐 전해진 것들이다. 로이드 존스는 사도행전 4:8-5:14 본문을 연속적으로 설교했지만, 관련 구절들을 직접적으로 주석하려는 의도가 있었던 것은 아니었다. 오히려 그의 의도는 사도행전 앞장들이 강력하게 예시하고 있는 복음의 실재를 제시하되, 특별히 회심하지 않은 청중들에게 제시하려는 데 있었다. 물론 이 설교들이 기존의 그리스도인들에게도 아주 유익하다는 사실을 새삼 밝힐 필요는 없을 것이다.

  1권에 대한 반응은 뜨거웠다. "로이드 존스 최고의 설교", "탁월한 책", "아름답게 만들어 낸 고무적인 책", "문체는 수정처럼 명료하다. 내용은 철저히 복음적이다. 복음의 영광이 각 장에서 빛을 발하고 있다" 등의 평가가 나왔다. 몇몇 사람들은 서평을 통해 "더 읽고 싶게 만드는" 1권이 출간된 이후, 다음 권이 "간절히 기다려진다"고 밝히기도 했다. 제2권이 이들의 기대에 부응할 뿐 아니라 아직 이 시리즈를 접하지 못한 다른 많은 독자들 또한 실망시키지 않으리라 믿는다

2001년 9월
배너 오브 트루스 Banner of Truth 발행인

01

불신앙의 비극

이에 베드로가 성령이 충만하여 이르되 백성의 관리들과 장로들아, 만일 병자에게 행한 착한 일에 대하여 이 사람이 어떻게 구원을 받았느냐고 오늘 우리에게 질문한다면 너희와 모든 이스라엘 백성들은 알라. 너희가 십자가에 못박고 하나님이 죽은 자 가운데서 살리신 나사렛 예수 그리스도의 이름으로 이 사람이 건강하게 되어 너희 앞에 섰느니라.

사도행전 4:8-10

베드로의 이 말을 살펴보기 전에, 그가 과연 어떤 상황에서 이 말을 했는지를 염두에 두는 것이 아주 중요합니다. 우리는 앞서 예루살렘에서 일어난 괄목할 만한 사건에 대해 들은 바 있습니다.[1] 어느 날 오후 기도 시간, 사도 베드로와 요한이 기도하기 위해 성전에 올라가고 있었습니다. 그들은 미문으로 들어가다가 날 때부터 걷지 못하던 사람이 앉아 있는 곳을 지나게 되었습니다. 그 사람은 매일 친구와 친척들에게 업혀 와서, 미문 앞 길바닥에 앉아 성전으로 들어가는 사람들에게 구걸을 했습니다. 그는 불쌍한 걸인에 불과했습니다. 세상은 그에게 아무것도 해줄 수 없어 길바닥에 방치해 두었고, 그는 동전 몇 푼을 벌기 위해 행인들에게 모자를 내밀었습니다.

베드로와 요한을 본 그는 그들에게도 구걸을 했는데, 그때 무언가 일이 벌어졌습니다. 누가는 그 일에 대해 이렇게 기록하고 있습니다. "베드로가 요한과 더불어 주목하여 이르되 우리를 보라 하니 그가 그들에게서 무엇을 얻을까 하여 바라보거늘"행 3:4-5.

그 앞에서 베드로는 영원히 기억에 남을 말을 했습니다. "은과 금은 내게 없거니와 내게 있는 이것을 네게 주노니 나사렛 예수 그리스도의 이름으로 일어나 걸으라"3:6. 그러고 나서 못 걷는 사람의 오른손을 잡아 일으켰습니다. 그러자 그의 "발과 발목이 곧 힘을 얻"었다고 성경은 말하고 있습니다3:7. 그는 펄쩍펄쩍 뛰면서 사도들과 함께 성전으로 들어갔습니다. "걷기도 하고 뛰기도 하며 하나님을 찬송"했습니다3:8.

이런 일이 벌어지자 엄청나게 많은 군중이 모여들었습니다. 원래

---

[1] 사도행전 강해설교 시리즈 1권 『진정한 기독교』를 보라.

이런 일이 벌어지면 군중이 모여들게 되어 있습니다! 그들은 무슨 일이 벌어졌나 궁금해서 달려왔다가 평소에 늘 보던 앉은뱅이-평생 한 번도 제 발로 걸은 적이 없었던 앉은뱅이-가 걷기도 하고 뛰기도 하며 하나님을 찬송하는 모습을 목격했습니다. 그들은 이 일을 행한 사람들을 쳐다보았고, 베드로는 기이히 여기며 놀라서 자신들을 쳐다보는 군중에게 설교하기 시작했습니다$^{3:10}$. 우리는 누가가 기록한 그 설교를 이미 살펴본 바 있습니다$^{3:12-26}$.

이제 우리는 그 사건의 속편을 보게 됩니다. 베드로는 설교를 통해 방금 벌어진 일에 대해 설명했습니다. 그러나 제사장과 사두개인과 성전 맡은 자들은 기적도 보고 설교도 들었으면서도 베드로와 요한을 붙잡아 재판에 회부해 버렸습니다. 우리는 4:1-12까지에서 그들이 두 사도에게 어떤 짓을 했으며 무슨 말을 했는지, 또 사도들은 어떤 대답을 했는지 보게 됩니다. 여기에는 당국자들이 복음의 메시지를 거부할 때 일어나는 박해, 이후에 교회가 계속해서 겪어야 했던 박해의 효시가 기록되어 있습니다.

이것은 역사적인 관점에서만 보아도 아주 중요한 사건입니다. 이 사건은 제가 앞으로 여러분에게 보여드리고자 하는 내용, 즉 이후 계속되어 온 모든 박해의 특징들을 보여준다는 점에서 중대한 의미를 갖는 첫번째 박해입니다. 오늘날 우리에게도 이 사건이 필요한 이유가 여기 있습니다. 박해는 언제나 불신앙의 결과로 일어납니다. 우리는 여기 사도행전 4장에서도 복음을 거부하는 태도, 즉 불신앙을 볼 수 있습니다. 이 이야기는 불신앙의 요소와 특징이 무엇인지 보여줍니다. 제가 이 이야기에 주목하는 것도 이 이야기가 현대를 특징짓는 불신앙을 정확하게 설명해 주고 있기 때문입니다.

영국 국민의 10퍼센트만이 그리스도인으로 자처하는데, 그중에서 어떤 식으로든 정기적으로 예배에 참석하는 사람은 그나마 절반밖에 안된다고 합니다. 따라서 우리가 교회에 출석한다는 것은 영국 국민의 5퍼센트만 하는 일을 한다는 뜻입니다. 그렇다면 나머지 95퍼센트는 왜 교회 밖에 머물러 있는 것일까요?

우리는 오늘 이야기에서 그 답을 얻습니다. 특히 성령께서 교회에 임하신 오순절 직후에 베드로와 요한이 이런 식의 공격을 받았다는 정황을 고려하면, 여기에는 무언가 경악할 만한 요소가 분명히 있다는 것을 알 수 있습니다. 이런 사건들을 목격하고서도 이들처럼 반응할 수 있다는 사실이 놀랍지 않습니까? 그러나 그리스도인이 아닌 사람, 즉 믿지 않는 사람들은 지금도 여전히 이렇게 반응하고 있습니다. 거의 믿어지지 않는 일이지만, 이것은 실제로 일어났던 역사적 사실입니다.

물론 또 다른 의미에서 보면, 이런 불신앙이 나타나는 것도 크게 놀랄 일은 아니라는 사실을 알 필요가 있습니다. 오늘 이야기에서 사도들이 겪은 일은 복되신 주님께서도 이미 겪으신 일입니다. 사복음서를 읽어 보면 사람들이 주님께도 똑같이 경악할 만한 반응을 보였음을 알 수 있습니다. 사복음서는 하나님의 아들이나 그가 하신 일, 그가 하신 말씀만 기록하고 있는 것이 아니라 사람들이 그에게 느낀 반감과 반발, 적의와 거부도 기록하고 있습니다. 그 모든 것은 지도자들과 군중이 합세하여 "없이 하소서, 그를 십자가에 못박게 하소서"라고 외치는 일로 끝을 맺었습니다.요 19:15. 주님은 자신이 친히 이런 대접을 받으셨고, 자신을 따르는 사람들 또한 같은 대접을 받을 것이라고 요한복음 15장에서 예언하셨습니다. 그 예언이 지금 사도들에게도 이루어지고 있는 것입니다. 여기에서 볼 수 있듯이 이런 일은 아주 초창기부터 있었습니다. 이런 일은 복음 전파의 역사만큼이나 오랜 역사를 지니고 있습니다. 오늘날 "복음을 거부하는 것은 현대의 특징"이라고 말하는 사람들은 뭔가를 모르는 사람들입니다. 불신앙은 오래전부터 있었습니다. 불신앙은 정말로 역사가 오래된 것입니다!

복음을 전했는데도 사람들이 믿지 않을 때 좌절감을 느끼는 것, 나한테 무슨 잘못이 있는 것은 아닐까 의심하는 것은 당연한 일이라는 생각은 전적인 오해에서 비롯된 것입니다. 복음은 사람들의 호감을 살 수 있는 메시지가 틀림없다는 것도 완전히 잘못된 생각입니다. 사람들은 천성적으로 언제나 복음을 미워하며 거부하게 되어 있습니다. 그러나 자신들이 그렇게 함으로써 오히려 주님의 예언과 복음이 참되다는 것을 입증하고 있다는 사실은 깨닫지 못합니다. 이 메시지를 거부하는 것은 결국 자신들이 구원받을 수 있는 유일한 길을 거부하는 것이라는 사실 또한 깨닫지 못합니다. 이것이야말로 세상의 비극이 아닐 수 없습니다.

사랑하는 여러분, 이 무더운 주일 밤(저도 여러분만큼 덥습니다) 제가 이렇게 땀을 뻘뻘 흘리며 강단에 서 있는 이유가 무엇이겠습니까? 그 이유를 말씀드리겠습니다. 우리가 살고 있는 세상을 한번 보시기 바랍니다. 우리는 이미 두 차례의 세계대전을 치렀고, 작금의 국제상황을 목도하고 있습니다. 세상의 문제는 무엇입니까? 사람들의 문제는 무엇입니까? 이런 상황을 바로잡을 수 있는 길은 전혀 없습니까? 제가 말하려는 바는, 이러한 인류의 여러 문제에 손댈 수 있는 길이 단 한 가지 있다는 것입니다. 그것은 복음입니다. 그런데 사람들은 이 복음에 전투적으로 반발하고 있으며, 이 복음을 조롱하고 있습니다.

이처럼 세상은 문제를 바로잡을 수 있는 유일한 길을 거부하고 있습니다. 이것은 국제정치뿐 아니라 개인에게도 적용되는 이야기입니다. 여러분의 삶에 무슨 걱정거리가 있습니까? 나는 완전히 끝장났고 앞날의 희망도 사라져 버렸다는 생각이 듭니까? 인생을 망친 낙오자가 된 느낌입니까? 그렇다면 강력히 권하건대, 여러분의 몸과 마음을 다해 복음을 숙고하십시오. 그 어느 때보다 집중해서 말씀을 들을 수 있게 해달라고 성령 하나님께 구하십시오. 여기에 여러분 자신을 바로잡을 수 있는 길이 있습니다.

오늘날 세상은 자신들이 똑똑해서 기독교를 거부한다고 생각합니다. 그러나 세상의 가장 큰 비극은 핵폭탄에 있는 것이 아니라, 이처럼 복음을 거부하는 데 있습니다. 복음만 믿는다면 폭탄 같은 것들은 전부 없어져 버릴 것입니다. 그런데도 사람들이 복음을 거부하는 이유가 무엇입니까? 여러분도 그리스도의 이름을 모독하고 기독교를 폐기 처분한 사람들 중 하나입니까? 그렇다면 그 이유가 무엇입니까? 주님의 대답은 "그들이 이유 없이 나를 미워하였다"는 것입니다.

15:25. 또 십자가에 달려 죽으시면서 하신 말씀처럼 "자기들이 하는 것을 알지 못"하기 때문이라는 것입니다.눅 23:34.

제가 이처럼 예루살렘 사람들이 사도들을 박해한 사례, 기나긴 교회사 가운데 최초의 박해로 기록된 이 사례를 함께 살펴보려고 하는 것은 여러분이 자기의 문제를 밝히 보게 하기 위해서입니다. 객관적인 관찰은 상황을 좀더 선명하게 파악하도록 도와준다는 장점이 있습니다. 달리 말하면 저는 지금 나단 선지자가 다윗에게 사용한 방식을 채택하고 있는 것입니다. 다윗은 끔찍한 죄를 저질렀으면서도 그 사실을 깨닫지 못했습니다. 그래서 나단은 상황은 다르지만 다윗과 똑같은 죄를 저지른 사람의 이야기를 지어냈습니다. 나단이 다윗에게 그 이야기를 들려주면서 "이 문제를 판단해 주십시오"라고 청하자, 다윗은 의분에 휩싸여 그 끔찍한 짓을 저지른 사람을 정죄했습니다.

그러자 나단이 다윗을 보며 말했습니다. "당신이 그 사람이라"삼하 12:7. 결국 다윗은 자기 자신을 정죄한 셈이 된 것입니다. 그는 다른 사람의 죄는 보았으면서도 똑같은 짓을 저지른 자신의 죄는 보지 못했습니다. 우리도 마찬가지입니다. 하나님께서 이처럼 성경에 세세하게 역사를 기록해 주신 것에 감사해야 할 이유가 여기 있습니다.

여러분이 저와 함께 이 예루살렘의 관리들을 살펴본다면 깜짝 놀라게 될 것입니다. 또 그리스도인이 아닌 분들은 자기 자신이 이 관리들과 똑같다는 사실을 깨닫게 되기를 바랍니다. 이 중요하기 이를 데 없는 구절에는 현대인의 문제와 기독교를 거부하는 현대인의 태도를 이해하게 해주는 열쇠가 들어 있습니다. 또한 이 구절은 우리를 위해 상황 전체를 분석해 주고 있습니다. 우리가 이 이야기에 등장하는 인물들을 객관적으로 살펴볼 때, 우리 자신 속에 무엇이 들어 있으며, 모든 세대에 나타나는 바 불신앙의 무서운 본질이 어떤 것인지 하나님께서 보여주시기를 간구합니다.

무엇보다 먼저, 불신앙이 과연 무엇을 거부하는지부터 살펴보도록 하겠습니다. 왜 거부하는지에 대해서도 나중에 생각해 보겠지만, 일단은 이 문제를 출발점으로 삼는 것이 좋겠습니다. 우리가 살고 있는 모든 세상, 기독교를 거부하는 것을 그토록 자랑스러워하고 있는 이 세상은 지금 무서운 곤경에 빠져 있습니다. 이제 이 세상이 과연 무엇을 거부하고 있는지 살펴보겠습니다. 여기 우리 앞에 있는 이 놀라운 복음을 잠시라도 거부한다는 것이 얼마나 우스꽝스럽고 비극적인 일인지 살펴보겠습니다.

제가 볼 때 이 주제는 세 가지 항목으로 자연스럽게 나누어집니다. 첫째는 관리들이 복음의 사자使者들을 거부한 것입니다. "그들[베드로와 요한]을 잡으매 날이 이미 저물었으므로 이튿날까지 가두었으나"^{행 4:3}. 우리는 이들이 다음날 "사도들을 가운데 세우고" 반대심문을 시작했음을 알게 됩니다. 이것은 교회에 대한 박해이자 교회에서 특별히 지도적인 위치에 있었던 두 사도, 곧 이번 사건을 촉발시킨 장본인인 베드로와 요한에 대한 박해였습니다. 여러분이 가장 먼저 생각해야 할 점이 이것입니다. 지금 문제가 되고 있는 것은 베드로의 설교입니다. 군중이 운집하여 복음을 설명하는 베드로의 설교를 놀라움으로 경청했습니다. 그래서 당국자들이 두 사람을 불쾌히 여긴 것입니다. 저는 여러분에게 이 점을 밝히 보여드리고 싶습니다. 그리스도인이 아닌 사람, 즉 오늘날 기독교 메시지와 신앙을 거부하고 있는 사람은 메시지와 신앙만 거부하는 것이 아니라 모든 시대에 등장했던 복음의 사자들 또한 거부하는 것입니다.

제가 이 점을 강조하는 이유가 무엇이겠습니까? 13절 때문입니다. "그들이 베드로와 요한이 담대하게 말함을 보고 그들을 본래 학문 없는 범인으로 알았다가 이상히 여기며 또 전에 예수와 함께 있던 줄도 알고." 바로 이 지점에서 불신앙의 맹목성과 자기모순이 드러납니다. 왜 그들은 베드로와 요한을 잡아 가두었습니까? 왜 자신들이 느낀 경이감과 놀라움을 선명하고 필연적이며 논리적인 사고로 연결시키지 못했습니까? "무엇이 이 사람들을 이렇게 만들었을까?"라고 왜 묻지 않았습니까?

이것은 불신앙에 늘 나타나는 문제입니다. 불신앙은 어떻게 생각해야 하는지를 모릅니다. 앞으로 보여드리겠지만, 이것은 편견이 불러온 결과입니다. 지금 평범치 않은 현상이 일어났습니다. 평생 한번도 걸어 본 적이 없는 자가 걷기도 하고 뛰기도 하면서 하나님을 찬송하고 있습니다. 여기 있는 두 사람이 이 일을 한 것이 분명한데, 그중 한 사람은 바로 전날 성전 뜰 솔로몬의 행각에서 아주 놀라운 설교를 한 사람이었습니다. 그런데도 당국자들은 전체 요점을 놓치고 말았습니다.

베드로와 요한은 어떤 사람들이었습니까? 그들은 어부에 불과했습니다. 무식하고 평범하고 하찮은 범인凡人들이었습니다[4:13]. 물론 3년간 나사렛 예수를 따라다녔으니, 그들에 대한 이야기를 들어 본 사람도 아주 없지는 않았을 것입니다. 그렇다면 예수는 그들과 다른 사람이었습니까? 그 또한 목수에 불과했습니다. 그들은 전부 배우지 못한 사람들이었습니다. 아마도 그들은 당시 관리들과 당국자들이 연설에서 중시하던 치밀함이나 세련된 기교 없이 투박하게 말했을 것입니다. 그런데도 그처럼 큰 동요가 일어났던 것입니다.

성경은 관리들이 일종의 권세를 감지했다고 기록하고 있습니다. 그들은 베드로와 요한이 기탄없이 말하는 모습에서 그것을 감지했습니다[4:13]. 그런데도 왜 "이들의 **설교**를 어떻게 설명해야 할까?"라고 자문하지 않았을까요? 성경은 "이에 베드로가 성령이 충만하여 이르되⋯⋯"라고 말하고 있습니다[4:8]. 한 사람이 성령으로 충만해지면 다른 이들이 그것을 느끼는 법입니다. 설교자의 말을 믿지 않는 사람도 그 말에 권세가 있음을 알고, 그 말의 사실성과 능력과 힘을 느끼며, 거기에 자신과 관련된 무엇인가가 있음을 느끼게 마련입니다. 여기 나오는 관리들도 확실히 그것을 느끼고 이상하게 생각했습니다. 그러나 그들은 이 문제에 끝까지 매달리지 않았습니다. "무엇이 배우지 못한 이 무식한 자들로 하여금 이런 설교를 할 수 있게 만들었을까? 이들은 어디에서 성경에 대한 지각을 얻었을까? 어디에서 이처럼 성경을 해설하고 설명할 수 있는 능력을 얻었을까? 어디에서 이런 확신을 얻었을까?" 이렇게 자문하지 않았습니다.

오순절 날 베드로의 첫 설교에 3천 명이 회심하여 교회에 들어왔다는 것은 이미 잘 알려져 있는 사실이었습니다. 그 당시는 설교 후에 "영접할 사람들은 앞으로 나오라"고 초청하는 경우가 없었습니다. 그런 방법은 아예 알지도 못했습니다. 그저 3천 명이 실제로 변화되는 일이 일어났고, 모두에게 그 일이 알려졌을 뿐입니다. 당시에는 그리스도인이 되는 것이 사회적으로 용인된 일이 아니었습니다. 그래서 그리스도인이 되면 박해를 받을 수도 있었고, 집에서 쫓겨날 수도 있었으며, 족보에서 제명될 수도 있었습니다. 유대인들은 기독교 메시지를 싫어했습니다. 그런데도 3천 명이 회심하여 교회에 합류했습니다. "그들이 사도의 가르침을 받아 서로 교제하고 떡을 떼며 오로지 기도하기를 힘쓰니라"2:42. 그들은 날마다 모였으며, 이 모든 일에 헌신했습니다.

게다가 회심자는 더욱 늘어났습니다. 베드로가 성전 행각, 치유받은 앉은뱅이 옆에서 설교했을 때 2천 명이 더 회심했습니다. 이제 도합 5천 명이 늘어난 것입니다! 이만하면 당국자들도 "도대체 무엇이 이 배우지 못한, 이 무식한 자들로 하여금 이처럼 새로운 생명력과 지각으로 수천 명을 완전히 변화시키는 말을 할 수 있게 했을까? 기쁨에 넘쳐 하나님을 찬송하며 온 백성에게 칭송받는 사람들로 변화시키는 말을 할 수 있게 했을까?" 하고 물을 만도 하지 않습니까? 그러나 아시다시피 그들은 그렇게 묻지 않았습니다. 오히려 그들이 보인 반응은 "감옥에 가두라"는 것이었습니다.

왜 이 관리들은 자신들이 목격한 기적에 대해서도 이 같은 질문을 던지지 않았을까요? 기적이 명백한 사실인 만큼 자신들도 외면하려야 외면할 수가 없었을 텐데 말입니다. 4:14은 이렇게 말씀하고 있습니다. "또 병 나은 사람이 그들과 함께 서 있는 것을 보고 비난할 말이 없는지라." 꼬투리만 잡을 수 있었다면 그렇게 했을 것입니다. 그러나 기적의 장본인이 그 자리에 있었습니다. 명백한 증거, 명백한 사실이 눈앞에 있었습니다. 제자들을 감옥에 가둔다고 해서 이미 일어난 일을 변경시킬 수는 없었습니다.

그럼에도 불신앙은 사실을 직면하지 않습니다. 불신앙은 사실을 무시해 버립니다. "기독교에는 별 게 없어. 내버려. 감옥에 가둬 버려. 뒷문으로 내던져 버려. 그러면 끝이야"라고 말합니다. 그러나 그렇지 않습니다. 여러분은 왜 그렇게 하는지 설명하지도, 대답하지도, 이유를 말하지도 않았습니다. 그렇게 해서 복음의 사자들은 제거할 수 있을지 몰라도, 사실 자체를 제거할 수는 없으며 진리 자체를 제거할 수도 없습니다.

오래전 예루살렘 관리들처럼 오늘날의 사람들도 사실을 회피하는 죄를 짓고 있습니다. 기독교를 무시하는 것이 정말 똑똑한 짓입니까? 사람들은 말합니다. "뭐? 아직도 기독교를 믿는 사람들이 있다고? 설마! 이 모든 현대적인 지식과 과학의 조명을 받고서도 기독교를 믿는단 말이야? 우습군. 지성인들이나 배운 사람들은 더 이상 그런 걸 믿지 않는다고." 이처럼 그들은 기독교 신앙을 무시합니다. "감옥에 가둬 버려. 증인들을 없애 버려. 사자들을 없애 버려"라고 말합니다.

그러나 여러분이 손사래를 치며 기독교를 무시할 때, 사실은 무슨 짓을 하고 있는 것인지 아십니까? 여러분은 지금껏 세상에 살았던 사람들 중에 가장 위대한 이들, 가장 고귀한 영혼들을 무시하는 것입니다. 사도들만 무시하는 것이 아니라 박해를 무릅쓰고 신앙을 고백한 사람들과 순교한 사람들까지 무시하는 것입니다. 3세기까지 복음을 위해 자신들의 목숨을 내놓았던 초기의 수많은 증인들까지 무시하는 것입니다. 고대세계를 뒤엎었던 사람들, 로마제국을 뒤흔들어 황제 본인을 그리스도인으로 만들었을 뿐 아니라 아예 나라 전체를 기독교 국가로 만들게 했던 사람들까지 무시하는 것입니다. 이것이 여러분이 무시하고 있는 것들의 실상입니다.

이 문제를 분석해 본 적이 있습니까? 그들은 배우지 못한 무식한 자들이었습니다. 위대한 로마제국 안에서 그리스와 그리스 철학에 배척당하고 로마와 유대인들에게도 배척당하던 한줌의 무리에 불과했습니다. 도대체 무엇이 이 한줌의 무리를 변화시켜 로마제국을 뒤엎고 세계를 살리는 주도적인 세력으로 만들었습니까? 그런 변화를 일으킨 것을 그처럼 쉽게 무시해 버릴 수 있습니까? 그런데 사람들은 무지하게도 그렇게 하고 있습니다.

여러분이 무시하고 있는 사람들의 면면을 보십시오. 강력한 인물인 히포의 어거스틴Augustine of Hippo을 보십시오. 제가 그를 거론하는 것은, 오늘날 사상가들이 직면하고 있는 가장 큰 문제가 바로 역사의 문제요 시대의 문제요 우주에 무슨 일이 벌어지고 있는가 하는 문제이기 때문입니다. 저는 어거스틴의 『하나님의 도성』The City of God이야말로 이 주제를 다루고 있는 단 하나의 위대한 논문이라고 생각합니다. 그는 오래전에 이미 이 주제를 전부 이해하고 있었습니다. 그의 책은 여러 세기 동안 살아남아 오늘날에도 여전히 연구되고 있습니다. 어거스틴은 이 세상에 살았던 철학자들 중에서도 가장 깊이 있는 철학자에 속합니다. 그는 역사와 그 의미라는 문제에 대해 누구보다 깊은 통찰력을 가지고 있었습니다. 그는 이교도 철학자였지만, 성령의 능력으로 사도들이 믿던 예수와 똑같은 예수를 믿게 되었습니다. 그 결과 사고의 혁명적인 변화를 겪게 되었고, 이 위대한 작품을 쓸 수 있는 지각을 얻게 되었습니다. 현대의 사상가들이 그에게로 회귀하여 점점 더 그의 말에 귀를 기울이고 있는 것을 보면 흥미롭습니다. 그들은 그 옛날 4세기에 살았던 어거스틴의 저서들을 다시 출간해 내고 있습니다.

저는 여러분이 기독교 신앙을 거부할 경우, 동시에 거부하게 되는 인물들을 얼마든지 더 열거할 수 있습니다. 기독교 신앙을 거부하는 사람은 15세기에 맞서 변화를 일으키고 전환점을 제공했던 강력한 인물 마르틴 루터Martin Luther를 무시하는 것입니다. 성령의 조명을 받아 진리의 다리 역할을 함으로써 미래로 끝없이 펼쳐지는 사고의 전망을 열었던 위대한 건축가적 지성 존 칼빈John Calvin을 무시하는 것입니다. 여러분이 무시하고 있는 사람들은 바로 이런 사람들입니다.

또 다른 위인으로 올리버 크롬웰Oliver Cromwell을 들 수 있습니다. 저는 최근에 그에 관한 글을 다시 읽을 기회를 얻었습니다. 그는 위대한 대영제국의 토대를 놓은 인물—이 점을 잊지 맙시다—로 그리스도인이었기 때문에 그런 인물이 될 수 있었습니다. 따라서 기독교에 별 게 없다고 말하는 것은, 교회에 연이어 등장했던 이 강력한 인물들과 성인들과 순교자들과 변증가들, 박해를 무릅쓰고 신앙을 고백한 사람들과 복음의 사자들을 전부 하찮은 사람들로 무시하는 것입니다.

웨스트민스터 채플의 선임 목회자 한 분이 즐겨 말씀하던 일화 한 토막을 반복함으로써 지금까지 이야기한 내용을 요약해 보겠습니다. 제가 말하려는 분은 존 허튼John A. Hutton 목사님으로, 그분은 학창시절 때 모시던 교수님 이야기를 종종 했습니다. 그 교수님은 자신들의 엄청난 지식 때문에 복음을 믿지 못하는 학생들을 만나면 이런 말로 수업을 시작했다고 합니다. "여러분, 나는 여러분들에게 바울, 어거스틴, 루터, 칼빈, 녹스John Knox 같은 인물들을 비롯하여 위대한 청교도들과 올리버 크롬웰, 휫필드George Whitefield, 웨슬리John Wesley, 글래드스턴William Ewart Gladstone, 뉴먼John Newman 등을 배출한 가르침, 즉 복음을 제시하고자 합니다. 여러분, 이런 복음이라면 어찌 되었든 정중하게 고려해 볼 가치가 있지 않겠습니까?"

복음의 사자들을 거부한 예루살렘 관리들은 복음의 메시지도 거부해 버렸습니다. 이처럼 엄청난 메시지를 거부해 버린 것입니다! 기독교 메시지가 무엇입니까? 복음이 무엇입니까? 저는 일종의 입문에 해당하는 설교를 하고 있기 때문에 포괄적인 용어로 설명할 수밖에 없습니다만, 베드로는 여기에서 복음 전체를 요약해 주고 있습니다. 그는 말합니다. "너희와 모든 이스라엘 백성들은 알라. 너희가 십자가에 못박고 하나님이 죽은 자 가운데서 살리신 나사렛 예수 그리스도의 이름으로 이 사람이 건강하게 되어 너희 앞에 섰느니라"4:10. 실제로 누가는 사도행전 4:2에서 관리들은 "[사도들이] 예수 안에 죽은 자의 부활이 있다고 백성을 가르치고 전함을 싫어"했다고 말하고 있습니다. 여기에 큰 주제가 있습니다. 현대인들이 거부하고 있는 것이 무엇입니까? 그들이 오만불손하게 조롱하며 무시하고 있는 것이 무엇입니까? 그들이 "현대의 식자층"에 대한 모욕으로 여기고 있는 것이 무엇입니까? 그것은 바로 여기 "나사렛 예수 그리스도"로 묘사되어 있는 인물에 관한 평범치 않은 메시지입니다.

어떤 사람은 말합니다. "하지만 나는 기독교란 누가 가인의 아내가 되었으며, 어떤 이상한 물고기가 요나를 삼켰느냐에 관한 문제라고 생각해."

그렇지 않습니다. 그것은 질문거리가 되지 못합니다. 그것은 기독교의 본질이 아닙니다. 우리는 그런 질문에서 출발하면 안됩니다. 그것은 주변적인 질문입니다. 그런데 이른바 똑똑한 사람들이 하는 일이 사실은 이런 질문을 던지는 것 아닙니까? 그들은 말합니다. "기독교? 그건 이미 과학이 검증을 끝내지 않았나? 기독교엔 아무것도 없어. 그야말로 터무니없는 종교라고. 대체 누가 가인의 아내가 됐겠어?" 우리는 이런 식으로 계속 앞을 향해 나아갑니다. 춤추며 전쟁하며 폭탄을 터뜨리며 지옥을 향해 나아갑니다.

이제는 세상도 이 메시지를 숙고해야 할 때가 되지 않았습니까? 세상이 숙고해야 할 메시지는 바로 나사렛 예수 그리스도에 관한 메시지입니다. 이 메시지는 죄로 가득한 우리들의 오래되고 불행한 세상에 한 아기가 태어났는데, 그 아기의 이름은 예수라고 말하고 있습니다. 그는 베들레헴이라는 작은 도시의 한 마구간에서 태어났습니다. 왜 하필이면 마구간에서 태어났을까요? "여관에 있을 곳이 없"었기 때문입니다 눅 2:7. 그의 어머니는 인구조사 때문에 사람들과 함께 베들레헴으로 가야 했습니다. 그녀는 임신중이었고 첫아이의 출산이 임박했습니다. 하지만 여관에는 머물 방이 없었습니다. 그녀를 위해 방을 마련해 주는 사람도 없었습니다. 그럴 이유가 뭐가 있었겠습니까? 그 방들은 자기들이 쓰려고 몇 달 전부터 예약해 둔 것인데 말입니다. "난 아무 잘못 없네, 잭. 저 여자가 임신했든 말든 무슨 상관인가? 이건 내 방일세, 내가 예약한 내 방." 세상은 항상 이런 태도를 고수해 왔습니다. 오늘날도 마찬가지입니다. 그래서 이 아기는 가축들이 울어 대는 마구간 짚 틈에서 태어나 구유에 누워야 했습니다.

여러분은 말할 것입니다. "그래서 어쨌다는 겁니까? 세상은 지금 곤경에 처해 있고, 저는 요즘의 베트남 상황 때문에 전쟁이 나지 않을까 걱정입니다." 저도 걱정입니다. 그래서 지금 이렇게 설교하고 있는 것입니다. 제가 말하려는 바는, 지금 이 순간 그 어떤 것보다 여러분과 더욱 상관 있는 사실, 여러분이 알아야 할 사실이 있다는 것입니다. 한 아기가 베들레헴에 태어났습니다. 그 아기가 누구입니까? 바로 하나님의 아들입니다. 오늘날 이 세상의 유일한 희망은 하나님께서 이 세상을 염려해 아들을 보내셨다는 이 사실입니다. 이것이 사도들이 설교한 내용이며, 당국자들이 거부한 내용입니다. 그들은 가난하고 천하게 태어난 이 아기를 거부했습니다. 거의 18년 동안이나 자기 손으로 목수 일을 하다가 갑자기 공적인 사역으로 뛰어든 이 청년을 거부했습니다. 그들은 설교자이자 치유자였던 이 사람을 거부했습니다.

나사렛 예수가 설교한 것이 무엇입니까? 불신앙과 관련해서 제가 이상하게 생각하는 점이 여기 있습니다. 우리는 산상설교에서 예수의 가르침을 들을 수 있습니다. 이것이야말로 세상이 알아야 할 가르침 아닙니까? "너희 원수를 사랑하며 너희를 미워하는 자를 선대하며 너희를 저주하는 자를 위하여 축복하며 너희를 모욕하는 자를 위하여 기도하라"눅 6:27-28. 그는 여러분을 악의로 대하는 사람들을 위해 기도하라고 가르쳤습니다.

여러분은 이 가르침을 알고 있었습니까? 오늘날 세상 모든 사람이 이 같은 산상설교의 말씀대로만 산다면 모든 문제가 해결될 것입니다. 하나도 남김없이 해결될 것입니다. 이것이 그의 메시지였고, 그가 살았던 삶의 방식이었습니다. 그는 이것을 설교했습니다. 이것을 명령했고, 이것을 실천했으며, 이것을 설명했고, 이대로 살 것을 간절히 촉구했습니다. 그러나 그들은 이 가르침을 거부했습니다. 기독교에 등을 돌리는 것은 바로 이 가르침을 거부하는 것입니다. 간음과 살인과 악의와 원한과 증오를 정죄하는 가르침을 거부하는 것입니다. 사랑과 자비와 긍휼과 인자와 상호 존중과 도움의 손길을 명령하는 가르침을 거부하는 것입니다. 주님이 살았던 시대의 사람들은 이 가르침을 거부했습니다. 주님 자신을 거부했습니다. 그들은 "없이 하소서, 그를 십자가에 못박게 하소서"라고 소리쳤습니다. 사도들을 옥에 가두었습니다. 이 메시지를 거부했습니다. 이렇게 거부한 것이 왜 문제가 됩니까? 그것은 세상에 가장 필요한 바로 그것을 거부했기 때문입니다.

유대 지도자들이 거부한 사람은 "세리와 죄인의 친구"였습니다^{눅 7:34}. 그는 바리새인과 달랐습니다. 만일 바리새인과 똑같았다면 저 또한 그를 거부할 만하다고 생각했을 것입니다. 바리새인들은 자부심과 자기 의로 꽉 차 있는 사람들이었습니다. 그들은 스스로 한번도 죄를 지은 적이 없다고 자부했습니다. 그들은 의인으로 자처했습니다. 소유의 십일조를 가난한 사람들에게 주었으며, 일주일에 두 번씩 금식했고, 간음이나 살인 같은 죄는 저지른 적이 없었습니다. 이처럼 모든 덕의 귀감이 되었던 바리새인은 세리만 보면 옷자락을 부여잡고 가능한 한 멀찌감치 피해 버렸습니다. 세리 같은 사람들, 도둑과 사기꾼들은 나병환자나 마찬가지라고 생각했기 때문입니다. 이런 사람들이 바리새인이었습니다. 그러나 주님은 정반대였습니다. 그는 오히려 바리새인들을 정죄하셨습니다. 그는 세리와 죄인들과 자리를 함께하셨습니다. 그들과 이야기를 나누었고, 그들과 먹고 마셨으며, 그들을 불쌍히 여기셨습니다. 주님은 그들을 정죄하던 비열한 바리새인들에 맞서 항상 그들을 옹호해 주셨습니다.

더 나아가 예루살렘 당국자들은 우리 주님의 기적과 인자하신 행동, 고통받는 자들에 대한 공감, 긍휼과 자비의 눈길을 거부했습니다. 주님은 슬픈 일 당한 사람을 그냥 지나치신 적이 한번도 없었습니다. 제자들이 싫어하는데도 굳이 가던 걸음을 멈추셨습니다. 필요가 있는 사람을 보시면 그냥 지나치지 못했습니다. 그들은 바로 이런 인물, 예수 그리스도를 거부한 것입니다. 여러분은 한번이라도 진심을 다해 그를 바라본 적이 있습니까? 그의 이름을 맹세에 사용한 적은 있을지도 모르겠습니다. 그러나 사복음서에 나오는 그의 모습을 진지하게 바라본 적이 있습니까? 가만히 멈추어 그에 대해 참으로 깊이 생각해 본 적이 있습니까? 사랑하는 여러분, 지금 그렇게 해보십시오. 여러분이 거부하고 있는 것은 바로 이분이며, 이분에 관한 메시지입니다.

더 할 이야기가 남아 있습니다. 그는 십자가에 못박혔습니다. 체포당해 못박혔습니다. 무엇 때문입니까? 그는 아무에게도 고발당할 일을 한 적이 없었습니다. 그들은 증거를 날조하고 고발거리를 꾸며내려고 애를 썼지만 거짓임이 금방 드러났습니다. 그들은 증거를 찾지 못했습니다^{막 14:55-56}. 그는 아무 잘못이 없었습니다. 그럼에도 그들은 그를 정죄해서, 갈보리라는 작은 언덕으로 끌고 갔습니다. 그들은 얼마 동안 그에게 십자가를 지웠지만 십자가는 그가 감당하기에 너무 무거웠습니다. 그는 십자가의 무게에 눌려 비틀거렸고, 결국 다른 사람이 대신 지고 올라가야 했습니다. 마침내 골고다 언덕에 도착하자 사람들은 그를 십자가에 못박았습니다. 그는 극심한 괴로움과 고통 속에 죽었습니다.

이것이 그 메시지입니다. 어느 누구에게도 해를 끼친 적이 없었던 사람, 언제나 선을 행했던 사람, 제가 앞서 말한 것들을 가르치고 설교했던 사람이 말할 수 없는 괴로움과 고통 속에서 우리가 생각할 수 있는 가장 수치스러운 방식으로 나무에 달려 죽었습니다. 그가 숨을 거둔 후에, 사람들은 시신을 내려 무덤에 안치했습니다. 그러고는 돌을 굴려 무덤 앞을 막고 인봉한 다음 군병 몇 명을 두어 지키게 했습니다.

그러나 이야기는 여기에서 끝나지 않습니다! 만약 이야기가 여기에서 끝나 버렸다면, 앉은뱅이는 여전히 미문 앞 길바닥에 무력하게 앉아 있었을 것이고, 베드로도 그런 설교를 하지 못했을 것입니다. 그러나 그렇지 않습니다. 이야기는 여기에서 끝나지 않습니다. 이 예수는 어떻게 되었습니까? 오, 그는 사망의 줄을 끊어 버렸습니다. 무덤에서 일어났습니다. 예수와 부활!^{행 17:18} 이것은 명백한 사실입니다. 이 사실이 없었다면 사도도 존재하지 못했을 것입니다. 교회도 존재하지 못했을 것입니다. 이 솔직한 기록은 그의 죽음을 목격한 추종자들이 완전히 희망을 잃었다는 이야기를 있는 그대로 전해 주고 있습니다. 그들은 말할 수 없는 비탄에 빠졌습니다. 마치 세상의 종말이 온 것처럼 느꼈습니다. 그러므로 그가 죽은 자들 가운데서 일어나지 않으셨다면, 기독교 복음이라는 것도 없었을 것입니다!

그러나 그분은 일어나셨습니다! 제자들에게 모습을 나타내셨습니다. 사명을 주셨습니다. 제자들이 보는 앞에서 하늘로 올라가셨고, 약속한 대로 오순절 날 성령을 보내 주셨습니다. 그렇게 기적은 일어났고, 그들은 성령과 능력으로 설교할 수 있게 되었습니다. 이것이 세상이 거부하고 있는 메시지입니다. 베드로가 말한 것도 사실 이것입니다. "당신들이 거부하는 것이 이것입니다. 당신들이 깨닫지 못하는 것이 이것입니다. 우리는 하찮은 범인이요 배우지 못한 무식한 자들입니다. 우리 자신을 위해서나 우리 자신에 대해서는 아무 할 말이 없는 사람들입니다. 우리는 그저 이 일을 증거할 뿐입니다. 단순히 사실을 보고할 뿐입니다."

이 모든 일의 의미는 무엇입니까? 이 메시지의 핵심 부분이 여기에 있습니다. "하나님께서 그리스도 안에 계시사 세상을 자기와 화목하게 하시며 그들의 죄를 그들에게 돌리지 아니하시고……하나님이 죄를 알지도 못하신 이를 우리를 대신하여 죄로 삼으신 것은 우리로 하여금 그 안에서 하나님의 의가 되게 하려 하심이라"^{고후 5:19, 21}. 여기에 귀를 기울이십시오. 이것이 이 모든 일의 의미입니다. 하나님은 전 우주를 만드시고 남자와 여자를 자기의 형상대로 만드신 위대하고 영원하신 분입니다. 모든 것을 소유하고 계시는 분, 만유 위에 계신 분, 만유를 심판하실 분, 반역하여 죄를 지은 사람들을 대적하여 결국에는 비참하고 부끄럽게 만드시는 분입니다.

오늘날 세상에는 하나님이 만드신 모습을 본래대로 유지하고 있는 것이 하나도 없습니다. 하나님은 남자를 올바르고 완벽하게 만드셨습니다. 여자도 남자를 돕는 자로 똑같이 올바르고 완벽하게 만드셨습니다. 아담과 하와 안에는 죄도, 탐욕도, 악한 정욕도, 증오도, 악의도, 원한도 없었습니다. 추하고 부정한 것이라고는 아무것도 없었습니다. 그들은 하나님 앞에 완벽하고 의로웠습니다.

그렇다면 우리는 다 어디에서 나온 사람들일까요? 오, 우리는 하나님께 대한 반역의 결과물들입니다. 세상의 모든 불행과 비참하고 가슴 아픈 일들, 부부관계와 가정의 파탄-부모의 결별 앞에 가슴이 찢어지는 아이들-과 죄와 악이 몰고 오는 인생의 괴로운 일들을 보십시오. 사람들은 이런 문제를 해결할 힘이 전혀 없습니다. 교육으로 이런 문제를 다룰 수 없습니다. 정치가들도 이런 문제를 바로잡을 수 없습니다. 그럴 수 없습니다. 그러면서도 세상은, 우리 모두가 영원하신 하나님께 반역하고 죄를 지었지만 하나님은 여전히 세상을 사랑하신다는 메시지를 거부하고 있습니다. "하나님이 세상을 이처럼 사랑하사 독생자를 주셨으니 이는 그를 믿는 자마다 멸망하지 않고 영생을 얻게 하려 하심이라"요 3:16.

"때가 차매 하나님이 그 아들을 보내사 여자에게서 나게 하시고 율법 아래에 나게 하신 것은 율법 아래에 있는 자들을 속량하시"기 위해서였습니다갈 4:4-5. 아들을 세상에 보내신 분은 하나님이시며, 그 아들을 십자가에 못박히게 내주신 분도 하나님이시고, "우리 모두의 죄악을 그에게 담당시키"신 분도 하나님이십니다사 53:6. 여러분의 죄를 그에게 전가시키시고, 아들 안에 전가된 죄를 벌하심으로써 여러분을 값없이 용서하시는 분도 하나님이십니다. 하나님이 이런 일을 행하셨습니다. 이것이 베드로와 요한이 설교한 내용입니다. 이것이 그 당시 사람들이 거부한 나사렛 예수 그리스도에 대한 메시지입니다.

이것이야말로 세상의 비극 아닙니까? 우리는 사람들이 로맨스에는 흥미를 느끼고 소설이나 영화는 쉽게 믿으며 삶의 진실과 거리가 먼 단순한 판타지에는 흥분하면서도, 그리스도에 관한 사실-성육신과 하나님이 자기 백성을 찾아와 구원하신 일, 십자가의 영광과 구원의 길과 하나님과의 화해, "사망을 폐하시고 복음으로써 생명과 썩지 아니할 것을 드러내신" 예수 그리스도딤후 1:10 -은 거부하는 것을 봅니다. 예수 그리스도는 인류의 모든 원수인 마귀와 죄와 악을 정복하신 분입니다. 그는 맨 나중 원수인 죽음까지 정복하셨습니다. "예수와 부활!" 메시지를 전한 사자들뿐 아니라 이런 메시지까지 거부하는 불신앙보다 더 큰 비극이 어디 있겠습니까?

셋째로, 불신앙은 메시지를 전하는 사자들과 그 메시지를 거부할 뿐 아니라 그 메시지에서 나온 결과물도 거부합니다. 베드로가 이 점에 대해 뭐라고 말하는지 보십시오. "백성의 관리들과 장로들아, 만일······오늘 우리에게 질문한다면"-무엇을 질문한다는 것입니까?-"병자에게 행한 **착한 일**에 대하여" 질문한다는 것입니다[행 4:8-9]. 이것은 무엇보다 놀라고 경악할 일이 아닐 수 없습니다.

요컨대 베드로는 이렇게 말한 것과 같습니다. "당신들은 우리를 감옥에 가두고 재판에 회부했는데, 우리가 왜 이런 꼴을 당해야 합니까? 왜 우리가 옥에서 지난 밤을 보내야 했습니까? 왜 우리가 지금 이렇게 법정에 서 있어야 합니까? 우리가 대체 무슨 짓을 했습니까? 술주정을 했습니까? 살인을 저질렀습니까? 불경죄를 지었습니까? 소동을 일으켰습니까? 예루살렘에서 폭동을 일으켰습니까? 우리는 그런 짓을 하지 않았습니다. 우리가 지금 재판을 받고 있는 것은 착한 일을 했기 때문입니다."

불신앙이 어떤 것인지 이제 알겠습니까? 불신앙은 착한 일을 거부합니다! 베드로는 나중에 고넬료의 집에 갔을 때 예수께서 "두루 다니시며 선한 일을 행하"셨다고 말했습니다[10:38]. 군중은 "없이 하소서, 그를 십자가에 못박게 하소서"라고 소리쳤습니다. 그가 도대체 무슨 일을 했기에 십자가에 못박으라는 것입니까? 착한 일밖에 한 것이 없었습니다. 세상에 그런 혜택을 준 사람은 전에도 없었고 앞으로도 없을 것입니다. 그는 착한 일을 하며 사셨습니다. 사람들의 고통과 곤란을 덜어 주셨습니다. 그는 긍휼과 동정심이 넘치는 분이었습니다. 어려움에 처한 사람이나 자신을 의지하는 사람을 못 본 척 지나치신 적이 한번도 없는 분이었습니다. 그런데도 십자가에 못박히셨습니다. 착한 일이 문제였습니다! 우리가 불신앙에 대해 경악하는 것은 이 때문입니다. 베드로와 요한이 옥에 갇히고 재판에 회부된 것은, 날 때부터 못 걷던 사람을 일으켜 세워서 걷기도 하고 뛰기도 하며 하나님을 찬송하게 만든 탓이었습니다.

이 사건은 복되신 구주께서 세상에 가져다주신 모든 축복을 어렴풋하게 보여주는 그림인 동시에 세상의 무모함을 보여주는 그림입니다. 예수께서 설교하고 가르치실 때 감옥에 갇혀 있던 세례 요한은 의심이 생겼습니다. 그래서 제자들을 보내 "오실 그이가 당신이오니이까? 우리가 다른 이를 기다리오리이까?" 하고 물었습니다. 그 질문에 주님은 이렇게 대답하셨습니다. "너희가 가서 듣고 보는 것을 요한에게 알리되 맹인이 보며 못 걷는 사람이 걸으며 나병환자가 깨끗함을 받으며 못 듣는 자가 들으며 죽은 자가 살아나며 가난한 자에게 복음이 전파된다 하라"마 11:3-5. 그것은 착한 일이었습니다. 그 착한 일들 때문에 사람들이 예수를 거부한 것입니다.

그러나 이 모든 일은 영광스러운 하나님의 복된 복음을 믿는 모든 이가 누릴 축복, 그리스도인의 삶에 주어지는 축복의 한 면을 보여주는 그림도 됩니다. 복음을 믿지 않을 때 무엇을 거부하게 되는지 아십니까? 마음의 쉼을 거부하게 됩니다. 그는 "수고하고 무거운 짐진 자들아, 다 내게로 오라. 내가 너희를 쉬게 하리라"마 11:28고 말씀하십니다. 즉 그리스도를 떠나 헛되게 진리를 찾아 헤매는 일에서 놓여나 쉬게 해주신다는 것입니다. 모든 지적인 혼동에서 벗어나 쉬게 해주신다는 것입니다. 자기 힘으로 의로워지고 거룩해지고 깨끗해지고 순결해지려는 노력에서 놓여나 쉬게 해주신다는 것입니다. 하나님을 찾는 가운데 쉬게 해주신다는 것입니다. 온갖 어려움 속에서도 쉬게 해주신다는 것입니다.

이것을 빛이라는 말로 다시 표현해 보겠습니다. 우리 주님은 "나는 세상의 빛이니 나를 따르는 자는 어둠에 다니지 아니하고 생명의 빛을 얻으리라"고 말씀하셨습니다요 8:12. 이것은 착한 일입니다. 주님은 이 일을 하시려고 세상에 오셨으며, 이 빛을 주시려고 세상에 오셨습니다. 그는 빛을 주십니다. 하나님을 비추는 빛, 우리 자신을 비추는 빛, 세상을 비추는 빛, 하나님과 화해하는 길을 비추는 빛을 주십니다.

그는 쉼과 빛뿐 아니라 생명을 주십니다. 이것은 세상 어느 것보다 우리에게 절실히 필요한 것입니다. 그 옛날 예루살렘의 관리들처럼 이 복음을 거부할 때, 사실은 죄사함까지 거부하게 된다는 사실을 이제 아시겠습니까? 하나님의 아들 예수 그리스도 안에서 값없이 죄를 사해 주며 용서해 주겠다는 제안이 여러분 앞에 주어져 있음을 아시겠습니까? 지금 여러분은 죄 때문에 지옥 문턱까지 가 있는 상태일 수도 있습니다. 그러나 상관없습니다. 지금 회개하고 이 위대한 메시지를 믿기만 하면 즉시 용서받을 것입니다. 믿기만 하면 됩니다. 다른 것은 필요 없습니다.

믿기만 하면 보게 되리라.
그리스도가 너의 전부이심을.
―몬셀J. S. B. Monsell

세상은 이것을 거부하고 있습니다. 사람들은 다 양심에 거리낌을 가지고 있습니다. 그들은 삶도 무서워하고 죽음도 무서워하고 영원한 세계도 무서워합니다. 모든 사람이 죽어서 하나님의 심판대 앞에 서야 한다고 생각하면 그럴 수밖에 없을 것입니다. 사도행전에 나오는 이 사람들이 그토록 부활의 메시지를 싫어한 것도 이 때문입니다. 베드로는 그리스도를 통해 모든 사람이 부활하게 되었다고 설교했습니다. 그들은 부활 사건을 목격했지만 그것을 인정하기가 싫었습니다. 그럼에도 그것은 부인할 수 없는 사실이었습니다. 그렇습니다. 여러분이 부활을 보고 두려움을 느끼는 순간, 여러분의 죄가 깨끗해질 수 있으며 값없이 용서받을 수 있다는 복된 메시지가 찾아옵니다. "너희의 죄가 주홍 같을지라도 눈과 같이 희어질 것이요."사 1:18 지금 죄를 지어 인생의 수렁과 진창과 하수구에 빠져 있는 사람도 하나님의 아들을 믿기만 하면 모든 죄가 먹구름 개이듯 사라지고 하나님과 화해하게 됩니다. 그 즉시 새로운 생명을 얻게 됩니다. 새로운 인생을 시작하게 됩니다. 이런 말을 담대히 할 수 있는 복음이 여기 있습니다. 탕자를 위한 복음이 여기 있습니다. 다시 태어나게 하는 복음, 다시 살아나게 하는 복음, 다시 새로워지게 하는 복음이 여기 있습니다. 참된 복음이 여기 있습니다.

이 메시지, 이 복음을 거부하는 사람들은 복음이 말하는 모든 것-용서와 화해뿐 아니라 새 생명과 새 능력과 새 출발-또한 거부하게 됩니다. 바울은 그 점을 고린도 교인들에게 다음과 같이 설명하고 있는데, 이것은 우리가 사는 현대세계에도 적절한 말입니다. "불의한 자가 하나님의 나라를 유업으로 받지 못할 줄을 알지 못하느냐. 미혹을 받지 말라. 음행하는 자나 우상숭배 하는 자나 간음하는 자나 탐색하는 자나 남색하는 자나 도적이나 탐욕을 부리는 자나 술 취하는 자나 모욕하는 자나 속여 빼앗는 자들은 하나님의 나라를 유업으로 받지 못하리라. 너희 중에 이와 같은 자들이 있더니"-그들도 과거에는 그런 사람들이었다는 뜻입니다-"주 예수 그리스도의 이름과 우리 하나님의 성령 안에서 씻음과 거룩함과 의롭다 하심을 받았느니라"고전 6:9-11. 구원으로 이끄는 하나님의 능력인 복음이 지금 우리 앞에 있습니다. 사람을 깨끗게 하여 하나님 나라의 성도로 만들며, 그들이 바라볼 영원한 소망을 주는 복음이 지금 우리 앞에 있습니다.

요컨대 베드로는 "만일 이 병자에게 행한 착한 일에 대해 알고 싶다면, 이것이 그 답입니다"라고 말하고 있는 것입니다. 사랑하는 여러분, 이 복음을 거부하면 이 모든 것도 함께 거부하게 됩니다. 복음은 영원한 천국에 들어갈 수 있는 유일한 희망입니다. 용서와 양심의 평화, 정신과 마음의 평화, 평온을 얻을 수 있는 유일한 희망이자, 새 생명, 새 능력, 새 활력, 새 힘을 얻을 수 있는 유일한 희망입니다. 예전에 여러분이 주저앉아 있던 자리로 돌아가 보십시오. 이 못 걷는 사람처럼 벌떡 일어설 수 있을 것입니다. 걷기도 하고 뛰기도 하며 하나님을 찬송할 수 있을 것입니다. 그런데 세상은 이렇게 되기를 거부하고 있습니다. 인간이 입은 가장 큰 혜택들은 다 복음을 통해 온 것들입니다. 그렇습니다. 그것은 착한 일들이었습니다! 병원이 어디에서 비롯되었습니까? 교회에서 비롯되었습니다. 교육이 어디에서 비롯되었습니까? 교회에서 비롯되었습니다. 선교활동을 보십시오. 이 땅의 어두운 곳들로 빛이 흘러 들어간 것을 보십시오. 영국의 자유는 어디에 토대를 두고 있습니까? 마그나 카르타 the Magna Carta입니다. 그러나 오늘날 가장 훌륭한 역사가들에 따르면 반드시 그렇다고 말할 수 없습니다. 그렇다면 실제로 우리가 현대에 누리고 있는 이 자유는 어디에서 비롯된 것입니까? 저는 그 답을 말씀드릴 수 있습니다. 이 자유는 올리버 크롬웰을 비롯한 17세기 청교도들에게서 비롯된 것입니다. 또 미국의 자유는 어디에서 비롯된 것입니까? 우리와 똑같이 청교도 선조들에게서 비롯된 것입니다. 노동조합 역시 200년 전 부흥의 직접적인 소산이라는 사실을 알고 계십니까?

도덕은 어디에서 비롯되었습니까? 영국 역사상 가장 고상한 시대는 어디에서 비롯되었습니까? 그것은 모두 부흥의 결과였습니다. 그래서 세상이 똑똑한 체하며 이 메시지와 이 메시지를 전하는 사자들을 외면하면 할수록, 현대작가 두 사람이 '유연함의 예찬'the cult of softness이라고 적절히 명명한 부도덕과 악덕과 부정직함으로 점점 더 치닫게 되는 것입니다. 이렇듯 복음을 거부하는 것은 가장 훌륭하고 가장 고상하며 가장 위대한 것들을 거부하는 것입니다.

우리가 1900년 전 예루살렘에 살았던 관리들을 살펴보는 동안, 성령 하나님께서 여러분 자신의 모습을 보게 해주셨으리라 믿습니다. 불신앙이 얼마나 어리석은 것인지 보십시오. 불신앙이 얼마나 맹목적인 것인지 보십시오. 불신앙이 얼마나 큰 비극인지 보십시오. 불신앙이 얼마나 희망 없는 것인지 보십시오. 바로 지금 용서받을 수 있다는 사실을 이제 깨달았습니까? 오, 그렇다면 지금 회개하고 복음을 믿으십시오. 그러면 이 "착한 일"을 행하신 하나님, 복되신 아들 나사렛 예수를 통해 여러분 안에서, 여러분을 위해 이 놀라운 일을 시작하신 하나님을 찬송하게 될 것입니다.

02

불신앙의 특징

사도들이 백성에게 말할 때에 제사장들과 성전 맡은 자와 사두개인들이 이르러 예수 안에 죽은 자의 부활이 있다고 백성을 가르치고 전함을 싫어하여 그들을 잡으매 날이 이미 저물었으므로 이튿날까지 가두었으나……이튿날 관리들과 장로들과 서기관들이 예루살렘에 모였는데 대제사장 안나스와 가야바와 요한과 알렉산더와 및 대제사장의 문중이 다 참여하여 사도들을 가운데 세우고 묻되 너희가 무슨 권세와 누구의 이름으로 이 일을 행하였느냐.

사도행전 4:1-3, 5-7

이 사건 전체를 여러분과 고찰하고 싶은 생각이 있지만, 일단은 1-3절과 5-7절에 두드러지게 강조되어 있는 이 사건의 특별한 측면에 집중하고자 합니다. 이미 살펴본 대로, 우리는 이 본문에서 초대교회가 처음으로 겪었던 박해의 이야기를 접하게 됩니다. 여기에 쉽게 믿어지지 않는 부분이 있다는 점은 이미 밝힌 바 있습니다. 사실 우리는 유대 지도자들이 그런 식으로 반응했다는 것을 믿을 수가 없습니다. 그러나 그들은 그렇게 반응했습니다. 이것은 역사적인 사실이며, 정도의 차이는 있지만 그후에도 같은 일이 계속 반복되어 왔습니다.

우리는 이 본문에서 박해의 그림뿐 아니라 불신앙의 그림도 얻을 수 있습니다. 제가 이 본문에 여러분의 주의를 환기시키는 것은 이 때문입니다. 이것은 단순히 역사적인 관심이 아닙니다. 역사나 골동품에 골몰하기에는 여러분과 제가 살고 있는 시대의 상황이 너무나 절망적입니다. 우리가 이 모든 일에 눈길을 돌리는 것은, 불행히도 여기에 나타나는 사람들의 태도가 오늘날 수많은 사람들에게도 여전히 나타나고 있기 때문입니다. 이것이 제가 여러분에게 보여드리고자 하는 세상의 가장 큰 비극입니다. 이 세상은 곤경과 혼란에 빠져 있으며, 우리도 알다시피 문명을 끝장내 버릴 수 있는 힘과 권력을 마치 장난감처럼 가지고 놀고 있습니다. 그러나 이런 세상에도 기독교 복음의 메시지는 여전히 찾아옵니다. 이 메시지는 세상의 유일한 희망이지만 세상은 이것을 거부하고 있습니다.

우리는 이 사건을 살펴보았고, 세상이 무엇을 거부하는지도 함께 고찰해 보았습니다. 이제 우리가 잠시 멈추어 서서 물어야 할 질문이 있습니다. 이 일은 왜 일어났습니까? 유대 지도자들은 왜 이렇게 반응했습니까? 사람들은 왜 여전히 이렇게 반응하고 있습니까? 이것이 지금부터 우리가 주의를 집중해서 살펴보아야 할 주제입니다.

사도행전에는 아주 두드러진 특징이 있습니다. 사도행전은 역사서인 동시에 역사서를 뛰어넘는 책입니다. 사도행전의 두드러진 특징은, 이 책이 이를테면 교회의 거의 전 역사를 배아胚芽 형태로 보여준다는 것입니다. 오늘 말씀은 불신앙의 본질과 원인을 비범하게 기술해 주고 있습니다. 우리는 이 말씀을 읽으면서 사람들이 왜 복음을 외면하는지 보게 됩니다. 이미 말씀드렸듯이, 성경을 읽는 유익은 매사를 객관적으로 보게 해준다는 데 있습니다. 물론 자기 방어나 자기 보호의 성향, 즉 다른 사람의 잘못은 인식하면서도 자기가 똑같은 잘못을 저질렀을 때에는 일단 변명부터 하려 드는 위험이 언제나 도사리고 있습니다. 그래서 성경에서 다루고 있는 주제가 자신을 겨냥하는 즉시 우리는 방어 태세를 갖추고 더 이상 귀를 기울이지 않으려 듭니다. 그러나 오늘 말씀은 마치 우리 자신이 그 자리에 앉아 눈앞에서 벌어지고 있는 일을 보고 있는 듯한 느낌을 받을 만큼 생생하게 묘사되어 있습니다. 한편에는 사도들이 있고, 또 한편에는 그들을 옥에 가두었다가 재판에 회부해서 함부로 다루고 있는 관리들이 있습니다. 관리들이 이렇게 하는 이유가 무엇입니까? 이 상황을 통해 그 이유를 분석해 보면, 오늘날 사람들이 그들과 똑같이 행동하는 이유 또한 발견할 수 있을 것입니다.

오늘 말씀이 우리에게 가르쳐 주는 바가 무엇입니까? 이것은 중요한 문제입니다. 지금 세상에서나 장차 올 세상에서 각 개인이 행복을 누리느냐 누리지 못하느냐는 이 진리에 어떻게 반응하는가에 달려 있습니다. 복음을 설교하는 일이 그토록 엄숙한 책무인 이유, 사람의 역량을 넘어서는 위대한 의무인 이유가 여기 있습니다. 위대한 사도 바울은 자기 자신과 자신의 사역을 바라보며 "누가 이 일을 감당하리요"라고 물었습니다. 왜 이렇게 물었습니까? 그는 우리가 "사망으로부터 사망에 이르는 냄새"나 "생명으로부터 생명에 이르는 냄새" 중 하나가 된다고 말합니다.고후 2:16 일단 복음을 들은 사람은 결코 이전과 똑같은 상태로 돌아갈 수 없습니다. 여기 여러분에게 구원을 주겠다고 말하는 복음이 있습니다. 생명을 주겠다고 말하는 복음이 있습니다. 지금 이 세상에서나 장차 올 세상에서 가장 고귀하고 훌륭한 모든 것을 주겠다고 말하는 복음이 있습니다. 그럼에도 사람들이 이 복음을 거부하는 이유는 무엇입니까? 이것을 살펴보는 것보다 중요한 일은 없습니다. 사도행전 4장은 이 질문에 대한 답을 몇 가지로 말해 주고 있습니다.

제가 발견한 첫번째 답은 복음을 거부하는 것이 그리 새삼스러운 일은 아니라는 것입니다. 불신앙은 결코 새삼스러운 일이 아닙니다. 우선, 오늘날 그리스도인이 아닌 사람들은 대부분―여기에서 대부분은 불행히도 절대 다수를 의미합니다―자신들이 '현대적'이므로, 즉 20세기에 살고 있는 사람들이므로 그리스도인이 될 수 없다고 생각한다는 이야기부터 해야겠습니다. 사람들은 정말 이렇게 말하지 않습니까? "뭐라고? 아직도 믿는다고? 이런 개명한 시대에 그리스도인이 되어 교회에 다닌단 말이야?"

그들은 대경실색합니다. 그러나 이에 대해 첫째로 짚고 넘어가야 할 사실은, 불신앙과 20세기는 서로 아무 상관이 없다는 것입니다! 예루살렘 사람들도 똑같은 불신앙의 죄를 지었습니다. 그들은 사도들의 말도 믿지 않겠다고 거부했고, 주님도 믿지 않겠다고 거부했습니다. 따라서 복음을 거부하는 것이야말로 현대성의 보증인 양 생각하는 것만큼 아둔하고 우스꽝스러운 일은 없습니다. 불신앙의 역사는 복음의 역사만큼이나 오래된 것입니다. 복음에 상관하려 들지 않는 사람들은 처음부터 있었습니다. 그것은 역사가 확실히 입증해 주고 있는 사실입니다. 그러니 "나는 그리스도인이 아니기 때문에 현대적"이라고 말하지 마십시오. 믿지 않는 여러분은 구식입니다. 그것도 아주 형편없는 구식입니다. 여러분은 사도행전 4장의 첫 열두 구절에 등장하는 무리에 속한 사람들입니다.

이제 더 흥미로운 사실로 넘어가 보겠습니다. 제가 말하려는 두번째 요점은, 불신앙이 얼마나 비상한 방식으로 본질적으로 다른 사람들, 심지어 적대적인 사람들까지 한데 묶어 내느냐 하는 것입니다. 불신앙의 세력만큼 큰 연합세력은 지금껏 존재한 적이 없었습니다. 저는 이것이야말로 우리가 함께 살펴보고 있는 이야기의 여러 측면 가운데 가장 눈길을 끄는 측면이라고 생각합니다. 이런 현상은 최근에도 나타나고 있습니다. 얼마 전에 아주 명석하고 유명한 영국 작가 마거니타 래스키Marghanita Laski의 글을 읽은 적이 있습니다. 그는 그리스도인이 아닐뿐더러 무신론자를 자처하는 사람임에도, 이 주제에 관한 글을 쓰면서 다음과 같이 말했습니다. "나는 나 같은 사람들을 대변할 수 없다. 불신자들은 대부분 공통점이 거의 없기 때문이다." 이것은 제가 이 글을 읽기 전부터 강조해야겠다고 생각하고 있던 점입니다.

저는 이 점을 두 가지 관점에서 설명하고 싶습니다. 첫째는 불신자들이 어떤 점에서 공통점이 없는가 하는 것이고, 둘째는 어떤 점에서 공통점이 있는가 하는 것입니다. 다시 한번 강조하지만 불신앙은 새삼스러운 일이 아닙니다. 1세기의 불신자들도 서로 많이 달랐습니다. 오늘 말씀을 보십시오. 아주 주목할 만한 말이 나오고 있습니다. "사도들이 백성에게 말할 때에 제사장들과 성전 맡은 자와 사두개인들이 이르러"행 4:1. 5-7절도 보시기 바랍니다. "이튿날 관리들과 장로들과 서기관들이 예루살렘에 모였는데 대제사장 안나스와 가야바와 요한과 알렉산더와 및 대제사장의 문중이 다 참여하여 사도들을 가운데 세우고 묻되……." 산헤드린, 즉 대공회가 소집되어 공회원들이 모여들었습니다.

이렇게 모인 사람들의 면면을 살펴보면 아주 흥미롭습니다. 래스키의 말대로, 여기 모인 사람들은 공통점이 없습니다. 실제로 그들은 극심하게 분열된 채 서로를 적대시하고 있었는데, 사두개인과 장로와 서기관들의 반목이 특히 더 심했습니다. 이것은 제가 여러분에게 밝히고자 하는 바를 아주 완벽하게 보여주는 예입니다. 이들은 어떤 사람들이었습니까? 먼저 "제사장들"부터 살펴보겠습니다. 그들은 날마다 성전에서 자기 직무를 수행하는 평범한 제사장들이었습니다. 그들은 여러 반열로 나뉘어 있었고, 반열 별로 6개월에 한 번씩 차례가 돌아올 때마다 일주일 동안 성전에서 직무를 수행했습니다.

"성전 맡은 자"는 레위 족속성전에서 수종 드는 자들 중에서도 특별히 성전 내 질서를 유지하는 경찰의 역할을 맡은 무리의 우두머리였습니다. 그는 유력한 제사장 가문에 속한 인물로서, 대제사장에 버금가는 권위를 행사했습니다.

이제 "사두개인"이라는 가장 흥미로운 사람들을 살펴볼 차례입니다. 다행히도 우리는 그들에 대해 알아야 할 것들을 다 알고 있습니다. 사두개인들은 일종의 제사장 귀족이라고 할 수 있습니다. 그들은 근본적으로는 정치인들로서, 직위와 정부, 질서, 유대와 다른 나라 간의 관계에 주된 관심을 두었습니다. 그들은 책략과 음모에 능했습니다. 정치인들은 시대가 지나도 변한 것이 없습니다! 권위자들의 견해에 따르면, 사두개인들은 종교적으로 행세하는 것이 이익이 될 때에만-물론 그 당시에는 당연히 이익이 되었습니다-종교에 관심을 가졌다고 합니다. 그러나 사실 개인적으로는 종교에 아무 관심도 없었으며, 본질적으로 냉담한 자들이었습니다.

성경은 정말 놀라운 책이지 않습니까? 세상의 역사책들을 읽다 보면, 이처럼 기독교가 이익이 되기 때문에 그리스도인이 된 사람들을 여럿 만나볼 수 있습니다. 콘스탄티누스 황제는 순전히 정치적인 이유로 그리스도인이 되었습니다. 저는 그가 진정으로 회심했다고 생각지 않습니다만, 여하튼 그로서는 그리스도인이 되는 것이 여러모로 편리한 일이었으므로 본인만 그리스도인이 된 것이 아니라 아예 로마 제국 전체를 기독교 국가로 만들어 버렸습니다. 그런 사람들-하나님이나 자기 영혼의 상태에는 전혀 관심이 없으면서도 종교의식은 이행하는 사람들-이 그후 역사에 계속 등장하고 있는 것을 보십시오. 이런 일은 도대체 왜 일어나는 것입니까? 편의주의 때문입니다! 다른 때는 예배장소에 얼씬도 하지 않으면서 공적인 용무가 있을 때에만 종교의식에 참석하는 사람들을 볼 때 제가 얼마나 의분을 느끼는지에 대해서는 이 강단에서 이미 여러 번 말씀드린 적이 있습니다. 그것은 게임입니다. 정치적인 기회주의입니다. 종교를 이용하는 것입니다. 사두개인들의 가장 큰 특징이 바로 그런 것이었습니다.

사두개인들은 위대한 성경교사들과 조상들이 발전시켜 온 구전口傳된 율법을 믿지 않고, 모세 오경인 토라에 쓰여 있는 율법만 인정했습니다. 그들은 몸의 부활에 관한 가르침을 전부 거부했으며, 사람이 장차 받을 상급이나 형벌이 있다는 것도 믿지 않았습니다. 그들은 죽으면 그것으로 끝이라고 말했습니다. 더욱이 천사도 믿지 않았습니다. 영도 믿지 않았습니다. 이 세상을 초월하는 세계가 있다는 것도 믿지 않았습니다. 영적인 영역 자체를 아예 믿지 않았습니다. 그들은 유물론자, 즉 정치적인 유물론자들로서 우리 삶의 미래를 결정하는 것은 오직 자신의 자유의지뿐이라고 믿었습니다.

더 나아가 보겠습니다. 공회로 모인 사람들의 명단은 여기에서 그치지 않습니다. 가야바는 대제사장이었습니다. 이것은 그가 확실한 사두개인이었다는 뜻입니다. 그가 맡은 일은 산헤드린을 관장하는 것이었습니다. 가야바의 장인 안나스는 대제사장이었으나 로마의 손에 퇴출당했습니다. 그러나 유대인들은 여전히 그를 대제사장으로 여기고 있었고, 가야바와 안나스는 좋은 관계를 유지하고 있었습니다. 이 자리에는 요한과 알렉산더라는 사람도 있었지만, 이들에 대해서는 알려진 바가 전혀 없습니다. 또 여기에는 "대제사장의 문중"도 있었습니다. 이들 역시 대공회인 산헤드린의 일원으로 예루살렘에 모인 사람들이었습니다. 이것을 보면 이 게임에 참여해서 제 역할을 잘 감당하는 사람은 본인 자신이 높은 직위에 오를 수 있었을 뿐 아니라 친지들까지 한몫 챙겨 줄 수 있었다는 것을 알 수 있습니다. "대제사장의 문중", 이것은 이른바 족벌주의 아니겠습니까? 가족과 친지를 끼워 주는 일 말입니다. 저는 지금 20세기가 아니라 1세기 이야기를 하고 있다는 사실을 기억하십시오. 그런데도 사람들이 "성경 같은 구닥다리 책에는 관심 없어!"라고 어떻게 말할 수 있는지 그저 놀라울 따름입니다! 여러분도 모르시겠습니까? 성경은 생명의 책입니다. 하나님께서 자신을 계시하신 책입니다. 타락하여 죄에 빠진 사람들의 정체를 폭로하는 책입니다. 사람들은 그때와 전혀 달라지지 않았습니다. 옛날 그대로입니다.

그 자리에는 "서기관들"도 있었습니다. 그들은 또 어떤 사람들이었습니까? 그들은 율법학자로서, 구전 율법과 조상들의 가르침에 정통한 전문가들이었습니다. 서기관은 주로 바리새파에 속해 있었습니다. 그들은 부활과 천사와 심판과 상급과 형벌을 믿었습니다. 그들은 사두개파와 완전히 반대편에 속한 사람들이었습니다. 그런데도 베드로와 요한을 탄압하는 일에는 뜻을 같이했다는 점이 흥미롭지 않습니까? 주님께도 똑같은 일이 일어났습니다. 누가복음 끝 부분에는 다음과 같은 흥미로운 진술이 나옵니다. "헤롯과 빌라도가 전에는 원수였으나 당일에 서로 친구가 되니라"눅 23:12. 그들은 서로 미워하는 사이였지만, 예수가 논쟁점으로 떠오른 즉시 친구가 되어 그를 탄압하는 일에 합세했습니다.

바울은 고린도 교인들에게 편지를 쓰면서 그 당시에도 같은 일이 있었다고 지적하고 있습니다. "유대인은 표적을 구하고 헬라인은 지혜를 찾으나"고전 1:22. 유대인과 헬라인 역시 아주 상반되는 사람들이었습니다. 유대인, 곧 히브리인들은 실제적이고 역사적이고 사실적인 사고방식을 가지고 있었습니다. 헬라인, 곧 그리스인들은 관념과 철학을 중시했습니다. 그리스인들은 무지한 히브리인들을 경멸한 반면, 히브리인들은 그리스인들을 개-울타리 밖에 있는 사람, 하나님과 절연됨으로써 그의 계시를 받지 못하는 사람-로 여겼습니다. 이처럼 헬라인과 유대인, 이스라엘 백성과 이방인은 상상할 수 없을 정도로 서로 다른 사람들이었습니다. 그러나 바울의 지적대로 복음은 그들을 하나로 묶어 버렸습니다. 유대인은 표적을 구하고 헬라인은 지혜를 찾았음에도, 복음을 거부하는 일에서는 서로 뜻을 함께했던 것입니다.

복음은 지금도 그때와 동일한 영향을 끼치고 있습니다. 그러나 오늘날 사람들은 그 점을 깨닫지 못하고 있습니다. 저는 지금 자신이 지성인이어서 복음을 거부하며 믿지 않는다고 생각하는 이들에게 말하고 있습니다. 그들은 말합니다. "위대한 지성인들은 복음을 믿지 않았어. 나도 지성인이지. 나는 생각할 줄 알고 읽을 줄 아는 사람이야. 머리를 쓸 줄 아는 사람이라고. 그래서 그리스도인이 되지 않는 거야." 그러나 그런 사람들만 복음을 믿지 않는 것이 아닙니다. 그런 지성인들만 복음을 거부하는 것이 아닙니다. '지성인'이라는 말뜻조차 모르는 사람들도 똑같이 복음을 거부합니다.

여러분은 말할 것입니다. "텔레비전에 나오는 유명한 사람들을 보십시오. 제가 읽는 논설의 저자들을 보십시오. 그들도 다 복음을 거부하지 않습니까?"

맞습니다. 그러나 저는 여러분이 한번도 목소리를 들어본 적이 없는 사람들, 논설이라는 것을 한번도 읽어 본 적이 없는 사람들, 아니 글 자체를 많이 읽어 본 적이 없는 사람들, 그러면서도 그 유명한 이들과 똑같이 기독교 신앙을 거부하는 사람들을 수없이 제시할 수 있습니다. 사두개인과 바리새인이 그랬던 것처럼, 지성인이나 무식한 사람이나 불신앙이라는 점에서는 모두 한 배를 타고 있습니다. 우리는 이 사실을 너무 당연시하는 경향이 있지 않습니까? 그러나 사실은 한번쯤 검토할 필요가 있는 중요한 사항이라고 생각되지 않습니까?

복음을 거부하는 사람들이 이상하게 서로 결합되어 있는 예를 또 하나 들어 보겠습니다. 현대의 도덕주의자들을 보십시오. 그들은 숫자도 많고 아주 유능하다는 점을 인정하기로 합시다. 더 나아가 그들 중에 아주 선량한 이들이 많다는 점 역시 인정하기로 합시다. 그러나 그들의 관심사는 오직 도덕에만 한정되어 있습니다. 그들은 복음을 믿지 않습니다. 초자연적인 가르침을 믿지 않습니다. 예수와 그의 죽으심에 관한 사실들을 믿지 않습니다. 그렇습니다. 그들은 "우리는 도덕에 관심이 있기 때문에 기독교 신앙의 초자연적인 요소를 거부할 수밖에 없다"고 말합니다.

그러나 제 눈에는 그들 옆에 나란히 서 있는 난봉꾼들이 보입니다. 도덕주의자들만 복음을 거부하는 것이 아닙니다. 나이트클럽 애용자들도 복음을 거부합니다. 탐욕과 정욕과 천박한 욕망에 빠져 사는 사람들도 도덕주의자들과 이구동성으로 복음을 거부합니다.

한 걸음 더 나아가, 전통적인 로마 가톨릭 교도들과 자유주의적

신교도들도 궁극적으로는 똑같은 이유로 이 단순한 복음을 거부하고 있다고 말할 수 있습니다. 분명히 서로 다른 이 무리들, 래스키가 공통점이 거의 없다고 말한 이 사람들에게도 한 가지 공통분모가 있는 것입니다. 복음을 거부한다는 점에서 그들은 하나입니다. 그리스도의 사도들을 박해하고 구원의 복음을 거부한다는 점에서 그들은 하나로 결합되어 있습니다.

따라서 불신앙 그 자체는 새삼스러울 것이 없습니다. 불신앙이 다양한 사람들을 연합시키는 방식도 새삼스러울 것이 없습니다. 또한-아마도 이것이 가장 충격적인 사실일 텐데-불신앙이 복음의 어떤 부분에 반대하는가 하는 부분도 새삼스러울 것이 없습니다. 우리는 20세기에 살고 있는 성인成人들로서 놀라운 지식과 정보를 가지고 있는 사람들이기 때문에, 어떤 것들은 도저히 믿을 수 없다는 것이 그들의 요지입니다. 그러나 사실상 그들은 사도행전에 나오는 사람들이 반대했던 바로 그것을 반대하고 있습니다. "사도들이 백성에게 말할 때에 제사장들과 성전 맡은 자와 사두개인들이 이르러 예수 안에 죽은 자의 부활이 있다고 백성을 가르치고 전함을 싫어하여." 이들이 반대한 가르침이 무엇입니까? 바로 이 사람, 예수에 대한 가르침입니다! 사도들의 핵심적인 증언은 베들레헴에서 태어나 나사렛에서 성장한 이 목수야말로 영원하신 하나님의 아들이라는 것이었습니다. 그것은 엄청난 주장이었습니다. 그들은 "이분은 단순한 인간이 아니었다"고 말했습니다. 베드로는 오순절 날 설교에서 그 점을 상세히 논증했습니다. 요컨대 다음과 같이 말한 것입니다. "다윗은 이분의 영혼이 음부에 버려지지 않을 것이며 육체가 썩음을 당하지 않을 것이라고 예언했습니다. 다윗이 죽었다는 것은 모두가 알고 있는 사실인 만큼, 이 말을 다윗 자신에 대한 예언으로 볼 수는 없습니다. 다윗은 장사되었고, 그 무덤이 지금도 우리 중에 있습니다. 그는 다시 살아나지 못했습니다. 그러나 이분은 살아나셨습니다. 그렇기 때문에 우리가 이분을 하나님의 아들이라고 말하는 것입니다."

또 여러분은 베드로가 성전 미문에서 설교했을 때, 같은 내용을 어떤 식으로 다시 강조했는지 기억하고 있을 것입니다.

> 아브라함과 이삭과 야곱의 하나님 곧 우리 조상의 하나님이 그의 종 예수를 영화롭게 하셨느니라. 너희가 그를 넘겨주고 빌라도가 놓아주기로 결의한 것을 너희가 그 앞에서 거부하였으니 너희가 거룩하고 의로운 이를 거부하고 도리어 살인한 사람을 놓아주기를 구하여 생명의 주를 죽였도다. 그러나 하나님이 죽은 자 가운데서 그를 살리셨으니 우리가 이 일에 증인이라 3:13-15.

그러나 당국자들은 그 말에 반대했습니다. "예수가 하나님의 아들이라고? 터무니없는 소리! 말도 안돼! 하나님이면 하나님이고 인간이면 인간이지, 인간이면서 하나님인 존재가 어떻게 있을 수 있어?" 그들은 예수의 위격位格에 대한 가르침을 반대했습니다. 오늘날 사람들도 이것을 반대합니다. 예수를 한 사람의 스승이자 도덕주의자, 평화주의자로 믿을 마음은 그들도 가지고 있습니다. 즉 한 사람의 인간으로서는 얼마든지 믿겠다는 것입니다. 그러나 예수를 성령이 처녀의 몸에 임하심으로써 잉태된 하나님의 아들, "성령으로 된"마 1:20 하나님의 아들, 위대한 기적을 행한 하나님의 아들로서는 믿을 수 없다는 것입니다. 하나님이자 인간인 분, 한 개체 속에 두 본질을 가진 분으로서는 믿을 수 없다는 것입니다. 하나님의 아들 예수, 이것이 불화의 첫 번째 원인이었습니다.

  두번째로, 당국자들은 나사렛 예수의 죽으심에 관한 베드로의 설교를 집중적으로 반대했습니다. 바울은 고린도 사람들에게 말했습니다. "우리는 십자가에 못박힌 그리스도를 전하니 유대인에게는 거리끼는 것이요 이방인에게는 미련한 것이로되 오직 부르심을 받은 자들에게는 유대인이나 헬라인이나 그리스도는 하나님의 능력이요 하나님의 지혜니라."고전 1:23-24.

  유대인들은 말했습니다. "뭐? 죽은 구세주에 대해 설교한다고? 자기의 죽음으로 구원을 성취한 한 인간에 대해 이야기한다고? 말도 안되는 소리야! 웃기는 얘기로군! 해방자 메시아는 강력한 군사 지도자로 오실 거야. 그는 강하고 능한 분으로 화려한 왕궁에서 태어나 예루살렘 왕의 자리에 앉으실 거야. 그가 세상을 정복하면 이스라엘은 열국의 지도자가 되는 거라고. 메시아는 바로 그런 존재야. 그런데 십자가에서 수치와 모욕을 겪으며 무력하게 죽어간 인간이 하나님의 아들인 구세주라고? 세상에 그런 헛소리가 어디 있어!"

이처럼 십자가와 죽음은 그들에게 치명적인 걸림돌이 되었습니다. 베드로는 성전 미문에서 설교하면서 그리스도의 죽음에 대해 이렇게 이야기했습니다. "[너희가] 생명의 주를 죽였도다.……그러나 하나님이 모든 선지자의 입을 통하여 자기의 그리스도께서 고난받으실 일을 미리 알게 하신 것을 이와 같이 이루셨느니라"행 3:15, 18. 그는 오순절 날에도 예수 그리스도께서 어떻게 죽으셨는지에 대해 이야기했습니다.

> 이스라엘 사람들아, 이 말을 들으라. 너희도 아는 바와 같이 하나님께서 나사렛 예수로 큰 권능과 기사와 표적을 너희 가운데서 베푸사 너희 앞에서 그를 증언하셨느니라. [다음 구절에 주목하십시오.] 그가 하나님께서 정하신 뜻과 미리 아신 대로 내준 바 되었거늘 너희가 법 없는 자들의 손을 빌려 못박아 죽였으나"2:22-23.

이 일이 "하나님의 정하신 뜻과 미리 아신 대로" 이루어졌다는 점을 기억하시기 바랍니다. 십자가에 못박힌 구세주를 통해 구원을 이루시는 것은 하나님이 친히 세우신 계획이었습니다. 그러나 이 말을 들은 유대인들은 대경실색했습니다.

물론 헬라인들이 보기에도 이것은 어리석기 짝이 없는 말이었습니다. 헬라인들은 말했습니다. "세상의 구원은 팔레스타인처럼 작은 땅에 살았던 이름 없고 무식한 목수의 손으로 이루어지는 것이 아니야. 사상가와 철학자의 손으로, 위대한 이론을 제시하는 인물의 손으로 이루어지는 거라고. 그리스 현자들의 위대한 계보를 잇는 인물이라야 위대한 해방을 보장해 줄 수 있는 거지. 그런데 세상을 구원할 사람이 십자가에서 죽었다고? 그야말로 유치한 환상이로군."

사람들은 지금도 이렇게 말하고 있지 않습니까? 현대의 불신자들이 주님의 십자가의 죽음 이상으로 꺼리는 것이 또 있습니까? 그들은 말합니다. "그래, 인물 그 자체와 그의 가르침에는 나도 관심이 있지. 하지만 십자가가 역사의 정점이자 가장 영광스러운 일이라니, 그런 쓰레기 같은 말이 어디 있어! 그건 도덕적이지 못한 일이야. 한 사람이 다른 사람을 위해 죽고, 우리 죄가 그 한 사람에게 전가된다고? 하나님이 정말 그런 일을 하신다면 그야말로 공평치 못한 분이지. 그런 가르침은 감상적인 쓰레기에 불과해."

세번째로, 당국자들은 십자가에서 죽은 이 사람이 다시 살아났다는 말을 특히 듣기 싫어했습니다. "예수 안에 죽은 자의 부활이 있다고 전함을 싫어하여." 사도들은 자신들이 예수께서 죽은 지 사흘째 되던 날 아침에, 문자 그대로 무덤에서 다시 살아나셨다는 사실을 증거하는 증인들이라는 말을 계속해 왔습니다. 물론 현대의 설교자들은 이런 말을 하지 않는다는 것을 저도 잘 알고 있습니다. 이런 말을 하면 사람들이 교회에 오지 않기 때문입니다. 그러나 사도들은 분명히 부활의 사실을 설교했습니다. 그들은 무덤이 비었고 시신이 사라졌다고 말했습니다. 주님은 그들에게 친히 모습을 보이셨습니다. 방 안으로 들어와 말을 거셨습니다. 제자들이 보는 앞에서 구운 생선을 드셨습니다. 제자들에게 말씀하셨습니다. 성령을 불어넣어 주셨습니다. 그리고 하늘로 올라가시는 모습을 보여주셨습니다. 그들은 자신들이 목격한 이 모든 일이 사실이라고 설교했습니다. 그러나 유대 지도자들은 ㄱ 말에 격분했습니다. 사도들을 체포하여 옥에 가두었습니다. 재판에 회부했습니다. 그들은 말했습니다. "부활이라고? 그런 일은 있을 수 없어. 우리 사두개인들은 늘 그렇게 말해 왔지."

사람들은 지금도 그렇게 말하고 있습니다. 그들은 예수의 가르침이 지속적으로 영향을 끼치고 있다는 사실은 믿을 준비가 되어 있습니다. 또 영적인 영역에는 아직도 예수가 존재하고 있어서 우리에게 일정 정도의 영향력을 행사한다는 것을 믿겠다는 사람들도 있습니다. 그럼에도 그들이 내세우는 주장은 "예수와 그의 가르침을 기억하는 일이야말로 진짜 중요한 문제이고 우리가 생각해야 할 문제"라는 것입니다. 그들은 예수가 문자 그대로 부활했다는 말에는 과학적으로 불가능한 일이라며 고개를 젓습니다.

믿음을 비웃는 현대인들은 그리스도의 부활만 거부하는 것이 아니라 기적도 모두 거부합니다. 그뿐 아니라 마지막 심판 때 우리 모두 하나님과 그리스도의 심판 보좌 앞에 서야 한다는 가르침도 거부합니다. 그들은 사두개인처럼 심판과 형벌과 상급이라는 개념 자체를 혐오합니다. 그들은 "종교가 있으면 국가행사가 있을 때나 위대한 인물이 죽었을 때 좋다"고 말하면서, "하지만 하나님이 온 세상을 심판해서 사람들을 천국이나 지옥으로 보낸다는 말은 못 믿겠다. 그것은 지성적이지 못한 생각이야"라고 덧붙입니다. 1세기에 살았던 사람들도 똑같은 말을 했습니다. 현대인의 관점은 사두개인의 관점과 정확히 일치합니다. 이 관점은 이런 식으로 과거부터 굳어져 온 것입니다. 그렇지 않습니까? 이처럼 불신앙에는 새로울 것이 전혀 없습니다. 그러니 여러분이 20세기 사람이기 때문에 그리스도인이 될 수 없다는 말은 이제 그만 하십시오.

이제 두번째 큰 원칙, 우리 모두가 명백히 해야 할 원칙을 살펴보겠습니다. 그것은 신앙이나 불신앙은 지성과 관련된 문제가 아니라는 점입니다. 지금까지 우리는 복음을 거부하는 것은 순전히 현대의 지식을 습득한 결과라는 주장을 살펴보았습니다. 그러나 저는 1세기 사람들도 똑같이 복음을 반대한 것을 볼 때 그런 주장을 할 수 없다는 점을 논증했습니다. 여러분은 "나는 현대과학 때문에 부활을 믿을 수 없어"라고 말합니다. 그러나 유대 지도자들도 자기들이 내세우던 지식 때문에 부활을 믿지 못했습니다. 현대의 지식이 무슨 차이를 만들어 내는 것이 아닙니다. 마찬가지로 지적인 능력이 무슨 차이를 만들어 내는 것이 아닙니다.

그러나 저는 계속해서 논증만 고집할 필요가 없습니다. 제게는 간단한 증거가 있기 때문입니다. 바로 사도 바울입니다. 바울_{원래 이름은 사}울은 바리새인으로 자랐습니다. 그는 학문이 뛰어난 사람이었고 남보다 탁월한 사람이었습니다. 그러나 예수를 믿지 않았습니다. 그는 그 명석하고 박식한 자질로 그리스도의 복음을 미워하는 일에 열심을 다했으며, 그리스도를 믿지도 못하게 하고 전하지도 못하게 하는 일에 최선을 다했습니다. 열정에 불타던 천재, 다소의 사울은 그런 사람이었습니다.

그런데 사울이 다메섹으로 가는 길에 어떤 일이 일어났는지 기억하십니까? 그는 방향을 틀어 자신이 욕하던 바로 그 예수의 사도가 되었습니다. 자신이 조롱하고 거부하던 복음의 구원을 전하는 설교자가 되었습니다. 그렇다고 전과 달라진 것은 없었습니다. 여기에 핵심이 있습니다. 그는 전과 똑같은 지성, 전과 똑같은 천재성, 전과 똑같은 지식, 전과 똑같은 집필 능력을 가진 논리학자였습니다. 다소의 사울이 다메섹 사건을 겪은 후에 일종의 정신질환자나 바보가 되었습니까? 갑자기 미쳐서 제반 기능을 상실했거나, 한쪽 구석에 앉아 불만 멍하니 들여다보고 있는 멍청이가 되어서 다시는 아무 일도 할 수 없게 되었습니까? 만약 그랬다면 무언가 그럴듯한 논의를 펼칠 수도 있을 것입니다. 그러나 이 경우는 그렇지가 않았습니다. 다행히도 우리는 다메섹 사건 이후 이 사람의 상태에 대해 상당히 많은 정보를 가지고 있습니다. 그것을 통해 알 수 있는 것이 무엇입니까? 그의 여러 편지에 나타나는 것은 전과 똑같이 명석한 지성인의 모습, 전과 똑같이 능력 있는 인물의 모습입니다.

이것만 봐도 불신앙과 지성은 아무 상관이 없다는 사실이 명백하지 않습니까? 저는 다른 모든 회심의 사례를 통해서도 동일한 사실을 입증해 보일 수 있습니다. 능력의 측면에서 볼 때 세상에서 가장 위대한 천재들 중에도 그리스도인들이 있다는 사실을 입증해 보일 수 있습니다.

여러분은 말할 것입니다. "하지만 오늘날 사람들을 보십시오. 유능한 사람들 중에는 그리스도인이 없는 것이 확실하지 않습니까?"

그렇지 않습니다. 과학자이면서도 그리스도인인 사람들이 있습니다. 대부분의 계층에서 특출한 재능을 보이는 사람들 중에도 그리스도인들이 있습니다. 불신앙과 지성은 아무 상관이 없습니다. 불신앙과 여러분이 얼마나 많이 아느냐 하는 것은 아무 상관이 없습니다.

그러면 무엇이 사람들을 불신자로 만드는 것입니까? 이것이야말로 중요한 질문이라는 생각이 들지 않습니까? 반복하지만, 래스키는 대부분의 불신자들에게 공통점이 거의 없다고 말합니다. 제각기 다 다른 사람들이라고 말합니다. 겉으로 보면 꽤 질서 있게 모인 사람들 같아도－사두개인, 바리새인, 정치인, 율법학자, 공상가－실제로는 제각기 유형이 다르다는 사실을 그는 간파했습니다. 여러분도 이들을 보면 공통점이 하나도 없다는 생각이 들 것입니다. 그러나 래스키의 진술은 여기에서 더 이상 나아가지 못합니다. 불신자들이 생각을 멈추는 지점, 이해의 한계를 느끼는 지점도 바로 여기입니다. 래스키는 이들에게 공통점이 거의 없다고 말합니다. 하지만 **무언가** 공통점이 있는 것 같지 않습니까? 이들을 연합시키고 있는 공통점이 무엇입니까? 이들을 불신자로 만들고 있는 공통점이 무엇입니까? 1세기에 살았던 사람들을 한데 묶어 놓았던 공통점, 그 후의 사람들을 한데 묶어 놓은 공통점이 무엇입니까?

여기에서 우리는 불신앙의 본질적인 원인에 도달하게 됩니다. 제가 볼 때 그 원인은 열두 절로 이루어진 이 문단에 완벽하게 드러나 있습니다. 사람들은 왜 복음을 거부합니까? 그 답은 전적으로 마음과 영의 상태 때문이라는 것입니다. 불신앙의 원인은 머리에 있지 않습니다. 그보다 더 깊은 데 있습니다. 불신앙의 원인은 인격의 중심부에 있습니다. 느낌의 영역, 감정의 영역에 있습니다. 불신앙은 지식의 문제도, 이해력의 문제도 아닙니다. 그보다 더 근본적인 문제입니다. 여기에 공통분모가 있습니다. 여러분이 알고 있는 음악가나 과학자나 시인이나 다른 재능 있는 사람들을 보십시오. 표면적으로는 전부 다른 유형의 사람들이지만, 지성의 영역에서 보면 복음을 반대한다는 점에서 서로를 묶어 주는 공통의 기반을 가지고 있음을 알게 될 것입니다.

이 점을 어떻게 입증할 수 있겠습니까? 자, 이 말씀을 보십시오. "사도들이 백성에게 말할 때에 제사장들과 성전 맡은 자와 사두개인들이 이르러 예수 안에 죽은 자의 부활이 있다고 백성을 가르치고 전함을 싫어하여……." 이것입니다. 그들은 싫어했습니다. 어떤 이는 이 말을 "아주 심란해했고, 몹시 괴로워하고 불쾌해했으며, 동요되었다"라고 번역했습니다. 이것은 감정의 영역에 속한 상태라는 것이 보이지 않습니까? 오, 저는 사람들이 "나는 불신자야"라고 생각하기를 얼마나 좋아하는지 알고 있습니다. 텔레비전을 볼 기회가 거의 없는 사람도 어떤 형태, 어떤 모습으로든 이런 태도를 접하고 있을 것입니다. 이를테면 대중적인 조간신문 같은 데서 하는 말을 들으면 정말 우습다는 생각이 들지 않습니까? "그리스도인? 그들이 대체 어떤 사람들인가? 감정에 치우친 사람들, 감상주의자들에 불과하다. 느낌의 영역에 갇혀 살면서 감정에 이리저리 좌우되는 사람들인 것이다. 그리스도인들은 차분하게 앉아서 냉정하게 사실을 조사하는 부류의 사람들이 아니다."

그렇다면 불신자들은 어떻습니까? 과학적 성향을 가진 합리적인 존재, 쉽게 동요되지 않는 차분하고 냉정한 존재입니까? 불신자들은 스스로 절대 동요되거나 흔들리지 않는다고 말합니다. 자신들의 올림포스산에 앉아 객관적으로 사실을 보고 냉정하게 판단한다고 말합니다. "나는 믿을 수 없다. 고로 거부한다"고 말합니다. 그러나 그것은 사실이 아닙니다! 성경은 그들이 "싫어"했다고 말합니다. 실제로 현대 불신자들의 글을 읽으면, 항상 자신들의 감정을 드러내고 있음을 알 수 있습니다. 그들은 이런 문제를 다룰 때마다 조롱하거나 비웃거나 놀림감을 삼으려 합니다. 그러나 그렇게 행동하는 순간, 그들은 지성의 영역에서 벗어나 자기 느낌의 지배를 받는 것입니다. 유대 지도자들도 냉정하지 못했습니다. 오히려 그 반대였습니다. 그들은 격렬한 감정을 드러냈습니다.

이 같은 격렬함은 양쪽 모두에 나타나는 특징입니다. 격정 없이 복음을 믿을 수는 없습니다. 차분하고 냉담하고 침착하고 조용한 그리스도인이란 존재할 수 없습니다. 그것은 불가능한 일입니다. 하나님이 진짜 자신의 독생자를 보내 십자가에 죽게까지 하셨다는 것을 믿는 사람이라면 당연히 소리를 지르게 되지 않겠습니까? 그런 사람은 격정에 사로잡히지 않을 수 없습니다. 견딜 수 없이 동요되는 것이 당연합니다. 이처럼 믿는 사람은 격정을 느끼게 되어 있습니다. 믿지 않는 사람도 격정을 느끼게 되어 있습니다. 그렇습니다. 그들은 "싫어"했습니다.

또 유대 지도자들의 말에 담긴 경멸감을 보십시오. 불행히도 흠정역은 이 부분을 강력하게 드러내 주지 못하고 있습니다. 7절을 보십시오. "사도들을 가운데 세우고 묻되 너희가 무슨 권세와 누구의 이름으로 이 일을 행하였느냐." 문자 그대로의 뜻에 가깝게 다시 번역해 보겠습니다. "사도들을 가운데 세우고 묻되 무슨 권세와 누구의 이름으로 이 일을 행하였느냐, 너희가?" 그들은 "너희가"라는 단어로 말을 맺었습니다. 이 말에 담긴 빈정거림과 경멸감과 신랄함이 느껴집니까? 그들은 "너희가?"라고 물었습니다. "**너희가** 이 흥분과 관심의 주인공이란 말인가? 이 사람들이 다른 사람도 아닌 **너희** 말을 들으러 왔단 말인가? **너희가** 대체 뭔데?" 여러분도 이미 알아채셨겠지만, 다시 한번 말씀드리겠습니다. 그들은 차분하고 냉정한 지성으로 말하지 않았습니다. 절대 그렇지 않았습니다. 그들의 말에는 경멸감과 빈정거림과 도발과 조롱이 배어 있었습니다. 불신앙에는 늘 이런 특징이 나타납니다. 이것은 단순히 불쾌함의 문제가 아닙니다. 그보다 깊은 것, 더 근본적인 것입니다. 이것은 격정의 문제입니다.

여하튼 분석을 계속해 보겠습니다. 유대 지도자들이 이렇게 했던 이유가 무엇입니까? 그 답이 오늘 본문의 표면에 그대로 드러나 있습니다. 그들은 자존심에 상처를 입었습니다. 그들이 악의라고는 전혀 없는 이 두 사람을 체포해서 옥에 가두고 재판에 회부한 이유가 무엇입니까? 그 답은 이 두 사람이 그들의 권위를 위협했기 때문이라는 것입니다. 그들은 나라의 지도자들이었습니다. 사두개인, 바리새인, 서기관, 헤롯당, 성전 맡은 자는 사회 최상층 인사들로, 일반 대중들이 늘 올려다보던 사람들이었습니다. 이 지도자들은 자칭 사도라는 이 두 사람의 존재를 참을 수가 없었습니다. 이 두 사람은 선생으로서 자신들이 차지하고 있던 전반적인 지위와 평판을 위협하고 있었습니다. 자신들은 부활이 없다고 늘 말해 왔는데, 예수가 죽은 자 가운데서 부활했다는 설교를 듣게 되었을 때 사두개인들의 심정이 어땠을지 상상해 보십시오.

바로 이 지점에 격정이 개입됩니다. 현대인들은 과학이 우주를 완전하게 설명해 주며, 만물은 과학이 규정한 범위와 한계 안에 속해 있다고 믿습니다. 그런데 갑자기 복음이 침입해서 그 믿음을 송두리째 흔들기 시작합니다. 복음은 기적과 동정녀 탄생, 두 본질을 한몸에 지닌 인간의 존재, 능력의 나타남, 부활, 승천을 이야기합니다. 이에 대한 사람들의 반응은 "말도 안돼! 그런 일은 있을 수 없어!"라는 것입니다. 왜 그렇습니까? 복음이 자신들을 바보로 만들어 버리기 때문입니다. 자신들의 가르침을 전면적으로 부인하기 때문입니다. 이것이 초기의 당국자들이 느낀 감정이었습니다. 그들은 사도들이 죽은 자 가운데서 부활하신 예수를 통해 설교하며 가르치는 것에 질투를 느꼈습니다. 예루살렘 전체가 이들의 말을 듣고자 몰려들었습니다. 고작 이런 사람들의 말을 들으려고 그 많은 백성들이 모여든 것입니다! 모든 사람이 기존의 권위를 무시한 채, 하찮은 범인들 주제에 권위 있는 척 열변을 토하는 이들에게 귀를 기울이고 있었습니다. 그것은 있을 수 없는 일이었습니다!

이렇게 질투하는 사람들은 항상 있었습니다. 그리스 철학자들이 복음과 예수 그리스도를 불쾌히 여긴 것은 조금도 놀랄 일이 아닙니다. 세상은 항상 그들의 발치에 앉아 지혜를 구했습니다. 그런데 어느 날 갑자기 지적인 훈련이라고는 전혀 받은 적도 없는 목수가 한 명 나타나더니 "나는 세상의 빛이다", "나는 길이요 진리요 생명이다"라고 주장하기 시작한 것입니다. 그것을 인정한다면, 자신들의 권위와 위엄과 지위는 이제 어디에서 찾을 수 있겠습니까?

공정하게 말해 봅시다. 기독교가 하나의 종교로 전락했을 때, 기독교도 그들과 똑같이 행동했습니다. 중세시대에 이르러 로마 가톨릭 교회는 기독교를 하나의 종교로 변질시켜 버렸고, 그 결과 마르틴 루터 같은 사람이 등장하게 되었습니다. 그러자 당국자들은 그를 공격하며 침묵시키려 했습니다. "이자가 대체 뭔데 15세기 동안이나 내려온 가르침에 반항하는 것인가?"

종교 지도자들이 번갈아 가며 같은 짓을 했다는 사실은 여러분도 잘 알 것입니다. 로마 가톨릭은 유럽에서 개신교를 종식시키려 했고, 초기 영국 성공회를 종식시키려 했습니다. 그러나 그다음에는 영국 성공회가 청교도를 탄압했고, 오늘날 공식 조직들은 자신들의 인증을 받지 않고 그들의 권위에 기대지 않는 모든 사람들을 침묵시키려 하고 있습니다. 이것은 전부 자존심에서 나온 일이고 질투와 시기에서 나온 일입니다. **자신들이** 가르친 적이 없는데 어떻게 선생이 될 수 있느냐는 것입니다. **자신들이** 권위를 부여한 적이 없는데 무슨 권위로 가르치느냐는 것입니다. 이것이 불신앙을 낳는 핵심 원인입니다. 불신앙의 원인은 머리에 있지 않습니다. 그보다 더 깊은 곳에 있습니다. 여러분은 "지성인은 구닥다리 복음을 믿지 않는다"고 말합니다. 그러나 그것은 자존심에서 나온 말입니다. 자만심에서 나온 말입니다. 격정과 경멸감으로 하는 말입니다. 그것은 지각 있는 말도 아니고, 지식에서 나온 말도 아닙니다. 여러분은 스스로 권위 있는 자리에 있다고 느끼고 있는데, 복음이 그것을 박살 내려고 하는 것 같아 미워하고 거부하는 것일 뿐입니다.

불신앙이 얼마나 옹졸한지 보십시오. 저는 여러분이 정말 지각을 가지고 보기만 한다면 불신앙이 얼마나 치사한지 금방 알 수 있다는 것을 보여드리고 싶습니다. 사도행전에 나오는 이 사람들을 보십시오. 눈에 확 띄는 기적이 지금 막 일어났습니다. 평생 한번도 걸어 본 적이 없던 사람이 걸을 뿐 아니라 뛰기도 하면서 하나님을 찬송하고 있습니다. 그야말로 놀라운 일이요 엄청난 구원의 역사가 아닐 수 없습니다. 그런데 이 사람들이 뭐라고 말하는지 들어 보십시오. "사도들을 가운데 세우고 묻되 너희가 무슨 권세와 누구의 이름으로 이 일을 행하였느냐. 이에 베드로가 성령이 충만하여 이르되 백성의 관리들과 장로들아, 만일 병자에게 행한 착한 일에 대하여 이 사람이 어떻게 구원을 받았느냐고 오늘 우리에게 질문한다면……." 이 당국자들의 심리 상태를 알겠습니까? 저는 이것이 불신앙에 항상 나타나는 특징임을 말씀드리고 싶습니다. 불신앙은 아주 옹졸하며 아주 편협합니다. 불신앙은 영광스러운 기적 자체는 보지 못한 채, 그 기적을 행한 주체의 권위에만 관심을 갖습니다. "무슨 권세와 누구의 이름으로 이 일을 행하였는가? 너희 권위의 근거가 무엇인가? 어떤 규정을 근거로 이런 일 할 권한을 얻은 것인가?" 이처럼 불신앙은 위대한 사실에는 관심이 없고 자격에만 관심이 있습니다! 불신자들은 계속해서 검열을 하며 말합니다. "학위가 뭐지? 어떤 학교를 나왔지? 어디에서 훈련받았지? 어디에서 권위를 부여받았지?" 그러다가 자기 눈앞에서 일어나는 기적을 놓쳐 버립니다.

불행히도 이런 태도는 오늘날에도 나타나고 있습니다. 사람들은 세상이 절박한 필요에 직면해 있다고 말합니다. "이때 교회가 연합하지 못한다는 것은 가장 큰 비극이다. 그러므로 우리는 공동의 적에 맞서 싸우기 위해 힘을 합쳐야 한다"고 말합니다. 그리고 연이어 이렇게 덧붙입니다. "그러므로 감독제도를 받아들여야 한다. 당신은 안수를 받았는가?" 그 사람이 성령과 불로 설교할 수 있다는 사실은 전혀 중요치 않습니다. 그의 사역으로 수백 명이 회심할 수 있다는 사실도 전혀 중요치 않습니다. 그들이 묻는 것은 이것뿐입니다. "그는 목회자 안수를 받았는가? 그가 가진 권위의 근거는 무엇인가? 그가 가진 권한의 근거는 무엇인가? 그는 규정에 맞는 인물인가? 우리가 인정하는 학교과정을 이수한 인물인가?" 불신앙의 비극은 바로 이처럼 영광스러운 사실은 보지 못한 채 사소한 율법주의에 얽매여 부수적인 것에만 관심을 기울인다는 것입니다.

마지막으로, 불신앙이 얼마나 불합리한지 보십시오. 사도들이 걷지 못하던 자의 머리라도 때렸다면 당국자들이 옥에 가둔 것도 그러려니 할 수 있습니다. 그런데 때리기는커녕 고쳐 주었다고 옥에 가둔 것입니다! 사람이 어떻게 그럴 수 있습니까? 답은 한 가지입니다. 그처럼 앞뒤 꽉 막힌 맹목성은 편견에서 나오게 마련입니다. 인간의 본질에는 악의적인 무엇인가가 있습니다. 그것은 죄가 인류에 끼친 영향 때문인데, 그 결과 사람들은 왜곡되어 악을 좋아하고 선을 미워하게 되었다고 성경은 말합니다. 바로 이것이 불신자들이 지금 이 순간에도 겪고 있는 비극입니다.

02 불신앙의 특징

03
어리석고 허망한 건축자들

이 예수는 너희 건축자들의 버린 돌로서 집 모퉁이의 머릿돌이 되었느니라.

사도행전 4:11

이 세상에 살고 있는 우리 모두에게 꼭 필요한 한 가지 일은, 복음을 알고 그 능력을 느끼는 것입니다. 제가 이런 말을 하는 것은 교회사에 일종의 골동품 애호가식의 관심을 가지고 있기 때문이 아닙니다. 그러기에는 삶의 문제가 너무나 절박합니다. 제가 교회사에 관심을 갖는 것은 저도 여러분처럼 삶의 한복판에 서 있기 때문입니다. 우리는 모두 오늘 이곳에서 살다가 내일이면 사라져 버릴 사람들입니다. 이런 문제들에 단순히 학문적이고 이론적이며 일시적인 관심을 쏟을 수 없을 만큼 긴박하고 중대한 결정을 내려야 할 처지에 놓여 있습니다. 우리는 모두 하나님과 영원한 심판에 직면해 있는 산 영들입니다. 그러므로 우리를 도와줄 수 있는 유일한 메시지는 이것입니다.

제가 보기에 불신앙보다 더 큰 비극은 없습니다. 세상에서 가장 큰 비극은 핵폭탄이라고 생각하는 사람들이 있습니다만, 핵폭탄보다 훨씬 더 큰 비극이 있습니다. 그것은 핵폭탄을 만들게 하는 무엇인가가 사람 속에 있다는 사실입니다. 그런데 사람들은 이 부분을 피상적으로 지나쳐 버립니다. 이것은 정치인에게만 해당하는 말이 아니라, 항상 정치인처럼 말하는 교회 내 인사들에게도 해당하는 말입니다. 사실은 교회 내 인사들의 죄가 훨씬 더 큽니다. 우리가 던져야 할 질문은 "사람들이 무엇을 하느냐"가 아니라 "왜 그것을 하느냐"입니다. 이 질문을 던지는 것이 복음이 하는 일입니다.

세상이 지금과 같은 불행과 곤란에 빠져 있는 이유는 순전히 이 복음을 거부한 데 있습니다. 개인도 마찬가지입니다. 지금 극심한 곤란에 빠져 있습니까? 수치를 당했습니까? 낙심했습니까? 실망했습니까? 실패했습니까? 그것은 모두 구원과 해방의 복음을 믿지 않은 탓입니다. 우리가 불신앙의 무서운 상태에 유의하는 이유가 여기 있습니다. 제가 이 모든 이야기를 하는 이유는 오직 하나입니다. 제가 단지 쓰러뜨리려는 목적 하나로 목표물을 설정했다고는 생각지 마시기 바랍니다. 저는 그럴 시간도, 여력도 없습니다. 그렇습니다. 제가 이 설교를 하는 것은 믿지 않는 사람들에게 안타까움을 느끼기 때문입니다. 제 눈에는 그들이 어떤 사람들이며 지금 무엇을 하고 있는지가 보입니다. 그러나 그들의 눈에는 보이지 않습니다. 따라서 저에게는 그들의 눈을 열어 줄 의무가 있습니다.

저는 지금 베드로가 했던 일을 하고자 애쓰는 중입니다. 베드로는 당국자들에게 사실 이같이 말했습니다. "정말 알고 싶다면 말해 주겠습니다. 당신들은 우리가 무슨 권위와 능력으로 이 앉은뱅이를 고쳤는지 알고 싶다고 했습니다. 그 답은 당신들이 거부한 바로 그분이 이 일을 하셨다는 것입니다. 지금 당신들이 무슨 짓을 하고 있는지 정말 모르겠습니까?" 베드로는 그들의 영혼을 염려했습니다. 그는 단순히 복수하려는 마음으로 이 말을 한 것이 아닙니다. 똑똑한 척하려고 이 말을 한 것도 아닙니다. 베드로와 요한은 재판에 회부된 상태로, 무슨 짓이든 할 수 있는 이 당국자들의 손에 자기들의 목숨이 달려 있다는 사실을 알고 있었습니다. 베드로는 연기를 하고 있는 것이 아니었습니다. 그는 진실을 말하고 있었고, 그들이 이 진실을 이해하기를 바랐습니다. 제가 지금 이 구절에 여러분의 주의를 환기시키는 것은, 지금까지 복음을 거부하던 사람들도 성령의 축복을 받으면 자신들이 지금 무슨 짓을 하고 있는지 정확하게 볼 수 있으리라는 희망 때문입니다.

여기에 성경의 두드러진 특징이 있습니다. 성경은 시대를 초월합니다. 성경은 모든 세대에 해당됩니다. 다른 책에 대해서는 이런 말을 할 수가 없습니다. 물론 자기 어리석음에 빠져 있는 사람들은 정반대로 말합니다. 그렇지 않습니까? 현대인들은 성경을 읽지 않습니다. 그들은 성경에 대해 "구닥다리! 시대에 뒤떨어졌어!"라고 말합니다. 그러나 현대에 쓰여진 책들이야말로 시간이 지나면 시대에 뒤떨어져 버립니다. 그렇기 때문에 과학서적들이 계속해서 개정되는 것입니다. 40년 전에 주요 교과서로 쓰이던 책들이 이제는 거의 모두 무용지물이 되어 버렸습니다. 그러나 성경은 시대에 매이지 않습니다. 성경은 역사책인 동시에 죄에 빠진 인간의 마음 상태를 보여주는 책입니다. 성경은 타락 이후 인간에 관한 진실을 말해 줍니다. 우리가 살펴본 대로 사도행전에 나오는 이 사람들에게 해당되는 진실은 오늘날 복음을 믿지 않는 모든 사람에게도 똑같이 해당됩니다. 우리가 이처럼 함께 이 구절을 살펴보는 것은, 앞서 말씀드렸듯이 사람은 자기 잘못보다 남의 잘못을 더 쉽게 알아보기 때문입니다.

자, 지금까지 불신앙의 본질을 살펴보았으니 이제 한 걸음 더 나아가 보겠습니다. 저는 11절을 고찰하면서 불신앙의 좀더 깊은 측면 두 가지를 밝히고자 합니다. 그것은 불신앙의 어리석음과 허망함입니다.

베드로는 시편 118편을 약간 수정해 인용하면서 이 두 요소를 보여주고 있습니다. 이 인용문의 핵심 단어는 "건축자들"입니다. "이 예수는 너희 **건축자들**의 버린 돌로서." 지금 베드로는 이스라엘의 최고 주요인사들인 서기관, 제사장, 대제사장, 사두개인, 정치인들에게 말하고 있다는 사실을 기억하십시오. 그들은 산헤드린의 구성원들이었습니다. 그들은 "건축자들"이었고 지도자들이었습니다. 사도는 이보다 더 적절한 인용구절을 찾을 수 없었습니다.

이 비유가 마음에 들지 모르겠지만, 인류가 직면한 문제는 우리가 거할 성을 짓는 문제라고 말할 수 있습니다. 이것은 문명의 의미와도 같습니다. 사람들은 스스로 성을 지을 수 있노라 확신합니다. 그러나 하나님의 계획은 따로 있습니다. 하나님은 지금 친히 성을 짓고 계십니다. 우리가 시편 118편의 인용문을 통해 고찰하려는 것도 이 둘의 갈등입니다. 베드로는 하나님께서 늘 이런 건축자들을 비웃으셨으며 앞으로도 비웃으시리라는 것을 보여주기 위해 이 구절을 인용하고 있습니다. 만약 이것이 그 당시에 적절한 말이었다면, 오늘날에도 당연히 적절합니다. 저는 이 한 문장에서 현대의 전반적인 문제를 보게 됩니다. 이것은 현대인들을 가장 직접적으로 겨냥하고 있는 말씀입니다.

우선 여기 제시되어 있는 순서대로 불신앙의 어리석음부터 살펴보겠습니다. 성경에는 불신자들에 대한 말씀이 많이 나옵니다. 성경은 그들이 과녁에서 벗어났으며, 하나님을 모독했다고 말합니다. 그러나 성경이 가장 자주 말하는 바는 결국 그들이 어리석다는 것입니다. "**어리석은 자**는 그의 마음에 이르기를 하나님이 없다 하는도다"시 14:1; 53:1. 주님께서도 부자에 대한 비유에서 같은 말씀을 하셨습니다. 그 부자는 자기 삶을 훌륭히 정비해 놓고 자축했습니다. 그는 곳간이 넘칠 정도로 많은 곡식을 수확하자 더 큰 곳간을 지으려고 했습니다. 그는 오늘날 성공을 거둔 사람들의 전형이었습니다. 그러나 하나님은 말씀하셨습니다. "어리석은 자여, 오늘 밤에 네 영혼을 도로 찾으리니"눅 12:20. 이처럼 죄인과 불신자는 그 어떤 사람들보다 어리석은 자들입니다.

성경은 단순히 불신자는 어리석다고 말하는 데 그치지 않고, 그들이 얼마나 어리석은지 증명까지 해주고 있습니다. 성경은 이 어리석음이 특별히 자기기만의 형태로 나타난다는 것을 보여줍니다. 어떤 사람이 남에게 속는 것을 보면서 여러분은 "이해력이 부족한가 봐", "신중하지 못하네"라고 말합니다. 그러나 진짜 어리석은 사람은 자기 자신에게 속는 사람입니다. "건축자들"이라는 말이 보여주듯이 이것이야말로 불신자들이 안고 있는 본질적인 문제입니다. 베드로는 "당신들은 스스로 건축자로 여기고 있습니다. 자랑스럽게 자신을 건축자로 묘사하고 있습니다. 그러나 실제로 당신들이 저지른 짓은 예수를 버린 것입니다"라고 말합니다. "이 예수는 너희 건축자들의 버린 돌로서."

지금 베드로는 주 예수 그리스도를 거부한 사람들에게 말하고 있다는 사실을 기억하십시오. 하나님의 아들이 그들 가운데 나타나셨습니다. 그들은 그의 복된 얼굴을 보았고, 은혜로운 말씀을 들었으며, 그가 행하신 기적을 목격했고, 그가 십자가에서 죽어가는 모습을 보았습니다. 그런데도 그들은 그를 욕하고 거부하며 등을 돌렸습니다. 그들은 편견으로 눈이 멀어 영광과 기적을 보지 못했습니다. 게다가 복음은 틀렸고 자신들이 옳다는 생각 때문에 이제는 그 제자들까지 박해하고 있었습니다. 그런 자들이 자칭 건축자들이었습니다!

그러나 사도는 그들의 어리석음을 폭로했습니다. 그들이 자기기만의 죄에 빠져 있음을 보여주었습니다. 그들이 자기 자신을 제대로 판별하지 못하는 무능한 감식가들이라는 사실을 밝힘으로써 그 어리석음을 폭로했습니다. 그들은 스스로 이름표를 달고 다녔습니다. "우리는 건축자들이다. 우리는 지각이 있는 사람들이다"라고 자부했습니다. 그러나 베드로는 이러한 저들의 평가가 전적으로 그른 것임을 보여주었습니다.

어떻게 보여주었습니까? 그들이 지적 자부심을 품는 죄를 범하였음을 밝힘으로써 보여주었습니다. 왜 그들은 자칭 건축자라고 했습니까? 자신들의 문제를 스스로 해결할 수 있다는 자신이 있었기 때문입니다. 그들은 일반 사람들에게 말했습니다. "자, 상황은 이렇다. 우리는 성을 세워야 한다. 지금까지는 모든 것이 혼란스러웠고 갈등과 혼동이 있었다. 이제 우리는 완벽한 사회를 세워야 한다. 우리는 그렇게 할 수 있다. 우리에게는 계획도 있고 설계서도 있다. 우리는 이 일을 능히 할 수 있는 사람들이다. 우리는 건축자들이다. 우리 말을 들어라."

여기에서부터 잘못된 자기 확신이 생겨난 것입니다. 그들의 자부심에는 끝이 없었습니다. 그들은 스스로 상황을 헤쳐 나갈 수 있다고 생각했을 뿐 아니라 인간은 지각이 있는 존재여서 해결하지 못할 문제가 없다고 주장했습니다.

이것이야말로 현대인들이 기독교 신앙을 거부하는 원인의 뿌리가 되는 생각 아닙니까? 사람들은 우리가 실험을 통해 보고, 입증하고, 증명하고, 확인한 것만을 믿는 과학의 시대에 살고 있다고 말하고 있습니다. 그렇지 않습니까? 현대인들은 그렇게 할 수 없는 것은 아예 믿을 생각을 하지 않습니다. 그들은 "인간 정신은 모든 진리를 포괄할 수 있다"고 말합니다. 초자연적인 것이나 기적적인 것에 대해서도 "우리는 그렇게 이해되지 않는 일은 믿지 않는다. 그것은 우리의 지식체계에 맞지 않는다"라고 대꾸합니다. 그들은 건축자들로서 자신들의 지성을 확신하고 있습니다. 그들은 "인간이 우주의 중심이다. 인간 지식의 범위 밖에 있는 것은 없다"고 말합니다. 그렇기 때문에 그들에게는 신비를 말하면 안됩니다. 초자연적인 개입을 말해서도 안됩니다. 자연법칙과 별개로 행하시는 하나님의 역사를 이야기해서도 안됩니다. 그들은 이런 말을 참고 듣지 못합니다. 인간! 그들은 모든 것을 제 앞에 놓고 봐야 직성이 풀리는 존재이며, 모든 것을 자기 정신 안에 쓸어 담아야 직성이 풀리는 존재입니다. 이런 자들이 바로 건축자들입니다!

너무 희화화된 묘사 같습니까? 사실은 그렇지 않습니다. 이것이 기독교 신앙에 대한 현대인의 태도를 정확히 서술한 말이라는 데 여러분도 동의할 것입니다. 그들은 자신들이 다루지 못할 문제는 없다고 주장합니다. 자신들은 하나님을 포함한 모든 것을 평가할 능력을 가지고 있다고 주장합니다. 또 모든 것이 자신들의 해부와 분석을 기다리고 있다고 말합니다. 그들은 감식가의 자리에 앉아 있습니다. 이런 자들이 바로 건축자들입니다!

여러분도 아시겠지만, 사람들은 이처럼 자기 자신을 오해함으로써 그 어리석음을 드러냅니다. 그들은 인류가 어려움에 처해 있다는 사실은 인정하지만, 자신들이 그 상황을 바로잡을 수 있다고 자신합니다. 자신들은 능력과 두뇌와 지식과 자신감을 가지고 있기 때문에 어떤 문제든지 해결할 수 있다는 것입니다. 이처럼 그들은 자신들에게 치료법이 있다는 이유로 복음을 거부합니다. 그렇다면 이제 남은 일은 무엇입니까? 이성만 적용하면 됩니다. 사람들의 손에 문제만 맡겨 놓으면 됩니다. 인간은 멋진 존재이자 굉장한 지성을 지닌 존재이므로 어떤 죄가 어떤 악한 영향을 끼치는지 설명하고 보여주기만 하면 더 이상 같은 죄를 짓지 않는다는 것입니다. 다량의 알코올이 얼마나 해로운지, 통계적으로 입증해 주기만 하면 더 이상 과음하지 않는다는 것입니다. 성적 방종의 결과만 보여주면 당장 그 짓을 그만둔다는 것입니다. 이 이성적인 동물에게 호소만 하면 만사가 해결된다는 것입니다!

그러므로 도덕을 설교하고 윤리를 주입하라는 것이 그들의 주장입니다. 사회적 이상을 가르치라는 것입니다. 20세기의 철학과 사상을 소개하라는 것입니다. 한마디로 교육을 하라는 것입니다! 이것이 사람들에게 필요한 전부라는 것입니다. 일단 교육만 시켜 놓으면 더 이상 지나친 죄는 짓지 않는다는 것입니다. 일단 교육만 시켜 놓으면 서로 죽여서 문제를 해결하려 드는 것이 얼마나 우스운 짓인지 깨닫고 전쟁을 추방해 버린다는 것입니다. 이렇게 하면 서로 연맹을 맺은 국가들-국제연맹이라고 불러도 좋고 국제연합이라고 불러도 좋습니다-사이에서 전쟁을 종식시킬 수 있다는 것입니다. 사람들은 이런 일이 가능하다고 굳게 확신하고 있습니다. 그들은 자신감에 넘쳐서 말합니다. "초자연적인 것을 말하지 말라. 그런 것은 우리한테 필요 없다. 인간은 이성적인 존재이므로 이성을 통해 세상을 정비할 것이다."

모두가 현재 모든 인본주의자들이 내세우는 주장 아닙니까? 그들은 스스로 사태를 진단할 능력과 적절한 해결책을 마련할 능력을 가지고 있다고 자신합니다. 그러나 저는 이 모든 것을 순전한 과대평가라는 말로 요약하고자 합니다. 그들은 건축자들입니다! 그들이 인간성을 얼마나 강조해 놓았는지 하나님의 자리를 대체해 버렸습니다. 이것은 자기기만의 표출방식입니다.

그러나 여러분, 아직 이야기가 남았습니다. 사람들은 똑같은 어리석음을 다른 방식으로도 표출하는데, 그것이 자기기만의 또 다른 측면입니다. 사람들은 자기 자신만 제대로 판별하지 못하는 무능한 감식가가 아니라 돌도 제대로 판별하지 못하는 무능한 감식가입니다! 건축자라면 누구나 적합한 돌을 찾고 싶어하지 않겠습니까! 특히 가장 큰 벽들을 지탱하고 결합시켜 주며 건물을 받치는 토대가 되는 큰 머릿돌을 찾고 싶어할 것입니다. 머릿돌! 건축자라면 당연히 이런 돌을 알아보는 안목이 있어야 합니다. 아마추어는 물론 이런 것을 알지도 못하고 이해하지도 못하지만, 건축자라면 당연히 압력과 변형력, 중량과 버팀대에 대한 지식이 있게 마련입니다. 그들은 돌에 관한 한 전문가들입니다. 건축자에게 알맞은 돌을 내놓아 보십시오. 아마 펄쩍

뛰며 좋아할 것입니다. "바로 이거야" 하고 반갑게 소리칠 것입니다.

그러나 성경의 가르침에 따르면, 이 종교 지도자들은 그렇게 하지도 않았고 그렇게 할 수도 없었습니다. "이 예수는 너희 건축자들의 버린 돌로서." 그들은 그 돌을 거부했습니다. 말하자면 큰 돌이 제 발로 굴러 왔는데도 무시하고 외면해 버린 것입니다. 그들은 "쓸모없는 돌이야. 방해만 되니까 내다 버려"라고 말했습니다.

이것이 사복음서가 그리고 있는 비극이며, 사도행전 중에서도 특히 앞부분에 자주 나타나는 비극입니다. 여기에서도 돌 이야기를 하고 있는 베드로는 나중에 서신서에서도 또 한번 돌 이야기를 합니다 벧전 2:4, 6. 그가 하려는 이야기가 무엇입니까? 그렇습니다. 그는 나사렛 예수 이야기를 하려는 것입니다. 팔레스타인에 있는 자신들의 땅에 갑자기 나타난 복되신 존재, 마구간에서 태어나 열두 살에 성전의 율법학자들을 당황케 만들었고, 서른 살에 놀라운 설교자이자 선생이 되어 기적을 행하신 나사렛 예수의 이야기를 하려는 것입니다. 그런데 이 전문가들, 종교 지도자, 바리새인, 정치인, 사두개인, 율법학자, 대제사장, 지도급 인사들은 예수를 보고 "이 사람은 배우지 아니하였거늘 어떻게 글을 아느냐"요 7:15, "무슨 권위로 이런 일을 하느냐"막 11:28 라고 물었습니다. 사도 바울은 고린도전서 2:8에서 "이 지혜는 이 세대의 통치자들이 한 사람도 알지 못하였나니 만일 알았더라면 영광의 주를 십자가에 못박지 아니하였으리라"는 말로 이런 태도를 간단히 요약하고 있습니다.

좋은 건축자를 검증하는 방법은 다음과 같이 묻는 것입니다. 그는 견고하고 내구성이 있어서 압력과 변형력을 견딜 만한 자재를 고를 줄 아는 사람입니까? 자칭 "건축자들"이었던 이 유대 지도자들은 자신들의 세계와 문명을 세울 크고 훌륭한 자재를 원하면서도 하나님의 아들을 거부했습니다. 문제를 해결할 수 있는 유일한 분, 해답을 줄 수 있는 유일한 분이 바로 눈앞에 계시는데도 비웃고 조롱하며 거부해 버렸습니다. 이것이야말로 역사상 최고의 비극이 아니고 무엇이겠습니까!

유대 지도자들은 나사렛 예수와 그의 가르침을 거부했을 뿐 아니라 예수의 죽으심에 대한 사도들의 가르침 또한 어리석기 짝이 없는 것으로 치부했습니다. "유대인에게는 거리끼는 것이요 이방인에게는 미련한 것이로되"고전 1:23. 그들은 십자가에서 죽은 사람이 세상의 구주가 될 수 있다는 생각 자체를 우습게 여겼습니다. 그것은 괴상하고 우스꽝스러운 일이라고 생각했습니다! 그들은 말했습니다. "예수의 피라고? 쓸데없는 소리!"

사람들은 지금도 이렇게 말하면서 하나님의 구원방법을 거부하고 있습니다. 사람들이 복음의 어떤 부분에 반대하는지 살펴보면 흥미롭지 않습니까? 바로 이 지점에서 건축자들의 정체가 드러납니다. 오늘날 완벽한 인간 예수는 믿지만 "하나님의 아들"이라는 말에는 질색하는 사람들이 많이 있습니다. 그들은 예수의 도덕적 가르침은 받아들이면서도 그가 행한 기적은 받아들이지 않습니다. 그들에게 예수가 평화주의자로서 죽었고, 세상이 그를 이해하지 못해서 부당하게도 그를 죽이는 비극을 연출했다고 말하면 아마 믿을 것입니다. 그들도 거기까지는 괜찮게 생각할 것입니다. 아니, 괜찮게 생각하는 정도가 아니라 아름답고 놀라운 무언가가 있다고까지 여길 것입니다. 그러나 하나님께서 "우리 모두의 죄악을 그에게 담당시키셨"다고 말하면사 53:6 "그것은 모욕적이고 비도덕적인 일"이라며 발끈할 것입니다. 또 "그가 채찍에 맞으므로 우리는 나음을 받았"다고 말하면사 53:5 욕설을 퍼부으며 싫어할 것입니다. 그는 중생의 교리를 가르치셨으며, 그가 오신 것은 단순히 사람들을 가르쳐 개선시키기 위한 것이 아니라 성령으로 말미암아 위로부터 태어나게 하심으로-거듭나게 하심으로-새 생명을 주시기 위해서라고 말하면 이를 갈며 자신들을 모욕하지 말라고 덤벼들 것입니다. "우리가 그 정도로 악하단 말인가?" 하고 반발할 것입니다.

사람들은 이런 교리에 반대합니다. 사람들은 이런 교리를 설교할 때 욕을 합니다. 중생, 신생新生, 우리 안에 거하는 성령의 능력이라는 진리와 부닥칠 때, 건축자들은 성을 세우고 싶어하는 자신들에게 제

03
어리석고 허망한 건축자들

공된 돌조차 제대로 알아보지 못하는 무능한 감식가들이라는 사실을 은연중에 드러내게 되어 있습니다.

마지막으로, 이 건축자들이 사기꾼이라는 사실을 폭로하는 주체는 바로 일반 백성들입니다. 사도행전 4:4을 보십시오. 아주 흥미로운 이야기가 나옵니다. 3절은 "[당국자들이] 그들을 잡으매 날이 이미 저물었으므로 이튿날까지 가두었으나"라고 말합니다. 연이어 4절은 "말씀을 들은 사람 중에 믿는 자가 많으니 남자의 수가 약 오천이나 되었더라"고 되어 있습니다. 이것은 놀라운 일입니다. 사도 바울도 고린도에서 같은 현상을 보았습니다. "이 세상에서 지혜 있는 줄로 생각하"는 자리야말로 실상은 그 어리석음이 드러나는 자리입니다^{고전 3:18}.

주님도 세상이 자신을 거부할 것이라고 가르치셨습니다. 두 아들을 둔 아버지의 비유에서, 아버지는 아들들에게 포도원에 가서 일하라고 이릅니다. 한 아들은 "싫어요"라고 했다가 나중에 뉘우치고 포도원에 갔습니다. 다른 아들은 "갈게요" 해놓고는 끝내 가지 않았습니다. 주님은 비유를 마치면서 물으셨습니다. "그 둘 중의 누가 아버지의 뜻대로 하였느냐." 그러자 청중이 대답했습니다. "둘째 아들이니이다."

> 예수께서 그들에게 이르시되 내가 진실로 너희에게 이르노니 세리들과 창녀들이 너희보다 먼저 하나님의 나라에 들어가리라. 요한이 의의 도로 너희에게 왔거늘 너희는 그를 믿지 아니하였으되 세리와 창녀는 믿었으며 너희는 이것을 보고도 끝내 뉘우쳐 믿지 아니하였도다^{마 21:31-32}.

당국자들은 하나님 나라에 들어가기를 거부하며 밖에 머문 반면, 세리와 창녀들은 하나님 나라로 몰려들어 갔습니다. 같은 현상이 오늘 사도행전에서도 반복되고 있습니다.

사도 바울은 이처럼 "지혜롭고 슬기 있는 자들"이 오히려 복음을 거부한다는 사실을 고린도 교인들에게 일깨워 주고 있습니다.

> 형제들아, 너희를 부르심을 보라. 육체를 따라 지혜로운 자가 많지 아니하며 능한 자가 많지 아니하며 문벌 좋은 자가 많지 아니하도다. 그러나 하나님께서 세상의 미련한 것들을 택하사 지혜 있는 자들을 부끄럽게 하려 하시고 세상의 약한 것들을 택하사 강한 것들을 부끄럽게 하려 하시며 하나님께서 세상의 천한 것들과 멸시받는 것들과 없는 것들을 택하사 있는 것들을 폐하려 하시나니 고전 1:26-28.

이것이 지금까지 계속되어 온 교회와 기독교 신앙의 놀라운 역사입니다. 이 세상 지혜가 할 수 없었던 일을 그리스도의 복음이 해냈습니다. 지혜롭고 슬기 있는 자들은 밖에 있기를 고집하면서 비판하고 멸시하며 부끄러운 죄의 삶을 살다가 희망 없이 죽어간 반면, 단순하고 무식하고 평범한 사람들, 밑바닥 인생을 살던 사람들은 하나님 나라에 들어와 성도가 되었으며 승리의 기쁨 속에 죽었습니다. 오, 건축자들의 어리석음이여! 스스로 안다고 생각하는 자들, 이해한다고 생각하는 똑똑한 자들의 말할 수 없는 어리석음이여! 스스로 상황을 바로잡을 수 있다고 믿는 자신감, 모든 것은 지성의 비판에 승복해야 한다고 믿는 인간적인 자신감의 치명적인 위험이여! 오, 그 모든 것의 어리석음이여!

이제 불신앙의 허망함에 대해 한마디 해야겠습니다. 이것은 당연히 어리석음보다 훨씬 더 심각한 특징입니다. 세상에 불신앙보다 더 허망한 것은 없습니다. 불신앙은 항상 말뿐입니다. 그야말로 말뿐입니다. 베드로가 시편 118편을 인용하면서 폭로하고 있는 바가 바로 그것입니다. 똑똑한 당국자들이 있었습니다. 그들은 많은 말로 사람들을 가르쳤습니다. 그러나 결국 그들이 해놓은 일이 무엇입니까? 아무것도 없습니다!

제 말이 과장된 것 같습니까? 그렇다면 한 가지 간단한 검증을 해 보겠습니다. 건축자가 하는 일은 건축하는 것입니다. 날림 건축자라는 말을 들어 보셨습니까? 날림 건축자들은 언제나 말을 잘합니다!

그러나 건축자를 검증하는 잣대는 그가 한 말이 아니라 그가 세운 건물입니다. 오늘날 세상 사람들을 보십시오. 그들은 교회가 처음 시작되었을 때 예루살렘 당국자들처럼 복음을 조롱하고 비웃으며 거부하고 있습니다. 오늘날 사람들은 건축자들입니다. 그들은 자신들이 사회와 사람들과 세상의 상태를 염려하고 있다고 말합니다. 그들은 자신들의 힘으로 상황을 바로잡을 수 있다고 믿으며 복음을 거부하는 인본주의자들입니다.

간단한 질문을 드리겠습니다. 문명이 해놓은 일이 무엇입니까? 문명이 지금까지 오랜 세월 동안 존속하면서 실제로 만들어 놓은 것이 무엇입니까? 이제야말로 문명이 세워 놓은 건축물들을 점검해야 할 때가 되지 않았습니까? 우리는 말이 아니라 결과물을 원합니다. 그러나 건축자들이 세운 결과물이 무엇입니까? 60-70년 전쯤부터 교회는 새로운 복음을 설교하기 시작했습니다. 그것은 이른바 '사회복음'이라는 것으로, 교회는 그후 계속해서 그것을 설교해 왔습니다. 사회복음은 "옛 교회와 옛 복음주의 메시지는 항상 개인적"이라고 주장합니다. 그러나 그것은 틀린 주장일 뿐 아니라 비성경적이며 비도덕적인 주장입니다. 그들은 "우리에게 필요한 것은 하나님과의 개인적인 관계를 강조하는 그런 공허한 말이 아니라, 상황을 바로잡을 사회복음"이라고 말합니다. "우리는 좀더 거시적인 관점을 가질 필요가 있고 사회 상황과 여러 가지 정치에 관심을 가질 필요가 있다"는 것입니다.

그들은 옛 복음을 밀어내 버립니다. 사회복음을 설교하는 사람들은 기적적인 일이나 초자연적인 일이 필요 없다고 말합니다. 미개한 사람들은 무지해서 그런 일들을 염원했지만, 실제로는 그런 일들이 일어날 수 없음을 과학이 밝혀 냈다는 것입니다. 그래서 그들은 도덕과 선행과 교육의 중요성과 올바른 원칙의 고취에 대해서만 설교합니다. "이런저런 행동을 하라. 그러면 세상은 완전해질 것이다"라고 말합니다.

제가 묻고 싶은 것은 이것입니다. 그들이 세운 건물은 지금 어디에 있습니까? 건축자들은 말했습니다. "우리에게는 계획이 있고 설계서가 있다. 우리는 당신들이 해야 할 일을 정확히 짚어 줄 수 있다. 우리 말대로만 하면 견고한 건물이 세워질 것이다. 완전한 세계가 이루어질 것이다. 세계의 연합과 의회를 통해 전쟁이 종식될 것이다." 그들은 더 이상 교회에 가지 말라고 가르쳤습니다. 정치를 통해 세계를 개선할 수 있다고 말했습니다. 초자연적인 하나님은 믿을 필요가 없다고, 우리에게 필요한 일은 그저 정치활동을 열심히 하면서 의회 결의를 통과시키는 것이라고 가르쳤습니다. 그들은 법률로 낙원을 만들 수 있다는 믿음을 실현하고자 애를 썼습니다. 그러나 오늘날의 세상은 그들이 만들어 낸 결과물의 실체를 보여주고 있습니다. 그들은 놀라운 연설가였습니다. 그러나 그들이 결국 해낸 일이 무엇입니까? 그들이 지은 건물들이 어디 있습니까? 그 모든 교육의 결과가 무엇입니까? 제 눈에 보이는 것은 점증하고 있는 청소년 비행의 수치들입니다. 그 모든 윤리적 가르침의 결과는 또 무엇입니까? 이혼소송 통계를 한번 보십시오. 문명이 낳은 것이 무엇입니까? 문명이 세운 성이 어디에 있습니까? 아무것도 보이지 않는다는 것이 답입니다. 이처럼 건축자들은 바보에, 말쟁이에, 허풍선이들입니다. 항상 계획은 세우지만 정작 이루어 내는 일은 하나도 없습니다. 이 모든 것은 다음과 같은 찬송가의 한 구절로 요약됩니다.

인간의 자랑, 세상의 영광,
칼과 왕관은 믿을 수 없도다.
힘쓰고 애써 세운 것,
탑과 전殿 무너져 먼지가 되도다.

이것이야말로 우리 문명의 처지 아닙니까? 온 세상이 썩어 가고 있고 흔들리고 있습니다. 어디를 가도 안전이 없습니다. 앉아서 조용히 쉴 수 있는 자리가 없습니다. 세상은 무너져 내리고 있습니다. 온 천지에 말, 말, 말뿐입니다. 오, 아무것도 세우지 못하는 불신자들의 말들은 얼마나 허망합니까! 이에 대한 해결책은 오직 하나밖에 없습니다.

그러나 하나님의 능력
시간시간마다
나의 전, 나의 탑 되도다.
―요아힘 네안더 Joachim Neander

설상가상으로 이 건축자들은 자신들이 하나님의 계획과 목적에 대항하고 있다는 사실조차 깨닫지 못하고 있습니다. 베드로가 단단히 못 박고 있는 것이 바로 이 점입니다. 그는 "당신들은 우리가 무슨 능력과 권세로 이 못 걷는 자를 걷게 했느냐고 물었습니다"고 하면서, 이렇게 말했습니다. "너희와 모든 이스라엘 백성들은 알라. 너희가 십자가에 못박고 하나님이 죽은 자 가운데서 살리신 나사렛 예수 그리스도의 이름으로 이 사람이 건강하게 되어 너희 앞에 섰느니라"4:10. 이것이 당국자들의 질문에 대한 대답입니다.

베드로의 말은 요컨대 이런 것입니다. "당신들이 지금 무슨 일을 하고 있는지 모르겠습니까? 당신들은 살아계신 하나님께 도전하고 있는 것이며 전능자께 대항하고 있는 것입니다. 하나님이 세우시는 건물을 무시하고 당신들 자신의 건물을 세우려 하고 있습니다. 얼마나 어리석은지 당신들이 거부하는 그분이 바로 이 큰 건물의 머릿돌임을 깨닫지 못하고 있습니다. 나사렛 예수야말로 구주십니다. 그분이야말로 메시아십니다. 그것을 모르겠습니까?" 이렇게 물은 것입니다. "왜 당신들의 역사를 읽어 보지 않습니까? 하나님께서는 이미 자신의 계획을 알려 주셨습니다. '여자의 후손은 네[뱀] 머리를 상하게 할 것이요.'창 3:15. 그 말은 이루어졌습니다. 우리는 그것을 건물의 기초로 삼아야 합니다. 왜 이것을 깨닫지 못합니까? 당신들 선지자들의 글을 읽어 보십시오. 그들은 하나같이 장차 오실 분을 가리키고 있습니다. 바로 그분이 오셨고 그분이 머릿돌이신데도 당신들은 깨닫지 못하고 있습니다. 당신들은 건물을 짓고 싶다고 말합니다. 그러나 당신들에게 필요한 것은 '하나님이 계획하시고 지으실 터가 있는 성'히 11:10임을 모릅니까? 아무 결과도 얻을 수 없는 이 치명적인 자신감을 도대체 언제 버리겠습니까? 언제 하늘의 건축가가 하시는 말에 귀 기울이고 그의 뜻을 묻겠습니까? 실패만 거듭하는 당신들의 하잘것없는 계획을 집어치우고, 하나님의 능하신 손 아래 겸손하십시오. 하나님께서는 에덴동산에서 자신의 계획을 밝히셨고, 그 계획을 새로이 하셨으며, 더 분명한 형태로 아브라함과 이삭과 야곱에게 알려 주셨습니다. 그리고 모세와 더불어 설계서를 만드셨습니다. 당신들 선지자들의 글을 읽어 보십시오."

베드로는 "이 눈멀고 어리석은 사람들이여!"라고 말합니다. "이것이 하나님의 계획이요 하나님의 건물이요 하나님의 성입니다. 하나님께서 당신들에게 머릿돌, 모퉁이의 머릿돌을 밝히 보여주셨다는 것, 하중을 받치고 압력을 견디며 벽들을 연결해 주는 유일한 돌을 밝히 보여주셨다는 것을 모르십니까? 오, 건축자들이여, 이것이 사태의 진상입니다. 당신들은 하잘것없는 것에 빠져 놀라운 하나님의 계획을 무시하고 있습니다. 하나님께서 그 계획을 바로 당신들 눈앞에 두셨는데도 보지 못하고 있습니다."

오, 불신앙의 맹목성이여, 허망함이여! 불신앙은 이처럼 언제나 무위로 끝나게 되어 있습니다. 그러나 이 이야기를 마치기 전에 상기시킬 것이 있습니다. 이 말씀에는 불신앙을 기다리고 있는 위협―회피할 수 없이 확고한 위협, 멸망―에 대한 메시지도 있습니다. 베드로는 말했습니다. "하나님께서 당신들을 비웃고 계심을 모르겠습니까? 하나님께서 모퉁이의 머릿돌을 버린 당신들의 어리석음을 이미 보여주셨음을 모르겠습니까? 그는 때가 너무 늦기 전에 당신들 실체를 폭로하고 계십니다. 당신들이 하나님의 지혜에만 대항하고 있는 것이 아니라 하나님의 능력에도 대항하고 있음을 모르겠습니까?"

성경은 곳곳에서 불신자들의 실상에 대해 가르치고 있습니다. 불신자들은 크누트왕(11세기에 잉글랜드, 덴마크, 노르웨이 왕으로 재위했던 강력한 군주―옮긴이)의 부하들과 같습니다. 이들은 그 왕의 위대한 능력을 과신한 나머지 그가 대양까지 거스를 수 있다고 생각했습니다. 크누트왕은 자리에 앉은 채 파도를 향해 "멈춰라. 더 가까이 오지 말라"고 명령했습니다. 그러나 파도는 그 명령에 따르지 않고 밀려들었습니다. 그야말로 자기확신과 자기 능력에 취한 데서 나온 무모한 짓이 아닐 수 없습니다. 불신자들의 모습이 바로 이러합니다. 그들은 확고한 것에 맞서 싸우고 있습니다. 저항할 수 없는 것을 거슬러 싸우고 있습니다.

그렇기 때문에 베드로의 말이 우리 모두에게 그토록 절박하고 긴급하게 필요한 것입니다. 베드로는 "들으십시오"라고 말합니다. "누가 이 기적을 행했습니까? 내가 말하겠습니다. 당신들이 십자가에 못박은 예수, 당신들이 무덤에 장사한 그 예수께서 이 기적을 행하셨습니다. 그가 이 일을 하셨습니다! 당신들은 그를 아주 죽일 수 없었습니다. 그는 지금도 살아계시고, 앞으로도 영원히 살아계실 것입니다. 건축자들의 버린 돌이 모퉁이의 머릿돌이 되었습니다." 이것은 성경 전체의 메시지이기도 합니다.

홍수가 일어나기 전에 사람들은 노아를 비웃고 조롱했습니다. 그들은 노아가 방주를 지으면서 줄기차게 대홍수 이야기를 하는 것을 아주 재미있게 생각했습니다. 그것은 대단한 우스갯거리였습니다. "사람들이 먹고 마시고 장가들고 시집가고 있으면서"마 24:38. 사람들은 모두 즐겁게 살고 있었습니다. 그러나 그것은 홍수가 다가오고 있다는 사실을 조금도 바꿀 수 없었고, 결국에는 하나님의 경고대로 되고 말았습니다.

살아계신 하나님께 도전했던 애굽의 독재자 바로도 마찬가지 아니었습니까? 그는 의지할 데 없는 히브리 백성들을 추격하며 "내가 저들을 해치우겠다. 하나님이 대체 누군가? 과연 누가 진짜 하나님인지 보여주겠다. 누가 진짜 힘을 가진 자인지 보여주겠다"고 말하면서 자기 병거와 말을 헤아리며 그들을 급히 따라붙고 있었습니다. 그는 "홍해다! 이제야말로 해치우겠다"고 말했습니다. 그러나 천만의 말씀입니다. 이스라엘 자손에게는 홍해가 입을 벌려 바닥을 밟고 지나갈 수 있게 해준 반면, 바로와 그의 군사들은 전부 삼켜 버렸습니다. 이처럼 건축자들은 더없이 허망한 모습으로 끝이 나게 되어 있습니다.

느부갓네살 같은 사람을 보십시오. 그는 스스로 신 행세를 하면서 사람들의 숭배를 받고자 했습니다. 그러나 하나님이 한번 치시자 풀을 뜯어먹으며 동물들과 어울리는 짐승-괴물-이 되고 말았습니다. 하나님의 행하심은 이와 같습니다.

그러나 무엇보다 충격적인 예는, 베드로가 백성들에게 제시한 바로 이 예입니다. 하나님은 사랑과 자비와 긍휼로 아들을 세상에 보내주셨습니다. 오, 하나님은 이 아들에게 하나님되심을 나타낼 표적들을 주셨습니다. 성전 하속들까지 "그 사람이 말하는 것처럼 말한 사람은 이때까지 없었나이다"요 7:46고 말할 정도였습니다. 성육신하신 하나님, 세상의 구원을 위해 보내심을 받은 하나님이 자기들 앞에 계셨는데도, 세상의 건축자들은 그를 거부하며 약삭빠르게 "그를 처리할 유일한 길은 죽이는 것"이라고 말했습니다. 그들은 음모를 꾸미며 말했습니다. "죽이면 끝이야. 그러면 전처럼 지낼 수 있어." 마침내 그들은 그를 죽였습니다. 그러나 그는 다시 살아나셨습니다! "건축자가 버린 돌이 집 모퉁이의 머릿돌이 되었나니"시 118:22.

> 돌도 파수꾼도 봉인도 헛되이
> 그리스도 지옥문 여셨네.
> 부활을 막아서는 죽음도 헛되이
> 그리스도 낙원문 여셨네.
> —찰스 웨슬리Charles Wesley

그는 사망의 줄을 끊으시고 승리자로 무덤에서 일어나셨습니다. 그는 지금도 살아서 일하고 계십니다. 사람들에게 거부당한 그때에도 그는 살아계셨습니다. 여러분은 결코 그를 제거할 수 없습니다. 하나님은 그를 모퉁이의 머릿돌로 삼으셨습니다. 걷지 못하던 자가 치유받은 것은 그 확실한 증거였고, 몇 년 후 예루살렘이 멸망한 것은 그보다 더 확실한 증거였습니다.

그런데도 박해는 계속되었습니다. 인간은 전혀 달라지지 않았습니다. 로마 황제들 역시 교회를 끝장낼 수 있다고 생각했습니다. 그러나 실제로는 어떻게 되었습니까? 그들이 그리스도인들을 죽이면 죽일수록 교회는 점점 더 왕성해졌습니다. "순교자의 피, 교회의 씨가 되었노라." 건축자들에게 거부당한 돌은 언제나 모퉁이의 머릿돌이 되게 마련입니다. 교회사에 기록되어 있는 모든 부흥의 위대한 역사가 그것을 증거하고 있지 않습니까? 이제야말로 교회가 끝장나게 되었다고 사람들이 자신하는 그 순간, 하나님은 부흥을 보내십니다. 죽어가던 교회를 되살려 다시 한번 생명과 능력으로 충만해지게 하시고 전보다 더 위대한 정복의 역사를 일으키게 하십니다. "건축자가 버린 돌이 집 모퉁이의 머릿돌이 되었나니."

여러분은 하나님을 이길 수 없습니다. 그런데도 영원하고 전능하신 하나님과 맞서 싸우고 있습니다. 오늘날 세상의 모습은 그 모든 것의 분명한 증거입니다. 건축자들이 해놓은 일은 세계 도처에 도살장을 만든 것이 전부입니다. 오, 인간의 영리함과 교묘함이여! 그들이 자신들의 과학과 지식을 얼마나 자랑합니까! 그러나 하나님은 지금도 전진하고 계시며 앞으로도 계속 전진하실 것입니다. 그리스도는 전파되고 있으며, 사람들은 구원받고 있습니다. 그는 "이기고 또 이기려고" 오고 계십니다계 6:2.

미래에 대해서도 동일한 원칙이 적용됩니다. "너희 건축자들의 버린 돌로서 집 모퉁이의 머릿돌이 되었느니라."

우편 보좌에 계시네.
원수 굴복하여
주 명령 따르며
엎드릴 때까지.[1]
-찰스 웨슬리

---

1 찬송가 494장 2절을 원문에 가깝게 다시 옮겼다-옮긴이.

불신자들이여, 여러분은 그분을 보게 될 것입니다. "각 사람의 눈이 그를 보겠고"계 1:7. 그분이 다시 오고 계십니다. 똑똑한 사람들에게 얼마든지 그를 조롱하라고 하십시오. 건축자들에게 얼마든지 그를 비웃고 거부하라고 하십시오. 철학자들에게 얼마든지 코웃음 치라고 하십시오. "하늘에 있는 자들과 땅에 있는 자들과 땅 아래에 있는 자들로 모든 무릎을 예수의 이름에 꿇게 하시고 모든 입으로 예수 그리스도를 주라 시인하여 하나님 아버지께 영광을 돌리게 하"실 날이 오고 있습니다빌 2:10-11.

사랑하는 여러분, 이 모든 일의 허망함을 모르겠습니까? 그 무모함을 모르겠습니까? 여러분은 살아계신 하나님께 도전하고 있는 것입니다. 그분은 사랑하는 아들의 부활을 통해 최종적인 증거를 주셨습니다. 베드로는 말합니다. "어리석은 자들이여, 당신들이 거부한 그리스도께서 지금 살아계심을 모르겠습니까? 바로 그분이 이 사람을 고치셨습니다. 바로 그 나사렛 예수가, 그 이름의 능력이 당신들 모두의 눈앞에서 이 사람을 완전히 고치셨습니다."

여러분은 그를 제거할 수 없습니다. 그를 죽여 보십시오. 다시 돌아오실 것입니다! 장사지내 보십시오. 다시 살아나실 것입니다! 하나님 보좌 우편에 앉아 계신 그분은 모든 능력을 받으셨습니다. 그는 자신의 프로그램을 진행하고 계시며, 설계대로 낱낱이 실행하고 계십니다. 그는 자신의 백성들을 알고 계시며, "이방인의 충만한 수가 들어오기까지……그리하여 온 이스라엘이 구원을 받"을 때까지 각 세대세대마다 백성들을 구원하고 계십니다롬 11:25-26. 그리하여 마침내 때가 이르면 다시 오셔서 공의로 세상을 심판하실 것이며, 그를 거부한 자들을 모두 영원한 지옥에 떨어뜨리실 것입니다. 그러나 그를 믿은 자, 그를 신뢰한 자들은 모두 그와 함께 해처럼 빛날 것입니다. 그의 영원한 영광을 누리며 그와 함께 다스릴 것입니다.

04

유일한 구주

다른 이로써는 구원을 받을 수 없나니 천하 사람 중에 구원을 받을 만한 다른 이름을 우리에게 주신 일이 없음이라 하였더라.

사도행전 4:12

베드로는 백성들에게 불신앙의 어리석음과 허망함을 보여준 후, 위대한 절정을 이루는 이 말씀으로 나아갑니다. 이것은 참으로 위대하고도 분명한 단언이자 기독교 메시지를 요약해 주는 문장입니다. 물론 주님께서도 지상에서 사역하실 때 여러 번 이 말씀을 하셨습니다. 예컨대 주님은 "인자가 온 것은 잃어버린 자를 찾아 구원하려 함이니라"눅 19:10, "나는 빛으로 세상에 왔나니"요 12:46라고 말씀하셨습니다. 그리고 특별히 부활하신 후에는 사도들을 불러모아 구약을 설명해 주신 다음, 이렇게 말씀하셨습니다. "또 이르시되 이같이 그리스도가 고난을 받고 제삼일에 죽은 자 가운데서 살아날 것과 또 그의 이름으로 죄사함을 받게 하는 회개가 예루살렘에서 시작하여 모든 족속에게 전파될 것이 기록되었으니 너희는 이 모든 일의 증인이라"눅 24:46-48. 그는 사도들에게 땅 끝까지 가서 복음을 전할 능력을 주겠다고 약속하셨고, 사도들은 지금 사도행전에서 그 일을 시작하고 있습니다.

우리는 여기에서 교회의 중추에 해당하는 아주 중대한 단언과 마주하게 됩니다. 따라서 기독교 가르침을 표방하는 무언가가 있을 때, 그 진정성을 판별하는 기준으로 이 단언을 사용할 수 있는 것이 분명합니다. 오늘날 세상은 기독교가 무엇인지에 대해 큰 혼동을 겪고 있습니다. 그런데 바로 여기, 이 한 구절에 기독교를 판별해 줄 궁극적인 시금석이 나와 있습니다. 아무리 그리스도의 이름을 내세운다 해도 이 시금석에 맞지 않는 것은 가짜입니다. 이 구절이야말로 기독교의 핵심입니다. 교회는 "사도들과 선지자들의 터 위에 세우심을 입은" 엡 2:20 곳인데, 그 터가 바로 이 구절에 기억하기 좋도록 아주 간결하고 쉬운 형태로 정리되어 있습니다.

자칭 '현대 기독교'나 '급진적 기독교'는 12절에 나오는 베드로의 이 말과 차이가 있을 뿐 아니라 모든 점에서 고의로 이 말을 부인하는 것처럼 보인다는 사실이 이제 명백해졌습니다. 믿어지지 않는 일이지만 이것은 사실입니다.

그렇다면 사람들은 옛 복음의 어떤 점을 반대하는 것일까요? 그들은 무엇보다 옛 복음의 배타적인 주장을 싫어합니다. 그들은 말합니다. "당신들은 거만하다. 당신들만 옳다고 하고 당신들한테만 하나님의 진리가 있다고 말하지 않는가? 그렇다면 힌두교나 유교나 이슬람교는 어떻게 되는 것인가? 왜 당신들 메시지만 진리라고 말하는가? 그런 식의 주장을 해서는 안된다." 그리고 이렇게 덧붙입니다. "우리는 인도나 아프리카나 아시아에 선교사를 보내서 '들으라, 오직 이것만 진리다'라고 말해선 안된다. 절대 안된다! 우리는 가서 '여러분이 가지고 있는 것들도 좋지만 이것에 대해서도 알 필요가 있다고 생각한다'는 식으로 말해야 한다. 또 '비그리스도인'이라는 말도 쓰면 안된다." 현대 신학자들은 "우리에게는 다른 종교가 제공하는 통찰력과 철학 및 현대학문의 도움이 필요하다. 이 모든 것이 합하여 어떤 방식으로든지, 또 언제가 되었든지 간에 어렴풋하게나마 진리를 볼 수 있게 해주는 것이다"라는 말을 지치지도 않고 계속 합니다.

이것이 우리에게 익숙한 이른바 현대적 입장이라는 것입니다. 이것은 오늘날 지식인들의 마음을 움직일 수 있는 대안으로 제시되고 있습니다. 이 입장을 옹호하는 사람들은 "사람들은 인격체로서의 하나님, 인격적인 하나님을 더 이상 믿지 않는다. 그들은 초자연적인 것도 믿지 않고 기적도 믿지 않는다. 우리는 이제 과학적인 사람들이 되었다. 그러니 지적이고 교양 있고 과학적인 정신을 가진 사람들의 마음을 움직이고 싶은 생각이 정말 있다면 이 새롭고 급진적인 기독교를 제시해야 한다"고 말합니다. 그러나 이 모든 주장에 대한 충분한 대답이 오늘 이 한 구절에 나와 있습니다. 이 구절은 이른바 '급진적 기독교'는 기독교가 아님을 보여주고 있으며, 제가 지금부터 밝히려고 하는 바 모든 중요한 부분에서 그것을 부인하고 있습니다.

더 나아가 제 흥미를 끄는 사실은, 그 급진적 기독교라는 것이 지식인들이나 인본주의자들이나 무신론자들이나 교회 밖에 있는 사람들의 마음을 움직이기는커녕 아무 영향도 끼치지 못하고 있다는 것입니다. 이것은 저만의 생각이 아닙니다. 이상한 일이지만 최근에 저는 명석한 무신론적 인본주의자 마거니타 래스키가 쓴 또 다른 중요한 논설을 「펀치」*Punch*에서 읽게 되었습니다. 그는 자기 같은 사람들에게 제시되는 현대 기독교는 전혀 기독교라고 부를 수 없다는 말로 논의를 시작합니다. 그리고 현대 신학자들의 가르침은 예수나 성례와 전혀 상관이 없는데도 왜 그들이 여전히 예수를 이야기하고 성례를 집행하는지 이해할 수 없다고 덧붙입니다. 그는 자신이 옛날 방식의 기독교를 믿는 것은 아니지만 거기에는 적어도 일관성이 있었던 반면, 새롭게 해석된 이 기독교는 그렇지 못하다는 말을 주저 없이 하고 있습니다.

신학자들은 현대 지성인들의 마음을 움직일 복음을 만들어 내려고 애를 쓰고 있지만, 그 정체를 간파한 지성인들은 "우리가 늘 하던 소리인데"라고 말하고 있습니다. 이처럼 '급진적인 기독교'는 기독교가 아닙니다. 이것은 간단한 진리입니다. 제가 왜 사도행전 4:12에 나오는 사도 베드로의 위대한 진술과 관련해 이 이야기를 하는지 설명하고 싶습니다. 여기 나오는 이것이야말로 진정한 기독교이기 때문입니다. 이것이야말로 전 세기에 걸쳐 사람들을 구원했고, 지금도 구원할 수 있는 유일한 것이기 때문입니다.

베드로가 말하는 바가 무엇입니까? 두 가지 명제로 이야기하겠습니다. 첫번째는 주 예수 그리스도가 구주시라는 것입니다. 이것을 베드로가 어떻게 표현하고 있는지 보십시오. "다른 이로써는 구원을 받을 수 없나니 천하 사람 중에 구원을 받을 만한 다른 이름을 우리에게 주신 일이 없음이라." 이것이 기독교 신앙의 첫째 가는 위대한 단언입니다. 이 말은 주 예수 그리스도가 하신 일을 강조하고 있습니다. 오, 우리 모두는 천성적으로 그 일을 분별해서 볼 눈이 없습니다! 베드로에게는 사람들에게 제시할 수 있는 명백한 실례가 있었습니다. 그는 걷지 못한 사람을 고쳐 주었다는 이유로 재판정에 세워졌습니다. 베드로는 당국자들을 향해 다음과 같이 말한 것입니다. "당신들은 이 연약한 사람에게 착한 일을 했다고 해서 우리를 조사하고 있습니다. 당신들은 이 사람이 어떤 방법으로 건강해졌는지 알고 싶어 합니다. 내가 말해 주겠습니다. 이것은 우리 힘으로 한 일이 아닙니다. 사실 우리는 이 일을 하지 않았습니다." 그러면 누가 이 일을 했습니까? 베드로는 말했습니다. "너희와 모든 이스라엘 백성들은 알라. 너희가 십자가에 못박고 하나님이 죽은 자 가운데서 살리신 나사렛 예수 그리스도의 이름으로 이 사람이 건강하게 되어 너희 앞에 섰느니라."행 4:10.

무엇이 이 사람을 고쳤습니까? 그리스도의 이름이 고쳤습니다. 성경에서 "……의 이름으로"라는 것은 "……의 권세power로"라는 뜻입니다. 당국자들이 물은 것이 바로 그것이었습니다. "너희가 무슨 권세와 누구의 이름으로 이 일을 행하였느냐"4:7. 베드로는 못 걷던 자에게 "나사렛 예수 그리스도의 이름으로 일어나 걸으라"3:6고 말했습니다. 그렇기 때문에 지금 여기에서 "이 기적을 일으킨 것은 그리스도의 권세"라고 말하고 있는 것입니다. 그리스도가 이 기적을 행하셨습니다. 그리스도가 이 사람을 고치셨습니다. 그리스도가 그에게 일어나 걸을 힘을 주셨습니다. 베드로는 말했습니다. "들으십시오. 구원도 전적으로 그리스도가 하신 일의 결과로 주어지는 것입니다. 그가 이 모든 일을 하십니다."

그리스도가 구원을 주신다는 사실을 이처럼 강조하는 것은 이 부분에 심각한 오해가 있기 때문입니다. 주님을 인간 스스로 구원할 방법을 가르쳐 주는 분으로 생각하는 사람들이 있습니다. 그들은 말합니다. "그래, 예수는 위대한 스승이었지. 나도 산상수훈을 즐겨 읽는다고. 거기에는 내가 원하는 말들이 나와 있어. 난 그의 윤리적 가르침을 실천하려고 노력하고 있지." 사람은 예수의 가르침을 듣고 적용함으로써 그리스도인이 될 수 있으며 하나님을 알게 된다는 것이 그들의 생각입니다. 본보기로서의 예수를 강조하는 이들도 있습니다. 그들은 예수가 가르침만 베푼 것이 아니라 그 가르침을 실천했다고 말합니다. 자기가 가르친 원칙들이 참이라는 사실을 몸으로 보여주었다는 것입니다. 우리가 본받아야 할 올바르고 완벽한 삶의 모습을 예수 안에서 찾을 수 있다는 것이 그들의 주장입니다. 그래서 그들은 '그리스도를 본받는' 일에 착수합니다. 그 표출방식은 다양하지만, 결국 예수를 인간 스스로 구원할 방법을 가르쳐 주는 분으로 생각한다는 점에서는 동일합니다. 무엇을 하고 무엇을 하지 말아야 하는지 예수가 가르쳐 주었으니, 그대로 실천하기만 하면 마음도 점점 즐거워지고 자기 자신도 점차 구원할 수 있다는 것입니다.

그러나 이것은 사도의 말과 극도로 배치되는 생각입니다. 여기 나오는 실례가 그 점을 입증하고 있지 않습니까? 베드로와 요한은 앉은뱅이에게 훈련과정을 시작하라고 말하지 않았습니다. "좋아, 친구. 자넨 평생 제 발로 걸어 본 적이 없지만 우리가 고쳐 줄 수 있네. 자, 우리한테는 이런 치료과정이 준비되어 있다네. 알겠지만 잘못은 자네한테 있는 걸세. 아예 희망을 잃고 근육을 써 볼 생각도 하지 않았지 않나. 자네 자신이 노력해야 하네. 처음엔 아무 소용없는 짓처럼 보이겠지만 그래도 집중하면서 의지력을 동원해야 한단 말일세. 일단 오른쪽 다리근육을 움직여 보게. 천천히 발을 들어서 조금씩 움직여 보는 거야. 그다음엔 왼쪽 다리도 똑같이 해보게나. 그러면 서서히 회복이 되면서 힘이 붙는 걸 느낄 거고, 마침내 설 수 있게 될 걸세. 우리가 장담하지." 베드로는 이렇게 말하지 않았습니다. 절대 그러지 않았습니다. 오히려 정확히 반대되는 말을 했습니다.

기독교는 하나의 치료과정이 아닙니다. 기독교는 우리 스스로 바로잡을 수 있는 방법을 가르쳐 주지 않습니다. 완전히 마비되어 있던 사람, 날 때부터 못 걷던 사람에게 사도는 "나사렛 예수 그리스도의 이름으로 일어나 걸으라"고 말했습니다. 그랬더니 걸었습니다. 그 즉시! 그리스도께서는 바로 그 순간, 그 자리에서 그를 고치셨습니다. 복음의 맨 첫번째 원칙은 그가 구주시라는 것입니다. 그는 우리에게 무엇을 하라고 명하시러 세상에 오신 것이 아니라, 당신이 친히 우리를 위해 그 일을 하러 오셨습니다. 우리 스스로 구원할 방법을 가르쳐 주러 오신 것이 아니라 친히 우리를 구원하러 오셨습니다. 구원은 그분의 일입니다. 그가 그 일을 하셨습니다. 그가 구주십니다. "인자가 온 것은 잃어버린 자를 찾아 구원하려 함이니라"눅 19:10. 근본적이고 본질적인 사실은 예수가 교사도, 선생도, 본보기도 아니라는 것입니다. 앉은뱅이의 실례에 나타나고 있듯이, 또 베드로가 그 실례를 통해 보여주고 있듯이 예수가 구주시라는 것입니다. **그의 이름**이 우리를 구원한다는 것입니다. "천하 사람 중에 구원을 받을 만한 다른 이름을 우리에게 주신 일이 없음이라."

이것이 첫번째 명제입니다. 이 명제를 분명히 알고 있습니까? 아니면 여전히 스스로 그리스도인이 되고자 애쓰고 있습니까? 스스로 이 일을 할 수 있다고 생각합니까? 훈련과정을 통해 스스로 선해질 수 있으며 그리스도인이 될 수 있고 하나님과 화해할 수 있다고 생각합니까? 그렇다면 여러분은 더 이상 이 이야기를 들을 필요가 없습니다. 여러분의 생각은 완전히 틀렸습니다. 이 메시지의 출발점은 예수가 그의 이름으로 구원하신다는 것입니다. 그가 치료자시며 우리를 구원하실 유일한 분이라는 것입니다. 구원은 전적으로 그가 하시는 일입니다. 날 때부터 걷지 못했던 사람, 자기도 아무 힘이 없고 다른 데서 힘을 끌어낼 수도 없는 사람에게 지시사항이나 규칙들을 부과할 수는 없는 노릇입니다. 절대 그럴 수 없습니다. 그 사람에게 필요한 것은 기적입니다. 주님은 그 기적을 행하러 오셨습니다.

두번째로, 베드로는 주님이야말로 **유일한** 구주시라고 말합니다. "다른 이로써는 구원을 받을 수 없나니 천하 사람 중에 구원을 받을 만한 다른 이름을 우리에게 주신 일이 없음이라." 베드로는 두 번이나 강조해서 말하고 있습니다. 이 두번째 요점 역시 말할 수 없이 중요한 것입니다. 이미 말씀드렸듯이, 이것은 똑똑한 현대인들이 가장 반대하는 내용이기도 합니다. 그들은 말합니다. "좋다. 우리는 당신네 기독교에 관심이 있다. 하지만 기독교만 유일한 길이라고 말하는 것은 정말이지 교만하고 편협하기 짝이 없는 주장이다." 그러나 지금부터 보여드리겠지만, 이것이야말로 복음 전체가 걸려 있는 주장입니다.

주님은 친히 자신이 유일한 구주이심을 계속해서 주장하셨습니다. 그는 서슴지 않고 "나는 세상의 빛"이라고 말씀하셨습니다요 8:12; 9:5. 이것은 사람이 할 수 있는 주장 가운데 가장 배타적인 주장입니다. 또 그는 "나는 생명의 떡"이라고 하셨고6:35, 48, "내가 곧 길이요 진리요 생명이니 나로 말미암지 않고는 아버지께로 올 자가 없느니라"14:6고도 말씀하셨습니다. 참이냐 거짓이냐를 떠나서 이것은 사람의 입에서 나온 말 중에 가장 터무니없는 헛소리일 것입니다. 그러나 주님은 그렇게 말씀하셨고, 베드로와 요한도 똑같은 말을 반복했습니다. 그리고 사도 바울은 갈라디아서에서 훨씬 더 강력한 표현을 쓰고 있습니다. "그러나 우리나 혹은 하늘로부터 온 천사라도 우리가 너희에게 전한 복음 외에 다른 복음을 전하면 저주를 받을지어다"갈 1:8.

베드로는 "다른 이름을 우리에게 주신 일이 없음이라"고 말하면서, 과거에 살았던 사람이든 앞으로 태어날 사람이든 다른 인간은 그런 말을 할 수 없음을 역설했습니다. 우리는 나사렛 예수의 유일무이함을 주장합니다. 그는 어떤 범주에도 속하지 않는 분입니다. 어떤 인간도 그와 같은 부류에 포함시킬 수 없습니다. 그는 단독자입니다. 여럿 중 하나가 아닙니다. 단순히 여럿 중 으뜸이 아닙니다. 그러나 사람들은 마치 그가 여럿 중 하나인 양 말합니다. 그들은 위인들의 목록을 나열합니다. 플라톤, 소크라테스, 아리스토텔레스, 모세, 예레미야, 예수, 그후에 등장한 여러 위대한 사상가들을 언급합니다. 그러나 그것은 그를 완전히 부인하는 태도입니다. 다른 사람은 있을 수 없습니다. 제2인자란 있을 수 없습니다. 이것은 그가 다른 사람들보다 나으냐 못하냐의 문제가 아닙니다. 그는 완전히 다른 존재입니다. 오직 그분만 구원하실 수 있습니다.

다른 식으로 표현할 수도 있습니다. 사도는 주님 외에 어느 누구도 우리를 구원하거나 해방시킬 수 없다고 주장했을 뿐 아니라, 주님께는 어떤 도움도 필요 없다고 주장했습니다. 그는 홀로 구원하시며, 완벽하게 구원하십니다. 여러분은 그분께 조력자나 조수를 붙여 드릴 필요가 없습니다. 감히 말하지만 주님은 동정녀 마리아의 도움이 필요 없습니다. 마리아는 '상호 구원자'coredemptrix(로마 가톨릭의 신학 용어로서 마리아가 인류를 구원하는 일에 그리스도와 함께 참여했다는 의미로 부여한 말-옮긴이)가 아닙니다. 그분 자체가 완전하고 충분하며 완벽한 구원자시기 때문입니다. 그는 만유이자 만유 안에 계신 분으로, 그분께 다른 사람을-성모라 할지라도-갖다 붙이는 것은 그를 부인하는 것이며 신성을 모독하는 것입니다.

따라서 종교 혼합주의나 절충주의를 이야기하는 것은 곧 복음을 부인하는 것입니다. '세계신앙대회'World Congress of Faiths를 이야기하면서 "그렇다. 우리는 힌두교의 공헌을 논하는 말에 큰 관심이 있고, 이슬람교가 하는 말도 몹시 듣고 싶을 뿐 아니라 유교의 통찰에도 관심이 있다"고 말하는 것은 그를 부인하는 것입니다. 그분께 무언가를 덧붙이는 것은 그분을 통째로 밀어내는 짓입니다. 절대 그러지 마십시오! "다른 이름"은 없습니다. 주님은 그 자체로서 세상의 구주시며, 홀로 세상의 구주십니다. 이것은 오늘날 이른바 치우침 없이 균형 잡힌 지식인들이 보기에 기막히게 교만한 주장일 뿐 아니라 가장 치열한 공방을 일으키는 주장이니 만큼, 함께 검토할 필요가 있습니다. 사도들이 왜 이런 말을 했는지, 우리 복되신 주님께서 왜 친히 이런 말씀을 하셨는지 함께 살펴보기로 하겠습니다. 그 이유는 이 구절뿐 아니라 신약의 다른 부분에도 많이 나오고 있습니다. 그 가르침을 살펴보면 현대인들이 어느 지점에서 헤매고 있는지 알게 될 것입니다. 또 그들이 왜 복음을 거부하는지도 알게 될 것입니다. 성경은 그 이유를 아주 간단명료하게 제시해 주고 있습니다.

사람들이 그리스도만 구주시라는 말에 반대하는 이유가 무엇입니까? 답은 아주 간단합니다. 문제의 본질과 깊이를 깨닫지 못한 데 전적인 원인이 있는 것입니다. 거기에 문제점이 있습니다. 이것이 무슨 뜻인지 말씀드리겠습니다. 우리 각 사람은 왜 늘 불행합니까? 왜 나중에 크게 후회할 일을 합니까? 왜 인생을 살면서 실패를 겪습니까? 세상에는 왜 그렇게 비참하고 고통스러운 일들이 많이 일어납니까? 세상은 왜 이런 곤경에 빠져 있습니까? 이것은 중요한 질문입니다.

거듭 말하지만, 사람들이 유일한 구주이신 그리스도에 관한 메시지를 믿지 않는 이유는 문제의 본질과 실체를 전혀, 전혀 이해하지 못한 데 있습니다. 그렇다면 문제의 본질과 실체는 무엇입니까? 그것은 성경 전체가 전달하고 있는 큰 메시지입니다. 바로 오늘 베드로의 말에 요약되어 있으며 못 걷는 자를 고친 직후에 했던 설교와 오순절 날의 설교에 요약되어 있습니다.

이 문제를 제대로 이해하려면 하나님에게서, 그분의 본질에서 출발해야 합니다. 그러나 세상은 거기에서 출발하지 않습니다. 그렇지 않습니까? 세상은 항상 인간과 인간이 처한 상황에서 출발해 거기에서 끝을 냅니다. 그러면서 이런저런 제안들을 내놓지만 성과는 하나도 없습니다. 이미 살펴본 대로 건축자들은 아무것도 만들어 내지 못합니다. 말은 엄청나게 잘하지만 실제로 우리를 도와주지는 못합니다. 이처럼 그들의 말이 하나도 쓸모가 없는 것은 그들이 바른 데서 - 하나님에게서 - 출발하지 않았기 때문입니다.

그나마 하나님을 믿을 마음이 조금 있는 사람들도 하나님을 자기들처럼 생각해서 "하나님이 계시다면 틀림없이 사랑의 하나님이실 거야. 사랑의 하나님이시니까 늘 우리에게 미소를 보내 주실 거야. 우리가 잘못을 저질렀을 때는? 오, 요즘 부모님들처럼 절대 벌주지 않으실 거야. 그냥 다신 그러지 말라고만 하실 거야"라고 말합니다. 그들이 생각하는 하나님에게는 훈계도, 공평함에 대한 의식도, 공의도 없습니다. 그저 응석을 받아줄 뿐입니다. 그러므로 사람들은 도덕적이고 깨끗하며 단정하고 순결하게 살 필요가 없습니다. 그들은 말합니다. "사랑은 벌주지 않아. 언제나 용서해 주지. 사랑은 언제나 인자하고 온유하고 오래 참고 견디는 거야. 결국에는 모든 사람이 천국에 가게 될 거야." 그들에게 사랑을 이야기할 때 정의를 들먹이면 안됩니다. 그들이 가지고 있는 사랑의 개념은 영화와 연애소설에서 나온 것입니다. 그러나 또 다른 한편에는 "공평한 하나님이 계시다면 이 세상에 끔찍한 일들이 벌어지도록 허락하지 않을 것이다. 그러므로 하나님은 존재할 리가 없다"는 결론을 내리는 이들이 있습니다.

이처럼 사람들이 하나님을 모르고 있다는 이 단순한 이유 때문에 세상은 점점 더 악화되고 있습니다. 주님도 생을 마치실 무렵 친히 그렇게 말씀하셨습니다. 대제사장의 기도를 하시면서 "의로우신 아버지여, 세상이 아버지를 알지 못하여도"라고 말씀하신 것입니다.요 17:25. 사랑하는 여러분, 인간의 문제를 이해하고 싶다면 여기에서 출발하십시오. 영원하시며 영존하시는 하나님, 거룩하고 순결하며 의롭고 공평하신 하나님에게서 시작하십시오.

그렇습니다. 하나님은 사랑과 자비와 긍휼의 하나님이십니다. 그러나 그렇다고 해서 그분 자신의 공평함과 거룩함과 의로움까지 희생시키시는 것은 아닙니다. 그는 율법의 하나님이십니다. 그는 모세에게 율법을 계시하셨습니다. 십계명은 모세가 날조해 낸 것이 아닙니다. 하나님께서 그에게 주신 것입니다. 하나님은 말씀하셨습니다. "나는……네 하나님 여호와니라. 너는 나 외에는 다른 신들을 네게 두지 말라. 너를 위하여 새긴 우상을 만들지 말고……너는 네 하나님 여호와의 이름을 망령되게 부르지 말라.……안식일을 기억하여 거룩하게 지키라.……네 부모를 공경하라.……살인하지 말라. 간음하지 말라. 도둑질하지 말라.……"출 20:1-17 이처럼 그는 말씀하시는 하나님이십니다.

하나님은 거기에서 한 걸음 더 나아가셨습니다. 우리가 그의 명령을 준행하지 않으면 벌을 주겠다고 말씀하신 것입니다. 구약성경은 어떤 의미에서 택한 백성이 율법을 어겼을 때 그들을 벌하신 기록이라고 말해도 과언이 아닙니다. 하나님은 처음에 남자와 여자를 만들어 낙원이라고 불리는 곳에 두셨습니다. 그리고 하나님의 법을 지키면 그를 아는 지식이 자라게 하시며 영원한 생명을 주겠지만, 죄를 지으면 쫓아내겠다고 아주 분명히 말씀하셨습니다. 그리고 그들이 반역하여 죄를 짓자 쫓아내셨습니다.

여기에는 논쟁의 여지가 없습니다. 여러분은 빛과 어둠을 섞을 수 없습니다. 거룩함과 죄를 섞을 수 없습니다. 영원한 순결함과 더러움을 섞을 수 없습니다. 그것은 불가능한 일입니다. 하나님은 악을 참으실 수 없습니다. 그것이 하나님의 본질이기 때문입니다. 하나님에 대한 현대인의 개념은 엉터리입니다. 그것은 진짜 하나님이 아니라 사람들이 가지고 있는 악한 마음의 투영물일 뿐입니다. 전능하신 하나님이라고 해서 손쉽게 죄를 사하실 수 있는 것이 아닙니다. 그는 자신의 본성을 거스르실 수 없습니다. 그는 "빛들의 아버지"십니다. "그는 변함도 없으시고 회전하는 그림자도 없으"신 분입니다^{약 1:17}. 우리 인간은 종종 모순된 행동을 합니다. "이런 짓을 하면 이러저러하게 하겠어"라고 규칙을 정해 놓았다가도, 막상 규칙을 어기면 "뭐, 없던 걸로 하지"라고 말하고 넘어갑니다. 지금 이 자리에서 감히 말하지만, 하나님은 그러실 수 없습니다. 만약 그러실 수 있다면 그는 하나님이 아닐 것입니다. 우리가 예배하고 공경하며 사모할 가치가 없는 존재일 것입니다. 그러나 하나님은 절대 그러실 수 없습니다. 그는 변함이 없으시며 항상 일관된 분이십니다. 그런데 현대세계는 그 사실을 모르고 있습니다. 그렇기 때문에 잘못된 길로 들어서게 된 것입니다.

세상은 인간의 상태와 그 결과 야기된 문제 역시 똑같이 잘못 이해하고 있습니다. 현대인들은 스스로를 과대평가하고 있습니다. 자신들이 아주 선하다고, 조상들보다 훨씬 더 선하다고 생각하고 있습니다. 그들은 자기의 능력을 벗어나는 일은 없다고 생각합니다. 그들이 이처럼 자신감과 자부심과 확신에 차 있는 것은, 주 예수 그리스도에 대한 진리를 깨닫지 못한 탓입니다. 무슨 뜻입니까? 인간의 참된 상태는 성경을 통해서만 발견할 수 있는데, 성경은 사람이 하나님 앞에 죄를 지었다고 말합니다. 사람들은 그를 잊어버렸고 그를 부인했습니다. 그들은 하나님에 관해 신성모독적인 말들을 하고 있습니다. 하나님의 법을 어기고 있습니다. 그의 거룩한 계명을 무시하고 있습니다. 그들은 죄인들입니다. 자기들도 마음속으로는 그것을 알고 있습니다. 양심의 소리가 들리기 때문입니다. 그러나 거기에 귀를 기울이지는 않습니다. 그들은 죄책감과 하나님에 대한 두려움을 느끼면서도 그 감정을 억눌러 버립니다.

현대인들은 단순히 죄만 있는 것이 아니라 타락했습니다. 우리

각 사람의 본질은 오염되어 있습니다. 교훈과 교육과 지도와 본보기만 있으면 된다는 생각은 바로 이 지점에서 완전히 무너져 버립니다. 사람은 단순히 죄를 짓기만 하는 것이 아니라 죄를 좋아합니다. 그들은 죄를 지으면서 반역을 합니다. 우리 복되신 주님께서 친히 말씀하신 바와 같습니다. "그 정죄는 이것이니 곧 빛이 세상에 왔으되 사람들이 자기 행위가 악하므로 빛보다 어둠을 더 사랑한 것이니라"요 3:19. 사람은 선하지 않습니다. 순수하지 않습니다. 타락했고 오염되었습니다. 그들은 어둠을 사랑합니다. 어둠을 기뻐합니다. 어둠에서 황홀감을 느낍니다. 사람은 뒤틀리고 왜곡된 피조물입니다.

이 모든 것의 결과로 우리는 죄와 마귀, 세상과 육신의 권세 아래 놓이게 되었습니다. 이것은 정직하게 자신을 대면하기만 하면 명백히 드러나는 사실입니다. 항상 후회하면서도 똑같은 죄를 반복하는 이유가 무엇입니까? 우리는 잘못인 줄 알면서 저지릅니다. 다시는 그러지 않겠다고 약속하고서 같은 짓을 합니다. 무엇이 문제입니까? 우리가 오염되어 있으며 마귀와 세상과 육신의 압제를 받고 있는 것이 문제입니다. 죄의 지배를 받고 있는 우리는 연약하고 무력합니다. 바울은 이렇게 쓰고 있습니다. "원함은 내게 있으나 선을 행하는 것은 없노라.……내 속사람으로는 하나님의 법을 즐거워하되 내 지체 속에서 한 다른 법이 내 마음의 법과 싸워 내 지체 속에 있는 죄의 법으로 나를 사로잡는 것을 보는도다"롬 7:18, 22-23. 이 외에도 우리에게는 죽음과 무덤에 대한 두려움, 스러지는 생명에 대한 두려움이 있습니다. 우리는 준비되어 있지 않습니다. 우리는 아무 대비 없이 혼자 버려진 느낌, 길을 잃고 의지할 데 없이 헤매고 있는 듯한 느낌을 받습니다. 이것이 바로 우리의 상태입니다. 그렇지 않습니까?

이 말이 맞다면 그다음으로 우리에게 필요한 것은 사도 베드로의 말처럼 "구원"입니다. 무엇이 필요합니까? 도움이나 조언이나 좋은 본보기나 개선이 아닙니다. 해방입니다. 구원입니다. 인간의 상태에 대한 성경의 진단을 제가 바로 이해하고 있다면, 우리에게 필요한 것은 바로 이것입니다.

그러나 이것 말고 또 필요한 것이 있습니다. 우리에게는 우리를 대신하여 하나님께 말씀드려 줄 누군가가 필요합니다. 내가 어떻게 하나님께 말씀드릴 수 있습니까? 나는 나의 잘못과 실망과 불행과 실패를 보게 되었습니다. 오, 하나님에 대해 생각하기 시작했습니다. 그러나 어떻게 감히 그분께 말을 걸 수 있을까요? 하나님은 하늘에 계신데 나는 땅에 있습니다. 하나님은 거룩하신데 나는 무가치하고 비천합니다. 하나님은 빛이신데 나는 어둠입니다.

> 어두운 땅에서 태어나
> 마음마저 우둔한 내가
> 어찌 말로 표현할 수 없는 분 앞에 서며
> 내 벌거벗은 영혼이 어찌
> 창조되지 않은 빛을 품으리이까.
> ―토마스 비니 Thomas Binney

어떻게 그럴 수 있습니까? 욥은 "우리 사이에 손을 얹을 판결자도 없구나"라고 말했습니다.욥 9:33. 나와 하나님 사이에서 중재해 줄 수 있는 사람이 정말 아무도 없을까요? 나에게는 하나님께 안내해 줄 사람이 필요합니다. 안내해 주는 이 없이 버킹엄궁에 가서 여왕을 만나는 것도 두려운 일인데, 하물며 하나님 앞에 어떻게 혼자 나아가겠습니까? 중재자로서 하나님 앞에 나를 안내해 줄 사람이 아무도 없습니까? 나에게는 꼭 누군가가 있어야 합니다. 나는 무가치한 사람이기 때문입니다. 그렇지 않습니까?

그다음으로 필요한 것은 내 죄의 사실을 없애는 것입니다. 나는 과거를 무효로 돌릴 수 없습니다. 내 인생의 책에 찍힌 오점들을 지울 수 없습니다. 나는 죄를 지었습니다. 나는 율법의 정죄를 받고 있으며, 스스로 그 사실을 알고 있습니다. 철학자들은 나를 돕지 못합니다. 그들도 죄가 있기 때문입니다. 아무도 나를 돕지 못합니다. 사람들은 다 실패했습니다. 그러면 누가 나를 도울 수 있습니까? "인생이 어찌 하나님 앞에 의로우랴"욥 9:2. 나는 어떻게 하나님과 화해할 수 있습니까? 나는 그 대답을 분명히 알 필요가 있습니다.

그 밖에 또 필요한 것이 무엇입니까? 그렇습니다. 나에게는 확실히 새로운 본성이 필요합니다. 나는 비교적 상황이 괜찮을 때에도 스스로 불행하다고 느끼며 "좀더 나은 삶을 살아야 한다, 좀더 나은 사람이 되어야 한다"고 생각합니다. 나와 가까운 사람이 세상을 떠납니다. 나는 그의 관이나 무덤 곁에 서서 지금까지와는 다르게 살아야겠다고 말합니다. 나는 변하기로 결심합니다. 그러나 내 속에 무엇인가 잘못된 부분이 있어서 모든 결심을 무위로 돌려 버립니다. 해마다 1월 1일이 되면 새해의 결심을 다지지만 그것도 며칠뿐입니다. 결심이 채 하루를 못 넘기는 해도 있습니다. 나는 더 나은 사람이 되고 싶지만 더 나은 사람이 될 수 없습니다. 나에게는 새로운 본성이 필요합니다. 문제는 "내가 무엇을 했느냐"에 있는 것이 아니라 "내가 어떤 사람이냐"에 있습니다. 오, 나 자신을 새롭게 만들 수만 있다면! 그러나 그렇게 할 수가 없습니다. "구스인이 그의 피부를, 표범이 그의 반점을 변하게 할 수 있느냐"렘 13:23. 그럴 수 없습니다. 나는 "구부러진 것도 곧게 할 수 없"습니다전 1:15. 세상은 "소용없어. 너는 너일 뿐이야. 그냥 참고 사는 수밖에 없어"라고 말합니다. 이처럼 나는 타락하고 왜곡된 본성을 가진 채 방치되어 있습니다. 나는 새로운 본성을 만들어 낼 수가 없습니다. 어떤 인간도 나에게 새로운 본성을 줄 수가 없습니다. 세상과 육신과 마귀에 저항할 힘이 필요한데 내게는 그럴 힘이 없습니다.

이처럼 우리는 모두 패배했습니다. 모두 굴복했습니다. 교묘한 유혹에 넘어가 마귀에게 정복당한 성인들과 교부들의 이야기를 읽어 보면, 우리도 그들과 똑같다는 사실을 깨닫게 됩니다. 우리 모두에게는 힘이 필요합니다. 이 무서운 싸움, 도덕적이고 깨끗하고 선한 삶을 살려는 싸움, 가치 있는 삶을 살려는 싸움, 그리하여 두려움과 불안 없이 죽을 수 있는 삶을 살려는 싸움을 싸울 수 있게 해줄 힘과 도움이 필요합니다. 우리 모두에게는 이것이 필요합니다. 조언이나 가르침이나 교훈이나 본보기는 도움을 제공하기는커녕 공을 우리에게로 되돌려 보냅니다. 철학자들은 위대한 사람들이지만 그렇다고 자기들의 지각을 우리에게 줄 수 있는 것은 아닙니다. 우리는 선하게 살았던 위대한 사람들의 본보기를 보면서 "저렇게 살 수만 있다면 얼마나 좋을까!"라고 말합니다. 그러나 그들의 도덕성을 우리가 그대로 물려받을 수 있습니까? 세상에서 가장 훌륭한 사람이라 한들 죄에 빠진 우리를 도울 수 있습니까? 그들은 아무것도 줄 수가 없습니다. 혹시 동정은 할 수 있을지 모르겠지만, 사실은 동정하기보다 비판하기가 더 쉬울 것입니다. 그들은 자기의 어떤 것도 우리에게 나누어 줄 수가 없습니다. 이 모든 것을 볼 때 우리는 그저 다음과 같이 고백할 수밖에 없습니다.

> 내 손의 수고가
> 주의 법의 요구를 채울 수 없고,
> 쉼 없는 나의 열심,
> 늘 흐르는 나의 눈물도
> 죄를 사할 수 없도다.

이것이야말로 여러분이 안고 있는 문제 아닙니까? 이것이야말로 교육이나 좋은 책들이나 대학이나 온갖 문화기관이 있음에도 온 세상이 안고 있는 문제 아닙니까? 왜 그런 것들이 있는데도 이렇게 곤경에 빠져 있습니까? 답은 오직 하나, 그런 것들은 우리를 구원해 줄 수 없기 때문입니다.

> 주여, 구원하소서,
> 주께만 구원이 있나이다.
> — 오거스터스 탑레이디 Augustus Toplady

결론은 이것입니다. 인간이 안고 있는 문제의 진정한 본질을 여러분이 깨달았다면, 이 문제를 다룰 수 있는 이는 오직 한분뿐이라는 베드로의 말에도 즉시 동의하게 될 것입니다. 베드로는 말합니다. "다른 이로써는 구원을 받을 수 없나니 천하 사람 중에 구원을 받을 만한 다른 이름을 우리에게 주신 일이 없음이라." 그는 "내 말을 들으십시오. 오직 한분밖에 없습니다. 당신들이 거부한 그분 한분밖에 없습니다. 그가 모퉁이의 머릿돌이 되셨습니다. 그가 유일한 구주십니다. 그를 믿으십시오. 아무도 일으킬 수 없었던 앉은뱅이를 일으키신 것처럼, 오직 그만이 당신들 영혼을 구원하실 수 있기 때문입니다"라고 말하고 있습니다.

그런데 왜 그렇습니까? 왜 그만이 우리를 구원하실 수 있습니까? 그는 내 필요를 채우기에 충분한 자격을 갖추신 유일한 분이기 때문입니다. 우리는 하나님 앞에서 우리 각 사람을 대변해 줄 사람이 필요하다는 사실을 알았습니다. 그러나 나보다 나은 사람이 아무도 없기 때문에 아무도 나를 대변해 줄 수 없습니다. 아무도 내가 그토록 알고 싶어하는 하나님과 나 사이의 중재자가 되어 줄 수 없습니다. 모든 사람이 타락했습니다. 처음 창조되었을 당시의 아담처럼 완벽한 사람도 타락했습니다. 이처럼 인간들 중에는 나를 대변해 줄 만한 자가 없음에도, 내가 인간인 탓에 인간 중에서 대변인을 찾아야만 합니다.

이 문제에 대해 생각해 보았습니까? 여기 타락해서 죄를 짓고 하나님에게서 멀어진 인간이 있습니다. 이 인간을 누가 하나님 앞에서 변호해 줄 수 있습니까? 오염되고 무가치한 인간에게는 그럴 자격이 없기 때문에, 누군가 인간 이상의 존재가 그 일을 해주어야 합니다. 그러나 동시에 그는 우리와 같은 인간이어야 합니다. 우리는 살과 피를 가진 존재이고, 대변인은 마땅히 자기가 대변하는 무리의 일원이어야 하기 때문입니다.

과연 그런 대변인이 있을 수 있을까요? 이제 그 답을 아시겠습니까? 그렇습니다. 오직 한분이 있습니다. 몸은 하나인데, 온전한 하나님인 동시에 온전한 인간인 분이 오직 한분 있습니다. 그는 영원하신 하나님의 아들이십니다. 그러나 영원하신 하나님의 아들이라는 신분만으로는 우리를 구원하실 수 없었습니다. 우리를 구원하기 위해서는 "사람의 아들"이 되셔야 했습니다. 그래서 베들레헴에 탄생하신 것입니다. 이것이 성육신의 의미입니다. 그는 하나님이셨지만 또한 사람이 되셔야 했습니다. 히브리서 2:14은 "자녀들은 혈과 육에 속하였으매 그도 또한 같은 모양으로 혈과 육을 함께 지니심은" 우리를 대변해 주시기 위해서라고 말하고 있습니다. 이제 아시겠습니까? 우리에게는 하나님과 동등한 위치에 서서 우리를 대변해 줄 수 있는 이가 필요합니다. 그런데 동시에 그는 우리의 문제와 어려움을 공유하는 인간이어야 합니다. 그렇다면 해결책은 하나밖에 없습니다. 하나님의 아들이 사람의 아들이 되셔야 하는 것입니다. "말씀이 육신이 되어 우리 가운데 거하시매"요 1:14. 한 위격 안에 두 본질을 가지신 분, 주 예수 그리스도, 하나님의 아들만이 유일한 해결책입니다.

> 그는 근본 하나님의 본체시나 하나님과 동등됨을 취할 것으로 여기지 아니하시고 오히려 자기를 비워 종의 형체를 가지사 사람들과 같이 되셨고 사람의 모양으로 나타나사 자기를 낮추시고 죽기까지 복종하셨으니 곧 십자가에 죽으심이라빌 2:6-8.

이분만이 내 필요를 채우실 수 있습니다. 그는 틀림없는 하나님인 동시에 틀림없는 인간입니다. 다른 해결책은 없습니다. 이분뿐입니다. 공자도 인간이었고, 마호메트도 인간이었고, 부처도 인간이었습니다. 이 인류의 스승들은 전부 인간으로서 우리를 구원하기에 충분치 못한 존재들입니다. 내게는 하나님인 동시에 사람인 분이 필요합니다. 그런데 여기 온전한 영광으로 충만하신 신인神人이 계십니다.

이처럼 이분은 내 필요를 채워 줄 자격이 있는 분일 뿐 아니라, 오, 감사하게도 내 필요를 채워 줄 능력까지 있는 분이십니다. 우리에게는 하나님 앞에서 우리를 대변해 줄 존재뿐 아니라 우리의 죄책까지 처리해 줄 존재가 필요하다는 말은 이미 했습니다. 우리는 분명히 죄를 지었고, 감히 말하지만 아무리 하나님께서 우리를 사랑하신다

해도 말로써 직접 그것을 처리하실 수는 없습니다. 절대 그러실 수 없습니다. 하나님은 공평한 분으로, 죄를 반드시 처벌하시며 죄책을 반드시 물으십니다. 하나님은 죄를 못 본 척하실 수 없습니다. 못 본 척하신다면 부정직하게 거짓말을 하는 것이 되는데, 하나님은 절대 거짓말을 하실 수가 없는 분입니다. 오, 나의 죄책이여! 이것을 어찌하면 좋겠습니까? 인간은 이미 모두 죄를 지은 상태이기 때문에 아무도 나의 죄를 대신 져줄 수 없습니다. 그런데 여기 내 죄책을 대신 져줄 수 있는 이가 한분 계십니다. "세상 죄를 지고 가는 하나님의 어린양"이 계십니다요 1:29. 한번도 죄를 짓지 않은 분이 계십니다. 흠 없는 분이 계십니다. 한번도 계명을 어기지 않은 분, 한번도 아버지께 반항하지 않은 분이 계십니다. 그는 모든 일에서, 모든 면에서 아버지를 기쁘시게 했습니다. 그래서 여호와께서 "우리 모두의 죄악을 그에게 담당시키셨"습니다사 53:6. 다른 사람은 죄악을 담당할 수 없습니다. 다른 사람은 그 큰 형벌을 받고 살아남을 수가 없습니다. 그러나 그는 담당하셨습니다. 그는 그만큼 크신 분입니다. 그만큼 위대하신 분입니다. 그는 하나님이자 사람으로서 우리 죄를 지고 나무에 달리셨습니다.

이처럼 그는 우리 죄를 지셨기 때문에 우리에게 필요한 새 본성도 주실 수가 있습니다. 그는 내게 새 본성을 주시기 위해 친히 인간의 본성을 입으셨습니다. 여기 중생에 대해 말씀하시는 분이 계십니다. 나에게 "거듭나야 하겠다"고 말씀하시는 분이 계십니다요 3:7. 나에게 신적인 본성을 나누어 주실 수 있는 분이 계십니다. 그는 인류와 하나님을 연결시키시며, 나에게 새 생명을 주시는 분입니다. 나는 성령으로, 위에서부터, 하나님에게서 새로이 태어납니다. 그는 내게 새로운 생명, 새로운 시작, 새로운 본성, 새로운 출발을 주십니다.

그 밖에 또 필요한 것이 무엇입니까? 우리에게는 죄와 싸우는 이 무서운 싸움에서 우리를 도와줄 분이 필요합니다. 우리 힘으로는 이 전투에서 이길 수가 없습니다. 이 전투에서 우리를 도울 수 있는 분은 오직 한분뿐입니다. 그는 결정적인 한번의 전투에서 마귀와 대적하셨습니다. 마귀는 마지막 남겨 놓은 무기까지 꺼내 들었지만 패배하고 말았습니다. 그는 세상과 육신과 마귀의 주인이십니다. 그러나 그보다 훨씬 더 놀라운 사실은 그가 우리를 불쌍히 여기신다는 것입니다. 오, 저는 이 점을 여러분에게 꼭 알려 드리고 싶습니다. 여러분은 그를 거룩하고 흠 없고 순결한 분, 죄인과는 아주 동떨어진 분으로 생각하면서 "그런 분이 나 같은 인간에 대해, 내가 겪는 비극적인 실패나 연약함에 대해 뭘 알겠어?"라고 말할 수 있습니다. 그러나 들어 보십시오! 그는 여러분의 모든 것을 알고 계십니다. "그가 시험을 받아 고난을 당하셨은즉 시험받는 자들을 능히 도우실 수 있느니라"히 2:18. "우리에게 있는 대제사장은 우리의 연약함을 동정하지 못하실 이가 아니요 모든 일에 우리와 똑같이 시험을 받으신 이로되 죄는 없으시니라"4:15. 그도 이 세상에서 사신 적이 있습니다. 여러분과 제가 느끼는 삶의 부담과 긴장과 고뇌를 겪으신 적이 있습니다. 원수는 여러분이나 저는 알 수도 없는 방법으로 그를 공격했습니다. 그는 거룩하신 하나님이면서도 이 모든 일을 겪으셨기에 우리를 불쌍히 여겨 주십니다. 그는 돕는 분으로서, 우리를 도와주겠다고 약속하셨습니다. 또한 "내가 세상 끝 날까지 너희와 항상 함께 있으리라"고 말씀하고 계십니다마 28:20.

그러나 무엇보다 놀라운 일은, 아마도 우리의 맨 나중 원수를 정복하신 일일 것입니다. 히브리서 2:15에 나오는 표현 그대로입니다. "또 죽기를 무서워하므로 한평생 매여 종노릇하는 모든 자들을 놓아 주려 하심이니." 죽기를 무서워하므로! 죽음, 종말, 분해되는 육신, 영원한 미지의 세계로 떠남. 오, 생각만 해도 무섭지 않습니까! 그러나 그는 사망의 독침을 제거하셨습니다. 무덤의 공포를 제거하셨습니다. 모든 원수를 정복하고 승리자로 부활하여 영원한 영광 가운데 하나님 우편에 앉으셨습니다.

모르시겠습니까? 그는 이 모든 일을 하실 수 있었던 유일한 분입니다. 하나님 앞에서 우리를 대변해 줄 이는 하나님이어야 합니다. 동시에 사람이어야 합니다. 그런데 그는 이 두 자격을 다 갖추셨습니다. 내게는 내 죄책을 감당해 줄 만큼 강한 분이 필요합니다. 그런데 그는 내 죄책을 감당하셨습니다. 내게는 자신의 본성을 나누어 줄 분이 필요합니다. 그런데 그는 성령으로 자신의 본성을 나누어 주셨습니다. 그는 세상과 육신과 마귀를 정복한 유일한 분입니다. 그는 맨 나중 원수인 죽음까지 정복하셨습니다. 지금까지 "다 이루었다"고 말할 수 있었던 사람은 세상에 한분밖에 없습니다.요 19:30. 그는 다 이루셨습니다! 우리의 구원에 필요한 일을 다 이루셨습니다. 그렇게 할 수 있었던 분은 그분 한분뿐입니다. 그래서 베드로가 "다른 이로써는 구원을 받을 수 없나니 천하 사람 중에 구원을 받을 만한 다른 이름을 우리에게 주신 일이 없음이라"고 말한 것입니다.

여러분에게 필요한 것은 구원이라는 사실을 이제 아시겠습니까? 정말 아시겠습니까? 지금까지 스스로 자신을 구원할 수 있다고 생각했습니까? 어리석게도 그저 약간만 개선하면 더 바랄 것이 없겠다고 생각했습니까? 그런데 이제는 자신의 진짜 상태가 눈에 들어옵니까? 여러분에게 필요한 것은 교훈이 아닙니다. 교훈은 아무 쓸모가 없습니다. 그렇다고 본보기가 필요한 것도 아닙니다. 본보기는 도움이 안 됩니다. 여러분에게 필요한 것은 약간의 개선이 아닙니다. 여러분에게 정말 필요한 것은 용서입니다. 거듭남입니다. 새로워지는 것입니다. 하나님의 자녀가 되며 영원한 세계의 상속자가 되는 것입니다.

그가 유일한 구주시라는 사실을 이제 아시겠습니까? 그렇다면 결론은 하나입니다. 똑똑한 건축자들처럼 그를 거부하든지, 아니면 그를 믿으십시오. 둘 중에 하나입니다. 지금 여러분 앞에 서 계신 분은 단 한 분밖에 없는 유일한 구주십니다. 그를 거부하면 점점 더 악화되거나 아니면 최소한 지금 모습 그대로 살다가 결국에는 일말의 희망도 없이 공포에 휩싸여 생의 종말을 맞이할 것입니다. 헛된 회한과 수치와 고통이 영원히 계속되는 세계로 들어가게 될 것입니다. 그리하여 자기의 똑똑함이 얼마나 무가치한 것인지 깨닫게 될 것입니다. 우리가 20세기 인간이라는 것은 그 사실에 아무 영향도 끼치지 못합니다. 건축자이자 머릿돌이신 그를 거부하는 사람은 혼자 버려진 채 비참한 실패와 영원한 고통으로 나아갈 것입니다.

그를 믿으십시오. 그의 음성에 귀를 기울이십시오. 사도들의 메시지에 귀를 기울이십시오. 여러분의 죄를 고백하고, 여러분의 무력함과 희망 없음을 인정하며, 오직 그의 이름에 자신을 맡기십시오. "그렇습니다. 당신만이 유일한 구주십니다. 이 세상의 구주시며 나의 구주십니다"라고 말씀드리십시오. 지금 그분께 나아가 이렇게 말씀드리십시오.

오, 그리스도여, 내 영혼
그토록 찾던 평안과 기쁨,
이제껏 몰랐던 축복,
오직 당신 안에만 있나이다.
그리스도만 채우실 수 있으니,
다른 이름은 필요 없나이다!
주 예수여, 사랑과 생명과 영원한 기쁨,
당신 안에만 있나이다.
—무명

나사렛 예수 그리스도의 이름으로 일어나 걸으십시오. 그가 다 이루셨습니다. 그의 이름으로 명하노니, 지금 믿으십시오. 죄의 자리에서 벌떡 일어나, 걷기도 하고 뛰기도 하면서 하나님을 찬송하며 남은 삶을 완주하십시오.

05

기독교의 진정한 표지

그들이 베드로와 요한이 담대하게 말함을 보고 그들을 본래 학문 없는 범인으로 알았다가 이상히 여기며 또 전에 예수와 함께 있던 줄도 알고.

사도행전 4:13

다시 한번 상기시키는 바, 이 연속설교의 전체 주제는 진정한 기독교란 무엇인가를 밝히는 것입니다. 어떤 분들은 왜 아직도 이런 주제를 다루어야 하는지 의아할 것입니다. 이 사건이 일어난 지도 거의 2천 년이 지났고, 교회는 그때부터 지금까지 계속 존재해 왔습니다. 혹자는 "그런데도 기독교가 뭔지 설명하는 데 또 시간을 들일 필요가 있을까?"라고 물을 것입니다. 그러나 불행히도 그럴 필요가 있습니다. 전 세계는 지금 혼동을 겪고 있습니다. 정치적 혼동, 도덕적 혼동, 국제적 혼동을 겪고 있습니다. 그러나 "기독교가 전하는 메시지는 무엇인가"라는 이 한 가지 중요한 질문에 관련된 혼동보다 더 큰 혼동은 없습니다.

교회란 무엇입니까? 제가 최근의 화젯거리를 들먹이는 것처럼 들린다면 용서해 주시기 바랍니다. 그러나 저는 지난주에서야 13절을 설교하면서 이 문제를 함께 고찰해 보아야겠다고 생각한 것이 아닙니다. 7월 중순 휴가를 떠나기 전부터 그런 결심을 하고 있었습니다. 따라서 제가 오늘 이 구절을 설교하는 것은 이 문제가 최근에 화젯거리로 부상했기 때문이 아니라, 기독교가 무엇인지에 대해 명확한 관점을 갖는 일이 얼마나 중요한지 여러분에게 보여드리기 위해서입니다. 그러나 지난주에 있었던 한 가지 일에 영향을 받은 점도 없지는 않습니다. 저는 그 일이 이 부분의 혼동을 더 부추긴다고 생각했고, 따라서 더 긴급히 이 구절의 의미를 정확하게 알릴 필요가 있다고 생각했습니다. 아시다시피 지난주에 있었던 일이란 교황이 유엔을 방문해 연설한 후 환영회에 참석한 것을 가리킵니다. 텔레비전과 라디오는 교황을 열렬히 환영하며 모든 장면을 반복해서 장황하게 중계했습니다. 여기 베드로의 직접적인 계승자를 자처하는 교황, 각국 정상들의 환영을 받으며 유엔에서 연설하고 있는 현대판 베드로가 있습니다.

우리는 사도행전에서 요한과 함께 세상의 지배층 인사들과 당국자들과 권력자들을 대면하고 있는 사도 베드로의 모습을 봅니다. 이 사람이 원래 베드로입니다. 그렇다면 그의 후계자를 자처하는 사람이 비슷한 주권자들 앞에 섰을 때의 모습이 어떠해야 할지 한번 생각해 보십시오. 정반대의 항목들을 일일이 나열하느라 시간을 낭비하는 대신, 여러분의 지성에 판단을 맡기겠습니다. 이것은 제가 연출해 낸 상황이 아닙니다. 그런데도 어떻게 이런 일들이 일어나는지, 정말 이상하지 않습니까? 저는 여기에 하나님의 인도하심이 있다고 믿으며, 성령의 임재와 능력이 있다고 믿습니다. 그렇다고 이 설교를 로마 가톨릭에 대한 것으로 생각하는 일은 절대 없기를 바랍니다. 이것은 로마 가톨릭에 대한 설교가 아니라 참된 기독교에 대한 설교입니다. 제가 말씀드렸듯이 세상은 혼동과 불행에 빠져 있습니다. 개인들도 곤경에 처해 있습니다. 우리는 너무나 혼란스러운 나머지 우리 앞에 제시되는 것을 거의 아무것이나 받아들이려 합니다. 제가 이 전반적인 문제에 여러분의 주의를 환기시키는 것은 이처럼 당황하고 있는 사람들에게 관심이 있기 때문이며, 공감과 연민을 느끼기 때문입니다.

무엇이 진짜 기독교인지 어떻게 알 수 있습니까? 주된 방법이 두 가지 있습니다. 첫째는 신약성경을 보는 것입니다. 지금 우리 손에 있는 이 책을 떠나서는 교회나 기독교 메시지나 우리 주님에 대해 알 길이 없습니다. 현대 사상가가 말하는 이런저런 견해들은 아무 도움도 되지 않습니다. 현대 사상가라고 해서 저보다 더 많이 아는 것은 아니니 말입니다. 그도 현장에 없었다는 점에서는 저와 마찬가지입니다! 기독교가 무엇인지 알고 싶다면, 교회의 의미가 무엇인지 알고 싶다면, 도의상 신약성경으로 돌아가야 한다는 것이 저의 생각입니다. 신약성경은 우리 손에 주어진 유일한 기록입니다. 그리스도인들이 무엇을 전하는지 알고 싶습니까? 최초의 설교자들에게 돌아가 그들의 이야기를 들어 보십시오. 그것이 우리가 분명히 해야 할 일입니다. 현대의 견해들은 그저 인간의 생각에서 나온 그만그만한 것들이므로,

그것을 출발점으로 삼아서는 안됩니다. 권위 있는 자료를 얻고 싶다면 신약성경으로 돌아가야 합니다. 그래야 교회가 어떻게 존재하게 되었는지, 교회에 어떤 일들이 일어났는지 알 수 있습니다. 신약성경에는 전 역사가 기록되어 있습니다. 성령강림과 사도들이 처음 말하고 행하기 시작한 일들이 기록되어 있습니다. 기독교의 기원부터 시작해서 모든 부분이 있는 그대로 기록되어 있습니다. 여기 기록되어 있는 이 기독교가 고대세계를 뒤집어 놓았습니다. 3세기도 채 지나지 않아 로마제국을 정복한 것은 여기 기록되어 있는 이 기독교입니다. 이 기독교가 진정한 기독교입니다.

그러나 기독교를 아는 데 이런 적극적인 방법만 있는 것은 아닙니다. 그와 달리 정확한 기독교를 분별해 내는 방법, 곧 소극적인 방법도 있는데 가끔은 이 방법이 도움이 될 때가 있습니다. 스스로 기독교적이라고 주장하는 메시지가 정말 기독교적인 것인지 아닌지 알아보려면 세상의 반응을 보면 됩니다. 세상은 진짜 메시지와 가짜 메시지에 각기 다르게 반응하기 때문입니다. 이것이 소극적인 검증방법입니다. 사도행전 4장에서 우리는 사도들과 교회가 세상의 권력과 마주하는 장면과 세상권력의 반응을 보게 됩니다. 세상은 오늘날에도 여전히 같은 반응을 나타내고 있습니다.

세상의 반응을 살피다 보면, 부수적으로 기독교 신앙과 교회의 참된 표지가 무엇인지도 알게 됩니다. 지금 우리 앞에는 진정한 기독교가 생생하고도 극적인 방식으로 제시되어 있습니다. 이것을 통해 우리가 알게 되는 것이 무엇입니까? 우리 모두 외우기 쉽도록 몇 가지 원칙으로 축약해 보겠습니다. 첫번째 명제는 기독교는 하나의 사건이라는 것입니다. 기독교는 단순한 가르침이나 견해나 관점이 아닙니다. 기독교는 하나의 사건이며, 여기에서 사건이란 실제로 일어난 사실을 의미합니다. 기독교는 지금 일어나고 있는 어떤 것입니다. 기독교는 역사의 영역에 속해 있습니다. 이것이 기독교입니다. 이것이 신약성경 전체의 요점이며 사실상 성경 전체의 요점입니다.

세상에는 이른바 종교가 있으며, 철학이 있고, 관점이 있습니다.

그것들은 어떻게 생겨났습니까? 자, 한 사람 또는 여러 사람이 인생에 대해 깊이 생각한 끝에 어떤 개념과 이론들을 발표합니다. 그들은 그것을 가르치고 그것에 대해 논쟁을 벌인 다음, 아마도 한 권의 책에 그 개념들을 정리해서 남들에게 읽힐 것입니다. 그 가르침은 이런 식으로 퍼져 나가고 알려질 것입니다. 그러나 기독교 메시지는 이런 식으로 형성된 것이 아닙니다. 기독교는 단순한 이론이나 개념이 아닙니다. 기독교는 하나님의 행동과 실제 일어난 일들에 전적인 토대를 두고 있습니다. 우리가 무엇보다 먼저 생각해야 할 사실은 성경이 역사책이라는 것입니다. 성경은 실제로 일어난 일들을 기록한 책이며, 하나님이 시간 속에 들어와 개입하신 일들을 기록한 책입니다.

그뿐 아니라 성경은 주목할 만한 일, 평범치 않은 일, 놀라운 일, 주의를 끄는 일들을 기록한 책입니다. 이것이야말로 우리가 공부하고 있는 이 사건의 핵심입니다. 그렇지 않습니까? 예루살렘에 일대 소동이 벌어졌습니다. 사람들은 흥분에 휩싸였습니다. 모두들 호기심에 사로잡혀 속속 모여들었습니다. 그러고 나서 어떤 일이 벌어졌습니까? 관리들이 무언가 대처해야 할 상황이 벌어진 것을 보고 놀라고 불안해한 것입니다. 이것이 기독교가 세상에 끼친 영향입니다. 이처럼 기독교는 활기차고 역동적이며 도전적인 것입니다. 기독교는 여러분에게 문제를 제기합니다. 여러분은 그 문제를 직시하고 결단을 내려야 합니다. 기독교는 그렇게 할 것을 강요하며 고집합니다. 이 사건들을 정직하게 직시하는 사람이라면 누구나 두 가지 중에 하나를 택해야 합니다.

이처럼 기독교의 역사성을 필히 강조해야 하는 것은, 평균적인 사람들이 "기독교는 생기 없는 전통에 불과하다"는 견해를 가지고 있기 때문입니다. 물론 이런 생각을 할 정도의 지력이 없는 이들이 있는 것도 사실입니다. 그런 이들은 예배나 교회나 주일학교에 출석하도록 교육받으며 자란 탓에 계속 교회에 나가기는 하지만 생명력은 없습니다. 그들의 종교생활은 죽은 전통, 따분한 전통에 불과한 것으로, 오직 소수의 사람들만이 애처롭게도 함께 찬송하려는 노력을 기울일 뿐입니다. 지성인들은 모든 것이 무미건조한 이런 생활을 모욕으로 여길 것입니다. 그들은 여전히 그리스도인이요 교회의 일원이라고 주장하지만, 사실은 생기 없는 관습을 애처롭게 지속하고 있을 따름입니다. 이것이야말로 사람들이 기독교에서 받는 인상 아닙니까?

그러나 사실은 그것이 전부 틀린 생각임을 아십니까? 기독교는 결코 그런 것이 아닙니다. 만약 그런 인상을 주는 이들이 있다면, 그들이 정말 그리스도인이 맞는지 의문을 제기해야 합니다. 기독교는 사람들을 놀라게 만드는 하나의 사건입니다. 사람들을 놀라움과 경이감으로 사로잡는 어떤 것입니다. 사람들은 진정한 기독교 앞에서 "대체 이게 뭐지?"라는 질문을 던지게 되어 있습니다.

우리는 바로 다음 순간에 무슨 일이 일어날지 모르는 위험한 세상에 살고 있는 만큼, 다음과 같은 간단한 질문을 드리는 것도 양해가 되리라 생각합니다. 기독교가 여러분에게 도전으로 다가온 적이 있습니까? 무엇인가 역동적인 것, 여러분의 시선을 잡아당기는 것, 여러분을 결단하게 만드는 것으로 다가온 적이 있습니까? 그런 적이 없다면 여러분은 사실상 기독교에 대해 아무것도 모르고 있는 것입니다. 여러분은 기독교를 따분하고 죽은 의식으로 생각할 수 있습니다. 그러나 그것은 완전히 틀린 생각입니다.

기독교 메시지만큼 세상에 큰 영향력을 행사한 메시지는 아무것도 없습니다. 사도행전을 더 읽어 보면, 실제로 사도들이 "천하를 어지럽게 하던 이 사람들"로 묘사되어 있는 것을 볼 수 있습니다[7:6]. 현대세계의 그 어떤 것이 천하는 고사하고 누구 하나, 무엇 하나 어지럽게 한 적이 있습니까? 전혀 없습니다! 생기 없는 종교는 기독교가 아닙니다. 신약의 기독교는 사람에게 생기를 불어넣어 주는 역동적이고 도전적인 것, 곧 하나의 사건입니다.

두번째 요점은, 기독교는 세상이 이해하지 못하는 현상이라는 것입니다. 이것은 아주 중요한 사실로서, 바로 이 사실이 소극적인 검증을 가능하게 해줍니다. 물론 이것은 못 걷던 자를 고친 사건의 전체적인 요점이기도 합니다. 당국자들은 못 걷던 자가 일어서는 사건에 부닥쳤습니다. 그 지역에 사는 사람들은 누구나 그 불쌍한 거지를 알고 있었습니다. 그런데 그 사람이 갑자기 벌떡 일어나 서 있는 모습을 자기들의 눈으로 목격한 것입니다. "또 병 나은 사람이 그들과 함께 서 있는 것을 보고"4:14. 그들은 그 일을 부인할 말이 없었으면서도 온갖 말을 동원하여 이의를 제기했습니다. 못 걷던 자를 고친 일 자체에 이의를 제기할 수 없으니까 그를 고친 방식에 이의를 제기한 것입니다. 이것은 기독교 메시지의 특징을 보여줍니다. 기독교 메시지는 세상을 당황스럽게 합니다.

세상은 이런 방법으로 우리의 메시지가 진짜 기독교적인 것인지 아닌지를 보여줍니다. 기독교 메시지를 표방하지만 세상이 당황하기는커녕 쉽게 이해할 뿐 아니라 좋아하며 칭송하기까지 하는 메시지는 가짜 메시지입니다. 교회가 정치적 메시지를 들고 통치자들이나 당국자들이나 권력자들 앞에 설 때 그들은 기립박수를 보냅니다. 교회가 정치적 견해를 표명할 때 세상은 당황하지 않고 그 말을 납득합니다. 그것은 자기들 사이에서 통용되는 말이며, 자기들의 사고와 언어와 어법으로 이루어진 말이기 때문입니다. 그렇기 때문에 교회가 전쟁과 평화와 핵폭탄 중지 등에 대해 언급할 때 세상은 그 말에 귀를 기울이며 받아들이고 칭송합니다. 그러나 베드로와 요한은 그런 대접을 받지 못했습니다.

또 교회가 기독교 복음은 단지 윤리적인 가르침일 뿐이라는 인상을 풍기면서 "기독교 메시지는 사람들에게 더 나은 삶을 살라고 호소하는 것"이라고 말하거나 "이 메시지는 당국자들이 청소년 비행이나 성적 부도덕, 사회적 불의 같은 문제들을 잘 처리할 수 있도록 도울 수 있다"고 덧붙일 때, 세상과 당국자들은 그 말을 완전히 납득할 것입니다. 자신들도 항상 일을 그런 식으로 처리하기 때문입니다. 그들은 의회에서 법령을 통과시키고 제도와 조합과 단체를 만들어야 하는 탓에 이런 복합적인 도덕적 문제들을 처리하는 데 많은 시간을 소모합니다. 그렇기 때문에 교회가 찾아가서 "우리가 관심을 갖는 분야가 바로 이런 분야다, 우리는 사람들에게 점잖고 선량하며 올바른 삶을 살도록 가르치기 위해 존재한다"고 말할 때 기립박수를 보내는 것입니다. 세상은 그 말을 납득합니다. 자신들의 사고와 표현에서 통용되는 말이기 때문입니다.

또 교회가 기독교 메시지는 단지 도덕적으로 약간 고양시켜 주는 역할을 하는 것으로서, 좋은 생각으로 하루를 시작하게 해줄 뿐 아니라 긍정적인 사고방식을 갖게 해주며 물질주의적인 세상에서 약간의 이상주의를 품고 살 수 있게 해준다는 인상을 풍길 때 세상은 좋아합니다. 세상은 기독교 메시지를 이상주의적인 것으로 생각하고 싶어 하며, 선善을 선호한다는 점에서 완전히 나쁜 것은 아니라고 생각하고 싶어합니다. 그렇기 때문에 교회가 이상주의를 이야기하며 이상주의와 우정의 이름으로 호소할 때, 그리고 이런 것이야말로 기독교 메시지라고 말할 때, 세상은 환호하며 수용하고 고마워하는 것입니다. 그러나 베드로와 요한은 그런 대접을 받지 못했습니다.

또 교회가 세상 앞에 서서 기독교 메시지는 결국 심리학-물론 기독교 용어로 표현된 심리학-이라는 인상을 줄 때, 곤경에 빠진 세상은 기꺼이 귀기울일 준비를 할 것입니다. 사람들은 불면증에 시달리고 있고, 약값에 점점 더 많은 돈을 쓰고 있으며, 매일 긴장을 느끼며 살고 있습니다. 그들은 어떻게 이웃과 더불어 살 것인가, 아니 실은 어떻게 남편이나 아내와 더불어 살 것인가 고민하며 살고 있습니다. 이렇게 붕괴되고 있는 세상에 교회가 다가가서 "우리가 그 모든 일을 도와줄 수 있다, 우리가 생각하는 법을 가르쳐 주겠다, 가능하면 당신의 아픔과 고통과 병과 좌절감과 자신감 상실에 대처하는 법까지 가르쳐 주겠다, 심리학을 가르쳐서 인간의 본질을 이해할 수 있게 해주겠다"고 말한다면, 그러면서 기독교 메시지는 일종의 응용심리학에 불과하다는 인상을 준다면, 이번에도 역시 기립박수가 터져 나올 것입니다. 그러나 베드로와 요한은 그런 대접을 받지 못했습니다.

마지막으로, 교회의 목적이 일종의 모호한 숭배의식, 세련된 이교신앙을 제공하려는 데 있는 듯한 인상을 줄 수도 있습니다. 여러분은 믿지 않는 사람이 아플 때 어떻게 하는지 알고 있을 것입니다. 그는 낮게 해달라고 기도합니다. 또 자기에게 무슨 일이 생길까 봐 겁이 날 때에는 자기 나름대로 의례와 의식을 거행하기도 합니다. 교회가 호국영령 기념일에 필요한 역할을 잘 수행할 만한 국가기관으로 비칠 때, 전시나 전투에 패했을 경우 전 국가적인 기도일을 정해서 실행하는 국가기관으로 비칠 때, 훌륭한 의식에 종교적인 색채를 흐릿하게 드리워 줌으로써 왕족이나 위대한 수상의 죽음, 또는 대관식에 보이지 않는 힘이 개입되어 있는 듯한 느낌을 부여해 주는 국가기관으로 비칠 때, 이런 것이야말로 기독교라는 인상을 풍길 때, 그렇습니다, 세상은 그 기독교를 받아들일 것입니다. 세상은 교회를 찬양하고, 감사를 표하며, 다시 말하지만 기립박수를 보낼 것입니다.

그러나 정반대의 경우에 주목하시기 바랍니다. 사도행전에서 볼 수 있듯이 참 메시지가 전해질 때 세상은 당황합니다. 세상의 반응이 메시지의 진위를 가늠하는 최고의 검증방법이 될 수 있는 이유가 여기 있습니다. 어떤 메시지를 세상이 기꺼이 받아들인다면 우리는 그것이 기독교 메시지가 아니라고 확신할 수 있습니다. 반면에 세상이 당황해하고 놀란다면 어찌 되었든지 그 메시지는 진짜에 가깝다고 확신할 수 있습니다. 기독교 메시지는 언제나 세상을 놀라게 했습니다. 세상은 그 언어를 이해하지 못했습니다. 그 언어를 어려워했습니다.

한 걸음 더 나아가겠습니다. 참 메시지는 세상을 당황스럽게 할 뿐 아니라 분노하게 합니다. 처음에도 그랬듯이, 세상은 항상 참 메시지를 미워했으며 저지하고자 애를 써왔습니다. 사실 이것이 성경 전체의 줄거리 아닙니까? 고대세계에 회개의 메시지를 전하도록 임명받은 의로운 설교자 노아를 세상이 어떻게 대했는지 보십시오. 그를 어떻게 취급했는지 보십시오. 소돔과 고모라 사람들이 롯을 어떻게 취급했는지 보십시오. 불쌍한 롯은 스스로 자기 기준을 낮추어 버렸지만, 그래도 그 평지의 타락한 도성 백성들에 비하면 의인이라고 할 수 있었습니다. 롯이 너무 늦기 전에 회개하라고 충고했을 때, 소돔 백성과 지도자들이 어떻게 했는지 읽어 보십시오. 선지자들이 어떤 취급을 받았는지 구약성경을 읽어 보십시오. 이스라엘에는 항상 거짓 선지자들이 많았고 참 선지자들은 드물었습니다. 거짓 선지자들은 늘 칭송과 환영을 받았습니다. 왜 그렇습니까? 평강이 없는데도 "평강하다, 평강하다"고 말했기 때문입니다[렘 6:14; 8:11]. 교회가 세상을 향해 "상황이 아주 좋다, 사람들에게 호소만 잘 하면 전쟁은 끝날 것이다, 모두가 여기 동참할 것이 틀림없다"고 말하는 것은 평강이 없는데도 "평강하다, 평강하다"고 말하는 것과 같습니다. 그것은 거짓 선지자의 메시지이지만 세상은 그것을 좋아합니다. 거짓 메시지는 사람들을 조금 더 행복하게 해주고 재난에 대한 염려를 유보해 주기 때문에 항상 열렬한 환영을 받게 되어 있습니다.

반면에, 참 선지자들은 어떤 취급을 받았는지 보십시오. 그들은 지하감옥에 던져졌고 미움과 박해를 받았으며 죽임을 당했습니다. 세상이 세례 요한에게 어떻게 했는지 보십시오. 감히 왕의 간음을 정죄했다는 이유로 머리를 잘라 버렸습니다. 권력자들이 참 메시지를 대하는 방식은 늘 그렇습니다. 그들이 사도들을 어떻게 취급했는지 보십시오. 로마 경기장과 그 밖의 여러 곳에서 수천 명의 손에 의해 사자 밥으로 던져진 사람들과 순교자들의 이야기, 생명의 위협을 무릅쓰고 끝까지 신앙을 고백한 사람들의 이야기, 성도들의 대학살 이야기를 읽어 보십시오. 그것이 시대를 막론하고 세상이 그리스도인들을 취급해 온 방식입니다. 종교개혁가, 언약파(17세기 종교적인 갈등으로 발생한 여러 차례의 위기 상황에서 계약이나 서약에 서명한 스코틀랜드의 장로교도들. 특히 국민서약[1638]과 엄숙동맹[1643]에서 스스로 선택한 교회행정과 예배형식을 유지하겠다고 서약한 사람들을 말한다-옮긴이), 청교도, 초창기 감리교도, 모두가 박해를 받았습니다.

> 진리는 영원히 단두대 위에,
> 거짓은 영원히 왕좌 위에.
> -J. R. 로웰 J. R. Lowell

무엇보다 하나님의 아들을 생각해 보십시오. 그는 세상을 구원하려고 오셨습니다. "잃어버린 자를 찾아 구원하려"고 오셨습니다.눅 19:10 인류 역사상 최고의 은인인 그는, 하늘 왕궁을 버리고 낮아지셨으며 스스로 비천하게 되어 죄인들의 거역을 참으셨을 뿐 아니라 그들을 위해 기꺼이 죽을 준비까지 하셨습니다. 그런데 사람들이 그를 어떻게 취급했습니까? 그에게 기립박수를 보냈습니까? 천만의 말씀입니다. 그들은 "없이 하소서, 그를 십자가에 못박게 하소서, 저를 제거하소서"라고 말했습니다. 그들은 그를 거부했습니다. 경멸했습니다. "그는 멸시를 받아 사람들에게 버림받았"습니다.사 53:3 이것이 세상이 항상 참 메시지를 취급해 온 방식입니다.

달리 표현해 보겠습니다. 저는 오늘날 저명한 사상가들이나 철학자들이나 과학자들 중 상당수가 그리스도인이 아니라는 데 혼란과 놀라움을 느끼는 그리스도인들을 가끔 만납니다. 그 결과 그들은 열등감을 갖게 되며, 세상의 위대하고 힘 있고 고상한 사람들이 거부하는 메시지를 믿는다는 데 수치심을 느낍니다. 그러나 사랑하는 여러분, 그것이 얼마나 어리석은 일입니까! 오히려 그들이 거부하는 것을 믿을 때 여러분은 정말 좋은 동료들을 만날 수 있습니다. 이미 언급했듯이, 스스로 기독교라고 내세우는 메시지에 세상이 어떻게 반응하는지를 보는 것이 곧 그 메시지가 진짜 기독교적인 것인지 아닌지 알 수 있는 방법이며, 그 메시지를 전하는 교회가 진짜 교회인지 아닌지 알 수 있는 최고의 검증방법입니다. 세상이 베드로에게 어떻게 했는지 보십시오. 그러면 베드로의 후계자를 자처하는 이들에게 이 검증방법을 적용하는 것이 왜 타당한지 밝히 알게 될 것입니다.

이제 세상이 기독교 메시지를 오해하고 미워하는 이유를 고찰할 차례입니다. 그 답은 한마디로 표현할 수 있습니다. 곧 참 메시지는 **초자연적**이기 때문이라는 것입니다. 이 점을 설명해 보겠습니다. 기독교는 우리가 행하는 어떤 것이 아닙니다. 어떤 의미에서든 우리에게 달려 있는 일이 아니라는 것입니다. 물론 현대인은 이 부분에서 가장 큰 오류를 범하고 있습니다. 우리는 스스로 어떤 것이든 할 수 있다고 믿고 싶어합니다. 우리에게 자신감과 역량과 능력이 있다고 믿고 싶어합니다. 그러나 이 맨 처음 이야기가 즉각 들려주는 말은, 그리스도인이 되는 것은 결코 우리 자신이나 우리의 능력이나 우리의 역량에 달린 일이 아니라는 점입니다. 그것은 우리의 능력과 지각과 지식으로 어찌 할 수 있는 일이 아닙니다. 자, 이 말씀을 잘 들어 보십시오. "그들이 베드로와 요한이 담대하게 말함을 보고 그들을 본래 학문 없는 범인으로 알았다가 이상히 여기며." 그들은 이상히 여기지 않을 수 없었습니다! 자신들의 전반적인 생각과 정반대되는 일이 일어났기 때문입니다. 지금도 수많은 사람들이 교회 안으로 들어오지 않고 기독교 메시지를 거부하는 것은 바로 이 첫번째 원리가 이해되지 않기 때문입니다. 바로 이 첫번째 요점을 오판하기 때문에 나머지 요점들도 다 오판하게 되는 것입니다.

우리 복되신 주님께서 특별한 사람들을 택해 제자로 삼으신 이유가 무엇이라고 생각합니까? 그들이 어떤 부류의 사람들이었는지 기억납니까? 몇 사람은 어부였고 한 사람은 세리였습니다. 그들은 아주 일상적인 직업에 종사하고 있던 지극히 평범한 사람들이었습니다. 주님은 바리새인과 서기관과 율법학자와 정치사상을 선도하던 사람들 중에서 제자들을 택할 생각이 없으셨습니다. 철학자들을 택할 생각도 없으셨습니다. 주님은 당신의 내각을 구성하실 때 예루살렘에서 가장 능력 있는 사람, 가장 많이 배운 사람, 가장 학식 있는 사람을 택하지 않으셨습니다. 오히려 정반대로 하셨습니다. 왜 그렇게 하셨다고 생각합니까? 저는 사람들이 자기 능력에 따라 그분의 나라에 들어가지 못한다는 원리, 자기 지각으로 그리스도인이 되지 못한다는 원리를 영원히 확립하고자 그렇게 하셨다고 생각합니다. 그래서 보잘것없는 사람들, "학문 없는 범인"들을 택하신 것입니다. 사도 바울 같은 사람은 모든 시대를 통틀어 가장 위대한 천재에 속한다는 사실을 저도 압니다만, 바울 역시 어떤 의미에서는 이 법칙의 확실성을 입증해 준다고 할 수 있습니다. 하나님께서는 명석한 사람이나 무식한 사람을 가리지 않는다고 말씀하셨습니다. 하나님의 능력은 어느 경우에나 동일하게 작용합니다. 그러므로 대다수의 학문 없는 범인들 사이에 탁월한 한 사람의 천재가 섞이는 일이 가능했던 것입니다. 이런 일은 세대를 거듭하며 계속되어 왔습니다.

이미 살펴본 대로, 세상은 물론 모든 것이 우리의 사상에 달려 있다는 믿음으로 위대한 사상가들을 숭배하고 있습니다. 세상은 인간의 유일한 희망은 위대하게 사고할 수 있는 인물, 인간의 문제를 깊이 통찰해 출구를 보여줄 수 있는 위대한 인물들을 배출하는 데 있다고 믿고 있습니다. 그러나 만약 그런 것을 기독교로 생각한다면, 그리스도의 인격이나 기적에 관한 좀더 깊은 질문에 도달하기도 전에 이미 길을 잘못 들어선 것입니다.

기독교 신앙은 초자연적인 것이므로 기독교를 이해하거나 실천하는 데 굳이 똑똑한 머리가 필요치 않으며, 이 사실 자체가 역으로 기독교 신앙의 초자연성을 입증해 주는 좀더 심오한 증거가 된다고 할 수 있습니다. 이것은 놀라운 일입니다. 기독교 메시지의 역설이라고 해도 좋습니다. 여기 세상에서 가장 심오한 진리, 인간과 생명과 삶과 죽음, 우주, 하나님과 관련된 모든 것에 대한 진리가 있습니다. 그러나 이 진리는 지적인 노력의 결과로 얻어지는 것이 아닙니다.

마찬가지로 우리는 그리스도인이 되기 위해 자신의 도덕적인 노력에 의존하지 않습니다. 이 문제는 나중에 다루기로 하겠습니다. 교회에는 못 배우고 무식한 자들만 있는 것이 아니라, 한때 도둑에 주정뱅이, 욕쟁이, 허풍선이였으나 어느 한순간 성도가 되어 하나님의 교회에 속하게 된 자들도 있습니다.

기독교는 초자연적인 것입니다. 우리가 무엇인가를 해서 그리스도인이 되는 것이 아니라, 무엇인가가 우리에게 일어나 우리를 변화시킴으로써 그리스도인이 되는 것입니다. 지금 우리 앞에 한 가지 사건이 일어났습니다. 배우지 못한 무식한 사람들이 훌륭한 연설을 하더니, 앉은뱅이까지 고치며 능력으로 충만해 있는 것입니다. 도대체 그들에게 무슨 일이 일어난 것입니까? 이 사건은 기독교를 요약해서 보여줍니다. 기독교는 우리에게 달려 있는 것이 아닙니다. 기독교는 우리에게 작용하는 힘이며, 우리 안에서 작용하는 힘이고, 우리를 거슬러 작용하는 힘입니다. 사도 바울이 로마 사람들에게 어떻게 말했는지 보십시오. "내가 복음을 부끄러워하지 아니하노니"—왜 부끄러워하지 않습니까?—"이 복음은 모든 믿는 자에게 구원을 주시는 하나님의 능력이 됨이라"롬 1:16. 그러므로 그는 이렇게 말합니다. "헬라인이나 야만인이나 지혜 있는 자나 어리석은 자에게 다 내가 빚진 자라. 그러므로 나는 할 수 있는 대로 로마에 있는 너희에게도 복음 전하기를 원하노라"1:14-15. 바울은 대단한 지각을 선결조건으로 내세우지 않습니다. 그렇다고 무식함을 선결조건으로 내세우지도 않습니다. 그가 내세우는 것은 오직 하나님의 필요와 능력뿐입니다. 중요한 것은 하나님의 능력이며, 그 능력이 인간에게 작용하는 것입니다. 바울은 지치지도 않고 줄기차게 말합니다. "그리스도는 하나님의 능력이요 하나님의 지혜니라.……형제들아, 너희를 부르심을 보라. 육체를 따라 지혜로운 자가 많지 아니하며 능한 자가 많지 아니하며 문벌 좋은 자가 많지 아니하도다. 그러나 하나님께서 세상의 미련한 것들을 택하사 지혜 있는 자들을 부끄럽게 하려 하시고 세상의 약한 것들을 택하사 강한 것들을 부끄럽게 하려 하시며"고전 1:24, 26-27. 행동하시는 하나님이 한 가지 사건을 일으키셨습니다. 평범하고 무식한 문맹자들이 기탄없이 말하며 기적을 행하게 하신 것입니다. 이것이 하나님의 능력입니다. 이것이 기독교입니다.

이처럼 그리스도인이 되는 것은 우리에게 달려 있는 일이 아닙니다. 오직 하나님과 그의 능력, 그가 극진히 사랑하시는 독생자를 통해 행하신 일에 달려 있습니다. 이 제자들이 보여주고 있는 것이 그것입니다. 그들이 이 대단한 공회 앞에 서서 어떻게 이치를 따져 가며 논박하고 있는지 보십시오. 그들은 어부들이었습니다. 게다가 베드로는 어떤 사람이었습니까? 자기의 가장 귀한 친구이자 은인인 분이 어려움에 빠져 재판정에 섰을 때 자기 목숨 하나 구하려고 그를 부인할 정도로 비겁한 사람이었습니다. 그런데 지금 공회 앞에 담대히 서 있는 모습을 보십시오. 도대체 그에게 무슨 일이 일어난 것입니까? 그는 완전히 다른 사람이 되어 있습니다! 이것이 기독교입니다. 베드로는 철학 교과서를 읽지 않았습니다. 과학을 공부하지도 않았습니다. 그 시대의 위대한 전승을 익히지도 않았습니다. 절대 그러지 않았습니다! 다만 무슨 일인가가 그에게 일어났을 뿐입니다. 그래서 능력으로 충만해진 것입니다. 그래서 새사람이 된 것입니다.

물론 앉은뱅이도 하나님의 초자연적인 힘을 보여주는 확실한 증거가 되었습니다. "또 병 나은 사람이 그들과 함께 서 있는 것을 보고 비난할 말이 없는지라." 교회의 오랜 역사는 이 이야기로 채워져 있습니다. 기독교는 내가 취할 수 있는 어떤 것이 아닙니다. 내 고상한 정신으로 파악할 수 있는 어떤 것이 아닙니다. 기독교는 하나님이 나를 다루시는 것입니다. 하나님이 나에게 작용하시는 것입니다. 기독교는 나를 소유하고 변화시키며 새로 태어나게 하시는 하나님의 능력, 나에게 새 삶을 주시며 나를 재료 삼아 '새사람'을 만들어 내시는 하나님의 능력입니다.

기독교는 어떻게 이런 변화를 일으키는 것일까요? 기독교는 사람들에게 새로운 지각을 줌으로써 이런 변화를 일으킵니다. 이 사람들—베드로와 요한—을 보십시오. 그들은 무엇을 알고 있었습니까? 그들은 학교에 다니지 않았는데도 성경을 설명할 수 있었습니다. 그들에게는 영적인 지각이 있었습니다. 진리에 대한 통찰력이 있었습니다. 이런 지각과 통찰력은 어디에서 온 것입니까? 그렇습니다. 이것은 거듭남이 낳은 기적입니다. 아시겠지만 한 사람이 그리스도인이 되는 것은 성령 하나님께서 그를 다루시고 그의 본성을 변화시키신 덕분입니다. "그런즉 누구든지 그리스도 안에 있으면 새로운 피조물이라. 이전 것은 지나갔으니 보라, 새것이 되었도다"고후 5:17. 고린도전서에는 이것이 어떻게 표현되어 있는지 보십시오. "이 세대의 통치자들이 한 사람도 알지 못하였나니"고전 2:8. 이 세대의 통치자들은 그리스도를 알아보지도 못했고, 알지도 못했습니다. 그들은 그를 이해하지 못했습니다. 바울은 말합니다. "육에 속한 사람은 하나님의 성령의 일들을 받지 아니하나니 이는 그것들이 그에게는 어리석게 보임이요, 또 그는 그것들을 알 수도 없나니 그러한 일은 영적으로 분별되기 때문이

라. 신령한 자는 모든 것을 판단하나 자기는 아무에게도 판단을 받지 아니하느니라. 누가 주의 마음을 알아서 주를 가르치겠느냐. 그러나 우리가 그리스도의 마음을 가졌느니라"2:14-16.

이것은 놀라운 일이며, 무엇보다 영광스러운 사실입니다. 그렇기 때문에 저처럼 연약한 사람이 여기 모인 여러분에 대해 아무것도 모르면서 이처럼 강단에 설 수가 있는 것입니다. 저는 사실 여러분에 대해 알아야 할 필요가 없습니다. 저는 여러분이 능력 있는 사람인지 아닌지, 배운 사람인지 아닌지, 과학자인지 무지한 사람인지에 관심이 없습니다. 그런 것은 전혀 중요치 않습니다. 제가 아는 것은 여러분이 인간이라는 사실입니다. 실패자라는 사실입니다. 필요를 안고 있는 존재라는 사실입니다. 여러분에게는 자신이 자각하지 못하는 영혼이 있습니다. 그런데 여러분은 그 영혼을 잃고 말았습니다. 저는 여러분이 죽을 준비도, 영원한 심판대에서 하나님을 대면할 준비도 되어 있지 않다는 것을 압니다. 삶과 죽음과 영원이라는 초보적인 사실들을 이해하지 못하고 있다는 것을 압니다.

그럼에도 불구하고 저는 확신을 가지고 설교하고 있습니다. 무엇 때문입니까? 오, 여기에 설교자의 낭만과 경이가 있습니다. 저는 여러분이 어떤 상황에 처해 있든 문제가 되지 않는다는 것을, 조금도 문제가 되지 않는다는 것을 알고 있습니다. 저는 가장 무식한 사람에게도 가장 유능한 사람과 똑같이 그리스도인이 될 기회가 주어진다는 것을 알고 있습니다. 구원은 어느 누구의 능력에 달린 일이 아니기 때문입니다. 만약 구원이 타고난 능력에 달린 일이라면, 몇몇 유력인사들만 구원받고 나머지 사람들은 영영 멸망당하고 말 것입니다. 그러나 감사하게도 구원은 사람의 능력에 달려 있지 않습니다. 하나님은 세상의 어리석은 것들을 택하여 얼마든지 깊은 지각을 충만히 채워 주실 수 있습니다. 우리는 하나님의 능력을 의지하는 사람들입니다. 그래서 사도 요한이 아주 무지했던 초대 그리스도인들에게 "너희는 거룩하신 자에게서 기름부음을 받고 모든 것을 아느니라.……아무도 너희를 가르칠 필요가 없고"라고 말한 것입니다요일 2:20, 27. 여러분의 주변에는 거짓 그리스도인도 있고, 거짓 사도도 있고, 거짓 교사도 있습니다. 그러나 저는 걱정하지 않습니다. 요한의 말대로 여러분에게는 기름부음이 있으며, 지혜롭고 학식 있고 슬기 있는 자들은 가지지 못한 지각이 있기 때문입니다.

우리 복되신 주님도 그렇게 말씀하셨습니다. 저는 그 말씀의 일부를 이미 인용한 바 있습니다. "천지의 주재이신 아버지여, 이것을 지혜롭고 슬기 있는 자들에게는 숨기시고 어린아이들에게는 나타내심을 감사하나이다. 옳소이다. 이렇게 된 것이 아버지의 뜻이니이다"마 11:25-26. 주님이 친히 그렇게 말씀하셨고, 그 말씀은 오늘날에도 유효합니다. "학문 없는 범인"이라는 것은 사도들에게 전혀 문제가 되지 않았습니다. 하나님의 능력이 그들에게 지각을 주었기 때문입니다. 그들은 자신들이 죄인임을 알았습니다. 자신들이 영혼을 잃어버렸음을 알았습니다. 더 나아가 절대 스스로 구원할 수 없음을 알았습니다. 그들은 자신들이 좇았던 예수, 함께 일했던 예수가 바로 자신들을 구하려고 세상에 오신 하나님의 독생자이심을 아는 지각을 얻었습니다.

이것이 여러분이 알아야 할 전부입니다. 여러분 자신은 절실한 필요를 안고 있는 죄인이라는 것, 그러나 십자가에서 자기 몸으로 그 형벌을 감당하여 대신 죄값을 치러 준 전능한 구주가 계시다는 것, 그가 부활하여 하나님 앞에서 여러분을 의롭게 해주셨다는 것, 그가 여러분에게 새 생명, 새 존재, 새 출발, 새 본성을 주셨다는 것, 그의 사랑이 여러분의 마음과 존재 속에 밀려들어 가 여러분을 살게 하신다는 것, 이것만 알면 됩니다. 지적·도덕적 결격사항이나 다른 모든 결격사항은 전혀 문제가 되지 않습니다. 그분이 선결조건으로 요구하시는 것은 오직 한 가지, 그가 주시는 것을 받을 수 있는 능력뿐입니다. 그가 우리에게 지각을 주십니다. 오늘 이 사람들을 변화시키신 것처럼 우리를 변화시키시며, 평안과 기쁨을 주십니다. 사람이 꿈도 꾸지 못했던 행복을 주십니다. 영혼의 안식을 주십니다. 삶에 대한 지각을 주셔서 상황이 어려울 때에도 형통할 것을 알게 해주십니다. 만사가 좋지 않게 돌아갈 때에도 우리는 여전히 "하나님을 사랑하는 자 곧 그의 뜻대로 부르심을 입은 자들에게는 모든 것이 합력하여 선을 이루느니라"고 말할 수 있습니다롬 8:28. 말만 그렇게 하는 것이 아니라 실제로도 정말 그렇다는 것을 경험하게 됩니다. 우리도 사도 바울처럼 단지 하나님만 기뻐하는 것이 아니라 "환난 중에도 즐거워하나니 이는 환난은 인내를……이루는 줄 앎이로다"라고 고백하게 됩니다5:3-4. 환난 속에서도 배우며, 앞으로 다가올 일을 준비하게 됩니다.

하나님의 능력은 이처럼 삶의 능력을 줄 뿐 아니라 다른 많은 부분의 능력도 함께 줍니다. 하나님의 능력은 약한 자와 실패한 자들을 일으켜 척추를 세워 주며, 도덕이라는 섬유조직을 그 안에 채워넣어 줍니다. 그뿐 아니라 동력을 불어넣어 새사람을 만들어서 전에 패배했던 영역을 정복하게 합니다. 하나님의 능력은 왜소한 인간을 일으켜 세워 마귀와 대적하게 합니다. 하나님의 아들까지 시험하려 했던 그 마귀를 쫓아내게 합니다. 하나님의 능력은 마귀를 대적할 힘과 믿음을 견고히 지킬 힘을 줍니다.

이미 살펴본 대로, 하나님의 능력은 미약하고 배우지 못한 무식한 자들에게 학식 있는 당국자들을 당황하게 만들 능력을 줍니다. 지혜롭고 슬기 있고 세련된 사람들에게는 숨겨져 있는 지각을 줍니다. 또한 하나님의 능력은 담대함을 줍니다. "베드로와 요한이 담대하게 말함을 보고." 자기 목숨 하나 구하려고 놀란 토끼처럼 도망쳐 버렸던 겁쟁이 베드로가 당국자들 앞에 서서 도전할 수 있는 사람이 되었습니다. 당국자들은 그것을 이해하지 못했습니다. 당연한 일입니다. 그들은 기적을 이해하지 못했습니다. 베드로가 새사람이 되었다는 것을 알지 못했습니다. 전에는 그리스도와 그 진리 전하는 일을 조금은 부끄러워하고 두려워했지만, 이제는 기꺼이 그것을 위해 죽을 준비가 되어 있다는 사실을 알지 못했습니다. 오순절을 겪은 베드로는 거듭난 새사람이 되었습니다. 하늘의 능력으로 충만해 있었으며, 이 복되고 영광스러운 구주를 대변할 준비가 되어 있었습니다. 이것이 기독교입니다. 이 모든 것을 설명할 수 있는 말은 오직 하나뿐입니다. "또 그 전에 예수와 함께 있던 줄도 알고."

세상이 이해하지 못하는 메시지, 세상이 불쾌하게 여기는 메시지가 여기 있습니다. 세상의 교만을 꺾는 메시지, 세상의 필요가 얼마나 큰지 보여주는 메시지가 여기 있습니다. 세상은 이 메시지를 좋아하지 않습니다. 교회가 자기 본래의 참된 언어로 말할 때, 세상은 언제나 십자가가 "거치는 것"임을 감지하고 간파합니다. 교회의 메시지는 각 나라의 노력으로 평화를 이루어 내라고 격려하는 찬양의 메시지가 아닙니다. 무신론자인 공산주의자들이나 그 밖의 사람들이 전부 인정하고 갈채를 보내는 메시지도 아닙니다. 절대 그런 것이 아닙니다! 교회의 메시지는, 모든 나라와 개인은 개선이 불가능할 정도로 더러운 죄인들이기 때문에 오직 거듭나는 길밖에 없다는 것입니다.

인간의 죄가 얼마나 큰지, 하나님의 아들이 친히 인간의 본성을 입고 세상에 오셔서 십자가에 죽기까지 자기를 낮추셔야 했습니다. 우리 죄로 인해 거룩하신 아버지께 벌을 받아 중죄인으로 죽임을 당하셔야 했습니다. 부활하고 승천하여 능력으로 하나님 우편에 앉기 전까지 무덤에 누우셔야 했습니다. 그는 지금 하나님 우편에서 그의 나라를 다스리고 계시며, 언젠가 다시 오셔서 원수들을 완전히 물리치고 평화의 나라를 세우실 것입니다.

교회는 세상과 개인에게 평화를 이룰 것을 요구하지 않습니다. 세상은 그렇게 할 수 없다는 것을 알기 때문입니다. "난리와 난리 소문을 듣겠으나"마 24:6. 평화를 이루고 평화를 보장할 이는 오직 한분, 평화의 왕이신 하나님의 아들밖에 없습니다. 또한 누구든지 그를 아는 자, 그와 함께한 자, 성령을 통해 새롭게 창조하시는 그의 강한 손이 얹혀진 자, 그래서 이제는 새롭게 되어 하나님과 다른 인간과의 관계에서 이미 평화를 찾은 자, 하나님의 성도 및 권속과 함께 하나님 나라의 시민 된 자가 평화를 가져올 수 있습니다.

우리 모두 이 오래된 사건의 교훈을 배우기를 바랍니다. 우리 모두 이 예수를 만나 그의 말씀을 들읍시다. 그러면 머지않아 우리도 진기한 사건이 될 것입니다. 다른 모든 이들에게 수수께끼 같은 존재가 될 것입니다. 세상은 우리를 이해하지 못할 것입니다. 우리를 반대할 것입니다. 드러내 놓고 정죄하지 않아도 우리 존재 자체가 그들에게 정죄가 되기 때문입니다. 우리가 대단한 지식인들을 당혹스럽게 만든다는 사실 자체가 그들에게 정죄가 되기 때문입니다. 하나님께 감사하십시오. 자신이 죄로 가득 차 있는 무가치하고 무력한 사람이라는 사실을 인정하기만 하면, 그가 우리 마음을 열어 예수 그리스도 안에 있는 하나님의 얼굴빛을 보게 해주실 것입니다. 성령의 능력이 임하여 우리를 새롭게 만드시고, 하나님의 자녀 삼으시며, 하나님을 직접 뵙는 복과 영원한 천국의 기쁨을 예비해 주실 것입니다.

06

목격자들

베드로와 요한이 대답하여 이르되 하나님 앞에서 너희의 말을 듣는 것이 하나님의 말씀을 듣는 것보다 옳은가 판단하라. 우리는 보고 들은 것을 말하지 아니할 수 없다 하니.

사도행전 4:19-20

앉은뱅이를 고친 이 이야기는 기독교에서 가장 중요한 근본 원리들을 꺼내 올 수 있는 풍성한 보고寶庫입니다. 교회의 메시지는 무엇입니까? 이것은 명백히 기본적인 질문입니다. 이 점에 의심이 가면 나머지 부분도 전부 의심이 가게 되어 있습니다. 이 질문을 달리 표현해 보겠습니다. 사람을 그리스도인으로 만드는 것은 무엇입니까? 우리는 어디에 권위의 근거를 두고 있습니까? 우리에게 구속력을 갖는 것은 무엇입니까? 우리가 이 메시지를 믿는 이유는 무엇입니까? 우리는 왜 이 메시지를 믿어야 합니까? 이것은 우리가 명확히 짚고 넘어가야 할 사항들입니다. 생각건대 이것들은 아주 많은 이들의 정신을 어지럽히고 있는 중대한 질문들입니다. 오늘 말씀에는 그 답이 아주 간단하게 나와 있습니다. 사실 여기에 복잡한 것들을 덧붙이는 쪽은 우리입니다. 교회의 시작은 이렇게 간단합니다. 교회는 원래 그런 것입니다. 그런데 사람들이 자기들의 전통과 관점과 철학을 갖다 붙이는 바람에 세상에서 가장 복잡한 것이 되어 버렸습니다. 실제로, 사제나 주교나 교황이 아닌 평범한 사람들은 원래 기독교를 이해할 수 없으므로 성직자들의 해석을 듣는 게 당연하다고 말하는 이들이 있습니다. 그러나 오늘 말씀은 그렇게 말하고 있지 않습니다.

그렇습니다. 이 말씀이 무엇보다 우선적으로 보여주고 있는 것은, 기독교가 무엇인지 알고 싶다면 맨 처음 사도들이 설교한 메시지에 주목해야 한다는 사실입니다. 이것은 지극히 기본적인 명제입니다. 사도 바울은 에베소서에서, 교회는 "사도들과 선지자들의 터 위에 세우심을 입"었다고 말하고 있습니다엡 2:20. 여기에 교회의 토대가 있으며 시초가 있습니다. 저는 지금 바로 이 책에 나오는 사도들의 메시지를 전하고 있습니다.

이것은 지극히 중요한 요점입니다. 기독교가 무엇인지 알고 싶다면 철학 교과서부터 살 것이 아니라 성경부터 읽어야 합니다. 도서관으로 가서 인간의 방대한 지혜와 법률을 찾으려 들면 안됩니다. 절대 그러면 안됩니다. 기독교가 무엇인지 알고 싶은 사람은 성경으로 곧장 들어가야 합니다. 독서량이 많았던 존 웨슬리는 회심 후 '한 책만 읽는 사람'이 되었다고 말했습니다. 왜 그렇습니까? 성경이야말로 이런 문제들을 권위 있게 언급하는 유일한 책이기 때문입니다. 이 사도들, 이 첫 설교자들의 말을 듣지 않으면서 기독교에 대해 무엇을 알 수 있겠습니까? 이들은 증인들입니다. 주님께서 이들을 증인으로 임명하셨고, 증인의 일을 임무로 맡기셨습니다. "오직 성령이 너희에게 임하시면 너희가 권능을 받고……내 증인이 되리라"행 1:8.

사도들이야말로 기독교가 무엇인지 알고 있는 사람들이었습니다. 당국자들이 그들에게 물은 것도 이 때문입니다. 당국자들은 판결을 내릴 처지가 못 되었습니다. 그들은 놀랐을 뿐 아니라 사태를 이해하지 못했습니다. 그들이 할 수 있는 일이라고는 사도들에게 묻는 것밖에 없었습니다. 우리도 마찬가지입니다. 물론 저는 많은 학자들에게 경의를 표하며, 그들이 학식 높고 위대한 사상가일 수 있다는 점을 인정합니다. 그러나 그렇다고 해서 그들이 이 메시지가 무엇인지에 대해 말해 줄 위치에 있다고 할 수 있습니까? 그럴 수 없습니다. 진리는 사도와 선지자들의 터 위에 있는 것입니다. 거듭 말하지만, 이리로 곧장 오지 않고 기독교를 찾으려 드는 것 자체가 이미 잘못된 것입니다.

이것은 아주 중요한 사항인 만큼 조금만 더 살펴보겠습니다. 기독교는 시대에 따라 변천하는 것으로서, 20세기 기독교는 19세기 기독교와 다르다는 개념이 있습니다. 그러나 이것은 기독교 복음을 부인하는 개념입니다. 기독교는 단번에 완전히 이루어졌습니다. 유다는 유다서 1:3에서 "성도에게 단번에 주신 믿음의 도"에 대해 언급하고 있습니다. 이것이 출발점입니다. 따라서 우리는 이 증인들이 전해야 했던 말이 무엇이었는지 고찰할 필요가 있습니다. 여러분은 사도행전에서 이들에 대한 이야기를 읽을 수 있습니다. 베드로가 처음 등장했고 요한이 그와 함께했습니다. 그후에 위대한 사도 바울이 나타나 이 방세계 전역에 메시지를 전파했습니다. 이들은 교회를 세웠고, 세상을 뒤엎었습니다.

두번째로, 이들이 전한 메시지는 어떤 것이었습니까? 그 메시지는 공회의 결론에 완벽하게 요약되어 있습니다. "이것이 민간에 더 퍼지지 못하게 그들[사도들]을 위협하여 이후에는 이 이름으로 아무에게도 말하지 말게 하자"⁴:¹⁷. 그리고 나서 공회원들은 베드로와 요한을 불러 "도무지 예수의 이름으로 말하지도 말고 가르치지도 말라"고 명했습니다. 이것은 아주 훌륭한 요약입니다. 그들은 핵심을 명확하게 파악하고 있었습니다. 그들은 사도들이 "예수의 이름으로" 설교하고 가르치는 것을 불쾌하게 여겼습니다. 이것을 보면 베드로와 요한이 단순히 자신들이 만든 개념이나 자신들이 사고하고 묵상한 결과를 가르치지 않았음을 알 수 있습니다. 어떤 상황에서는 그렇게 하는 것이 옳을 수도 있습니다. 그러나 복음을 설교할 때 그렇게 하는 것은 전적으로 잘못된 일입니다. 사도들은 자리를 털고 일어나면서 "자, 우리는 이 문제 전반을 조사하고 함께 많은 토론을 거친 끝에 이런 결론에 도달했다"고 말하지 않았습니다. 다른 위대한 사상가나 당국자들의 말을 인용하지도 않았습니다. 그들은 절대 그런 태도를 취하지 않았습니다. 그들은 오직 "예수의 이름으로" 설교하고 가르쳤습니다.

복음서를 읽어 보면, 주님의 설교가 끝난 후 사람들이 종종 했던 말이 무엇인지 알 수 있습니다. 그 말에는 아주 분별력 있는 관찰이 담겨 있었습니다. "그가 가르치시는 것이 권위 있는 자와 같고 서기관들과 같지 아니함일러라"막 1:22. 이 말의 부분적인 의미는 다음과 같은 것입니다. 서기관들은 학식이 높은 사람들로서, 자신의 시간과 에너지를 성경 연구에 쏟았습니다. 특별히 위대한 주석가들이 성경에 대해 언급한 내용을 연구하는 데 그렇게 했습니다. 서기관들은 사람들을 가르치다가 누군가 동의하지 않으면 곧바로 논쟁을 벌였기 때문에, 그 가르치는 모습이 마치 변호사가 법정에서 논증하는 것 같았습니다. 변호사는 그래도 어느 정도까지는 자기의 견해를 피력합니다.

그러나 이들은 아예 책을 뽑아 들고 그 책의 내용을 읽음으로써 자기 주장을 입증하려 했습니다. 이들은 이 책에 나오는 한 문단, 저 책에 나오는 소항목을 인용했고, 그다음에는 남보다 더 권위 있는 책을 인용했습니다. 이 변호사들은 서로 다른 권위자들의 말을 인용하면서 서로를 반박했습니다. 이 같은 공방이 며칠, 몇 주, 몇 달씩 계속되곤 했습니다. 이것이 서기관들의 설교방식이었습니다.

이것은 철학자들이 늘 하는 일이기도 합니다. 그들은 "플라톤과 아리스토텔레스와 소크라테스가 뭐라고 말했는가?"를 묻습니다. 물론 그들은 이것을 학문으로 간주하며, 오늘날의 삶에 가장 도움이 되는 일로 생각합니다. 사람들은 "이 사람은 정말 책을 많이 읽었다, 그 주제에 대해서라면 뭐든지 알고 있다, 자신이 추종하고 있는 철학자들의 책을 다 읽었으니 당신이 알아야 할 내용이 무엇인지 알려줄 것이다"라고 말합니다. 그래서 그 사람이 자기 견해를 개진하면, 누군가는 그것을 약간 수정하기도 하고 누군가는 전적으로 부인하기도 합니다. 그렇게 해서 경쟁학파가 생겨납니다. 지적인 훈련은 그처럼 찬란한 것입니다! 그러나 기독교는 그것과 정확히 반대되는 자리에 있습니다.

사도들은 권위자들의 말을 인용하는 데 시간을 쓰지 않았습니다. 그렇습니다. 그들에게는 오직 하나의 권위가 있었을 뿐입니다. 그들의 설교는 전적으로 예수에 한정되어 있었습니다. 그들은 예수께서 설교하도록 가르쳐 주신 것만 설교했습니다. 예수의 말씀 말고는 전할 것이 없었습니다. 그들은 예수를 이야기했고, 그가 말씀하시고 가르치신 바를 이야기했습니다. 그들은 오직 예수의 이름으로 설교했습니다. 그렇지 않은 설교는 하나도 없었습니다.

이것은 아주 중요한 점입니다. 베드로와 요한은 배우지 못한 무식한 사람들이었지만, 사도 바울은 정반대되는 사람이었습니다. 그는 그리스 철학자들의 글을 읽었으며, 그리스 학자들의 말을 인용할 수 있었습니다. 그는 바리새인과 서기관들이 인용하는 권위자들에 정통한 전문가였습니다. 그는 명석한 사람이었기 때문에 그 권위자들에 대해 대부분의 사람들이 알고 있는 것보다 더 많은 것을 알고 있었습니다. 그런데도 그는 고린도전서에서 "내가 너희 중에서 예수 그리스도와 그가 십자가에 못박히신 것 외에는 아무것도 알지 아니하기로 작정하였"고, 일부러 그렇게 작정하였다고 말했습니다.^{고전 2:2} 그는 어부였던 베드로와 요한처럼 배우지 못한 사람들과 같은 자리에 놓이기를 자청했습니다. 왜 그렇습니까? 다른 모든 학식은 아무 소용이 없다는 것을 알았기 때문입니다. 그는 그런 학식이 모두 쓸모없는 장애물에 불과하다고 생각했습니다. 고린도에 있던 몇몇 똑똑한 사람들이 바울을 무식한 바보 취급한 것도 이 때문입니다. 그러나 바울은 말합니다. "얼마든지 바보라고 불러도 좋습니다. 그러나 나는 그리스도를 위해 바보가 되기로 작정했습니다. 이것이 지혜의 핵심입니다."

바울이 한 말이 또 있습니다. 그는 갈라디아 전도를 통해 사람들을 믿음으로 이끌고 교회를 세웠습니다. 그런데 그가 떠난 후 갈라디아에 들어온 사람들 중에 '유대주의자들', 즉 권위자들이 있었습니다. 그들은 이제껏 바울이 한 말들이 다 옳기는 하지만 놓친 것이 있다고 말했습니다. 바울은 그리스도를 의뢰하는 일에 더하여 유대인의 율법에 순종하고 할례를 행해야 한다는 사실을 몰랐다는 것입니다. 이런 연유로 사도는 믿는 자들에게 편지를 보내 "그러나 우리나 혹은 하늘로부터 온 천사라도 우리가 너희에게 전한 복음 외에 다른 복음을 전하면 저주를 받을지어다"라고 경계해야 했습니다.^{갈 1:8}

고린도 교회에도 같은 주제에 대해 편지를 보내야 할 일이 있었습니다. 1세기에도 지금처럼 똑똑한 자들이 있었고, 부활 같은 것은 없다고 말하면서도-그들은 부활은 불가능한 일이며 절대 일어날 수 없는 일이라고 말했습니다-여전히 그리스도인으로 자처하는 자들이 있었습니다! 현대의 설교자들만 그렇게 말하는 것이 아닙니다. 1세기 사람들도 그렇게 말했습니다. 그런 주장에 대해 바울이 뭐라고 답변하고 있는지 들어 보십시오.

형제들아, 내가 너희에게 전한 복음을 너희에게 알게 하노니 이는 너희가 받은 것이요 또 그 가운데 선 것이라. 너희가 만일 내가 전한 그 말을 굳게 지키고 헛되이 믿지 아니하였으면 그로 말미암아 구원을 받으리라. 내가 받은 것을 먼저 너희에게 전하였노니 이는 성경대로 그리스도께서 우리 죄를 위하여 죽으시고 장사지낸 바 되셨다가 성경대로 사흘 만에 다시 살아나사 ^{고전 15:1-4}.

복음은 바울이 받은 메시지였습니다. 자기 속에서 나온 생각이 아니었습니다. 실제로 그는 아그립바와 베스도 앞에 섰을 때 자신이 과거에 믿었던 것에 대해 다음과 같이 이야기한 바 있습니다. "나도 나사렛 예수의 이름을 대적하여 많은 일을 행하여야 될 줄 스스로 생각하고"^{행 26:9}. 이것이 그가 과거에 가졌던 생각이었습니다. 그런데 이제 그가 설교자가 되어 전하고 있는 것이 무엇입니까? 자기 생각이 아니라 자기에게 "계시된" 것입니다. 이 계시된 것이 그를 사도로 만들었습니다. 그는 기독교와 상반되는 자기 생각을 가지고 있었습니다. 그런데 다메섹으로 가는 길에 부활하신 영광의 주님을 만나 "내가 네게 나타난 것은……너로 종과 증인을 삼으려 함이니……그 눈을 뜨게 하여 어둠에서 빛으로, 사탄의 권세에서 하나님께로 돌아오게 하고"라는 말씀을 들었습니다^{26:16, 18}. 이처럼 주님이 바울에게 임무를 주신 것입니다. 전할 메시지를 주셨습니다. "내가 받은 것을 먼저 너희에게 전하였노니"^{고전 15:3}.

바울은 성만찬을 다루는 부분에서도 같은 말을 합니다. "내가 너희에게 전한 것은 주께 받은 것이니"^{고전 11:23}. 복음은 바울이 생각해 낸 것도, 사도들 중 누군가가 생각해 낸 것도 아니었습니다. 즉 그들이 고안해 낸 것이 아니었다는 말입니다. 복음은 계시된 것이었고 주어진 것이었습니다. 사도들은 베드로와 요한처럼 예수의 이름으로만 가르치고 설교했습니다. 그 메시지는 예수께서 친히 알려 주신 것이었고 친히 보여주신 것이었습니다. 이것은 엄청나게 중요한 점입니다. 여러분은 이 요점을 붙잡고 있습니까? 이 요점을 붙잡는 순간, 여러분이 가지고 있는 지적인 문제들 대부분이 해결될 것입니다.

사도들과 구약의 선지자들은 여러 면에서 비슷한 입장에 있었습니다. 선지자들을 보십시오. 여러분은 그들을 어떻게 이해하고 있습니까? 오랫동안 묵상하며 삶의 문제를 심각하게 생각한 끝에 얻은 결론을 사람들에게 가르쳤던 유능한 인물이나 위대한 사상가, 현자쯤으로 생각하고 있습니까? 그러나 그것은 선지자들의 실제 입장과 거리가 멀다는 것을 선지자들 자신이 명확히 밝혀 주고 있습니다.슥 9:1; 말 1:1 참조. 그들은 "여호와의 말씀의 짐"에 대해 이야기합니다The burden of the word of the Lord(한글 개역성경에는 "여호와께서 말씀하신 경고"로 번역되어 있다-옮긴이). "그 밤에 하나님의 말씀이 나단에게 임하여"대상 17:3. 모든 선지자가 마찬가지였습니다. 선지자들은 하나님께 들은 말을 백성에게 전했습니다. 그들은 "우리는 우리 생각을 표명하는 사람들이 아니라 하나님의 대변자"라고 주장했습니다. 그것이 이른바 '영감'inspiration이라는 것입니다.

'영감'은 오해를 많이 받아 온 용어입니다. "물론 난 영감을 믿어. 시인들도 영감을 받는다는 걸 믿지"라고 말하는 사람들이 있습니다. 저도 어떤 모임에서 누군가가 다음과 같이 말하는 것을 들은 기억이 납니다. "저도 성경이 영감으로 기록된 책이라는 것을 믿습니다. 워즈워스William Wordsworth나 브라우닝Robert Browning이나 그 밖의 위대한 시인들이 영감을 받아 시를 쓴 것처럼 성경 저자들도 영감을 받아 성경을 썼다는 것을 믿지요." 그러나 성경적인 의미의 영감은 그런 것이 아닙니다. 사도 바울은 디모데후서 3:16에서 영감이 무엇인지 정확하게 설명하고 있습니다. "모든 성경은 하나님의 감동[영감]으로 된 것으로." 이때 바울이 의미하는 바는 모든 성경에 **하나님의 숨이 들어갔다**는 것입니다. 하나님은 성경 저자들에게 자신의 숨을 불어넣으셨습니다.

사도 베드로도 베드로후서에서 자기 말로 다음과 같이 이야기하고 있습니다. "또 우리에게는 더 확실한 예언이 있어 어두운 데를 비추는 등불과 같으니 날이 새어 샛별이 너희 마음에 떠오르기까지 너희가 이것을 주의하는 것이 옳으니라. 먼저 알 것은 성경의 모든 예언은 사사로이 풀 것이 아니니"벧후 1:19-20. 예언은 오랜 묵상과 숙고의 결과물이 아닙니다. 그렇습니다. 베드로는 계속해서 이렇게 말하고 있습니다. "예언은 언제든지 사람의 뜻으로 낸 것이 아니요 오직 성령의 감동하심을 받은 사람들이 하나님께 받아 말한 것임이라"1:21.

이 부분에서도 명확히 할 점이 있습니다. 우리가 알고 있는 대로 가끔씩 '영감'으로 잘못 통용되는 일들이 있습니다. 정치인이 가끔 평소보다 자유롭게 연설할 때 일반적인 어법으로 "그는 그날 밤 영감을 받았다"고 말합니다. 그러나 그 말의 진짜 의미는 그 정치가의 기분이 어쩌다 좋았다는-예를 들면 그날은 두통이 없었다는-것입니다. 사람들이 박수를 치고 격려해 주어서 기분이 고양되었다는 것입니다. 연설의 출발이 좋았으며, 어물거리지 않고 곧장 연설 주제에 몰입했다는 것입니다. 그럴 때 사람들은 그가 영감을 받았다고 말합니다. 그러나 그는 영감을 받은 것이 아닙니다. 그저 최상의 상태에 있었을 뿐입니다. 그런 것은 영감이 아닙니다.

선지자들이 주장한 영감의 의미는 다음과 같은 것입니다. "우리는 아무것도 모른다. 이 메시지는 우리가 궁리해 낸 것이 아니다. 전부 다 밖에서 주어진 것이다." 메시지의 형태도 주어진 것이고, 그것을 이해할 능력도 주어진 것이고, 그것을 설교할 능력도 주어진 것입니다. 오늘 말씀은 산헤드린 앞에 선 베드로에 대해 이렇게 기록하고 있습니다. "이에 베드로가 성령이 충만하여 이르되"4:8.

베드로가 설교한 메시지는 그리스도에 관한 것이었습니다. "그는 세상에 오시기로 되어 있던 바로 그 선지자입니다. 그는 세상의 빛입니다. 하나님에 대해 가르쳐 주실 수 있는 유일한 분인 동시에 인간에 대해 가르쳐 주실 수 있는 유일한 분입니다. 그만이 삶과 죽음과 구원의 길에 대해 가르쳐 주실 수 있습니다. 그는 모든 것을 이해하고 계시지만, 우리는 그가 말씀해 주신 것 말고는 아무것도 아는 것이 없습니다. 그는 구약성경의 해설자이며 구약성경을 진정으로 이해하고 있는 유일한 분입니다. 그는 '······하였다는 것을 너희가 들었으나 나는 너희에게 이르노니'마 5:27-28라고 말씀하신 분입니다."

사도들은 모두 이런 식으로 설교했습니다. 즉 예수 그리스도의 이름으로 설교한 것입니다. 바울이 고린도 교인들에게 말한 그대로입니다. "너희는 하나님으로부터 나서 그리스도 예수 안에 있고 예수는 하나님으로부터 나와서 우리에게 지혜[가]……되셨으니"^고전 1:30. 그들은 말했습니다. "우리는 우리 자신의 지혜나 다른 어떤 인간의 지혜를 전하는 것이 아니라 유일한 지혜인 하나님의 지혜를 전하는 것입니다. 그리스도는 하나님의 지혜이십니다. 그가 그 지혜를 우리에게 주셨고, 우리는 다시 여러분에게 전하고 있습니다."

기독교는 이렇게 시작되었습니다. 이것이 교회의 기원이며, 이 메시지를 받쳐 주고 있는 권위입니다. 따라서 여기에 20세기와 최신 지식을 끌어들이는 것은 전혀 적절치 못합니다. 하나님의 아들이 이 메시지를 주셨다면, 당연히 이것은 유일하게 권위 있는 메시지입니다. 사도들이 전한 것은 바로 이 메시지였습니다.

사도들이 전한 메시지의 내용을 보면 놀라운 점이 또 있습니다. 베드로는 오늘 말씀에서 그것을 경이롭고도 극적인 언어로 표현하고 있습니다. "하나님 앞에서 너희의 말을 듣는 것이 하나님의 말씀을 듣는 것보다 옳은가 판단하라. 우리는 보고 들은 것을 말하지 아니할 수 없다." 요컨대 베드로는 이렇게 말한 것입니다. "당신들은 지금 우리에게 그만 전하라고 합니다. 더 이상 설교하지도 말고 가르치지도 말라고 합니다. 그러나 우리는 그럴 수 없습니다. 우리는 설교하고 가르치지 않을 수 없습니다. 우리는 보고 들은 것을 계속 전해야 합니다." 이것이 바로 사실의 의미 아니겠습니까? 이들은 스스로 증인이라고 불렀습니다. "우리는 이 일에 증인이요"^행 5:32; 2:32; 3:15 참조. 이미 상기시켰듯이, 주님은 이들을 보내면서 "내 증인이 되리라"고 말씀하셨습니다[18]. 증인은 법정 증인석에 앉아 질문을 받는 사람입니다.

"증인은 모일 모시에 이러저러한 장소에 있었습니까?"

"예."

"좋습니다. 증인이 본 것을 법정에 말하십시오."

그러면 증인은 자기가 본 증거를 제시합니다. 사도 한 사람 한 사람은 바로 이런 증인이었습니다.

달리 표현해 보겠습니다. 복음 메시지와 다른 가르침의 차이점은 이 메시지의 역사성, 즉 실제로 일어난 사건들이 이 메시지를 구성하고 있다는 점에 있습니다. 플라톤의 가르침은 역사에 근거한 것이 아닙니다. 물론 그가 역사라는 문제를 생각해 보았을 수는 있습니다. 그러나 그것은 그의 생각에 불과합니다. 그 밖의 철학자들이나 이른바 '세계의 위대한 종교들'도 마찬가지입니다. 그러나 복음은 사실-보고 들은 일-과 관련되어 있습니다. 노인이 되어 죽음이 임박했음을 알았던 사도 베드로는 편지를 쓰면서 이렇게 말했습니다. "내가 이런 것에 대해 쓰는 것은, 여러분이 이미 알고 있는 사실이라도 항상 기억하고 있지 않으면 곤란에 빠질 것이기 때문입니다."

내가 이 장막에 있을 동안에 너희를 일깨워 생각나게 함이 옳은 줄로 여기노니 이는 우리 주 예수 그리스도께서 내게 지시하신 것같이 나도 나의 장막을 벗어날 것이 임박한 줄을 앎이라. 내가 힘써 너희로 하여금 내가 떠난 후에라도 어느 때나 이런 것을 생각나게 하려 하노라^{벧후 1:13-15}.

"이런 것"이란 무엇입니까? 다음 말씀을 보십시오.

우리 주 예수 그리스도의 능력과 강림하심을 너희에게 알게 한 것이 교묘히 만든 이야기를 따른 것이 아니요 우리는 그의 크신 위엄을 친히 본 자라. 지극히 큰 영광 중에서 이러한 소리가 그에게 나기를 이는 내 사랑하는 아들이요 내 기뻐하는 자라 하실 때에 그가 하나님 아버지께 존귀와 영광을 받으셨느니라. 이 소리는 우리가 그와 함께 거룩한 산에 있을 때에 하늘로부터 난 것을 들은 것[육신의 귀로 들은 것]이라^{1:16-18}.

교회 초창기에 오늘 본문말씀을 이야기했던 베드로는 노인이 된 후에도 똑같은 말을 하고 있습니다. 그는 자신이 옛날이야기나 꾸며 낸 이야기를 하는 것이 아니라고 말합니다. "우리는 지금 교묘한 이야기를 꾸며 내고 있는 것이 아닙니다. 우리는 사실을 증언하는 증인들로서 오직 진실만을 말하고 있습니다. 죽음을 코앞에 둔 늙은이가 뭐가 아쉬워 거짓말을 하겠습니까? 나는 절대 거짓말하는 것이 아닙니다. 우리는 그 현장에 있었습니다. 이것들은 다 내가 직접 보고 들은 일들입니다. 내가 전할 것은 이것들뿐입니다. 나는 여러분이 이것들을 굳건히 붙들기를 바랍니다." 이것이 기독교입니다.

그렇다면 베드로와 요한이 말한 "이런 것"의 내용이 무엇입니까? 우리는 당연히 주님을 출발점으로 삼아야 합니다. 이들은 예수를 보았습니다. 당국자들은 이들이 "전에 예수와 함께 있던 줄"을 알았습니다행 4:13. 이들은 3년 동안 주님과 함께 지내며 그 얼굴을 뵈었고 그 눈을 들여다보았습니다. 때때로 그가 지니신 영원한 신성의 깊이가 드러나는 것도 보았고, 하나님의 영속적인 사랑이 그를 통해 표출되는 것도 보았습니다. 오, 하나님 아들의 얼굴을 직접 본다는 것은 얼마나 큰 특권입니까! 인정할 것은 인정해야 합니다. 여러분과 저는 다 헛똑똑이들 아닙니까? 주님을 본 적도 없으면서 이러쿵저러쿵 자기 견해를 피력했으니 말입니다. 그러나 이들은 주님을 직접 알고 지낸 사람들입니다. 그리스도를 인격적으로도 알고 실물로도 알던 사람들입니다.

그들은 그가 사시는 모습을 아주 가까이에서 관찰했습니다. 여러 사건에 어떻게 반응하시는지 지켜보았습니다. 군중이 모여들든 말든, 아침이 난무하든 말든, 바리새인과 서기관들이 비아냥거리고 시기하며 악의와 증오로 대적하든 말든, 어떤 상황에서도 변함없이 고요하고 침착하며 평안하신 것을 보았습니다. 그들은 그가 하나님의 아들로서 평정을 지키며 이 모든 일을 헤쳐 나가시는 모습을 보았습니다. 아침 일찍, 해도 뜨기 전에 일어나 산으로 기도하러 가시는 것을 보았습니다. 하나님의 명령에 순종하시는 것을 보았습니다. 그는 그른 말이나 행동을 하신 적이 한번도 없었습니다. 그들은 그의 겸손을 보았습니다. 그는 세리와 죄인들처럼 사회에서 버림받은 사람들과 어울리셨습니다. 율법학자들의 영역에서 활동하면서 그들과 접촉하실 수 있었음에도, 사회에서 가장 낮고 천하고 무식한 자들과 동석하셨습니다. 그들은 고통과 필요를 놓치지 않으시는 그의 안목과 긍휼하심에 주목했습니다. 그는 아무리 바쁜 경우에도 도움이 필요한 사람을 그냥 지나치신 적이 없었습니다. 한번은 엄청난 무리가 사방에서 밀쳐대는 상황에서 자신의 옷자락을 만지는 여인의 손길을 감지하고 몸을 돌려 치유해 주시기도 했습니다. 그들은 이 모든 일을 보았고, 이 놀라운 삶을 보았습니다. 이것이 그들이 "보고 들은 것"이었습니다.

사도들의 심정을 여러분과 저도 어느 정도는 이해할 수 있습니다. 우리에게 어떤 탁월한 인물을 만나는 특권이 주어졌다면, 아마 남은 평생 그 사람 이야기를 하면서 지낼 것입니다. 그 위인의 모습이며 말이며 행동을 줄기차게 설명할 것입니다! 이 경우를 무한히 확대해 보면 베드로와 요한의 말-예수와 예수가 살았던 삶의 방식에 대한 이야기-이 이해가 될 것입니다.

그들은 그의 가르침도 들었습니다. 그 가르침은 사도들뿐 아니라 모든 사람들에게 깊은 감명을 주었습니다. "많은 사람들이 즐겁게 듣더라"막 12:37. 무엇 때문입니까? 그의 말씀은 알아들을 수 있는 말씀이었기 때문입니다. 그의 말씀은 단순히 자신의 똑똑함이나 수사력이나 율법 지식이나 권위를 과시하는 말씀이 아니었습니다. 그렇습니다. 사람들은 그가 하는 말씀을 이해할 수 있었습니다. 그 말씀은 평이하고 직접적이며 즉각적으로 와닿는 것이었습니다. 사람들은 전에는 그런 말씀을 들어 본 적이 없다고 말했습니다. "이는 그 가르치시는 것이 권위 있는 자와 같고 그들의 서기관들과 같지 아니함일러라"마 7:29. 한번은 당국자들이 성전 경비대를 보내 예수를 체포하려 했습니다. 그런데 그들이 죄수를 잡지 못하고 돌아와서 내놓은 유일한 변명이 "그 사람의 말하는 것처럼 말한 사람은 이때까지 없었나이다"라는 것이었습니다요 7:46. 이처럼 그가 말씀하는 방식에는 무언가 특별한 것이 있었고, 확실성과 권위와 확신과 지식이 있었습니다. 그는 분명 일개 목수이자 평범한 사람이었음에도 "그 사람이 말하는 것처럼 말한 사람은 이때까지 없었"습니다. 사람들은 그것이 무엇인지 분명히 파악할 수 없었지만 느낄 수는 있었습니다. 그들은 전에 보지 못했던 무언가가 그의 말씀에 있음을 감지했습니다. 사도들은 이 모든 일이 벌어지는 내내 그분과 함께 있었습니다.

또한 그들은 기적도 보았습니다. "우리는 보고 들은 것을 말하지 아니할 수 없다." 그들이 무엇을 보았습니까? 물로 포도주를 만드신 것을 보았습니다. 그들은 보지 않으려야 보지 않을 수가 없었습니다. 그것은 기적이었고, 실제로 일어난 사실이었습니다. 이 일들이 일어나지 않았다면 교회도 생기지 않았을 것입니다. 이 일들은 주님의 신성과 초월적인 구주되심을 드러냈습니다. 그들은 그가 사나운 바람과 굽이치는 파도와 솟구치는 바다를 향해 명령하시는 것을 보았습니다. 거센 풍랑이 일어나 물결이 배를 덮치게 되었을 때 그는 주무시고 계셨습니다. 제자들은 이제 틀림없이 죽게 되었다고 생각하면서, 공포와 겁에 질려 주님을 깨웠습니다. 그러나 자리에서 일어나신 주님은 사나운 바람을 향해 "잠잠하라"고 말씀하셨습니다. 그러자 즉시 바다가 잔잔해졌습니다. 제자들은 그가 맹인과 걷지 못하는 자와 귀먹은 자를 고치시는 것도 보았습니다. 심지어 죽은 자를 일으키시는 것도 한 번 이상 목격했습니다. 그들은 자신들이 본 이 놀라운 기적들을 증언했습니다.

특히 베드로와 요한은 다른 사도들보다 큰 특권을 많이 누렸습니다. 열두 제자 중 베드로와 요한과 야고보 세 사람만 주님과 동행하는 경우가 가끔 있었기 때문입니다. 한번은(베드로는 그의 두번째 서신에서 이 일에 대해 언급하고 있습니다) 주님께서 그들을 데리고 높은 산에 올라가셨습니다. 그리고 그들 앞에서 갑자기 변형되셨습니다. 옷에서 광채가 나면서 세상의 빨래하는 사람이 그렇게 희게 할 수 없을 만큼 심히 희어졌고-마치 해처럼 빛이 났고-얼굴도 영원한 신성으로 빛이 났습니다. 그들은 하나님이 인간의 모습을 통해 나타나시는 것을 보았습니다. 베드로는 "우리가 그와 함께 거룩한 산에 있을 때에" 이런 일을 보았다고 기록했습니다.^{벧후 1:18}. 그때 구름이 저들을 덮으면서 한 소리가 들려왔습니다. "이는 내 사랑하는 아들이요 내 기뻐하는 자니 너희는 그의 말을 들으라"^{마 17:5}. 그들은 주님의 변형된 모습을 직접 보았습니다. 하늘에서 나오는 소리를 직접 들었습니다. 그들이 설교를 멈출 수 없었던 이유가 여기 있었습니다. 베드로가 "말하지 않을 수 없다"고 말한 이유가 여기 있었습니다.

그후 제자들은 그가 심히 연약한 모습으로, 누가 봐도 무력한 모습으로 십자가에 달려 돌아가시는 것을 보았습니다. 죽음의 고통을 겪으시는 것을 보았습니다. 또 그가 십자가 위에서 말씀하시는 소리-그가 어떻게 "아버지, 저들을 사하여 주옵소서. 자기들이 하는 것을 알지 못함이니이다"라고 말씀하셨는지^{눅 23:34}-를 들었습니다. 죽어가는 불쌍한 강도와 대화하시는 소리를 들었습니다. 그는 죽음의 고통을 겪고 있는 동안에도 강도를 위해 시간을 내주셨습니다. 강도를 긍휼히 여겨 은혜로운 축복의 말씀을 해주셨습니다. "내가 진실로 네게 이르노니 오늘 네가 나와 함께 낙원에 있으리라"^{23:43}. 그들은 그가 돌아가시는 모습을 보았고, 사람들이 그의 시신을 십자가에서 내리는 광경을 보았으며, 무덤에 누인 후 돌을 굴려 입구를 막고 인봉한 후에 파수꾼을 세워 놓는 과정을 보았습니다. 그들은 이 모든 일을 보았습니다. 그들은 이 모든 일의 목격자였기 때문에 증언할 수 있었습니다.

베드로와 요한은 자신들이 어떻게 셋째 날 아침 일찍, 무덤에 갔던 여인들의 보고를 듣게 되었는지도 이야기할 수 있었습니다. 여인들이 돌아와 한 말은 다음과 같은 것이었습니다. "우리가 거기 갔을 때는 아무도 없었습니다. 천사는 봤지만 그분은 안 계셨어요. 그분은 떠나셨어요." 두 사람은 처음에 여자들이 미친 줄 알았습니다. 그러나 다음 순간 무덤을 향해 달리기 시작했고, 요한은 베드로를 앞질러 달려갔습니다. 그렇게 달려가서 무덤 안을 들여다보니 여인들의 말대로 비어 있었습니다. 주님은 거기 계시지 않았습니다. 그날 밤, 제자들이 유대인을 두려워하여 문을 닫아건 채 예루살렘의 다락방에 모여 있는데 갑자기 주님이 나타나 말씀하셨습니다. 주님은 그 앞에서 구운 생선도 드셨습니다. 이것은 다 그들이 보는 앞에서 일어난 일이었습니다. 그들은 이 일의 목격자였습니다.

후에 베드로와 요한은 상심한 나머지 다른 제자들과 함께 물고기를 잡으러 갔습니다. 그들은 밤새도록 바다에 나가서 고기를 잡으려 애썼지만 한 마리도 잡지 못한 채 아침 일찍 돌아오는 중이었습니다. 그런데 누군가 바닷가에 서 있는 모습이 보였습니다. 그가 누구였습니까? 그들은 좀더 다가간 뒤에야 그를 알아볼 수 있었습니다. 그는 예수님이셨습니다! 그들은 그가 마련해 주신 아침을 먹었고, 그의 마지막 명령과 베드로의 죽음에 대한 예언, 요한이 어떻게 살게 될 것인지에 대한 이야기를 들었습니다.요 21장. 그들은 무엇보다 주님의 부활을 목격한 증인들이었습니다.

그 밖에 또 무슨 일이 있었습니까? 주님은 40일 동안 각기 다른 때, 다른 방식으로 제자들에게 나타나신 후에 그들을 모두 데리고 감람산에 오르셨습니다. 그리고 그들에게 말씀을 주신 다음 그들이 보는 앞에서 하늘로 올라가셨습니다. 베드로는 자신들이 이 모든 일의 증인이라고 말했습니다. 베드로와 요한은 당국자들에게 말했습니다. "당신들은 우리에게 그만 전하라고 하지만 우리는 그럴 수 없습니다. 우리는 이 일들을 다 보았습니다! 이런 일들을 보고서도 침묵을 지킬 사람이 누가 있겠습니까?"

그것이 전부가 아닙니다. 사도들은 오순절을 경험했습니다. 주님이 승천하신 후 천사가 나타나 말했습니다. "갈릴리 사람들아, 어찌하여 서서 하늘을 쳐다보느냐. 너희 가운데서 하늘로 올려지신 이 예수는 하늘로 가심을 본 그대로 오시리라"행 1:11. 제자들은 돌아와 열흘 동안 함께 모여 기도했습니다. 그렇게 계속 기도했지만 아무 일도 일어나지 않았습니다. 그런데 오순절 날 아침, 늘 하던 대로 모여서 기도하는데 갑자기 무슨 소리가 들리더니—이것이 기독교입니다!—급하고 강한 바람처럼 점점 가까이 다가왔습니다. 그러자 다락방 전체가 영광과 능력과 경이와 놀라움으로 충만해졌고, 사람들도 충만해져서 말로 표현할 수 없는 기쁨 속에 새 방언을 말하기 시작했습니다. 그들은 그 현장을 보았고, 들었고, 느꼈습니다. 그들은 이 모든 일의 산 증인이었습니다. 그들이 전한 것은 이 메시지였습니다. 예수에 관한 이 메시지였습니다. 이제 아시겠습니까? 이것이 기독교입니다. 기독교는 철학이나 가르침이 아닙니다. 문자 그대로 우리가 살고 있는 이 세상 안에서 일어났던 이 모든 일, 이 인물이 기독교입니다.

이처럼 사도들은 자신들이 보고 들은 일을 전했습니다. 그들은 사실을 보고했습니다. 만약 이 일들이 사실이 아니라면 저도 전할 복음이 없었을 것입니다. 하나님께서 독생자를 세상에 보내신 이것이 복음의 기초요 토대입니다.

그런데 문제가 있습니다. 그렇다면 이 모든 일의 의미는 무엇입니까? 이것이 제가 말하려는 마지막 요점입니다. 가르침의 요소가 개입되는 지점이 바로 여기입니다. 사도들은 예수의 이름으로 설교하고 말하고 가르쳤습니다. 그리고 설명했습니다. 사도들은 어디에서 그런 설명을 얻었습니까? 주님 자신에게서 직접 얻었습니다. 주님이 친히 그들에게 설명해 주셨습니다.

예수를 따르던 제자들은 그가 돌아가신 후에 깊이 상심했습니다. 그런 제자들 중 두 사람이 서로 슬퍼하면서 예루살렘을 떠나 엠마오로 가고 있었습니다. 그런데 그때 부활하신 주님이 나타나 그들과 동행하셨습니다. 주님은 두 사람의 어리석은 말을 들으시고 이렇게 말씀하셨습니다.

> 이르시되 미련하고 선지자들이 말한 모든 것을 마음에 더디 믿는 자들이여, 그리스도가 이런 고난을 받고 자기의 영광에 들어가야 할 것이 아니냐 하시고 이에 모세와 모든 선지자의 글로 시작하여 모든 성경에 쓴 바 자기에 관한 것을 자세히 설명하시니라 눅 24:25-27.

그후 주님은 예루살렘 다락방에서 다시 한번 말씀하십니다.

또 이르시되 내가 너희와 함께 있을 때에 너희에게 말한 바 곧 모세의 율법과 선지자의 글과 시편에 나를 가리켜 기록된 모든 것이 이루어져야 하리라 한 말이 이것이라 하시고 이에 그들의 마음을 열어 성경을 깨닫게 하시고 또 이르시되 이같이 그리스도가 고난을 받고 제삼일에 죽은 자 가운데서 살아날 것과 또 그의 이름으로 죄사함을 받게 하는 회개가 예루살렘에서 시작하여 모든 족속에게 전파될 것이 기록되었으니 너희는 이 모든 일의 증인이라24:44-48.

그는 그들이 해야 할 말을 정확히 말씀해 주셨습니다. 그들은 보고 들었지만 이해하지 못했습니다. 그래서 부활하신 후에 친히 설명해 주신 것입니다. 전에도 설명하셨지만 제자들이 이해하지 못했습니다. 그래서 죽은 자들 가운데서 부활하신 후에 몸소 나타나셔서 다시 설명해 주신 것입니다. "가라. 이 일들을 증언하라. 그 의미를 전부 전하라."

그 의미가 무엇입니까? 그 의미를 거듭 밝히는 것이야말로 저에게 주어진 특권입니다. 성령 하나님께서 이것을 보지 못하는 모든 이들의 눈을 열어 주시기를 원합니다. 그 의미는 이 예수가 바로 하나님의 아들이라는 것입니다. 구약성경에는 이미 그에 대한 예언이 나와 있습니다. 모세의 책에도, 시편에도, 선지서에도 그에 대한 예언이 기록되어 있습니다. 이 책들은 한결같이 이 위대한 선지자, 장차 오시기로 되어 있는 위대하신 분, 메시아―예수!―를 가리키고 있습니다. 그 하나님의 아들이 마침내 오신 것입니다. 그래서 사도들이 예수의 이름으로 설교한 것입니다. 그는 단순한 인간이 아니셨습니다. 하나님이자 사람인 분, 신인神人, 육신을 입고 오신 하나님이셨습니다. 그가 세상에 오신 이유가 무엇입니까? 그는 친히 그 이유를 밝히셨습니다. "인자의 온 것은 잃어버린 자를 찾아 구원하려 함이니라"눅 19:10. 우리는 각기 제 길로 가다가 길을 잃었습니다. 그런데 우리 스스로 길을 찾지 못하므로 그가 오신 것입니다. 선지자들은 우리를 구원할 수 없습니다. 시편기자들도 우리를 구원할 수 없고, 철학자들도 구원할 수 없고, 정치가들도 구원할 수 없고, 교육도 구원할 수 없습니다. 그 무엇도, 그 누구도 우리를 구원할 수 없습니다. 우리를 구원할 수 있는 분은 오직 한분, 하나님의 아들 예수뿐입니다.

여러분은 "그가 하나님의 아들이라면 왜 죽어야만 했는가?"라고 물을 것입니다. 그는 부활하신 후에 제자들에게 그 이유를 말씀해 주셨습니다. "너희는 이 질문 앞에 어물거릴 필요가 없다. 나는 반드시 죽어야 했다는 것을 모르겠는가? 나는 어쩌다가 죽은 것이 아니다. 한편에서 보면 내 죽음이 인간적인 비극으로 보이겠지만, 다른 편에서 보면 전혀 그렇지 않다. 나는 죽기 위해 세상에 왔다."

그렇기 때문에 제자들은 감히 말할 수 있었습니다. "우리는 그가 죽으신 이유를 압니다. 바로 그곳, 십자가 위에서 하나님은 우리 모두의 허물을 그에게 지우셨습니다. 세례 요한의 말대로 그는 '세상 죄를 지고 가는 하나님의 어린양'요 1:29이십니다." 그들은 말했습니다. "예수 말고 다른 이는 없습니다. 우리를 구해 주실 분은 예수 한분뿐입니다. 우리 죄의 형벌을 다 감당하시고도 다시 살아날 수 있을 만큼 크고 능력 있는 분은 예수밖에 없습니다. 하나님의 아들은 그 일을 하실 수만 있었던 것이 아니라 실제로 그 일을 하셨습니다."

이처럼 사도들은 자신들이 목격한 일의 의미를 설명했습니다. 그들이 부활을 강조한 이유가 여기 있었습니다. 부활은 주님께서 거룩한 하나님의 법이 요구하는 형벌을 전부 감당하셨다는 결정적인 증거였습니다. 부활은 하나님께서 만족하셨다는 선포이자 그리스도가 우리 죄를 인해 내준 바 되었다가 우리 의를 위해 다시 살아나셨다는 선포입니다. 하나님은 부활을 통해 그의 아들이 우리의 죄값을 다 치렀음을 온 우주에 선포하셨습니다. 부활은 우리가 믿음으로 의롭게 된다는 것을 보여줍니다. 하나님께서는 그를 믿는 자는 누구든지 값없이 용서해 주시겠다고 말씀하십니다.

그들은 또 무엇을 설명했습니까? 그리스도가 자기들이 보는 데서 승천하신 것처럼, 모두가 보는 가운데 육체를 입고 온 우주의 구주로 다시 오실 일에 대해 설명했습니다. 그때는 구유에 누인 아기로서가 아니라 왕의 왕으로, 주의 주로 하늘 구름을 타고 거룩한 천사들의 호위를 받으며 오실 것입니다. 사람들은 그가 영원한 세계의 병거를 타고 다시 오셔서 세상을 의로 심판하시고, 자신을 미워하고 거부했던 모든 악한 자들에 대한 마땅한 보응으로 영원한 형벌을 주시는 모습을 보게 될 것입니다. 그는 오셔서 거룩한 나라를 세워 지극히 완벽한 모습으로 거룩하신 아버지께 돌려드릴 것입니다. 그리하여 "하나님이 만유의 주로서 만유 안에 계시"게 하실 것입니다고전 15:28. 이것이 기독교입니다.

"우리는 보고 들은 것을 말하지 아니할 수 없다." 베드로와 요한은 관리들에게 이같이 말했습니다. "우리는 당국자요 공회원인 당신들을 존중합니다. 그러나 이 이름으로 설교하지도 말고 가르치지도 말라는 요구는 따를 수 없습니다. 이런 일들을 우리가 목격했기 때문에, 그가 어떤 분이신지 알기 때문에, 그가 오신 이유 때문에, 그가 행하신 일 때문에, 그분이야말로 유일한 구원의 길이라는 사실 때문에, 우리는 이 일들을 전해야만 합니다."

07

변화시키는 메시지

그들을 불러 경고하여 도무지 예수의 이름으로 말하지도 말고 가르치지도 말라 하니 베드로와 요한이 대답하여 이르되 하나님 앞에서 너희의 말을 듣는 것이 하나님의 말씀을 듣는 것보다 옳은가 판단하라. 우리는 보고 들은 것을 말하지 아니할 수 없다 하니.

사도행전 4:18-20

우리가 살펴보았듯이, 기독교 메시지는 사실에 기초하고 있는 메시지입니다. 주 예수 그리스도에 대해 "보고 들은 것"과 그것에 대한 해석, 그것의 의미, 그것과 우리 모두와의 상관성을 전하는 메시지입니다. 이것이 기독교 설교의 핵심입니다. 그러나 이번에는 한 걸음 더 나아가 똑같이 흥미롭고 똑같이 중요한 또 한 측면을 살펴보려고 합니다. 성경의 놀라운 점은 아주 다양한 방식으로 한 가지 중심 되는 큰 진리를 제시하고 있다는 것입니다. 달리 표현하면, 마치 성경이 우리 손을 잡고 이렇게 말하는 것 같다는 것입니다. "와서 이 각도에서도 보고, 저 각도에서도 보고, 또 다른 방법으로도 보라. 시대에 상관없이 각기 다른 사람들이 각기 다른 각도에서 성경을 보다가 진리를 아는 지식에 이르렀다. 새로운 방식으로 성경을 보던 중에 갑자기 내용이 마음에 와닿는 경험을 했다."

기독교를 순전히 교리의 관점에서만 보는 사람들이 있는 반면, 기독교가 누군가의 삶에 구현되는 것을 보면서 깊이 감명받고 매료되고 매혹되어 질문을 던지는 사람들도 있습니다. 그들은 "무엇이 당신을 이렇게 만들었습니까? 무엇이 당신에게 이런 일을 했습니까?" 하고 묻습니다. 그렇게 함으로써 그들은 동일한 진리를 향해 나아가게 됩니다. 하나님이 진리를 계시하는 방법을 한 가지로 제한해서는 안됩니다. 하나님은 다양한 방법을 사용하시며, 우리는 그 부분에 대해 마땅히 감사를 드려야 할 것입니다. 성경이 처음부터 끝까지 한 가지 메시지, 한 가지 큰 진리를 전하면서도 교훈적인 가르침이나 역사나 예증이나 시 등 다양한 방식을 동원하는 이유가 여기 있습니다.

우리가 지금 살펴보고 있는 사건은 하나님의 구원 능력이 어떻게 역사하는지를 보여주는 한 가지 예라고 할 수 있습니다. 지금까지는 이 사건이 믿지 않는 사람들에게 끼친 영향을 살펴보았습니다. 이제부터는 참으로 믿는 자들에게 끼친 영향을 살펴보려고 합니다.

이 사건은 우리 자신이 그리스도인인지 아닌지 검증할 수 있는 놀라운 시금석이 될 뿐 아니라 현대세계에 기독교 메시지를 대변한다고 자처하는 것들을 검증할 수 있는 훌륭한 시금석이 되어 줍니다. 예컨대 기독교 불가지론이라는 것이 있는데, 이것을 주장하는 똑똑한 사람들은 자신들의 하찮은 이론으로 주님의 말씀과 행하심, 그에게 일어난 모든 일들을 설명할 수 있다고 생각합니다. 물론 기독교를 새롭게 대변하는 양 제시되는 이 모든 이론들은 사실 전혀 새로운 것이 아닙니다. 이 이론들은 복음만큼이나 오래된 것입니다! 그런데도 세상은 이것들을 새로운 것으로 생각해서 널리 퍼뜨리고 있습니다. 아마 여러분도 신문에서 이런 이론과 관련된 글들을 늘 접할 것이고, 텔레비전에서도 사람들이 나와 짤막한 의견을 밝히는 토론 프로그램을 볼 것입니다. 이것이 우리가 살고 있는 세상의 모습입니다.

이런 현대적인 개념들의 실상을 알고 싶을 때 사용할 수 있는 아주 좋은 방법이 바로 다음과 같은 질문을 던지는 것입니다. "그들이 결국 도달하는 지점은 어디인가? 그들이 실제로 하는 일은 무엇인가? 세상을 반짝 놀라게 하는 것, 기사거리나 토론거리, 논쟁거리를 제공하는 것 외에 하는 일이 있는가? 그들은 참으로 중요한 일, 가치 있는 일을 하고 있는가?" 왜냐하면 복음은 "모든 믿는 자에게 구원을 주시는 하나님의 능력이 됨"으로롬 1:16, 진정한 복음은 일정한 결과를 통해 그 진정성을 입증하게 되어 있기 때문입니다. 하나님이 행동하시면 무엇인가 눈에 보이는 결과가 나타나게 되어 있습니다. 그러므로 여러분 스스로 검증해 보시기 바랍니다. 여러분이 기독교라고 생각하고 있는 것을 검증해 보십시오. 여기 사도행전에서 읽은 말씀으로 자기 경험을 조명해 보십시오.

이 부분에서 명확히 짚고 넘어갈 것이 있습니다. 제 말은 여기 이 사람들에게 일어난 일이 세부사항까지 정확히 우리에게도 일어나야 한다는 뜻이 아닙니다. 제 논점은, 복음이 맹아萌芽의 형태로 이 말씀에 들어 있기 때문에 이와 같은 종류의 영향을 받은 흔적이 어느 정도까지는 우리 자신에게도 나타나야 한다는 것입니다. 그 흔적이 없다면 우리는 그리스도인이 아닙니다. 결국은 초대교회가 유일한 기준입니다. 우리가 기독교에 대해 알고 있는 모든 것은 바로 이 초대교회로부터 비롯된 것입니다. 그러므로 사람들이 우리에게 제안하는 것들과 우리 안에 있는 것들을 판단할 때, 이 초대교회를 기준과 규범으로 삼아야 합니다.

그렇다면 복음은 참으로 믿는 사람들에게 어떤 영향을 끼쳤습니까? 우리 구주, 복되신 주님의 사도인 베드로와 요한이 그 답을 주고 있습니다. 그들의 말에서 우리를 인도해 줄 원칙을 끌어내 봅시다.

무엇보다 확실한 사실은, 기독교가 우리를 완전하게 변화시킨다는 것입니다. 마태, 마가, 누가, 요한 사복음서는 이 두 제자에 대해 상당히 많은 정보를 제공해 주고 있습니다. 복음서를 읽고 나서 사도행전을 읽는 사람이라면 누구나 두 사람에게 일어난 놀라운 변화에 충격을 받을 것입니다.

오순절이 이르기 전, 복음서에 등장하는 베드로와 요한이 주는 인상은 너무 더디 깨닫거나 아예 깨닫지 못한다는 것입니다. 그들은 3년 동안 하나님의 아들과 함께 지냈습니다. 주님은 그들을 사회에서 불러내 측근 제자로 삼아 가르치셨습니다. 그들은 주님이 가르치시는 자리에 항상 동참했으며, 그가 행하시는 기적을 전부 보았습니다. 또 궁금한 것이 있으면 언제든지 주님께 질문할 수 있었습니다. 주님은 늘 오래 참음으로 그들을 받아주셨고, 늘 대답하고 설명해 줄 준비를 하고 계셨습니다. 그들처럼 놀라운 방식으로 진리를 배우고 이해할 기회를 얻은 사람은 아무도 없었습니다. 그런데도 그들은 너무 더디 배웠고, 너무 아둔했으며, 너무 지각이 부족했습니다. 그들은 더듬거리고 비척거리는 것처럼 보였습니다. 그렇게 자주 설명해 주셨는데도 여전히 이해하지 못해 날카로운 꾸중을 들어야 했던 적도 있었습니다.

한번은 주님이 베드로를 돌아보시며 "사탄아, 내 뒤로 물러가라"

고 말씀하셨습니다"16:23. 가이사랴 빌립보에서 "너희는 나를 누구라 하느냐"고 제자들에게 물으신 직후의 일이었습니다16:15. 베드로는 자기에게 주신 놀라운 통찰력으로 "주는 그리스도시요 살아계신 하나님의 아들이시니이다"라고 대답했습니다16:16. 주님은 그 대답에 "바요나 시몬아, 네가 복이 있도다. 이를 네게 알게 한 이는 혈육이 아니요 하늘에 계신 내 아버지시니라"고 말씀하면서 칭찬해 주셨습니다16:17. 연이어 주님은 당신의 죽음이 임박했음을 알리셨습니다. 그러자 베드로가 이의를 제기했습니다. "주여, 그리 마옵소서. 이 일이 결코 주께 미치지 아니하리이다"16:22. 바로 그때 베드로를 돌아보시며 "사탄아, 내 뒤로 물러가라"고 말씀하신 것입니다. 주님은 베드로를 사탄이라고 부르셨습니다! "너는 나를 넘어지게 하는 자로다. 네가 하나님의 일을 생각하지 아니하고 도리어 사람의 일을 생각하는도다"16:23.

베드로와 요한의 지각이 얼마나 부족했는지 보여주는 예가 이것 하나만 있는 것은 아닙니다. 주님께서 죽음과 부활이라는 똑같은 문제를 이야기하셨을 때 아무도 그 말씀을 이해하지 못해 비탄해하며 근심하는 모습은 다른 곳에도 여러 군데 등장하고 있습니다. 어느 날 오후에는 제자들의 낙심이 얼마나 컸던지 "너희는 마음에 근심하지 말라. 하나님을 믿으니 또 나를 믿으라.……내가 떠나가는 것이 너희에게 유익이라"고 말씀하셔야 할 정도였습니다요 14:1; 16:7. 그런데도 그들은 알아듣지 못했습니다. 이것이 복음서 전체에 나타나는 제자들의 문제였습니다. 나중에 주님이 십자가에 달려 돌아가시는 것을 본 제자들은 너무나 당황해 어쩔 줄을 몰랐습니다. 그들은 주님의 죽음 앞에 극도로 상심한 나머지 무엇을 해야 할지 판단할 수가 없었습니다. 그후 무덤에 갔던 여자들이 무덤이 비었다는 소식을 전해 왔을 때에도 제자들은 여자들이 미쳤다고 생각하면서 그 말을 믿지 않았습니다.

여러분은 서로 슬퍼하면서 엠마오로 내려가던 두 제자 이야기, 주님이 동행하셨음에도 알아보지 못했던 제자들 이야기를 기억할 것입니다. 주님은 그들에게 물으셨습니다. "무슨 문제가 있소? 지금 무슨 얘기를 하는 중이요? 왜 그렇게 슬퍼하는 거요?"

그들은 말했습니다. "아니, 나사렛 예수의 일을 모른단 말이오? 무슨 일이 일어났는지 정말 들은 바가 없소? 도대체 그동안 어디 가 있었소? 이 지역에 처음 와봐서 최근에 일어난 일들을 모르는 것 아니오?"

"도대체 무슨 일이 일어났기에 그러시오?"

"글쎄, 나사렛 예수에 관련된 일인데……우리는 그분이야말로 이스라엘 왕국을 회복시키기 위해 오시기로 되어 있던 분이라 믿었소. 그런데 그들이 그를 잡아다가 십자가에 못박은 후 장사지내 버렸지 뭐요."

이번에도 주님은 그들을 꾸중하십니다. "미련하고 선지자들이 말한 모든 것을 마음에 더디 믿는 자들이여"눅 24:13-33 참조.

복음서에 등장하는 제자들의 옛 모습을 보십시오. 그들은 야심에 차서 서로 질투했고, 남보다 우월한 자리에 서기를 바랐으며, 사소한 일을 놓고 다투며 싸웠습니다. 이 얼마나 형편없는 사람들입니까! 무엇보다 이들이 얼마나 겁 많은 사람들이었는지 보십시오. 베드로를 보십시오. 일례로 그는 주님이 잡히셨을 때 재판이 어떻게 되나 보려고 몰래 뜰로 숨어 들어갔습니다. 그리고 아무도 자기를 알아보지 못하기를 바라면서 불을 쬐었습니다. 그런데 한 비자가 그를 의심하며 "이 사람도 그와 함께 있었어요"라고 말했습니다. 한 시간쯤 후에, 또 다른 사람도 "갈릴리 사람인 걸 보니 그와 함께 있었던 게 틀림없는데"라고 말했습니다. 그러나 그때마다 베드로는 사실을 부인했습니다. 맹세까지 하면서 욕까지 하면서 부인했습니다. "난 그런 사람 모릅니다. 난 그 사람과 아무 상관도 없어요"라고 말했습니다눅 22:54-60 참조. 얼마나 비열한 사람입니까! 얼마나 형편없는 겁쟁이입니까! 그는 자기 목숨을 잃을까 봐 무서워서 자신의 가장 좋은 친구요 은인이요 큰 스승 되신 분을 모른다고 부인했습니다. 그의 이 비겁함과 두려움과 소심함을 보십시오! 실제로 성경은 이 모든 것을 한 문장에 축약해 놓고 있습니다. "제자들이 다 예수를 버리고 도망하니라"막 14:50. 제자들은 잡혀서 심문받을까 봐 두렵고 사형을 선고받을까 봐 무서워서 예수를 버리고 도망쳐 버렸습니다.

그런데 오늘 사도행전에 나오는 이들의 모습을 보십시오. 알아볼 수가 없을 정도로 달라져 있습니다. 상황이 완전히 바뀌어 버렸습니다. 사도들은 진리를 명확히 파악하고 있을 뿐 아니라 그것을 진술할 수 있는 능력까지 갖추고 있습니다. 논쟁도 하고, 추론도 하며, 말도 자유자재로 구사하고 있습니다. 더구나 이들의 담대함을 보십시오. 실제로 산헤드린 공회원들조차 베드로와 요한의 담대함을 보고 놀랐다고 성경은 기록하고 있습니다. 이들은 두려움을 모르는 사람들이 되었습니다. 무엇이 이들을 바꾸어 놓았습니까?

이렇게 요약해 봅시다. 기독교는 여러분의 삶에 덧붙여지는 그 무엇이 아닙니다. 기독교는 삶의 중심부터 변화시키기 시작해서 결국 삶 전체를 변화시키는 주체입니다. 기독교는 첨가물도, 부록도 아닙니다. 추가되는 것도 아니고, 일요일에만 하면 되는 것도 아닙니다. 기독교는 여러분이 취했다 버렸다 할 수 있는 것이 아닙니다. 절대 아닙니다! 기독교는 베드로와 요한을 변화시켰듯이 사람을 철저하게 변화시키는 능력입니다. 계속되는 교회사 전체를 읽어 보면, 참된 그리스도인이 된 사람은 누구나 반드시 이런 변화를 겪는다는 사실을 알 수 있습니다.

바울은 이 점을 자기만의 언어로 이렇게 표현해 놓았습니다. "누구든지 그리스도 안에 있으면 새로운 피조물이라. 이전 것은 지나갔으니 보라, 새것이 되었도다"고후 5:17. 그리스도인은 단순히 그리스도의 가르침에서, 간디의 가르침에서, 고대 철학자들의 가르침에서 조금씩 개념을 따오는 사람들이 아닙니다. 절대 그런 사람들이 아닙니다. 그리스도인은 전적으로 변화된 사람들입니다. 새로운 피조물, 새로운 존재입니다. "거듭난" 사람들입니다. 이것이 이 사건의 가장 표면에 드러나 있는 원리입니다.

제가 이 사건에서 발견하는 두번째 원리는 첫번째 원리에서 당연히 귀결되는 것으로, 기독교는 우리를 장악하는 그 무엇이라는 것입니다. 이것은 아주 중요한 사실입니다. 여러분이 기독교를 취하는 것이 아니라 기독교가 여러분을 취하는 것입니다. 여러분이 기독교를 통제하고 다스리는 것이 아니라 기독교가 여러분을 통제하고 여러분의 삶 전체를 다스리는 것입니다. 기독교를 검토해 보고 설교와 토론을 들어본 후에야 최종적으로 기독교를 취하기로 결심함으로써 그리스도인이 된다고 생각하는 사람들이 많이 있습니다. 그런 사람들은 십중팔구 자신들의 삶 대부분의 영역과 일상생활에서 기독교를 잊고 지내게 마련입니다. 그러다가 일요일이 되면 종교적인 관심에 집중해야 할 날-어쨌든 어느 정도까지는 집중해야 할 날-이 왔다고 생각합니다. 그래서 일요일 아침이나 저녁 중 한 번만 교회에 가야겠다고 결심합니다. 물론 그들은 종교에 관심을 많이 가지고 있고 '접촉'-이것이 딱 맞는 표현입니다-을 유지하고 싶어하지만, 화창한 여름날 친구가 "골프 한판 어때?"라고 권하면 당연히 골프 쪽으로 넘어가 버립니다. 물론 급한 볼일도 없고 골프도 칠 수 없는 날에는 다시 자신들의 기독교를 집어들 가능성도 있습니다. "오늘은 못 가겠군. 하지만 다음번에 확실히 갈 수 있을 거야."

이것이 흔히들 하는 생각 아닙니까? 실제로 무언가 기독교를 상기시킬 만한 일이 생기지 않는 한, 한번도 기독교를 떠올리지 못하는 사람들이 많습니다. 병에 걸리지 않는 한 기독교를 한번도 떠올리지 못하는 사람들이 많습니다. 그런 사람들은 몇 년이 지나도록 기도 한 번 하지 않고 지내다가, 자기 자신이나 가까운 사람이 병에 걸리거나 죽었을 때에야 비로소 기독교를 떠올립니다.

그러나 우리는 이 모든 것이 사도행전에 나오는 기독교와 아주 거리가 멀다는 것을 알 수 있습니다. 기독교는 느슨한 관계를 맺을 수 있는 무언가, 모호하게 소속될 수 있는 무언가가 아닙니다. 절대 아닙니다. 복음은 사도행전에 나오는 사람들의 중심을 차지하고 있었고, 삶의 심장부를 차지하고 있었습니다. 그들을 장악하는 무언가가 있었습니다. 그래서 그들은 "말하지 아니할 수 없다"고 말할 수밖에 없었습니다. 복음은 그들 자신보다 큰 것, 그들의 삶에서 가장 큰 것이었습니다.

 시대를 막론하고 참된 기독교의 역사를 살펴봐도 이 점이 명확히 드러나지 않습니까? 순교자와 목숨을 걸고 신앙을 고백한 자들의 삶을 들여다보면, 그리스도와 복음이 그들의 주인이었다는 것을 알 수 있습니다. 그리스도께서 값을 주고 그들을 종으로 사셨습니다. 그들은 더 이상 스스로 생각하거나 결심할 수 없는 사람들이었고, 더 이상 지배권을 행사할 수 없는 사람들이었습니다. 그렇습니다. 그들은 복음의 명령과 통제를 받는 사람들이었습니다. 복음이 그들의 관점 전체를 결정지었습니다. 따라서 여러분의 신앙이 삶의 주변에서만 맴돌고 있다면 그 신앙은 기독교 신앙이 아닙니다. 철학이나 다른 가르침이라면 그럴 수도 있습니다. 그러나 기독교는 주변만 맴돌도록 내버려두지 않습니다.

 이 모든 것이 얼마나 중요한 일인지 아시겠습니까? 이 모든 것을 소위 대화와 토론의 문제로 삼는다는 것이 얼마나 우스운 일인지 아시겠습니까? 토론이라! 마치 여러분이 기독교를 심판하는 자리에 앉아 있는 듯한 표현 아닙니까? 여러분이 기독교를 심판하는 것이 아닙니다. 기독교가 여러분을 심판하는 것입니다. 기독교는 여러분을 소유하는 주체입니다. 기독교를 받아들이는 순간부터 여러분은 한 생각, 한 책에 매이게 됩니다. 기독교는 모든 것을 그리스도 안에 두는 것입니다. 그리스도께서 여러분의 주인이 되시는 것입니다. 이것이 기독교입니다!

 제가 이 강단에서 종종 인용한 말 가운데, 독일의 위대한 그리스도인 친첸도르프Nikolas Ludwig von Zinzendorf 백작이 200년 전에 남긴 인상적인 말이 있습니다. 초기 감리교에 큰 영향을 끼쳤던 그는 이렇게 말했습니다. "나에게는 한 가지 열정이 있다. 그것은 그분, 오직 그분을 향한 열정이다." 이것이 기독교입니다.

 세번째 원리는, 참으로 그리스도인이 된 사람이라면, 즉 이런 식으로 이 메시지와 진리에 사로잡힌 사람이라면 누구든지 모든 사람들에게 이 메시지에 대해 말하고 싶어한다는 것입니다. "우리는 보고 들은 것을 말하지 아니할 수 없다." 이 시기에 사도들과 산헤드린 사이에 충돌을 불러온 핵심 사안과 분쟁원인은, 예수의 이름으로 계속 설교하고 가르칠 것인가라는 한 가지 질문에 있었습니다. 당국자들은 서로 의논한 끝에 그리스도에 대한 설교를 전면 금지하기로 결정했습니다. 성경은 이렇게 기록하고 있습니다. "이것이 민간에 더 퍼지지 못하게 그들을 위협하여 이후에는 이 이름으로 아무에게도 말하지 말게 하자 하고 그들[베드로와 요한]을 불러 경고하여 도무지 예수의 이름으로 말하지도 말고 가르치지도 말라 하니." 그러나 이에 대한 베드로와 요한의 대답은 "말하지 아니할 수 없다"는 것이었습니다.

이제 이 점을 분석해 보겠습니다. 첫째로, 참된 그리스도인이 된 사람은 더 이상 자기가 믿는 바에 대해 모호한 태도를 취할 수 없습니다. "그것에 대해 말하지 않을 수 없다"라고 말하려면 자기가 말하려는 그것이 무엇인지 확실히 알고 있어야 합니다. 단순히 진리일 것이라고 추측하는 사람이 "말하지 않을 수 없다"고 말할 수는 없습니다. 이런 사람들의 태도는 다음과 같습니다. "글쎄요. 지금으로서는 이것이 진리일 거라고 생각합니다만, 진리는 항상 변하는 것이고 세계는 지금도 계속해서 발전, 진보하고 있으니까요. 우리 이전에 살던 사람들의 틀린 점이 이제 드러나는 것처럼, 아마 20년쯤 후에는 이것도 틀린 것으로 판명되지 않을까요. 이런 일이 **무한히** 반복되는 것이지요." 이런 태도를 가진 사람이 "말하지 않을 수 없다"는 부담을 느끼겠습니까? 당연히 아닙니다! 추측만 하고 검토만 하는 철학자들은 그저 진리를 찾고자 애쓸 뿐이지, 이런 압박감에 대해 알 리가 없습니다.

사도들의 가장 중요한 특징은, 그들이 아주 분명한 메시지를 가지고 있었다는 것입니다. 우리는 그 점을 이미 살펴보았습니다. 그들의 메시지는 명확하고 구체적이었습니다. 그들은 자리에서 일어나 "마침내 우리는 이러한 결론에 도달했습니다"라고 말한 다음, 이에 대항할 만한 관점들과 그에 대한 멋있고 지적인 답변을 제시하지 않았습니다. 절대 그러지 않았습니다! 그들은 같은 메시지를 반복해서 전했습니다. 그 메시지는 늘 동일했습니다. 그들은 그 메시지를 정확히 알고 있었습니다. 전에는 이해하지 못했지만 이제는 분명히 이해하고 있었습니다. 그들은 절대적인 권위를 가지고 그 메시지를 설교했습니다.

저는 신약성경의 가르침에 기초하여, 자신이 무엇을 믿는지 모르는 사람은 그리스도인이 아니라고 주저 없이 말할 수 있습니다. 아무리 선량하기 짝이 없는 사람이고 훌륭한 철학자라 해도 "진리는 이것이다"라고 말하지 못하는 사람은 그리스도인이 아닙니다. 사도 바울의 입장은 "내가 믿는 자를 내가 알고"라는 것이었습니다 딤후 1:12. "**내가 알고.**" 이것이야말로 위대한 단언이요, 확언이요, 확신이요, 확고함이 아닐 수 없습니다.

그러나 사도들과 설교자들에게만 이런 확신이 있어야 하는 것은 아닙니다. 사도 베드로는 첫 서신에서 노예와 종들이 대다수를 이루고 있는 평범한 그리스도인들에게 말했습니다. "너희 속에 있는 소망에 관한 이유를 묻는 자에게는 대답할 것을 항상 준비하되" 벧전 3:15. 소망의 이유를 말해 주라는 것입니다! 그들에게는 그럴 능력이 있었습니다. 또 여기 사도행전에서 베드로와 동행하고 있는 사도 요한도 첫 서신에 이렇게 썼습니다. "너희는 거룩하신 자에게서 기름부음을 받고 모든 것을 아느니라.……아무도 너희를 가르칠 필요가 없고" 요일 2:20, 27. 아시다시피 당시에도 요즘처럼 거짓 가르침이 있었습니다. 거짓 가르침은 새삼스러운 현상이 아닙니다. 당시에는 거짓 선생들을 '적그리스도'라 불렀습니다만, 지금은 거짓 선생들이 오히려 고위 성직자의 자리에 오르는 경우가 종종 있다는 것이 다를 뿐입니다. 1세기에는 거짓 선생들이 교회에 소속되지 못하고 쫓겨났는데, 지금은 교회 안에 눌러앉아 있다는 것이 다를 뿐입니다. 제가 볼 때 이것 말고는 다른 점이 없습니다.

요한은 평범한 그리스도인들에게 편지하면서 그들에 대해 걱정하지 않는다고 말합니다. "너희는……모든 것을 아느니라"고 말하고 있습니다. 사람들은 이미 복음을 알고 있었습니다. 사도들은 전부 같은 메시지를 전했습니다. 그것은 그들에게 전해진 단 하나의 메시지였습니다. 거기에는 모순된 구석도, 불확실한 구석도 없었습니다.

더 나아가 다음과 같은 측면에 주목하시기 바랍니다. 사도들에게는 변명하는 태도나 마지못해 하는 태도가 없었습니다. 자신들이 전하는 메시지를 부끄러워하는 마음이 조금도 없었습니다. 요즘 같은 과학시대에 복음을 믿는다는 것이 조금은 부끄럽습니까? 그래서 신앙이 있다는 사실을 학교동료나 직장동료들에게 숨기고 있습니까? 사업상 아는 사람들에게 숨기고 있습니까? 현재 그리스도인이며 그 사실을 다행스럽게 생각하고 있기는 하지만, 그럼에도 변명하는 듯한 태도를 취하고 있지는 않습니까? 신앙에 대해 함구하거나 신앙을 최신 유행이나 최근에 발견된 것들에 끼워 맞추려 하지는 않습니까? 이것이 여러분의 현재 입장 아닙니까?

그렇다면 여러분은 이 두 사도를 비롯한 초기 그리스도인 모두의 입장과 정반대되는 자리에 있는 것입니다! 그들은 복음을 크게 기뻐했습니다. 복음을 자랑했습니다. 그들은 사도 바울과 나란히 "그러나 내게는 우리 주 예수 그리스도의 십자가 외에 결코 자랑할 것이 없으니"라고 말했으며갈 6:14, "내가 복음을 부끄러워하지 아니하노니 이 복음은 모든 믿는 자에게 구원을 주시는 하나님의 능력이 됨이라"고 말했습니다롬 1:16. 바울은 아덴의 아레오바고에 섰을 때 변명하지 않았습니다. 철학의 공격 앞에 방어적 태도를 취하면서 자기 입장을 옹호하지 않았습니다. 절대 그렇게 하지 않았습니다! 그는 고발하고 공격하고 폭로했습니다. 여기 베드로와 요한에게도 그 불과 열정, "절대 해야 한다"는 마음, 압박감이 나타나고 있습니다. "말하지 아니할 수 없다."

그 이유가 무엇입니까? 여기 우리가 던져야 할 질문이 있습니다. 여기 우리를 비밀로 이끌어 가는 것이 있습니다. 그들은 왜 복음을 기뻐하며 자랑했습니까? 왜 모든 사람에게 말해야만 한다는 부담, 산헤드린이 어떤 명령을 내리든 계속 말해야 한다는 부담을 느꼈습니까? 무엇이 그런 부담을 느끼게 했습니까? 여기 그 답이 있습니다. 그들은 '사실'이 뿜어내는 영광 때문에 그런 부담을 느낀 것입니다. 이 부분은 앞장에서 다루었으므로 더 이상 이야기하지 않겠습니다. 여러분도 이들처럼 하나님의 아들을 직접 만났다면 절대 가만있지 못했을 것입니다. 그들이 보고 들은 일들을 한번 보십시오. 그 영광을 생각해 보십시오. 그 경이로움과 놀라운 인격에 대해 생각해 보십시오. 그들은 말하지 않을 수 없었습니다. 그가 죽은 자들 가운데서 부활하신 것을 보았을 때, 영원한 세계의 영광이 이전 어느 시기보다 명확히 드러나는 것을 보았을 때는 특히 더 그러했습니다. 그들은 말하지 않을 수 없었습니다. 이것이 첫번째 대답입니다.

그러나 이보다 더 중요한 이유가 있습니다. 그들은 왜 모든 사람에게 말해야 한다는 부담을 느꼈습니까? 복음 메시지가 자신들에게 행한 일, 복음 메시지가 자신들에게 일으킨 변화 때문에 그렇습니다. 이미 살펴보았듯이, 복음은 그들을 바꾸어 놓았을 뿐 아니라 전에 알지 못했던 기쁨까지 가져다주었습니다. 후에 베드로는 그 기쁨을 "말할 수 없는 영광스러운 즐거움"으로 묘사했습니다벧전 1:8. 그 기쁨은 오순절에 일어난 모든 일의 결과물이었습니다. 그들은 환희와 기쁨의 영으로 가득 찼습니다. 하나님께서는 그들이 자신의 자녀라는 것과 그리스도가 자신의 유일한 독생자라는 것을 전에는 상상도 할 수 없었던 방법으로 말씀해 주셨습니다. 또 성령으로 그들의 마음에 사랑을 부어 주시고-"부은 바 됨이니"롬 5:5-통찰력을 주셨습니다. 그들은 고양되었으며 황홀경에 빠졌습니다. 그것은 전에 한번도 하지 못했던 경험이었습니다. 이제 불신앙은 사라졌습니다. 우울함도 사라졌습니다. 반신반의하는 마음과 의심도 사라졌습니다. 기쁨과 행복이 넘치도록 흘러 들어왔습니다.

사도들은 하나님과 화평케 되었다는 것을 알았습니다. 하나님께서 영원 전부터 자신들을 심중에 두고 계셨으며, 자신들을 위해 아들을 보내 죽게 하셨다는 것을 알았습니다. 또한 자신들이 능력을 받았다는 것, 기적을 행할 능력, 기도할 능력, 말할 능력을 받았다는 것을 알았습니다. 그들은 이 모든 일을 이해할 수 없었습니다. 그저 놀랄 따름이었습니다. 그들은 얼마나 황홀하고 기뻤던지, 이 일이 자신들에게 주는 의미를 모든 사람에게 말하지 않을 수 없었습니다. 하나님을 새롭게 알게 되었다는 것, 삶을 새롭게 이해하게 되었다는 것, 명료한 지식과 지각을 주는 복음의 능력을 개인적으로 경험하게 되었다는 것, 그리스도의 빛으로 모든 것을 바라보는 새로운 능력을 받았다는 것을 말하지 않을 수 없었습니다.

그런데 여러분, 사도들이 모든 사람에게 이 일들을 계속 말하기를 고집한 데에는 이보다 훨씬 더 강력한 이유가 있습니다. 사도들은 이 일들을 알지 못하는 자들을 긍휼히 여겼습니다. "우리는 보고 들은 것을 말하지 아니할 수 없다." 왜 그렇습니까? 주님을 좀더 닮게 되었기 때문입니다. 성경은 주님께서 "무리를 보시고 불쌍히 여기시니 이는 그들이 목자 없는 양과 같이 고생하며 기진"하고 있었기 때문이라고 말씀합니다^{마 9:36}. 주님은 무지와 죄에 사로잡혀 있는 인간을 긍휼히 여기셨습니다. 주님은 그들에게 말씀하시지 않을 수 없었습니다. 주님은 세리와 죄인, 창녀와 함께 앉으셨습니다. 그것이 주님께 무슨 어려운 일이었겠습니까? 주님은 그들을 불쌍히 여기셨습니다.

베드로와 요한도 주님처럼 되었습니다. 당국자들이 예수의 이름으로 가르치지 말라고 했을 때 그들은 "그럴 수 없다!"고 했습니다. 그들의 심정은 자기 자신이 해방되는 놀라운 경험을 한 후에 과거 자신과 똑같은 처지에 놓인 자들을 목격한 사람의 심정, 그들을 회복시킬 방법을 정확히 알고 있는 사람의 심정과 같았습니다. 그때에 당국자들이 함구령을 내렸습니다. 그러나 그들은 확신에 차 말합니다. "우리는 보고 들은 것을 말하지 아니할 수 없다."

몸을 제대로 쓸 수 없는 고통스러운 질병, 이를테면 관절염으로 수년간 고생한 사람이 있다고 합시다. 그는 무서운 통증을 겪어 왔습니다. 관절은 팽창되고 뻣뻣해졌습니다. 그는 물건을 잡을 수도, 걸을 수도 없습니다. 그는 몸을 제대로 쓰지 못하며, 무서운 고통을 겪고 있습니다. 의사도 수없이 찾아다니고 전문가의 의견도 들어 보았지만 소용이 없었습니다. 그러던 중에 "좋습니다. 저는 뭐가 문제인지 정확히 알고 있습니다. 제가 고쳐 드리지요"라고 말하는 의사를 만나게 되었습니다. 그의 처방에 따라 약을 먹자 통증이 가라앉기 시작했습니다. 그러더니 점차 관절이 편해지고 유연해지면서, 얼마 후에는 완전히 낫게 되었습니다. 이제 그는 관절을 움직일 수 있습니다. 걸을 수도 있습니다. 그는 자유를 얻었습니다. 이것은 다 그 의사의 처방 덕분이었습니다.

그는 다시금 번화한 거리를 다닐 수 있게 되었습니다. 어느 날 오후, 그는 길 맞은쪽에서 걸어오고 있는 사람을 보았습니다. 안면은 없었지만, 어떤 병을 앓고 있는지는 금세 알아볼 수 있었습니다. 자신이 예전에 관절염 때문에 큰 고통을 겪었기 때문입니다. 병이 나은 사람은 혼잣말을 했습니다. "저 불쌍한 사람은 이런 처방이 있다는 것을 모르는 게 분명해. 안다면 저럴 리가 없지." 지금 그의 주머니 속에는 약이 들어 있습니다. 그러면 이제 그가 어떻게 해야겠습니까? 틀림없이 그는 그 사람이 있는 쪽을 향해 길을 건너야 한다는 부담을 느낄 것입니다. 그 사람이 누구인지는 모르지만 그 병이 무엇인지는 알고 있기 때문입니다. 결국 그는 길을 건너가 말할 것입니다. "선생님도 저를 모르고 저도 선생님을 모르지만, 선생님이 무슨 문제를 겪고 있는지는 알겠습니다. 혹시 이러이러한 처방에 대해 들어본 적이 있습니까?" 그러고는 자기가 가지고 있는 약을 꺼내 보일 것입니다.

그에게 꼭 길을 건너야 할 의무가 있는 것은 아닙니다. 그러나 그는 생각했습니다. "저 사람을 치료할 수 있는 약이 내 주머니 속에 있는데도 말해 주지 않는다면 난 인간이라고도 할 수 없는 비열한 사람이 되는 거야. 그러니 무슨 일이 있어도 말해 주어야 해. 저런 고통을 계속 겪게 내버려둬도 될까? 절대 안되지! 저 사람은 모르고 나는 아는 이 지식을 알려 줄 의무가 내게는 있는 거야."

당국자들 앞에 선 베드로와 요한의 심정이 바로 이러했습니다. 자신들에게 일어난 일들 때문에 그들은 심각한 필요를 안고 있는 인간의 실상을 보게 되었습니다. 예수의 진리는 죄에 빠진 인간의 상태를 들여다볼 수 있는 통찰력을 제공했습니다. 그들은 전과 같은 눈으로 인간을 볼 수가 없었습니다. 그들은 바울과 나란히 "그러므로 우리가 이제부터는 어떤 사람도 육신을 따라 알지 아니하노라"고 고백했습니다.고후 5:16. 예전에는 사람을 "육신을 따라" 알았습니다. 유대인과 이방인, 흑인과 백인 등 편을 가르는 기준에 따라 사람들을 보았습니다. 그런데 이제는 모든 인간이 마귀와 세상과 육신의 노예라는 것을 보게 되었습니다. 인간의 비참과 불행, 온갖 죄의 폐해를 보게 되었습니다. 그래서 크게 긍휼히 여기는 마음을 갖게 된 것입니다.

또한 두 사도는 예루살렘 사람들이 하나님의 거룩한 율법의 정죄 아래 있는 것도 보았습니다. 두 사람은 그들을 단순히 거리를 오가는 사람들로 보지 않았습니다. 다툼이나 자기 권리를 위해 투쟁하는 사람들로 보지 않았습니다. 절대 그러지 않았습니다. 그들은 모든 사람을 영혼으로 보았습니다. 그들은 "어떤 인종에 속한 사람이건 모두 하나님 앞에 서야 합니다. 죽은 후에 다 하나님 앞에 서서 영원한 심판을 받아야 합니다. 사람은 모두 하나님의 정죄 아래 있습니다"라고 말했습니다. "의인은 없나니 하나도 없으며"롬 3:10. 그들은 사람들의 얼굴 속에서 최후의 심판과 영원한 형벌을 향해 돌진하는 영혼들을 보았습니다. 그들은 단순히 사람들의 잘못된 행동만 본 것이 아니라 그들의 영혼을 보았으며, 그들의 영원한 존재가 빠져 있는 위험을 보았습니다. 그것이 그들을 경악하게 했습니다. 그들은 죄와 사탄의 먹이에 불과한 인생을 자랑하는 사람들, 사회적으로나 개인적으로나 도덕적으로 실패한 인생을 자랑하는 사람들의 무지를 보았습니다. 오, 그들은 그 모든 것을 보면서 크게 긍휼히 여기는 마음을 갖게 되었습니다.

그러나 그것이 전부는 아니었습니다. 단지 그런 이유들만으로 이처럼 당국자들에게 맞서는 어려움을 감수할 수는 없었을 것입니다. 그들은 사람이 의지하는 어떤 것도 자신들을 돕거나 구원할 수 없음을 알았습니다. 심지어 유대인의 율법을 엄격하게 지킨다고 해도 구원받을 수 없음을 알았습니다. 이것은 그들도 다 해본 일이었습니다. 그들은 인간이 기대를 걸고 있는 모든 것이 결국에는 아무 소용이 없다는 사실을 알고 있었습니다. 그러나 또 한편으로, 자신들을 회복시켜 주신 분이 사람들도 회복시킬 수 있다는 것을 알고 있었습니다. 그들은 자신들 속에 있는 어떤 것으로 구원받은 것이 아니라 하나님의 능력으로 구원받았다는 것, 그리스도야말로 구주시라는 것, 성령은 하나님의 능력이시라는 것을 알고 있었습니다. 자신들에게 나타난 이 계시가 다른 사람들에게도 나타날 수 있다는 것을 알고 있었습니다. 그래서 사람들에게 말하기를 원했고, 말해야 한다고 생각했던 것입니다.

구원의 길은 하나밖에 없으며, 오직 은혜로만 주어집니다. 죄에 얼마나 깊이 빠져 있느냐는 문제가 되지 않습니다. 그리스도께서는 아무리 깊은 곳에서라도 능히 끌어올리실 수 있습니다. 구원은 믿음으로만, 단순한 믿음과 신앙의 행위로만 이루어지는 것입니다. 바울은 말합니다. "너희는 그 은혜에 의하여 믿음으로 말미암아 구원을 받았으니 이것은 너희에게서 난 것이 아니요"엡 2:8. 베드로와 요한은 사람들에게 말해야 한다는 것을 알았습니다. 그것은 사람들을 구원할 수 있는 유일한 길이었습니다. 그들은 절박한 입장에 처해 있었습니다.

사도들이 예수의 이름으로 계속 말하기를 고집한 마지막 이유가 있는데, 제가 볼 때 이것은 아주 인간적인 이유라고 할 수 있습니다. 사도들은 모든 사람이 예수를 찬양하기를 바랐습니다. 그들은 전에도 주님을 흠모했습니다. 그분에 대해 오해하고 있었을 때조차도 사랑했습니다. 그런 분은 한번도 만나 본 적이 없었습니다. 그런데 이제는 거기에서 더 나아가 하늘의 구주를 있는 모습 그대로 보게 된 것입니다. 그분의 영광을 보게 된 것입니다. 그러니 모든 사람을 그분께 이끌어 오는 일, 모든 사람에게 그분을 알리는 일, 온 세계가 그분을 찬양하게 하는 일에 가장 큰 관심을 두지 않을 수가 없었습니다.

이것 역시 인간적인 차원에서 흔히 경험하는 일 아닙니까? 자기를 고쳐 줄 수 있는 의사를 마침내 찾아낸 사람의 예를 다시 생각해 봅시다. 그는 남은 평생을 그 의사 이야기를 하면서 지낼 것입니다. 그는 그 의사처럼 훌륭한 사람을 세상에 알리고 싶어할 것입니다. 모든 사람이 그를 칭송하기를 바랄 것입니다. 당연한 일입니다! 사도들을 움직인 동기도 그것이었습니다. 요컨대 그들은 이렇게 말한 것과 같습니다. "당신들은 예수의 이름으로 말하지도 말고 가르치지도 말라고 합니다. 그러나 주님이 어떤 분인지 생각할 때 우리는 도저히 말하지 않을 수가 없습니다. 우리는 그분의 영광과 위엄을 보았습니다. 또한 그가 우리에게 어떤 일을 행하셨으며 당신들에게 어떤 일을 행하실 수 있는지 알고 있습니다. 그러므로 우리는 온 세상에 말해야 합니다. 반드시 말해야 합니다. 말하지 않으려고 해도 말하지 않을 수가 없습니다……." 이것은 참된 기독교에 언제나 나타나는 표지입니다.

한 걸음 더 나아가 보겠습니다. 일단 이 메시지를 보고 이 메시지에 붙들려 다스림을 받게 된 사람은, 그 자신이 먼저 완전히 변화되며 모든 사람에게 그 메시지를 전해야겠다는 느낌을 갖게 될 뿐 아니라, 그 메시지 때문이라면 기꺼이 당국자들에게 맞서 죽음까지 감수할 준비를 하게 됩니다. 베드로와 요한도 이처럼 당국자들에게 맞섰고, 당국자들은 자신들의 권력을 동원해 사형을 선고했습니다. 사도들이 논쟁을 벌인 상대는 그들과 대등한 사람들이 아니라 "제사장들과 성전 맡은 자와 사두개인들"이었습니다. "관리들과 장로들과 서기관들, 대제사장 안나스와 가야바와 요한과 알렉산더와 및 대제사장의 문중"이었습니다. 그들은 대부분 로마와 결탁하고 있던 사람들이었습니다. 사도들은 자신들이 불과 몇 주 전, 복되신 주님을 사형에 처한 바로 그 권력에 맞서고 있음을 깨달았습니다.

그런데도 그들은 주저 없이 관리들에게 대항했습니다. 성경은 이에 대해 아주 명백히 진술하고 있습니다. "그들을 불러 경고하여 도무지 예수의 이름으로 말하지도 말고 가르치지도 말라 하니." 그러나 이 위협에 대한 베드로와 요한의 대답은 "하나님 앞에서 너희의 말을 듣는 것이 하나님의 말씀을 듣는 것보다 옳은가 판단하라. 우리는 보고 들은 것을 말하지 아니할 수 없다"는 것이었습니다. 그들은 어떤 대가를 치르든 상관치 않고 밀어붙였습니다. 죽음도 개의치 않고 밀어붙였습니다.

결국 초기 그리스도인 대부분은 복음을 위해 목숨을 내놓아야 했고, 베드로도 목숨을 내놓게 되었습니다. 요한은 자연사했다는 전설이 있지만, 그것은 중요치 않습니다. 수많은 그리스도인들이 기쁘게 자기 목숨을 내놓았습니다. 그들은 이런 당국자들의 도전만 받은 것이 아니라 로마제국 전체의 도전을 받았습니다. "가이사가 주라고 말하지 않고 예수가 주라고 계속 떠들면 원형경기장의 사자들에게 던져 버리든지 고문을 하든지 사지를 찢어 버리겠다. 그래도 계속 떠들겠느냐?"는 도전에 그들은 "물론입니다!"라고 대답했습니다. 그들은 복되신 예수의 이름을 위해 목숨 내놓는 일을 가장 큰 특권으로 여겼습니다.

그리스도인들은 시대를 막론하고 기꺼이 죽을 준비를 하고 있었습니다. 스미스필드에 가보십시오. 신교도 순교자들은 예수를 부인하고 신앙을 포기하느니 차라리 목숨을 내놓는 쪽을 택했습니다. 그들은 신앙을 버리느니 차라리 죽기를 바랐습니다. 그들은 왜 이처럼 당국자들에게 대항했습니까? 왜 참된 그리스도인들은 오늘날에도 사무실에서 비웃음거리가 되거나 휴게실에서 우스갯거리가 되어도 믿음을 고수하려고 하는 것입니까? 그들은 설령 온 세상이 조롱하고 비웃고 놀린다 해도 믿음을 지킬 것입니다. 죽는 한이 있어도 말입니다. 왜 그렇습니까? 답은 아주 간단합니다. 사도들의 말 그대로 "사람보다 하나님께 순종하는 것이 마땅하"기 때문입니다 행 5:29.

사도들은 왜 설교했습니까? 첫째로, 주님께서 설교하라고 명하셨기 때문입니다. 주님은 "너희는 위로부터 능력으로 입혀질 때까지 이 성에 머물라"고 하셨습니다 눅 24:49. 그리고 "오직 성령이 너희에게 임하시면 너희가 권능을 받고……내 증인이 되리라" 말씀하셨습니다 행 1:8. 주님은 그들에게 사명을 맡기셨습니다. 그들을 파송하셨습니다. 그들에게 명하셨습니다. "가라!" 그들은 관리들보다 높은 권위에 순종했습니다. 관리들은 세상의 유력자일 뿐이었지만, 그들에게 명령하신 분은 "하늘과 땅의 모든 권세를 내게 주셨으니"라고 말씀하신 하늘의 왕이셨습니다 마 28:18.

이 모든 것은 사도 바울의 말로 요약될 수 있습니다. 바울은 고린도후서 5장에서 자신이 설교하는 이유를 이렇게 밝히고 있습니다. "그리스도의 사랑이 우리를 강권하시는도다"고후 5:14. 정말 놀라운 일입니다. 이번에도 역시 죄와 수치와 악에 빠진 인간들을 긍휼히 여기는 마음이 이유인 것입니다. 그리스도의 사랑, 그것이 저를 강권하고 있습니다. 그가 저를 위해 무슨 일을 행하셨는지 보십시오. 그는 다른 사람들을 위해서도 같은 일을 행하실 수 있습니다. 저는 사람들에게 그 말을 해주어야만 합니다.

생각해야 할 측면이 또 있습니다. "이는 우리가 다 반드시 그리스도의 심판대 앞에 나타나게 되어 각각 선악 간에 그 몸으로 행한 것을 따라 받으려[답변하려] 함이라. 우리는 주의 두려우심을 알므로 사람들을 권면하거니와"고후 5:10-11. 우리는 하나님 앞에서 답변해야 합니다. 베드로와 요한은 그것을 알았습니다. 그러니 어떻게 관리들의 말을 따를 수가 있겠습니까? 따를 수 없는 것이 당연합니다. 부활하신 주님이 그들에게 명령하셨고, 그들은 그분께 답변을 해야 합니다. 자기 목숨 하나 구하려고 입을 다물었다가 또 겁쟁이가 되고 말았다는 자책감을 어떻게 감당할 것이며, 그분의 얼굴을 어떻게 뵙겠습니까? 그들은 도저히 그럴 수 없었습니다. 그들에게는 다른 선택의 여지가 없었습니다. 그들은 사람이 아닌 하나님께 순종해야 했습니다.

만약 이런 자리에 이르지 못했다면, 그러면서도 어쨌든 그리스도인이라면, 여러분은 형편없는 그리스도인입니다. 하나님의 의견보다 사람들의 의견을 우선시한다면, 여러분을 위해 죽었다가 다시 사신 그리스도의 칭찬보다 사람들의 생각과 칭찬을 우선시한다면, 여러분은 그리스도를 모르는 것입니다. 여러분이 구원받은 것은 구원하기 위해서입니다. 증인이 되어 증언하기 위해서입니다. 그런데도 구원받은 여러분이 사람을 두려워하는 마음에 사로잡혀 있다면, 거듭 말하지만 어딘가 주님에 대해 모르는 부분이 있다는 뜻입니다. 복음을 이해하지 못하고 있으며 여러분의 삶 속에서 복음의 능력을 경험하지 못했다는 뜻입니다.

둘째로, 그들은 주님께 설교하라는 명령을 받았을 뿐 아니라 설교하지 않으면 가치 있는 삶을 살 수가 없었기 때문에 당국자들에게 맞섰던 것입니다. 자신에게 생명을 준 가장 놀라운 일을 경험했으면서도 입을 다물고 살아야 한다면 더 이상 살고 싶은 마음이 들지 않을 것입니다. 그 일을 말할 수 없는 삶은 단순한 생존에 불과할 것이며, 공허하기 짝이 없는 삶이 될 것입니다. 그래서 그들은 "우리는 말하지 아니할 수 없다"고 말했습니다. "우리에게 무슨 일이 닥치든 상관없습니다. 우리에게는 생명이 있고, 새 능력이 있고, 새 지각이 있고, 새 기쁨이 있습니다. 당신들은 그것을 부인하라고 하지만 우리는 그럴 수 없습니다. 그것은 불가능한 일입니다."

참된 그리스도인이 된 사람에게는 단순히 생존하는 일이나 생명을 연장하는 일이 그리 중요치 않습니다. 그들은 자신에게 일어난 일만을 바라보며 이렇게 말합니다.

> 세상 헛된 모든 영광
> 아침 안개 같으나.
> ─존 뉴튼John Newton

세상은 공허합니다. 그래서 계속 전해야 한다고 말하는 것입니다. 복음이 전부입니다. 사도 바울의 표현대로 하면 "내게 사는 것"은 오직 "그리스도"뿐입니다빌 1:21. 그리스도는 내 생명의 원천이요 내 모든 존재의 중심으로, 나는 그리스도 안에서만 말하고 생각하며 모든 일을 하기 때문에 그가 없는 삶은 아무것도 없는 삶이나 마찬가지입니다. 다시 혼돈이 시작되는 것입니다.

사도들이 죽음을 무릅쓰고 당국자들에게 맞선 마지막 이유는, 그들이 더 이상 죽음을 두려워하지 않게 되었다는 데 있습니다. 여기에 기독교의 영광이 있습니다. 참된 그리스도인에게는 죽음이 공포가 되지 못합니다. "사망이 쏘는 것은 죄요 죄의 권능은 율법이라. 우리 주 예수 그리스도로 말미암아 우리에게 승리를 주시는 하나님께 감사하노니"고전 15:56-57. 그리스도인은 무덤과 죽음을 향해 "사망아, 너의 승리가 어디 있느냐. 사망아, 네가 쏘는 것이 어디 있느냐"라고 말하는 사람들입니다15:55. 베드로와 요한은 다음과 같이 말한 것입니다. "우리를 죽이십시오. 그래도 당신들은 우리를 해칠 수 없습니다. 우리는 더 이상 죽음을 두려워하지 않기 때문입니다. 이전에는 두려워했지만 이제는 두렵지 않습니다. 죽음은 우리에게 공포를 주지 못합니다. 죽음은 쏘는 침을 잃고 말았습니다. 무덤은 끝이 아닙니다. 우리를 죽이십시오. 그러면 우리에게 무슨 일을 해주는지 압니까? 우리를 생각보다 일찍 그리스도께 보내 주는 것입니다." 죽음이란 무엇입니까? "떠나서 그리스도와 함께 있을" 수 있는 더 좋은 일입니다빌 1:23.

베드로와 요한은 그리스도께서 '맨 나중 원수'인 사망을 비롯해 모든 원수들을 정복하셨다는 것을 알았습니다. "그는 사망을 폐하시고 복음으로써 생명과 썩지 아니할 것을 드러내신지라"딤후 1:10. 그들은 "성도들이 영원히 다스리는 순전한 기쁨의 땅"을 보았습니다. 그 나라의 영광을 보았습니다. 그들은 죽으면 그 나라로 안내된다는 것을 알았습니다. 죽음을 통해, 주 예수 그리스도를 참으로 믿는 모든 사람에게 예비된 영광을 보는 믿음이 있었습니다. 그러므로 그들은 다음과 같이 고백할 수 있었습니다.

> 성도들아, 그를 두려워하라.
> 그러면 아무것도 두려워할 것 없으리.
> — 네이험 테이트·니콜라스 브레이디 Nahum Tate & Nicholas Brady

바로 이것입니다! 주님도 말씀하셨습니다. "몸은 죽여도 영혼은 능히 죽이지 못하는 자들을 두려워하지 말고 오직 몸과 영혼을 능히 지옥에 멸하실 수 있는 이를 두려워하라"마 10:28. 그래서 그들은 오거스터스 탑레이디처럼 말할 수 있었던 것입니다.

율법도, 하나님도

두려워 피할 필요 없도다.
구주의 순종과 피
내 모든 죄 가려 주시니.

우리도 허식과 겉치레와 거만과 칙령과 율법으로 무장한 당국자들 앞에서 만면에 미소를 띠고 다음과 같이 말할 수 있습니다.

사람이 주는 고생 근심
나 주님 품에 달려가게 만들 뿐,
시련의 삶 고되게 짓눌러도
더 달콤한 천국 안식 있도다.
오, 주님 사랑 있으면
슬픔도 날 해치 못해.
오, 주님 축복 없으면
기쁨도 내 마음 뺏지 못해.
— 헨리 프랜시스 라이트^{Henry Francis Lyte}

베드로와 요한에게 중요했던 것은 주님과 그들의 관계였고, 주님을 아는 지식이었습니다. 그들에게 주님 없는 세상을 주어 보십시오. 그저 공허하게 여길 것입니다. 싸구려 장식으로 여길 것입니다. 거름더미, 쓰레기더미로 여길 것입니다. 이 세상에서 아무 가진 것 없어도, 주님 한분으로 모든 것 가진 것입니다. 참된 기독교는 사람을 이렇게 만듭니다. 그들은 개념들을 놓고 추측만 하지 않습니다. 정치적·국제적 쟁점을 논하는 데 시간을 전부 투자하지도 않습니다. 기독교는 그런 것이 아닙니다. 그런 것은 기독교와 아무 상관이 없습니다. 다시 말하지만 기독교는 다음과 같이 말하는 것입니다. "내게 사는 것이 그리스도니 죽는 것도 유익함이라……떠나서 그리스도와 함께 있는 것이 훨씬 더 좋은 일이라 그렇게 하고 싶으나"^{빌 1:21, 23}.

여러분이 기독교라고 생각하고 있는 그것이 여러분을 바꾸어 놓았습니까? 그것이 여러분의 주인이 되었습니까? 그것이 여러분에게 해준 일을 생각할 때 모든 이들에게 말하지 않을 수 없다는 부담을 느낍니까? 그것을 위해 기꺼이 죽을 준비가 되어 있습니까? 참된 기독교는 그런 것입니다.

07
변화시키는 메시지

08

불신앙의 영

그들이 베드로와 요한이 담대하게 말함을 보고 그들을 본래 학문 없는 범인으로 알았다가 이상히 여기며 또 전에 예수와 함께 있던 줄도 알고 또 병 나은 사람이 그들과 함께 서 있는 것을 보고 비난할 말이 없는지라. 명하여 공회에서 나가라 하고 서로 의논하여 이르되 이 사람들을 어떻게 할까. 그들로 말미암아 유명한 표적 나타난 것이 예루살렘에 사는 모든 사람에게 알려졌으니 우리도 부인할 수 없는지라. 이것이 민간에 더 퍼지지 못하게 그들을 위협하여 이후에는 이 이름으로 아무에게도 말하지 말게 하자 하고 그들을 불러 경고하여 도무지 예수의 이름으로 말하지도 말고 가르치지도 말라 하니 베드로와 요한이 대답하여 이르되 하나님 앞에서 너희의 말을 듣는 것이 하나님의 말씀을 듣는 것보다 옳은가 판단하라. 우리는 보고 들은 것을 말하지 아니할 수 없다 하니 관리들이 백성들 때문에 그들을 어떻게 처벌할지 방법을 찾지 못하고 다시 위협하여 놓아주었으니 이는 모든 사람이 그 된 일을 보고 하나님께 영광을 돌림이라. 이 표적으로 병 나은 사람은 사십여 세나 되었더라.

사도행전 4:13-22

이미 말씀드렸듯이 앉은뱅이를 치유한 일과 그후에 일어난 사건들의 놀라운 점은, 그것들이 똑같은 진리를 각기 다른 각도와 관점에서 보게 해준다는 것, 그런데 그 각각의 관점이 다 가치 있다는 것입니다. 이제 저는 주님께서 교회에 위탁하신 이 진리에 대한 산헤드린의 반응을 살펴보고자 합니다.

여기에서 우리가 거듭 상기하게 되는 사실은, 교회가 전하는 메시지는 언제나 결단을 요구한다는 것입니다. 그런데 저는 그 이상의 표현을 쓰고 싶습니다. 이 메시지는 언제나 결단을 불러옵니다. 사도행전 4:13-22에 명백히 드러나 있지 않습니까? 사람들 사이에 편이 갈려 있는 것이 보이지 않습니까? 사도 베드로와 요한이 한편에 서 있고, 관리들과 산헤드린과 제사장 무리, 성전 맡은 자, 대제사장 안나스가 다른 한편에 서 있습니다. 그런데 여기에 비견할 만한 무리가 또 하나 있습니다. 21절은 이렇게 말합니다. "관리들이 백성들 때문에 그들을 어떻게 처벌할지 방법을 찾지 못하고 다시 위협하여 놓아주었으니 이는 모든 사람이 그 된 일을 보고 하나님께 영광을 돌림이라." 일반 백성들은 하나님께 영광을 돌렸지만 산헤드린은 그것을 불쾌히 여겨 막으려 했습니다. 이 메시지는 모든 인간을 두 부류, 이 메시지에 동의하는 부류와 반대하는 부류로 갈라놓습니다. 우리 한 사람 한 사람은 그 두 부류 가운데 하나에 속해 있습니다.

오늘 말씀은 그 점을 아주 극적으로 제시해 주고 있습니다. 관리들에게는 고민이 하나 있었습니다. 그것은 앉은뱅이가 나았다는 명백한 사실을 부인할 수 없다는 것이었습니다. 14절 말씀 그대로입니다. "또 병 나은 사람이 그들과 함께 서 있는 것을 보고 비난할 말이 없는지라." 그들은 이 사실을 인정하지 않을 수 없었습니다. 그들의 말에는 이러한 곤경이 잘 드러나 있습니다. "이 사람들을 어떻게 할까. 그들로 말미암아 유명한 표적 나타난 것이 예루살렘에 사는 모든 사람에게 알려졌으니 우리도 부인할 수 없는지라." 그들은 무슨 반응이든 보여야 한다는 것을 알았습니다.

사도 베드로도 지도자들에게 똑같은 말을 했습니다. 베드로는 더 이상 예수의 이름으로 설교하거나 가르치지 말라고 명령하는 지도자들에게 "하나님 앞에서 너희의 말을 듣는 것이 하나님의 말씀을 듣는 것보다 옳은가 판단하라"고 말했습니다. 그는 그들의 고민을 되돌려 주었습니다. 즉 "당신들이 판단해야 합니다. 당신들이 결단해야 합니다"라고 말한 것입니다. 그들은 전에도 결단의 필요성을 보았습니다. 그런데 이제 그 필요성이 다시 한번 부각되면서 그들의 정신과 마음과 양심을 짓누르고 있는 것입니다.

복음 메시지가 있는 곳에는 항상, 필연적으로 이런 일이 벌어지게 되어 있습니다. 복음서를 읽어 보면 주님께서 언제나 사람들에게 이런 영향을 끼치셨다는 것을 알 수 있습니다. 주님은 그것을 다음과 같은 질문의 형태로 표현했습니다. "너희는 그리스도에 대하여 어떻게 생각하느냐"마 22:42. 그의 대적들도 서로에게 비슷한 질문을 던졌습니다. 성경은 그들이 "예수를 어떻게 할까 하고 서로 의논"했다고 기록하고 있습니다눅 6:11. 그들은 예수에 대해 무슨 반응이든 보여야 했습니다. 예수가 자기들 눈앞에 버티고 서 있었습니다. 그를 피할 수 있는 길은 어디에도 없었습니다. 그의 존재 자체가 결단을 요구하고 있었습니다.

예수에 대한 메시지는 오늘날에도 여전히 우리 눈앞에 버티고 서 있습니다. 이 메시지가 한번도 우리를 결단으로 몰고 간 적이 없다면, 사실상 이 메시지를 한번도 제대로 들어 본 적이 없는 것입니다. 메시지를 들을 수 있는 자리에 있으면서도 메시지를 듣지 못하는 경우가 있을 수 있습니다. 그러나 일단 메시지를 들은 후에는 반드시 그 메시지가 결단을 촉구하게 되어 있으며, 결단을 불러오게 되어 있습니다. 메시지에 아무 반응을 보이지 않는 것도 하나의 결단입니다. 즉 메시지를 거부하겠다는 결단인 것입니다. 복음을 위하지 않는 자는 복음을 반대하는 자입니다. 중간지대는 없습니다. 아리스토텔레스의 말대로 "상반되는 두 편 사이의 중간"이라는 것은 없습니다. 수동적인 저항도 저항입니다. 아무것도 하지 않는 것도 저항의 한 형태로서, 때로는 가장 효과적인 저항수단이 됩니다. 아무도 피해 갈 수 없습니다. 반복하지만 우리는 모두 이 두 입장 가운데 한쪽에 속해 있습니다.

그러므로 저는 간단히 다음과 같은 질문을 드리려고 합니다. 여러분은 지금까지 베드로와 요한의 메시지를 어떻게 처리해 왔습니까? 지금 여러분은 산헤드린과 같은 입장에 처해 있습니다. 보잘것없고 미약하기는 하지만—이 사도들에 비하면 한없이 미약합니다—저 또한 그들이 전한 것과 똑같은 메시지를 들고 이 자리에 서 있습니다. 따라서 여러분에게도 같은 질문이 주어진 것입니다. 자, 이제 어떻게 하시겠습니까? 지금까지 이 메시지를 어떻게 처리해 왔으며, 앞으로는 어떻게 처리할 작정입니까? 여러분의 판단은 무엇입니까?

우리의 동료 인간들 가운데 절대 다수가 이 관리들과 같은 결단을 내렸다는 것이야말로 세상의 가장 큰 비극이 아닐 수 없습니다. 그들은 "별거 없어. 다 헛소리야. 폐기된 쓰레기라고. 사람들의 눈물이나 쥐어짜는 소리지 뭐!"라고 말합니다. 심지어 반응조차 보이지 않는 사람들도 많이 있습니다. 이제부터 우리가 해야 할 일은 이처럼 사람들이 이상하게 거부하고 있는 원인을 찾아내는 것입니다. 불신앙을 어떻게 설명할 수 있을 것인가? 이것이 제가 관심을 기울이고 있는 문제입니다.

복음에 대해 결단을 내리는 것보다 중요한 일은 세상에 없습니다. 곧 이야기하겠지만, 이것은 이 세상에 살 동안만 여러분에게 영향을 끼치는 일이 아니라 다음 세상에 가서도 여러분에게 영향을 끼치는 일입니다. 그러므로 이것처럼 중요한 일은 다시 없습니다. 이 자리에서 정치적 결단에 반대할 생각은 조금도 없습니다. 세상에는 정치적 결단도 필요합니다. 우리에게는 정부가 있어야 합니다. 그러나 정치적 결단은 이 세상에 살 동안만 유효한 것입니다. 우리가 이 세상을 떠날 때는 눈곱만큼의 관심도, 눈곱만큼의 가치도 부여하지 않을 일입니다. 다른 것들도 다 마찬가지입니다. 그림이나 음악은 어떻습니까? 그림이나 음악은 사실 흥미롭기 짝이 없는 것들입니다. 그러니 마음껏 즐깁시다. 그림이나 음악은 훌륭한 예술입니다. 그럼에도 불구하고 그림이나 음악의 가치와 흥미 역시 이 세상에 살 동안만 지속될 뿐입니다. 반면에 복음 메시지가 우리에게 미치는 중요성은 영원하고도 영원하고도 영원한 것입니다. 반복하지만, 이렇게 중요한 메시지를 거부하는 것보다 더 큰 비극은 없습니다.

여러분 중에 지금까지 복음을 거부해 온 분이 있습니까? 그렇다면 복음을 거부한다는 것이 어떤 것인지 알고 그렇게 했습니까? 제가 이처럼 여러분에게 간절히 말씀드리는 것은, 여러분의 영혼과 영원한 운명을 염려하는 탓입니다. 이제 저는 여기 등장하고 있는 예루살렘 산헤드린 공회원들을 통해 불신앙의 실상을 보여드리고자 합니다. 제가 이런 접근법을 택한 것은 저 자신과 인간의 본성을 잘 알고 있기 때문입니다. 인간은 자기가 관련된 일에 편견을 갖기 쉬울 뿐 아니라 언제나 방어적인 태도를 취하게 마련입니다. 그러나 이미 보았듯이, 어떤 일을 객관적으로 살펴볼 경우에는 훨씬 냉정한 태도로 더 나은 판단을 내릴 수가 있습니다. 그러므로 우리가 그 옛날 산헤드린 공회원들의 비극을 고찰하는 동안 하나님께서 우리 자신의 모습을 보게 해주시기를, 독생자의 간절한 부름에 기꺼이 우리 자신을 내드리게 해주시기를 기도합니다.

오늘 말씀은 불신앙의 문제를 아주 명확하고도 정확하게 제시해 주고 있습니다. 여러분이 좀더 간편하게 기억할 수 있도록 몇 가지 원리로 축약해 보겠습니다. 첫번째로 문제가 되는 것은 이 사람들의 영spirit, 이 사람들을 움직이고 있는 영인 것이 분명합니다. 이 이야기를 읽으면서 그 영의 존재를 못 보고 지나칠 수는 없습니다. 베드로와 요한에 대한 편견과 선입견을 통해 워낙 확연하게 그 존재를 드러내고 있기 때문입니다. 이 관리들이 자신들의 입장을 고수하기 위해 싸운 방식은 어떤 것이었습니까? 그들의 반대에는 이유가 없었습니다. 본인들도 그 점을 인정했습니다. 그러면서도 여전히 반대했습니다. 그것은 순전한 편견에 불과했습니다. 그것은 전적으로 적대의 영과 관련된 문제였습니다.

누가복음 23장에서도 같은 영의 존재를 볼 수 있습니다. 주님의 죽음을 요구하는 군중들의 이야기에서 그 영의 존재가 느껴지지 않습니까? 로마의 통치자인 빌라도까지 군중이 제정신을 차리고 분별력을 찾아 조금이나마 정의롭게 행동하도록 하려고 애썼을 정도였습니다. 그러나 그의 노력도 소용이 없었습니다. 그가 간절히 말하면 말할수록 군중은 더 큰 소리로 "없이 하소서, 그를 십자가에 못박게 하소서"라고 외쳐 댔습니다. 그들은 극심한 선입견과 불합리한 편견에 굴복했습니다. 이것은 전적으로 영과 관련되어 있는 문제입니다. 마찬가지로 사도행전에 등장하는 산헤드린 공회원들 역시 아무 이유가 없었으면서도 무슨 수를 써서라도 베드로와 요한을 저지하겠다는 결단을 내렸습니다.

편견은 불신앙에 늘 따라오는 특징입니다. 저는 가장 비극적인 예를 이미 보여드린 바 있습니다. 사복음서의 마지막 부분에서 사람들이 주님께 한 일들을 읽고서도 어떻게 불신앙이 순전한 편견의 문제임을 모를 수 있는지, 저는 이해가 되지 않습니다. 그렇습니다. 거기 기록된 모든 일이 극도의 불합리함과 적의와 격렬함^{vehemence}을 보여주고 있습니다. 대제사장과 서기관들이 주님을 고소하는 장면에도 같은 말이 사용되고 있습니다. "힘써^{vehemently} 고발하더라"$^{눅\ 23:10}$. 물론 불신앙은 항상 편견을 능가합니다. 불신앙은 단순히 메시지를 받아들이지 않는 데 그치지 않고, 메시지를 박해하며 금지하기로 결단하는 자리까지 나아갑니다. 이들이 한 일이 바로 그것이었습니다. 이들은 메시지를 금지할 권력을 가지고 있었고, 그 권력을 행사했습니다.

전 시대에 걸친 교회 역사를 읽어 보면, 이런 박해가 늘 반복되어 왔음을 알 수 있습니다. 박해의 이야기가 교회사의 한쪽 면 전체를 차지하고 있습니다. 우리는 소박하고 신실한 하나님의 백성들을 박해하며, 자신들의 모든 권력을 동원해 그들을 침묵시키고 진멸함으로써 완전히 제거하고자 했던 군주 및 권력자들의 이야기와 자주 마주치게 됩니다. 그것은 불합리하고 맹목적인 편견이 불러온 결과였습니다.

그러나 누군가는 이렇게 말할 것입니다. "좋습니다. 하지만 그것은 다 옛날이야기지요. 요즘 그런 일이 어디 있습니까?"

정말 그런 일이 없을까요? 저는 요즘도 그런 박해가 많이 일어나고 있다고 생각합니다. 교회 밖에 있는 일반인들 사이에서뿐 아니라 최고의 학구적인 집단에서도 그렇습니다. 몇 달 전에 한 미국 과학자의 글을 읽었는데, 그는 과학선생으로서 진화론을 믿지 않는다는 입장을 밝혔습니다. 그리고 자기처럼 진화론을 수용하지 않지만, 감히 그런 입장을 밝히지 못하는 교수나 강사들이 여러 대학에 많이 있다고 덧붙였습니다. 왜 밝히지 못합니까? 그랬다가는 기득권층의 반발과 편견에 부딪쳐 승진 길이 막힐 것이 뻔하기 때문입니다. 그들의 학문적인 자질이 얼마나 뛰어난가, 그들의 업적이 얼마나 탁월한가, 그들이 가르친 학생들의 성취가 얼마나 인상적인가는 고려의 대상이 되지 못합니다. 진화론이라는 표어에 동의하지 않는다는 것이 알려지면, 단순히 그 이유만으로 주어지는 불이익을 감수해야 합니다. 그러므로 널리 퍼져 있는 이 지배적인 이론에 반대하는 것은 고사하고, 이의나 의혹만 제기하는 데에도 특별한 용기가 필요합니다.

오늘날에도 많은 참된 그리스도인들이 이런 식의 박해를 겪고 있습니다. 제가 아는 사람들 중에도 그런 이들이 많이 있습니다. 저는 그리스도인이라는 이유로 정치권에서 중직을 얻지 못한 사람들을 알고 있습니다. 제가 아주 잘 알고 지내는 교사 한 사람은 정치계에서 지도적인 역할을 맡고 있었는데, 그리스도인이 되면서 요주의 인물이 되고 말았습니다. 실세들은 별다른 이유 없이, 단지 그리스도인이라는 이유만으로 교육부 산하 학교들 중 가장 작고 별 볼일 없는 학교에 그를 묶어 버렸습니다. 저는 이와 똑같은 영이 작용한 사례들을 얼마든지 더 제시할 수 있습니다. 상황을 불문하고 드러나는 선입견과 편견, 권위의 주장과 권력 행사, 기독교에 대한 적의, 기독교를 저지하려는 결단 등과 관련된 예를 얼마든지 더 제시할 수 있습니다.

이것이 불신앙의 영의 실상입니다. 물론 불신앙의 영이 개방적으로 보일 때도 있습니다. 불신앙의 영은 자유사상과 자유사상가에 대해 이야기하기 때문입니다. 복음을 거부하는 사람들은 자유사상가이고, 우리 같은 그리스도인들은 편향된 사람들이라는 것이 그들의 주장입니다. 우리는 예로부터 물려받은 천편일률적인 전통에 사로잡혀 있는 사람들이지만, 자신들은 개방적이고 공평하며 냉정하고 과학적인 관점을 가지고 있는 사람들이라는 것입니다. 이런 표현밖에 할 수 없어 유감이지만, 그 주장에 대해 해줄 수 있는 말은 한 가지뿐입니다. 그것은 거짓말입니다. 과학계에도 다른 집단에 있는 것과 동일한 적개심과 편견과 선입견이 있습니다. 편견과 박해는 불신앙의 영을 규정하는 조건으로서, 수준이 낮은 집단과 높은 집단, 지성인과 비지성인을 가리지 않고 나타납니다.

이보다 훨씬 더 중요한 특징이 있습니다. 그것은 불신앙의 불합리성입니다. 제가 이 점을 확실히 하려는 것은, 오늘날 비그리스도인들이 자신들은 이성을 사용하기 때문에 기독교를 믿지 않는다고 이야기하기 때문입니다. 그들의 눈에 비친 그리스도인들은 기껏해야 비지성적인 감상주의자들로, 찬송이나 흥얼거리며 삶의 현실을 회피하려 드는 사람들입니다. 그러나 저는 복음을 거부하는 것이야말로 세상 그 어떤 일보다 불합리한 일임을 밝히고자 합니다. 14절을 택한 것은 바로 이런 이유 때문입니다. "또 병 나은 사람이 그들과 함께 서 있는 것을 보고 비난할 말이 없는지라." 그러면서도 그들은 온갖 비난의 말을 퍼부었습니다! 그들은 비난할 말이 없었습니다. 그런데도 비난했습니다. 불신앙은 이런 것입니다. 불합리하기 짝이 없는 것입니다.

이것은 아주 중요한 점입니다. 복음을 거부하는 사람들은 어떤 견해를 거부하는 것이 아니라 사실을 거부하는 것입니다. 사람들은 이 점을 자주 잊어버립니다. 그래서 복음을 받아들일 수도 있고 거부할 수도 있는 하나의 관점으로 치부할 때가 많이 있습니다. 그러나 제가 계속 지적하려고 하는 바는, 신약성경을 다룬다는 것은 "보고 들은 것", 곧 사실을 다루는 일이라는 점입니다.

성경은 역사라는 것을 깨달은 사람은 불신앙이 전적으로 불합리하다는 것을 금세 깨닫게 됩니다. 14절은 그 점을 아주 극적으로 표현해 주고 있습니다. "또 병 나은 사람이 그들과 함께 서 있는 것을 보고 비난할 말이 없는지라." 만약 비난할 말이 있었다면 주저 없이 비난했을 것입니다. 앉은뱅이를 다시 주저앉힐 수만 있었다면 그렇게 했을 것입니다. 그러나 그 불쌍한 사람은 완전히 회복되었습니다. 그들은 그 사실을 부인할 수 없었습니다. 사실이라는 것이 얼마나 무섭습니까? 철학과 이론과 사상을 다룰 때에는 어떻게 반응하든 아무 상관이 없습니다. 언제까지나 논쟁만 계속해도 괜찮습니다. 그러나 사실은 부인하려야 부인할 수 없는 엄연한 것입니다. 이들 앞에는 그런 사실이 버티고 서 있었습니다. 그들은 더 이상 앞으로 나아갈 수가 없었습니다. 그래서 사도들의 입을 틀어막고자 애를 쓴 것입니다.

누가 이것을 이성적인 과정이라고 주장할 수 있겠습니까? 누가 이 산헤드린 공회원들이 합리적으로 행동했다고 말할 수 있겠습니까? 이들이 보여준 태도가 사실을 차분하고 공정하게 고려한 태도였다고 말할 수 있습니까? 오히려 정반대라고 해야 할 것입니다. 그 점은 본인들도 인정하지 않을 수 없었습니다. 바로 이런 것이 불신앙의 행동방식입니다.

이것을 달리 표현해 보겠습니다. 혹시 여러분은 다음과 같은 질문을 던짐으로 불신앙의 불합리성에 접근해 본 적이 있습니까? "이 메시지를 반박할 합리적인 근거가 있는가? 주 예수 그리스도의 인격을 반박할 합리적인 근거가 있는가? 그를 반대할 내용이 조금이라도 있는가?" 이 사람을 보십시오. 팔레스타인의 목수로 일했던 이 청년을 보십시오. 서른 살이 되면서부터 설교하기 시작한 이 사람을 보십시오. 다른 사람들이 그랬듯이 그에게 가까이 다가가 보십시오. 그를 따라가 그의 눈을 들여다보십시오. 무슨 반대할 것이 있습니까? 무슨 결함이 있습니까? 무슨 잘못이 있습니까? 그가 세상에 오신 것은 오히려 그런 것들을 없애고 멸하기 위해서가 아니었습니까? 그는 사람들의 병을 고쳐 주고, 의지할 데 없는 자들과 이야기하며, 세리나 죄인들과 함께 앉아서 먹고 마시는 데 모든 시간을 보내셨습니다. 성경의 기록을 읽어 보십시오. 그리고 이성의 이름으로 말해 보십시오. 그를 반대할 것이 있습니까? 지금도 여전히 전 세계를 다스리고 계시는 이 독특한 인격을 보십시오. 설사 전 세계가 들고일어나 그를 거부한다고 해도 그를 제거할 수는 없습니다. 그를 보십시오. 주 예수 그리스도를 반대한다는 것이 도대체 가능한 일입니까? 이성적으로 생각할 때 도대체 무엇 때문에 그를 반대하는지 말해 보십시오.

그다음으로 생각할 것은 그의 가르침입니다. 이른바 산상설교를 읽어 보십시오. 반대할 것이 있습니까? "심령이 가난한 자"가 되라는 설교에 무슨 잘못이 있습니까? 모든 사람의 심령이 가난해지기만 한다면 국제 간에 그 어떤 문제도 발생하지 않을 것입니다. "화평하게 하는 자는 복이 있나니", "애통하는 자는 복이 있나니", "의에 주리고 목마른 자는 복이 있나니"라는 가르침에 무슨 잘못이 있습니까? 말해 보십시오! 만약 여러분이 이성적인 사람이기 때문에 복음을 거부한다면, 저도 같은 이성을 내세워 묻겠습니다. 산상설교에 불합리한 부분이 있습니까? 처음부터 끝까지 다 읽어 보십시오. 살인과 간음과 구제의 문제를 어떻게 다루고 있는지 읽어 보십시오. 무슨 반대할 것이 있습니까? 청컨대 여러분의 이성을 사용해 대답해 보십시오.

그다음으로는 구약성경으로 돌아가 십계명을 읽어 보시기 바랍니다. 거기에 무슨 잘못이 있습니까? "살인하지 말라", "도둑질하지 말라"는 계명에 반대하겠습니까? "간음하지 말라"는 계명에 합리적으로 반대할 근거가 있습니까? 거기에 무슨 잘못이 있습니까? 그런 내용을 믿고 실천하는 것이 불합리한 일이라고 생각합니까? 남에 대해 거짓 증거하지 말라는 계명에 무슨 잘못이 있습니까? 이웃의 아내와 재산을 탐내지 말라는 계명에 무슨 잘못이 있습니까? 이성의 이름으로 대답해 보십시오. 거기에 무슨 잘못이 있습니까?

전 세계와 각 개인이 십계명과 산상설교의 명령대로 살기만 한다면 곧바로 낙원이 될 수 있다는 것을 깨닫지 못하겠습니까? 그렇게만 되면 수에즈 서쪽에 군대를 주둔시키느냐 마느냐, 폭탄을 만드느냐

마느냐를 놓고 논쟁할 필요도 없을 것입니다. 이 가르침을 거부하는 것이야말로 이성에 반하는 행동이라는 것을 정말 모르겠습니까?

그다음으로는 복음의 핵심인 구원의 위대한 메시지를 숙고해 보시기 바랍니다. 죄에 빠져 온갖 화를 자초한 인간을 하나님이 불쌍히 여기셨다는 말씀이 여기 있습니다. 그의 사랑은 독생자를 세상에 보내실 정도로 큰 것이었습니다. 성경은 말합니다. "하나님이 세상을 이처럼 사랑하사 독생자를 주셨으니 이는 그를 믿는 자마다 멸망하지 않고 영생을 얻게 하려 하심이라"요 3:16. 이 메시지는 세상이 교만하게 하나님을 반역하여 그를 배반함으로써 온갖 화를 자초했음에도, 하나님이 독생자를 세상에 보내셨다고 말하고 있습니다. 선지자들만 보내신 것이 아닙니다. 영원한 세계의 순수한 복을 누리며 하늘 왕국에 계시던 하나밖에 없는 아들까지 보내셨습니다. 하나님은 아들에게 자신을 낮추어 인간으로 태어날 것을 명하셨고, 처녀의 태에서 태어날 것을 명하셨습니다. 그 명령 앞에 아들은 "내가 여기 있나이다. 나를 보내소서"라고 대답했습니다. 그리하여 "자기를 낮추시고" "종의 형체를" 가지셨습니다빌 2:8, 7. 그는 자기를 낮추고 또 낮추셨습니다.

하나님은 아들에게 사람들을 구원하고 해방시켜서 새 인류를 시작하라고 말씀하셨습니다. 그래서 주님이 "인자가 온 것은 잃어버린 자를 찾아 구원하려 함이니라"고 말씀하신 것이며눅 19:10, "예루살렘을 향하여 올라가기로 굳게 결심하"신 것입니다9:51. 그는 자발적으로 죽음을 향해 나아가셨습니다. 우리 한 사람 한 사람을 구원하는 유일한 길은 우리의 형벌을 대신 지는 것뿐임을 아셨기 때문입니다. 복음 메시지는 하나님의 아들이 "나를 사랑하사 나를 위하여 자기 자신을 버리"셨다고 말합니다갈 2:20. 하나님께서는 내 죄를 취하여 아들에게 얹으셨고, 내 형벌을 취하여 아들에게 지우셨습니다.

이것이 이 메시지의 내용입니다. 그는 죄도 없고 흠도 없는 하나님의 아들이었습니다. 비난할 거리가 전혀 없는 분이었습니다. 당국자들조차 그를 고소할 증거가 조금도 없다는 사실을 인정하지 않을 수 없었습니다. 그럼에도 그가 기꺼이 십자가에 달려 내 죄의 형벌을 담당하심으로써, 나는 죄사함을 받고 하나님과 화해할 수 있었습니다. 하나님의 자녀가 될 수 있었고, 영원한 복을 상속할 상속자가 될 수 있었습니다. 이 메시지는 바로 이것을 이야기하고 있습니다. 그러므로 이 메시지에 반대하는 것은 하나님의 사랑, "너무나 놀랍고 신성한" 사랑, "자기 아들을 아끼지 아니하시고 우리 모든 사람을 위하여 내주신"롬 8:32 사랑에 반대하는 것입니다. 이성적으로 한번 생각해 보십시오. 도대체 무엇 때문에 이런 사랑에 반대하는 것입니까?

이성 때문입니까? 불신앙은 오히려 이성과 정반대되는 자리에 있습니다. 여러분은 그 점을 확실히 인정해야 합니다. "네가 할 일은 아무것도 없다. 그저 이 메시지를 믿기만 하면 하나님께서 즉시 용서하시고 받아주실 것이다"라는 이 위대한 메시지를 생각하면 더욱 그렇습니다. 여러분은 가서 금식하고 땀 흘리며 기도할 필요가 없습니다. 구원은 하나님이 거저 주시는 선물이자 전적인 은혜로 주시는 선물입니다. 지금 여러분의 모습처럼 아무 준비가 되어 있지 않아도, 아무 수고를 하지 않아도 얻을 수 있는 선물입니다. 그러니 그냥 빈손으로 나아오십시오. 지금 있는 모습 그대로도 용서받고, 깨끗해지고, 새로워지고, 새사람이 될 수 있습니다. 결코 사라지지 않을 복된 소망을 얻을 수 있습니다. 그런데도 이성을 내세워 이 메시지에 반대하겠습니까?

다음으로, 이 메시지를 믿고 받아들이고 난 후의 결과에 대해 생각해 보십시오. 이 메시지가 각 개인에게 어떤 영향을 끼쳤는지 보십시오. 성경에 등장하는 인물들, 전 시대에 걸쳐 교회사에 등장하는 인물들을 보십시오. 그들의 인격에 얼마나 큰 개혁이 일어났습니까! 난폭하고 비열하며 개선의 여지 또한 전혀 없었던 사람들이 한순간에 바뀌어 버렸습니다. 자기들을 넘어뜨리던 온갖 것에서 해방되어 행복과 기쁨으로 충만해졌습니다. 이것은 교회사 전체에서 가장 놀랍고 낭만적인 이야기입니다. 감사하게도 저는 이런 일을 목격하는 특권을 자주 누릴 수 있었습니다. 제가 아는 사람들 중에는 살인만 저지르지 않았다뿐이지 가망 없는 주정뱅이에, 아내를 구타하는 남편에, 간음을 저지른 사람에 이르기까지 죄의 종으로 살던 이들이 많이 있습니다. 그런데 지금 그들은 훌륭한 신사이자 성도로 살고 있습니다. 무엇이 이들을 이렇게 바꾸어 놓았을까요? 보호감찰관입니까? 아닙니다. 그들은 전에도 수년간 보호감찰관의 관리를 받았습니다. 그렇다면 심리치료입니까? 아니, 심리치료는 그들의 마음을 조금도 움직이지 못했습니다. 아내와 자식, 장인, 장모, 아버지와 형제자매들, 그 누구의 호소도 그들의 마음을 움직이지 못했습니다. 이 일을 해낸 것은 바로 이 메시지입니다. 이 메시지가 그들을 완전히 바꾸어 놓았습니다. 하나님 나라뿐 아니라 이 세상 나라에서도 고귀한 시민으로 살도록 완전히 바꾸어 놓았습니다.

이 위대한 이야기-사람을 구원하여 변화시키고 자유롭게 하는 복음의 능력-에 담겨 있는 내용은 다음과 같은 것입니다.

내 죄의 권세 깨뜨려
그 결박 푸시고
이 추한 맘을 피로써
곧 정케 하셨네.
-찰스 웨슬리

이것이야말로 이 시대에 가장 필요한 일 아닙니까? 우리는 술과 마약과 간음과 문란한 성행위가 몰고 온 고통스러운 결과들을 보고 있습니다. 오, 그로 인해 세상이 얼마나 큰 불행을 겪고 있습니까! 이런 죄를 짓는 사람들은 불쌍하고 무력한 희생자들입니다. 이런 죄에서 자유로워질 수만 있다면 뭐라도 내놓겠다는 사람들이 많지만, 무엇을 내놓아도 자유를 얻을 수는 없습니다. 그런데 여기 해방의 메시지가 주어져 있습니다. 앉은뱅이가 건강하게 서 있는 이 모습을 보십시오! 각기 다른 시대에 살았던 성도들도 여러분의 눈앞에 서 있습니다. 그런데도 복음을 거부하는 사람은 증거를 번연히 눈앞에 두고서 거부하는 것입니다.

그다음으로 살펴볼 것은 교회의 역사입니다. 교회가 어떻게 존속해 왔습니까? 과거 부흥의 이야기들을 그냥 무시하고 넘겨 버릴 수 있습니까? 결코 그럴 수 없습니다. 여러분은 교회의 존재를 달리 설명할 길이 없습니다. 만약 사람이 자기 힘으로 교회를 끝장낼 수 있었다면 진작에 그렇게 했을 것입니다. 교회는 한 세기도 채 버티지 못하고, 사도행전 앞부분에서 벌써 끝장이 났을 것입니다. 교회가 인간이 만든 기관에 불과했다면 이미 오래전에 없어져 버렸을 것입니다. 그러나 이러한 권력자들과 군왕들과 교의회와 교황과 주교와 대주교의 박해에도 불구하고 교회는 존속되어 왔습니다. 그들의 온갖 악의와 권력과 증오에도 불구하고 교회는 존속되어 왔습니다. 왜 그렇습니까? 하나님이 그 안에서 활동하고 계셨기 때문입니다. 그것이 오직 한 가지 적절한 대답이자 여러분이 회피하고 싶어하는 대답입니다.

그다음으로는 교회가 세상에 해온 일들을 생각해 보십시오. 저는 지금 사실만을 이야기하고 있습니다. 정직하고 냉정한 역사가라면 교회가 여태껏 세상에 등장했던 그 어떤 것보다 큰 문명화 세력으로서 세상의 은인 역할을 해왔다는 사실을 인정하리라고 생각합니다. 오늘날 우리는 이 나라의 교육제도와 그 모든 장점에 큰 자부심과 감사를 느끼고 있습니다. 그러나 빈민교육을 누가 시작했는지 아십니까? 그리스도인들입니다! 교회입니다! 병원도 보십시오. 아픈 사람, 특히 아프고 가난한 사람들을 누가 처음 치료해 주었습니까? 답은 동일합니다. 교회가 치료해 주었습니다. 런던에서 가장 오래된 병원인 성 바솔로뮤 병원은 8세기 전 한 수도사의 손에 세워진 것입니다. 또 구빈법은 누가 시작했습니까? 역시 교회가 시작했습니다!

이것이 그토록 똑똑하다고 믿는 이들이 거부하고 있는 대상의 실체입니다. 그들은 왜 사실을 직면하지 않습니까? 교회의 업적에 필적할 만한 것은 아무것도 없습니다. 교회의 성도들이 세상의 가장 큰 은인으로 우뚝 서 있다는 사실에는 의문의 여지가 없습니다.

따라서 저는 이 메시지를 거부하는 것이야말로 지극히 불합리한 일임을 거듭 강조하는 바입니다. 아무도 이처럼 복된 인격을 반박할 수 없습니다. 그의 행하심과 가르침, 그가 세운 백성과 교회를 반박할 수 없습니다. 그런데도 왜 이것을 인정하지 않습니까? 여러분은 불합리합니다. 사실을 회피하고 있습니다. 맹목적인 편견에만 의존하고 있습니다.

저는 여기에서 한 걸음 더 나아가 불신앙이 파탄 상태에 빠져 있음을 보여드리고자 합니다. 제가 '파탄'이라는 말을 쓴 것은 불신앙이 전적으로 부정적인 것임을 나타내기 위해서입니다. 지금 산헤드린이 보여주고 있는 태도보다, 또 주님을 십자가에 못박을 때 백성들이 보여주었던 태도보다 더 부정적인 태도를 본 적이 있습니까? 그들은 "아니!"라는 말밖에 할 줄 몰랐습니다. 그들은 어떤 것에도 "아니, 아니!"를 외치는 일종의 영적인 몰로토프 Vyacheslav Mikhaylovich Molotov였습니다.¹ 유대 관리들은 앉은뱅이에게 일어난 기적을 설명할 수 없었습니다. 자신들로서는 이해할 수 없는 일이라는 점을 인정하지 않을 수 없었습니다. 그래서 당혹하고 당황했습니다. 그러면서도 이 일의 근원이 된 메시지에 저항했고, 이 일을 일으킨 능력에 저항했습니다.

이 부정적인 태도의 한심한 본질을 보여주는 또 다른 측면은 다음과 같은 것입니다. 만약 관리들이 앉은뱅이 같은 사람에게 무언가를 해줄 능력이 있었다면, 즉 이것이 다른 경쟁자의 도전에 대응하는 문제였다면 그래도 무언가 변명의 여지가 있었을 것입니다. 여러분도 종종 그런 입장에 처하지 않습니까? 이를테면 두 동료가 같은 문제를 처리할 수 있는 각기 다른 물건을 내놓는 식으로 말입니다. 좋습니다. 그것은 공정한 경쟁입니다. 두 사람이 같은 종류의 일을 할 수도 있습니다. 그러나 이것은 그런 상황과 전혀 다른 것이었습니다. 당국자들은 앉은뱅이에게 아무것도 해줄 수가 없었습니다. 마흔이 넘은 앉은뱅이는 거의 태어나면서부터 그 자리에 앉아 있었습니다. 사람들은 그를 미문에 메어다 놓은 채 무력하게 방치해 두었습니다. 산헤드린

---

1 냉전시대 때 서방의 발의를 방해했던 것으로 알려진 구소련의 정치가·외교관 (1890-1986).

은 권위자들이나 책에서 인용한 문구들, 온갖 율법 지식으로 그를 도울 수 없었습니다. 그들은 이 도덕적인 문제를 해결하지 못한 채 방치해 두었습니다. 그들은 이해할 수도 없었고, 달리 할 수 있는 일도 없었습니다. 그러면서도 그들이 이 메시지를 거부한 것은 전적으로 부정적인 태도가 아닐 수 없습니다.

이처럼 불신앙은 불합리할 뿐 아니라 순전한 파탄 상태를 심각하게 내보이고 있습니다. 제사장들과 서기관들은 믿지 않겠다는 부정적인 독단론을 계속 반복하는 것 외에는 할 수 있는 일이 하나도 없었습니다. 그들은 가진 것이 하나도 없었으면서도 이 메시지를 받아들이지 않았습니다. 주님은 그들의 실상에 대해 이렇게 말씀하십니다. "너희는 천국 문을 사람들 앞에서 닫고 너희도 들어가지 않고 들어가려 하는 자도 들어가지 못하게 하는도다"마 23:13. 여러분은 이런 사람들을 뭐라고 부르겠습니까? 이런 사람들을 변호해 줄 말을 찾을 수 있겠습니까?

이것은 지금도 여전히 복음을 거부하고 있는 사람들이 취하고 있는 태도이기도 합니다. 이것은 순전히 부정적인 독단론에 기초하고 있습니다. 사도행전에 나오는 이 사람들의 말에서도 그 독단적인 목소리가 들리지 않습니까? "또 병 나은 사람이 그들과 함께 서 있는 것을 보고 비난할 말이 없는지라. 명하여 공회에서 나가라 하고"-베드로와 요한과 치유받은 앉은뱅이 앞에서 바보가 되고 싶지 않았던 것입니다-"서로 의논하여 이르되 이 사람들을 어떻게 할까. 그들로 말미암아 유명한 표적 나타난 것이 예루살렘에 사는 모든 사람에게 알려졌으니 우리도 부인할 수 없는지라." 그럼에도 불구하고 그들은 이 메시지를 저지하고 싶었습니다. 그러나 어떻게 저지하겠습니까? 그들은 그것이 마음에 들지 않는다, 그것을 믿지 않는다, 그것을 묵인하지 않겠다는 말만 독단적으로 반복하려 했습니다.

저는 현대에 출간된 책을 읽다가 이런 태도를 저의 바람보다 훨씬 더 잘 표현해 놓은 구절을 발견했습니다. 그것은 퍼가몬 출판사가 출간한 세계적 특수 연구서 시리즈 가운데 『진화의 암시』[2]라는 아주 학문적인 책에 나오는 구절입니다. 이 책을 집필할 당시, 저자는 사우샘프턴 대학 생리생화학과에 재직중이었습니다. 그는 스스로 그리스도인이라고 말하고 있지 않으며, 사실 그를 그리스도인으로 볼 만한 다른 근거도 없습니다. 그가 쓴 책은 순수한 과학서적입니다. 한때 그 계통의 공부를 했고 당시에는 그럭저럭 공부를 따라갈 수 있었던 저도 이해하지 못하고 넘어간 부분이 많을 정도로 전문적인 책입니다. 제가 지금 인용하려는 구절은 결론 부분에 나오는 구절입니다. 저자는 이렇게 말하고 있습니다.

> 진화를 다루는 현대 저자들 중 많은 이가 일종의 계시를 통해 자기 관점을 형성한 것은 아닐까 의심될 때가 가끔 있다. 그들은 "생명체는 가장 간단한 형태에서 복잡한 형태로 진화한다"는 생각, 오로지 종의 진화와 같은 종 내에서 이루어지는 진화의 성질에만 자기 견해의 토대를 두고 있는 것이다. 이런 유형의 진화를 통해서도 현재 일어나고 있는 현상들 중 많은 것을 설명할 수는 있지만, 아직 발견되지 않은 미지의 체계도 이미 발견된 체계만큼 많을 수 있으며 실제로 그럴 개연성이 크다. [이제 나오는 말을 잘 들어 보십시오.] 따라서 동물의 왕국을 구성하고 있는 주요 분파들의 진화 양상에 대해 독단적인 주장을 펴는 것은, 우리 입장에서 볼 때 오만하다고까지는 말할 수 없어도 적어도 조급한 짓이라 해야 할 것이다.

한 과학자가 다른 과학자들을 독단론과 오만에 빠졌다고 비난하고 있는 것입니다. 그런데도 오늘날 대부분의 사람들은 과학과 진화론이 기독교를 송두리째 뒤엎었다는 것을 이유로 그리스도인이 되기를 거부하고 있습니다. 다윈의 등장 이후 그리스도인들은 바보 취급을 받

---

[2] G. A. Kerkut, *Implications of Evolution*, Oxford: Pergamon Press, 1960; 1965년 재판.

아 왔습니다. 그러나 우리는 이 책에서 그에 대한 한 과학자의 답변을 들을 수 있습니다.

그는 다음과 같은 말로 결론을 짓고 있습니다.

그 해답을 찾아줄 수 있는 것은 진화론의 자리를 충분히 대신할 만한 것은 아무것도 없으므로 일반적인 진화론은 틀림없이 정확하다는 독단적인 주장이 아니라 미래의 실험작업이다.

이처럼 진화론은 입증된 사실이 아니라 하나의 이론에 불과한데도 사람들은 마치 진화론이 전부인 양 전면에 내세우고 있습니다. 창세기의 창조기록이 사실이 아님을 입증할 수 있는 사람은 아무도 없습니다. 그런데도 진화론이 절대 옳고 기독교는 무슨 일이 있어도 믿어서는 안된다는 독단적인 주장을 펴고 있는 것입니다. 이것은 예전에 산헤드린이 취했던 태도와 똑같은 것입니다. 이것은 사실을 직면하지 않는 불합리하고 부정적인 태도이며, 사소한 특정 이론을 완강하게 고수하는 태도입니다.

마지막으로, 이 모든 것은 회복이 불가능할 정도로 심각한 일이라는 점을 생각하시기 바랍니다. 불신앙은 다름 아닌 하나님께 대항하는 것입니다. 베드로도 그 점을 경고했습니다. "당신들이 지금 상대하고 있는 대상은 우리가 아닙니다. 나나 내 동료는 일개 범인일 뿐입니다. 우리는 어부에 불과합니다. 우리는 학교 문턱에도 가본 적이 없는 사람들입니다. 우리는 당신들 수준에 맞추어 논쟁할 수가 없습니다. 당신들 말대로 우리는 '학문 없는 범인'들입니다. 그러나 문제는 우리가 아닙니다. 이 사람을 고친 장본인은 우리가 아닙니다. 우리가 어떻게 그런 일을 하겠습니까? 우리에게는 타고난 능력도, 선함도 없습니다. 당신들이 지금 하고 있는 것이 무엇인지 정말 모르겠습니까? 당신들은 지금 우리를 상대하고 있는 것이 아니라 하나님을 상대하고 있는 것입니다. 하나님 앞에서 당신들 말 듣는 것이 하나님 말씀 듣는 것보다 옳은가 판단하십시오."

제가 볼 때 이것은 불신앙을 정말 무서운 일로 만드는 말입니다. 여러분이 믿지 않는 것은, 단순히 제 말을 거부하거나 교회의 증거와 증인들의 말을 거부하는 데 그치는 일이 아닙니다. 여러분은 하늘의 주와 대결하고 있는 것입니다. 성육신하신 하나님의 아들, 영원하신 하나님의 아들, 영원한 곳에서 육신으로 오신 말씀이라는 표현이 아니라면 도대체 무슨 말로 나사렛 예수를 설명할 수 있겠습니까? 예수와 그의 메시지를 거부하는 것은 곧 하나님을 거부하는 일이며, 여러분을 만든 창조자를 거부하는 일이고, 영원한 심판대에서 만날 분을 거부하는 일입니다.

만약 죽음으로 모든 것이 끝난다면 저도 이렇게 설교하지 않을 것입니다. 그러나 저는 죽음으로 모든 것이 끝나지 않는다는 것, 죽음 이후에 심판이 있다는 것을 알고 있습니다. 하나님이 심판관이 되실 것입니다. 세상을 이토록 사랑하여 독생자를 주신 하나님, 우리 죄를 아들에게 지우시고 우리 때문에 아들을 죽이신 하나님이 심판관이 되실 것입니다. 그는 여러분에게 빠져나올 길을 주셨습니다. 거기에 어떻게 반응하느냐에 여러분의 영원한 운명 전체가 달려 있습니다. 처음부터 말씀드렸듯이, 이것은 일시적인 영향만 끼칠 결단이 아닙니다. 영원을 결정지을 결단입니다.

그러므로 이렇게 물어보겠습니다. 우리는 오늘 말씀에 나온 일을 어떻게 설명할 수 있습니까? 사람들이 이처럼 불합리하기 짝이 없는 방식으로 행동하는 이유가 무엇입니까? 지적이고 유능하다는 사람들이 어쩌면 이렇게 사실을 직면하지 않고 부정적인 독단론만 계속 주장할 수 있습니까? 이에 대한 설명은 단 한 가지로서, 이미 자세히 살펴본 바 있습니다. 그 설명은 성경에 나옵니다. 최초의 남자와 여자가 하나님께 불순종하고 반역하여 타락했을 때 인간은 왜곡되었습니다. 인간이 가진 모든 기능이 타락의 영향을 받았습니다. 가장 큰 비극은 인간이 더 이상 올바로 사고할 수 없게 되었다는 것입니다. 인간은 마귀의 노예가 되었으며, 정욕과 감정과 욕망의 노예가 되었습니다. 바울은 말합니다. "만일 우리의 복음이 가리었으면 망하는 자들에게 가리어진 것이라. 그중에 이 세상의 신이 믿지 아니하는 자들의 마음을 혼미하게 하여 그리스도의 영광의 복음의 광채가 비치지 못하게 함이니 그리스도는 하나님의 형상이니라"고후 4:3-4. 이것이야말로 무엇보다 무서운 일입니다.

이런 피조물에게 과연 희망이 있겠습니까? 아, 이 오래된 복음에 여전히 희망이 있습니다. 여러분이 하나님을 거부하고 교만하게 무시해 버렸음에도 불구하고, 그분께 돌아가기만 하면 기꺼이 받아 주실 것입니다. 이 호소를 베드로와 요한의 말로 표현해 보겠습니다. 산헤드린이 "설교하지 말라"고 했을 때 그들은 대답했습니다. "하나님 앞에서 너희의 말을 듣는 것이 하나님의 말씀을 듣는 것보다 옳은가 판단하라." 다른 성경은 다음과 같이 번역해 놓았는데, 저는 이 번역을 더 좋아합니다. "하나님 앞에서 너희 말 듣는 것이 하나님 말씀 듣는 것보다 옳은지 너희가 결단을 내려라. 그러나 그런 결단을 내린 이유에 대해 우리가 아니라 그분께 답변해야 할 것이다." 또 다른 번역은 이렇습니다. "너희 스스로 판단하라. 그리고 그 결단의 결과를 감수하라."

베드로는 말했습니다. "우리는 하나님께 순종해야 합니다. 우리는 감히 순종하지 않을 수가 없습니다. 우리가 가진 메시지는 우리 마음을 기쁨으로 가득 채웠으며 우리를 변화시켰습니다. 우리는 복음이 다른 사람들에게도 같은 일을 할 수 있음을 알고 있습니다. 우리는 결단했고, 그 결단의 결과를 감수할 준비가 되어 있습니다. 그 결단의 결과가 죽음이라면, 좋습니다, 우리는 죽을 준비가 되어 있습니다. 그러나 우리는 이 메시지를 계속 전할 것입니다. 우리는 도저히 입을 다물 수 없습니다. 여러분도 스스로 판단하고 그 결단의 결과를 감수하십시오."

이제 하나님의 이름으로 말씀드립니다. 지금 여러분 앞에는 한때 앉은뱅이였던 사람이 건강한 몸으로 서 있습니다. 이것은 명백한 사실입니다. 저는 여러분에게 사실을 이야기했습니다. 제 발로 서 있는 이 사람을 보십시오. 이 사람을 제 발로 서게 만든 또 다른 사람들을 보십시오. 베드로와 요한을 보십시오. 그리고 여러분 스스로 판단하십시오. 여러분이 내린 결단의 결과를 기억하십시오. 복음을 거부하면 당장 내일 아침 휴게실이나 술집이나 사무실이나 직장에서 인기를 얻을 수 있을 것입니다. 그러나 그 사람들은 여러분의 심판관이 아닙니다. 하나님이 여러분의 심판관입니다. 여러분은 그분 앞에서 결단의 이유를 제시해야 합니다.

그렇게 거부하는 길을 택하지 말고 사실을 믿으십시오. 이 일을 행하신 분을 믿으십시오. 그분께 자신을 드리십시오. 세상은 여러분을 비웃고 조롱하며 불쌍히 여길지도 모릅니다. 그러나 상관없습니다. 여러분은 "사망에서 생명으로 옮겼"습니다^{요 5:24}. 이제는 삶을 두려워할 필요가 없습니다. 죽음도 두려워할 필요가 없습니다. 심판도 두려워할 필요가 없습니다. 여러분은 하나님의 자녀요 영원한 복을 물려받을 상속자가 될 것입니다. 베드로와 요한처럼 영광으로 나아가는 삶, 나를 사랑하여 자기 몸을 내주신 복되신 하나님의 아들을 찬양하는 삶을 살고 싶어질 것입니다. 지금 판단하십시오!

09

하나님을 아는 지식

사도들이 놓이매 그 동료에게 가서 제사장들과 장로들의 말을 다 알리니 그들이 듣고 한마음으로 하나님께 소리를 높여 이르되 대주재여, 천지와 바다와 그 가운데 만물을 지은 이시요.

사도행전 4:23-24

이 구절은 앞의 두 본문에서 살펴본 사건에 이어 나오는 것입니다. 베드로와 요한은 유대인의 대법정인 산헤드린 앞에서 심문을 받았습니다. 그들이 재판에 회부된 것은 앉은뱅이를 고치는 기적을 행했기 때문이기도 하지만, 그보다는 그들의 설교 탓이 컸을 것입니다. 이미 살펴본 대로 그들은 법정에서 자신들의 입장을 주장했고, 아주 담대하게 자신들의 메시지를 피력했습니다. 그들은 평범한 어부에다 배우지 못한 무식한 사람들이었지만, 대산헤드린 앞에서도 전혀 주눅들거나 겁먹지 않고 "하나님 앞에서 너희의 말을 듣는 것이 하나님의 말씀을 듣는 것보다 옳은가 판단하라. 우리는 보고 들은 것을 말하지 아니할 수 없다"고 말했습니다. 산헤드린은 그들을 풀어 주지 않을 수 없었습니다. 베드로와 요한은 예수의 이름으로 계속 말을 하면 다시 체포될 뿐 아니라 확실히 죽임을 당할 것이라는 대단한 협박과 엄청난 경고와 함께 풀려났습니다.

두 사람은 그렇게 풀려난 후 무엇을 했습니까? 오순절 이후에 회심하여 교회를 이룬 사람들과 다른 사도들에게 돌아갔습니다. 그들은 동료들에게 돌아가 그동안 일어난 일을 보고했습니다. 우리가 이 일에 관심을 갖는 것은 이 일 자체에 무슨 흥미나 가치가 있기 때문도 아니고, 이 일이 어쩌다 역사의 기록에 남았기 때문도 아닙니다. 우리가 이 일에 관심을 갖는 것은 이 일이 우리와 지극히 중요한 관련을 맺고 있기 때문입니다. 이미 말씀드렸듯이, 이것은 교회가 무엇인지를 알아낼 수 있는 권위 있는 설명입니다. 스스로 그리스도인이라 생각한다고 해서 실제로도 그리스도인인 것은 아닙니다. 사람들은 그리스도인의 조건에 대해 이상한 생각을 가지고 있습니다. 그렇기 때문에 오늘 말씀에 나오는 이 사람들의 말을 통해 우리의 삶을 조명하고 검토하며 스스로 검증해 볼 필요가 있습니다. 이 말씀은 교회를 검증할 수 있는 아주 철저하고도 심오한 방법을 제시하고 있습니다. 또한 우리 자신에게 적용할 필요가 있는 검증방법도 제시하고 있습니다.

그리스도인이 되겠다고 공언한 사람에게 적용할 수 있는 검증방법으로 무엇이 있다고 생각합니까? 어떤 이들은 그리스도인이 되는 일을 단순히 전통과 양육의 문제에 결부시킵니다. 이른바 기독교 국가에 태어나 교회에 다니며 예배와 주일학교에 출석하도록 양육받기만 하면 자동적으로 그리스도인이 된다고 생각하는 것입니다. 그러나 과연 그런 것이 기독교일까요? 성경은 하나도 모르면서, 성경의 가르침은 전혀 이해하지 못하면서, 자기가 그리스도인인 이유조차 제시하지 못하면서 그리스도인이 될 수 있습니까? 기독교는 정말 관습과 습관의 문제에 불과한 것입니까? 저는 지금 전통에 아무 가치가 없다는 말을 하려는 것이 아닙니다. 전통은 가치 있는 것이며, 저는 모든 좋은 전통을 주신 하나님께 감사하고 있습니다. 그럼에도 불구하고 여러분이 가진 것이 다만 전통뿐이라면, 그야말로 위태롭고 가련한 처지에 있다 하지 않을 수 없습니다. 전통만으로는 그리스도인이 될 수 없습니다.

또 어떤 이들은 일련의 정해진 신조만 고수하면 그리스도인이 된다고 생각하는 것 같습니다. 물론 그것은 중요한 일입니다. 믿는 바도 없으면서 그리스도인이 될 수는 없기 때문입니다. 그러나 신조가 곧 기독교는 아닙니다. 그런데도 그것이 기독교의 전부인 양 생각하는 사람들이 있습니다. 제가 말하고 싶은 바는, 정통 신앙이 아주 중요한 것이기는 하지만—여러분은 정통 신앙이 말하는 진리를 믿어야 합니다—그것을 지적으로만 받아들인다고 해서 곧 그리스도인이 되는 것은 아니라는 사실입니다. 머리로만 가르침을 받아들이는 경우도 있을 수 있습니다. 그러나 무미건조한 신학은 아무 가치도 없습니다. 진리를 알고 있고 머리로는 그 진리를 믿으면서도 막상 죽음 앞에서는 길을 잃고 버림받은 것같이 느끼는 사람, 의지할 것이 하나도 없는 것같이 느끼는 사람들이 있습니다. 그런 것은 기독교가 아닙니다.

너무나 비도덕적인 이 세상에서 도덕적인 가치들을 지키며 선한 삶을 사는 것이 곧 그리스도인이 되는 길이라고 생각하는 사람들도 있습니다. 그들은 "그리스도인들은 이러이러한 것들을 하지 않는다"고 말합니다. 예컨대 술을 마시지 않거나 간음하지 않거나 도박하지 않거나 담배를 피우지 않는다는 것입니다. 이것은 아주 소극적인 접근법입니다. 물론 "그리스도인이 된다는 것은 그보다 더 적극적인 일"이라고 말하는 이들도 있습니다. 그리스도인은 더 적극적으로 선행을 베풀고 동료 인간들을 도와주며 현재 인간의 상태와 삶에 관심을 가져야 한다는 것입니다. 그렇게 할 때 그리스도인이 될 수 있다는 것입니다.

더 나아가 이런 것들로는 그리스도인이 될 수 없다고 말하는 사람들도 있습니다. 그들이 내세우는 검증방법은 절정에 도달하는 극적인 체험이 있느냐 하는 것입니다. 말하자면 환상이나 불덩이를 봤느냐는 것입니다. 이런 태도는 종종 다음과 같은 말로 표현됩니다. "그리스도인을 자처하는 사람들의 삶에 무슨 변화가 일어났는가? 완전히 딴사람으로 바꾸어 놓은 체험이 있는가? 기독교의 정수는 거기에 있다."

체험 없이 진정한 그리스도인이 될 수 없다는 데에는 저도 기꺼이 동의할 준비가 되어 있습니다. 기독교는 지적으로만 해결되는 일도, 선량함으로만 해결되는 일도 아닙니다. 기독교는 생생한 산 체험입니다. 그러나 이처럼 크게 유익한 체험을 하는 이들은 그리스도인들 말고도 많이 있습니다. 때때로 심리학과 정신요법, 사교邪教나 다른 가르침들도 이런 체험을 제공해 줍니다. 따라서 체험만으로 그리스도인이 될 수는 없습니다.

그렇다면 여러분이 진짜 그리스도인인지 아닌지 어떻게 알 수 있습니까? 이것은 지극히 중요한 질문입니다. 기독교는 세상의 유일한 희망이기 때문입니다. 기독교를 검증할 수 있는 방법이 무엇이겠습니까? 우리가 지금 살펴보고 있는 이 사건이 제시하고 있는 방법이야말로 참으로 철저한 검증방법이라는 것이 저의 생각입니다. 그것은 곧 다음과 같이 질문하는 것입니다. 여러분은 자신을 시험하는 지극히 괴로운 상황에 처했을 때 어떻게 반응합니까? 인생이 평탄하게 잘 풀리고 만사가 평안한 동안에는 그럭저럭 신앙생활 잘하면서 살 수 있습니다. 그러다가 갑자기 큰 위기에 부딪치게 되면, 난생처음으로 종교가 자기에게 아무 의미도 갖지 못한다는 사실을 깨닫게 됩니다. 그럴 때 종교는 여러분에게 아무 도움도 주지 못하며 아무 가치도 갖지 못합니다. 이처럼 여러분의 눈앞에 닥친 상황, 시련과 역경, 곤란, 죽음, 우연히 닥친 일들은 여러분의 신앙고백이 진정한 것인지 검증해 주는 시금석 역할을 합니다.

이것은 다른 어떤 것보다 철저한 검증방법입니다. 지극히 정통적인 신앙을 가지고 있었으면서도 막상 어려움이 닥쳤을 때에는 그 신앙이 전혀 도움이 되지 못한다는 것을 발견하는 이들이 많이 있습니다. 여러분의 선량함이나 도덕성도 곤경에 처한 여러분을 도와주거나 지탱해 주지 못합니다. 남에게 많은 선행을 베풀었다는 사실도 여러분의 문제에 해답을 제공해 주지 못합니다. 사람들이 말하는 체험도 마찬가지입니다. 그 어느 때보다 도움이 필요한 시기가 왔을 때, 체험은 진정한 도움을 주지 못합니다.

이것은 구약성경 전체의 요약이라고도 말할 수 있습니다. 구약성경을 읽으면 참 선지자와 거짓 선지자가 크게 격돌하는 모습을 보게 됩니다. 거짓 선지자들은 항상 그럴듯한 쇼를 벌일 수 있었습니다. 그 쇼가 어찌나 그럴듯했던지, 참 선지자들보다 큰 인기를 누릴 때가 많았습니다. 그들은 사람들이 듣고 싶어하는 말을 해주었습니다. 그들의 메시지가 더 듣기 쉬웠기 때문에 사람들은 그들을 추종했습니다. 그러나 막상 시험의 때가 닥쳤을 때 거짓 선지자가 할 수 있는 일은 아무것도 없었습니다. 이 점은 열왕기상 18장에 나오는 큰 사건-엘리야의 갈멜산 대결-에 잘 요약되어 있습니다. 거짓 제사장들은 자기들 앞에 닥친 도전에 전혀 대응하지 못했습니다. 반면에 참 선지자였던 하나님의 사람 엘리야는 하나님을 의지하여 응답을 받았습니다.

사도행전에도 똑같은 이야기가 나오고 있습니다. 우리는 "어려울 때 친구가 진짜 친구"라는 말을 곧잘 합니다. 여러분의 수중에 돈이 있고 만사가 잘 풀릴 때는 간이라도 빼줄 듯이 곰살궂게 굴다가도 막상 곤경에 처했을 때는 여러분만 내버려둔 채 슬며시 도망쳐 버리는 친구는 진짜 친구가 아닙니다. 우리의 신앙고백이 진짜 가치 있는 것인지 아닌지 검증하는 궁극적인 방법은, 모든 길이 막히고 누구의 도움도 받을 수 없으며 자기 힘으로도 할 수 있는 일이 없을 때 어떻게 반응하며 행동하느냐를 살펴보는 것입니다.

그렇다면 진정한 그리스도인은 시련의 때에 어떻게 반응합니까? 오늘 말씀에 그 답이 나와 있습니다. 이 말씀은 진정한 기독교가 무엇인지를 보여주고 있습니다. 두 사도가 신자들에게 돌아가 예수의 이름으로 말하지도 말고 가르치지도 말라는 명령을 받았을 뿐만 아니라 당국자들이 교회를 제거하려는 것 같다고 말했을 때, 믿는 자들이 어떻게 반응했습니까? "그들이 듣고 한마음으로 하나님께 소리를 높여 이르되……." 그들은 기도했습니다. 이것이 궁극적인 검증방법입니다. 즉 우리의 신앙고백을 검증하는 궁극적인 방법은 우리의 기도생활이 어떠한지를 살펴보는 것입니다.

기도가 의미하는 것이 무엇입니까? 이것 역시 기본적인 질문입니다. 사람들은 기도에 대해 얼마나 막연한 말들을 많이 합니까! 사람들은 기도에 대해 얼마나 이상한 개념들을 많이 가지고 있는지 모릅니다. 바로 눈앞에 성경이 펼쳐져 있는데도 그런 생각을 할 수 있다는 것이 믿어지지 않을 정도입니다. 어떤 이들은 기도를 전적으로 자세에 관련된 문제로 보는 것 같습니다. 무릎을 꿇으면 기도하는 것이지만, 무릎을 꿇지 않으면 기도하는 것이 아니라는 식으로 말입니다. 그들은 그것-단지 자세를 어떻게 하느냐-을 기도의 본질로 생각합니다. 물론 자세도 중요합니다. 그러나 그것이 곧 기도는 아닙니다. 우리는 오랜 시간 무릎을 꿇고 있으면서 스스로 기도하고 있다고 생각합니다. 그러나 사실 머릿속으로는 온 세상을 헤집고 다니면서 온갖 상상을 다 하고 있다는 것을 하나님은 알고 계십니다. 그런 사람은 하나님은 의식하지 않은 채 자기 말만 늘어놓기 바쁩니다. 그런 것은 기도가 아닙니다.

생각 없이 말만 반복하는 것을 기도로 여기는 이들도 많습니다. 주님께서는 이 땅에 계실 때 "말을 많이 하여야 들으실 줄 생각하"는 바리새인들과 서기관들을 꾸짖으셨습니다마 6:7. 여러분은 텔레비전에서 다른 종교를 믿는 사람들이 전경기轉經器(티베트 불교에서 기도할 때 사용하는 기구로서, 속이 빈 금속 원형통에 손잡이 막대가 끼워져 있으며 그 속에 필사한 진언이 들어 있다. 손으로 바퀴를 한 번 돌릴 때마다 입으로 진언을 한 번 외운 것과 같은 효과가 난다고 믿는다-옮긴이)나 묵주를 돌리며 내용 없는 말을 생각 없이 반복하는 불쌍한 모습을 보았을 것입니다. 다시 한번 정직하게 우리 자신을 돌아봅시다. 우리도 무릎을 꿇고 주기도문으로 기도할 때 한 단어의 의미도 제대로 새기지 않은 채 주루룩 외워 버릴 때가 자주 있지 않습니까? 그것은 기도가 아닙니다. 단순히 "기도의 말을 하는 것"은 기도가 아닙니다. "기도의 말을 하기"는 쉽습니다. 기도의 말을 한다는 사람들의 본심이 어떤 것인지 짐작되지 않습니까! 얼마 전에 어떤 사람이 어딘가 방문한 이야기를 하면서 "좀 지쳐서 성당에 들어가 기도의 말을 한마디 했지요"라고 말하는 소리를 들은 적이 있습니다. 성당에 후다닥 들어가 이른바 기도의 말을 한마디 한 다음 다시 후다닥 나왔다는 것입니다. 그것이 기도입니까? 절대 아닙니다. 우리에게 좀더 익숙한 유형도 있습니다. 그 사람들이 사뭇 쉽고도 가볍게 "거기에 대해 한두 마디 기도나 해보지요"라고 말할 때 저는 깜짝 놀라지 않을 수 없습니다. 한두 마디 기도나 해보자니! 마치 짧은 전보나 한번 보내 보자는 듯한 말투 아닙니까! 그런 것은 기도가 아닙니다.

거듭 말하건대, 참된 기도를 드리는 사람은 의심하지 않습니다. 우리 모두는 곤경에 빠져 도무지 뭘 해야 좋을지 모르는 상황에서 무릎을 꿇을 때 어떤 상황이 벌어지는지 알고 있습니다. 우리는 말합니다. "기독교에 정말 뭔가 있기는 있는 걸까? 정말 기도를 듣는 분이 계시기는 한 걸까?" 그래서 무릎을 꿇은 채 떠오르는 의심과 싸우며 자기를 설득하다가 시간을 다 보내 버립니다. 그러나 그런 것은 기도가 아닙니다. 물론 그러다가 참된 기도로 나아가게 될 수도 있지만,

그 자체는 기도가 아닙니다. 그렇습니다. 의심하는 것은 참된 기도가 아닙니다.

또 어떤 이들은-다들 이런 경험을 다룬 글을 읽거나, 이들처럼 행동한 적이 있을 것입니다-기도에 대해 다음과 같은 개념을 가지고 있습니다. 여러분이 아주 절망적인 상황, 도무지 뭘 해야 좋을지 알 수 없는 상황에 빠져 있다고 합시다. 그때 갑자기 하나님 생각이 납니다. 그래서 공포와 절망으로 정신이 없는 상태에서 미친 듯이 말을 쏟아놓기 시작합니다. 일종의 시험삼아 요행을 바라면서 "누구라도 좋으니 신이 있다면"이라고 소리칩니다. 여러분은 자신이 무엇을 하고 있는지 모릅니다. 산란하고 혼란스러운 정신으로 무슨 일이든 일어나 주기를 바라면서 허공을 향해 소리칠 뿐입니다. 그런 것은 기도가 아닙니다.

그렇습니다. 오늘 말씀은 참된 기도의 모든 특징을 아주 간단하게 보여주고 있습니다. 이들은 다 죽여 없애 버리겠다는 위협, 모든 것을 끝장내 버리겠다는 위협을 받고 있었습니다. 그럼에도 불구하고 하나님을 확신하고 신뢰하는 가운데, 얼마나 침착하고 조용하며 단호하게 아뢰고 있습니까? 그들은 하나님께 아뢰었고, 조금도 의심하지 않았습니다. "그들이 듣고 한마음으로 하나님께 소리를 높여 이르되 대주재여, 천지와 바다와 그 가운데 만물을 지은 이시요." 그들은 연이어 시편 2편을 인용하면서 기도합니다. 이것이 참된 기도입니다. 그들은 단순히 무릎을 꿇고 판에 박힌 기도문구를 반복하지 않았습니다. 그들은 하나님께 아뢰었습니다. 신뢰하면서, 절대적인 확신을 가지고 아뢰었습니다.

이 점은 우리에게 아주 중요합니다. 여러분과 저는 낯선 세상, 위기의 세상, 바로 다음 순간 무슨 일이 일어날지 모르는 세상, 힘든 세상, 일시적인 세상에 살고 있습니다. 기도한다는 것이 무엇인지 아십니까? 바로 이 사람들처럼 하는 것입니다. 하나님께 아뢰는 것, 신뢰하며 아뢰는 것, 우리가 처해 있는 상황 전체를 올려 드리는 것입니다. 이것이 기독교가 하는 일입니다. 제가 이 점에 여러분의 주의를 환기시키는 이유가 여기 있습니다.

　초대교회 신자들이 이렇게 신뢰하며 기도 가운데 하나님께 나아갈 수 있었던 이유가 무엇입니까? 그 비밀은 하나님을 아는 지식에 있었습니다. 기독교 메시지의 일차적 목적은 바로 이 지식에 이르게 하는 것입니다. 그런데 몇 가지 이상한 이유 때문에 그 목적이 잊혀지고 말았습니다. 어떤 이들은 기독교의 목적이 놀라운 감동과 체험을 주는 데 있다고 생각합니다. 그러나 그런 감동과 체험은 있을 수도 있고 없을 수도 있는 것입니다. 또 어떤 이들은 기독교의 목적이 죄사함의 확신을 주는 데 있다고 말합니다. 저도 상당히 동의합니다만, 그것은 한 단계에 불과합니다. 기독교 신앙의 궁극적인 목적은 우리 모두로 하여금 하나님을 아는 지식에 이르게 하는 것입니다. 만약 이 지식에 이르지 못했다면, 아무리 조심스러운 표현을 쓴다 해도 우리의 기독교는 매우 불완전하다고 말할 수밖에 없습니다. 이들은 하나님에 대해 생생한 산 지식을 가지고 있었습니다. 그래서 극한 상황 속에서도 놀라운 확신 가운데 그분께 나아갈 수 있었습니다. 그들은 공포도, 광란도, 흥분도 드러내지 않았습니다. 평소처럼 차분하게, 조용히 신뢰하는 가운데 하나님께 아뢰었을 뿐입니다. 그들은 하나님을 알고 있었습니다.

　신약성경은 그리스도인을 하나님을 아는 사람들로 묘사하고 있습니다. 사도 바울이 그것을 갈라디아 교인들에게 어떻게 표현하고 있는지 보겠습니다. "그러나 너희가 그때에는 하나님을 알지 못하여 본질상 하나님이 아닌 자들에게 종노릇하였더니 이제는 너희가 하나님을 알 뿐 아니라 더욱이 하나님이 아신 바 되었거늘 어찌하여 다시 약하고 천박한 초등학문으로 돌아가서 다시 그들에게 종노릇하려 하느냐"갈 4:8-9. 바울은 이 의미심장한 진술을 하면서, 편지의 수신인들이 전에는 하나님을 알지 못했지만 지금은 알고 있다고 말합니다. 이것이 그리스도인이라는 신분의 가장 핵심적인 본질입니다.

　그리스도인들이 가지고 있는 바, 하나님을 아는 지식의 특징은 무엇입니까? 우리가 사도행전 4장에 나오는 이 사건에서 분명히 보게 되는 것은, 초대교회 신자들이 하나님을 살아계신 분으로 알고 있었다는 점입니다. 그들은 한 인격체, 살아계신 인격체에게 아뢰었습니다. 그것이 기도의 본질이며, 이 기록에서 가장 먼저 발견할 수 있는 사실입니다. 이들은 허공을 향해 소리치지 않았습니다. 이들은 자기들이 알고 있는 분 앞으로 나아갔습니다. 오, 이것이 얼마나 중요합니까! 이러한 기도의 태도 역시 구약과 신약에서 가장 큰 대비를 이루고 있는 것 가운데 하나입니다. 갈라디아의 그리스도인들은 한때 우상을 섬겼습니다(오늘 사도행전에 나오는 이 사람들 중에도 그리스도인이 되기 전에 우상을 섬긴 이들이 있었습니다). 그들은 우상숭배를 옳게 여겨 우상에게 신전을 지어 바쳤습니다. 은과 나무와 돌로 신상을 만들어 절하고 제사를 드렸습니다. 그들은 규칙적으로 예배에 참석했고, 자신들의 종교에서 큰 의미를 찾았습니다. 그러나 사실 그들은 아무것도 섬기지 않은 것이나 다름없었습니다. 그들이 섬기는 우상은 생명이 없었기 때문입니다. 그것은 다 죽은 것들이었습니다. 우상은 아무것도 할 수 없었습니다. 오히려 우상숭배자들이 우상을 위해 온갖 것을 해주어야 했습니다.

　　죽은 신, 생명 없는 신, 인간의 생각을 투사한 신을 섬기는 것, 그것이 우상숭배입니다. 요즘도 우상을 숭배하는 이들이 많이 있습니다. 그들은 살아계신 하나님을 모릅니다. 이것은 비단 우상숭배자들만의 문제가 아니라, 철학자들의 전반적인 문제이기도 합니다. 물론 하나님을 믿는다고 말하는 철학자들도 있기는 합니다. 그러나 그들이 믿는 하나님의 실체가 무엇입니까? 어떤 위대한 개념에 불과합니다. 그들이 사용하는 용어를 보십시오. 그들이 어떻게 본색을 드러내고 있는지 보십시오. 그들은 '절대적인 것'이나 '원인 없는 원인'에 대해 이야기합니다. 이처럼 그들이 믿는 하나님은 하나의 개념, 하나의 사상일 뿐입니다. 거기에는 인격이 없습니다. 생명이 없습니다.

　　그러나 사도행전에 나오는 이 사람들은 '절대적인 것'이나 '궁극적인 실재'나 '우리 존재의 기반'에게 기도하지 않았습니다. 절대 그렇게 하지 않았습니다. 그들은 한 인격체에게, 말을 걸 수 있는 인격적인 하나님께 기도했습니다. 대중들의 속된 우상숭배든, 철학자들의 세련되고 정교하며 복잡한 우상숭배든, 우상숭배와 이들의 태도는 완벽한 대비를 이루고 있습니다. 그들은 모호한 '무언가'에게 기도하지 않았습니다. 여러분은 스스로 기도한다고 생각할 때 누구에게 말을 합니까? 무엇을 하며, 무엇을 의식합니까?

기도의 큰 가치는 사람에게 아름다운 생각을 불어넣음으로써 기도 후에 기분이 좋아지게 하는 데 있다고 말하는 이들이 있습니다. 한번은 누군가 기도에 대해 설교하는 것을 들은 적이 있었는데-라디오로 들었습니다-그는 "건강을 위해 하루에 5분을 기도에 할애하라"고 말했습니다. 여기서 더 나아가, 남을 위해 기도한다는 것은 실제로 낫는다는 생각을 상대방에게 전달하는 것이라고 주장하는 이들도 있습니다. 그러나 그것은 기도와 아무 상관이 없는 주장입니다. 기도는 절대 그런 것이 아닙니다. 기도는 살아계신 하나님, 행동하시는 하나님, 우리가 어디에 있으며 어떤 상황에 처해 있는지 알고 계시는 하나님, 그 상황을 처리해 주실 수 있는 하나님께 아뢰는 것입니다.

둘째로, 사도행전에 나오는 그리스도인들은 살아계신 하나님의 전능하심을 믿었습니다. 성경은 "그들이 듣고 한마음으로 하나님께 소리를 높여 이르되 대주재여,……"라고 기록하고 있습니다. "대주재"는 굉장한 단어입니다. 여기에 해당하는 그리스어는 절대적인 능력과 주권을 지닌 주라는 뜻을 가지고 있습니다. 영어 단어 '전제군주'despot가 바로 이 말에서 나왔습니다. 물론 원래의 개념은 손상이 되었지만 말입니다. 이 용어는 무한한 힘과 권위를 암시하고 있습니다. 지금 이들이 아뢰고 있는 분은 전 우주를 다스리는 주재이십니다. 무섭고 두려운 상황에서도 주저 없이, 신뢰와 확신과 담대함으로 이 주재 앞에 나아가는 것이야말로 참된 기도의 핵심적인 본질입니다.

우리는 그분을 알고 있습니까? 어려움과 시련에 처했을 때 이들처럼 하나님을 바라볼 수 있습니까? 이것이 기독교입니다. 초대교회 그리스도인들도 전에는 그렇게 할 수 없었습니다. 그러나 이제는 할 수 있게 되었습니다. 그 사실이 초대교회를 교회답게 만들었고, 세상을 뒤엎게 만들었습니다. 이 역동적인 메시지, 부흥과 개혁의 시기마다 명백히 드러났던 이 메시지만이 현대세계가 붙잡을 수 있는 유일한 희망입니다. 참되고 살아계신 한분 하나님, 능력이 무한하고 영원하신 한분 하나님을 아는 지식이 바로 우리 앞에 있습니다. 이 하나님을 아는 지식이야말로 종교와 기독교를 구별해 주는 차이점입니다. 기독교는 종교가 아닙니다. 종교는 지금까지 숱하게 많은 사람들을 오도해 왔으며, 제가 믿건대 지금도 수많은 사람들을 교회 밖에 붙잡아 두고 있는 사이비 모조품입니다. 사람들은 교회당에서 볼 수 있는 것이 종교밖에 없기 때문에 믿지 않으려 합니다. 저도 공감합니다. 저도 그런 종교는 믿고 싶지 않습니다. 우리가 원하는 것, 우리에게 필요한 것, 우리가 권하는 것은 그런 종교가 아니라, 우주의 대주재이신 하나님을 아는 지식입니다. 이 지식에 비할 만한 것이 무엇이 있겠습니까?

우리에게도 이 지식이 있습니까? 어떤 일이 닥쳐도 확신 있게 이 지식을 의지할 수 있습니까? 달리 표현해 보겠습니다. 우리는 어떻게 이 지식에 이를 수 있습니까? 이 지식은 어디에 기초를 두고 있습니까? 어떻게 하나님을 알아서, 이 사람들이 어려울 때 기도했던 것처럼 그분을 바라보며 기도할 수 있습니까? 오늘 말씀은 그 답을 차고도 넘치게 보여주고 있습니다. 이것은 단순한 체험의 문제가 아닙니다. 물론 체험의 문제이기도 하지만, 체험의 문제만은 아닙니다. 이 부분에서 체험은 기만적인 역할을 할 수 있습니다. 체험을 성경의 진리에서 분리하면 아주 위험해집니다. 참되고 가치 있는 체험은 성경의 가르침에서 나오게 되어 있습니다.

그렇다면 성경에 근거해서 볼 때 어떻게 하나님을 알 수 있습니까? 첫째로, 자연을 통해 알 수 있습니다. 사도들은 아무리 급박한 위기상황에서도 하나님께 아뢰는 일을 말이나 시간 낭비로 여기지 않았습니다. "대주재여, 천지와 바다와 그 가운데 만물을 지은 이시요." 우리는 그리스도인에게 구약성경은 필요 없다고 말하는 것을 똑똑한 일로 여기는 시대에 살고 있습니다. 초기의 그리스도인들은 그렇게 생각하지 않았습니다. 하나님은 예수 그리스도가 탄생한 후에야 삶을 시작하신 분이 아닙니다! 하나님은 전에도 계셨고 앞으로도 계실 분입니다. 그는 영원하신 분입니다. 성육신은 전환점일 뿐입니다. 여러분은 예수 그리스도를 출발점으로 삼아서는 안됩니다. 오해의 여지를 무릅쓰고 말씀드리겠습니다. 저는 하나님의 아들, 성자 하나님, 주 예수 그리스도 외에는 그 누구에 대해서도 일절 말하지 않는 이들을 많이 알고 있습니다. 그들은 성부 하나님은 언급도 하지 않습니다. 그러나 기독교는 신약만의 기독교가 아닙니다. 제가 믿는 하나님은 창세기의 하나님이십니다. "태초에 하나님이 천지를 창조하시니라." 신약의 기독교는 이 창조주 하나님으로부터 시작됩니다.

성경은 이 점을 크게 강조하고 있습니다. 하나님은 영존하시며 영원하신 분입니다. 하나님이 계시지 않았다면 자신들도 존재할 수 없었다는 것을 사도들은 알고 있었습니다. 하나님이 계시지 않았다면 자신들이 살아가는 세상도 존재할 수 없었다는 것을 알고 있었습니다. 하나님이 계시지 않았다면 세상 그 어느 것도 존재하지 못했을 것입니다. 신약성경은 이 같은 내용으로 가득 차 있습니다. 히브리서를 보십시오. 사도는 곤경에 처한 사람들에게 편지를 쓰면서 이렇게 말합니다. **"믿음으로 모든 세계가 하나님의 말씀으로 지어진 줄을 우리가 아나니 보이는 것은 나타난 것으로 말미암아 된 것이 아니니라"** 히 11:3. 우리의 전체적인 입장은 우리는 아무것도 없는 데서 우연히 진화한 세계에 사는 것이 아니라는 것입니다. 신약성경은 만유 위에 계시고 만유를 통일하시고 만유 가운데 계시며 모든 영광을 받기에 합당한 전능하신 창조주가 만드신 세상에 우리가 살고 있다고 가르칩니다.

사도행전을 계속 읽다 보면, 바울이 루스드라라는 곳에 가는 것을 보게 됩니다. 그가 거기서 기적을 행했을 때 사람들이 그를 신인 줄 알고 숭배하기 시작했습니다. 그러자 바울이 말했습니다. "여러분이여, 어찌하여 이러한 일을 하느냐. 우리도 여러분과 같은 성정을 가진 사람이라. 여러분에게 복음을 전하는 것은 이런 헛된 일을 버리고 천지와 바다와 그 가운데 만물을 지으시고 살아계신 하나님께로 돌아오게 함이라"행 14:15. 그는 아덴이라는 큰 도시의 철학자들과 스토아 학파와 에피쿠로스 학파에게도 이 말을 그대로 반복했습니다.

바울은 위대한 서신 로마서에서도 같은 논지를 충분히 입증해 주고 있습니다. 그가 그리스도의 복음을 부끄러워하지 않는 이유가 무엇입니까? "이 복음은 모든 믿는 자에게 구원을 주시는 하나님의 능력이 됨이라. 먼저는 유대인에게요 그리고 헬라인에게로다. 복음에는 하나님의 의가 나타나서 믿음으로 믿음에 이르게 하나니 기록된 바 오직 의인은 믿음으로 말미암아 살리라 함과 같으니라. 하나님의 진노가 불의로 진리를 막는 사람들의 모든 경건하지 않음과 불의에 대하여 하늘로부터 나타나나니 이는 하나님을 알 만한 것이 그들 속에 보임이라. 하나님께서 이를 그들에게 보이셨느니라. 창세로부터 그의 보이지 아니하는 것들 곧 그의 영원하신 능력과 신성이 그가 만드신 만물에 분명히 보여 알려졌나니 그러므로 그들이 핑계하지 못할지니라"롬 1:16-20.

이들은 하나님께서 우주 전체를 만드시고 통제하시며 지탱하심을 믿었습니다. 이들은 바로 그 하나님께 아뢰었습니다. 여러분도 그 하나님을 알고 있습니까? 그 하나님을 모른다면 자연과 피조세계를 한번 둘러보십시오. 이 세상의 설계와 질서와 배치를 한번 보십시오. 그 모든 것이 우연의 소산인 것 같습니까? 피조물 전체에 나타나는 증거와 신묘막측함과 조화를 보십시오. 그 모든 것이 단순히 우연히, 우발적으로 생겨났다고 생각합니까? 결코 그렇지 않습니다! 그 모든 것의 배후에는 하나의 정신이 있습니다. 하나의 위대한 목적과 구상이 있습니다. 또는 제임스 진스James Jeans의 표현을 빌리면, 위대한 수학자가 있다고 말할 수도 있습니다. 피조세계의 배후에는 살아계신 하나님이 계십니다. "빛이 있으라"고 말씀하실 수 있었던 하나님, 없던 것을 있게 하시는 하나님, 무에서 유를 창조하시는 하나님이 계십니다. 그분은 영원한 창조자 하나님이십니다.

둘째로, 성경은 계시의 결과로 이 하나님을 알게 된다고 말합니다. 믿는 자들은 "천지와 바다와 그 가운데 만물을 지은 이시요"라고 말한 후에, "또 주의 종 우리 조상 다윗의 입을 통하여 성령으로 말씀하시기를……"이라고 덧붙였습니다. 그러고 나서 그들은 시편 2편을 인용했습니다.

그러므로 하나님을 알고 싶다면 먼저 자연과 피조세계를 둘러보십시오. 그리고 거기에 여러분이 이해하지 못하는 무언가, 광대하고 심오한 무언가, 인간의 계산과 지각을 초월하는 무언가가 있다는 느낌이 들기 시작하거든 성경으로 나아가십시오. 그러면 성경에 있는 기이한 것들을 발견하게 될 것입니다. 그 가운데서도 가장 기이한 것은 예언입니다. 예수가 탄생하기 약 천 년 전에 살았던 이스라엘 왕 다윗을 보십시오. 그는 시편 2편에서 한 위대한 인물을 묘사하고 있습니다. 그 인물은 다윗 본인이 아니라 하나님께서 "너는 내 아들이라. 오늘 내가 너를 낳았도다"라고 말씀하신 이였습니다시 2:7. 그는 군왕과 관리와 열방을 철장으로 다스릴 수 있는 분입니다. 다윗은 "그의 아들에게 입맞추라"고 말합니다2:12. 그에게 입맞출 수 있을 때 입맞추십시오. 그분이야말로 강력한 통치자이십니다. 초대교회 신자들도 다윗처럼 성령이 주신 통찰력으로 이 시편이 오실 메시아, 곧 하나님의 아들을 묘사하고 있음을 알았습니다. 이것은 예언입니다. 여러분은 구약성경 전반에 걸쳐 이런 예언들을 찾아볼 수 있습니다.

그러므로 하나님을 알고 싶다면 이 책을 읽으십시오. 이 책에 기록된 예언을 주목해서 살펴보고, 각 예언이 주어진 시대와 그 세부사항과 그것이 신약시대에 어떻게 성취되었는지를 주목해서 살펴보십시오. 다윗은 아주 유능한 사람이었습니다. 그렇다고 해서 복음서에 기록되어 있는 것처럼 하나님의 아들에 대한 이야기를 세부사항까지 정확하게, 그것도 천 년 전에 미리 상상할 수 있을 만큼 유능했겠습니까? 또 주전 8세기의 위대한 선지자들은 어떻게 그런 지식을 얻을 수 있었습니까? 어떻게 하나님의 아들이 베들레헴의 작은 고을에 태어나리라는 것과 어린 나귀를 타고 예루살렘에 입성하실 것을 알게 되었습니까? 그런 지식은 어디에서 온 것입니까?

답은 오직 하나, 나무토막이나 돌조각이나 금속조각이 아니라 행동하시는 하나님, 살아계신 하나님께서 친히 진리를 계시해 주셨다는 것입니다. 그가 친히 자신을 알려 주셨습니다. 사람들에게 자신에 대해 설명해 주셨습니다. 이 하나님은 모세에게 십계명을 주신 분입니다. 선지자들을 통해 자신과 자신의 진리에 대해 계시해 주신 분입니다. 저는 다른 것 없이 이 이유 하나만으로도 충분히 하나님을 믿을 수 있다고 생각합니다. 예언의 내용은 반박의 여지 없이 정확합니다.

그다음으로 주목할 요소는 역사입니다. 역사는 살아계신 하나님의 존재를 입증해 주는 큰 증거입니다. 위기 앞에서 역사를 돌아보며 힘을 얻을 때가 얼마나 많습니까? 이로 인해 하나님께 감사드리십시오. 이것은 구약의 중요한 메시지 가운데 하나입니다. 거듭 말씀드리지만, 하나님의 구원 역사는 예수 그리스도가 유대 베들레헴에서 탄생한 사건으로부터 시작된 것이 아닙니다. 결코 그렇지 않습니다. 하나님의 구원 역사는 그 전 모든 시대에 걸쳐 계속되어 왔습니다. 주 예수 그리스도는 "때가 차매" 오신 것입니다^{갈 4:4}. 구약성경은 그 아들이 이 세상에 오기 전에 하나님께서 행하신 일들을 기록해 놓은 역사책입니다. 구약성경은 하나님이야말로 전능한 주시요, 우주의 통치자시요, 모든 권세와 능력을 지니신 분이라는 사실을 입증해 주고 있습니다.

구약성경을 읽을 때 여러분은 다음과 같은 내용을 발견하게 될 것입니다. 하나님은 세상을 창조하실 수 있는 분일 뿐 아니라 세상을 멸망시키실 수도 있는 분입니다. 하나님은 민족—이스라엘 백성—을 만드신 분입니다. 아브라함이라는 한 사람을 통해 한 민족을 만드시고, 그 백성을 이끌어 인도하시고 구원하신 분입니다. 만약 여러분이 살아계신 하나님의 개입을 배제한 채 유다 역사를 설명할 수 있다면, 여러분은 제가 얻지 못한, 아니 상상도 하지 못한 능력을 가지고 있는 것입니다. 이스라엘 백성의 존재를 설명할 수 있는 길은 오직 하나뿐입니다. 구약성경 기자들은 그 한 가지 설명을 계속해서 강조하고 있습니다. 이스라엘 백성들은 보잘것없고 하잘것없는 사람들이었습니다. 그런데 그런 사람들이 어떻게 승리할 수 있었습니까? 오, 하나님이 그들 대신 행하셨기 때문입니다.

예루살렘의 사도들이 기도했을 때, 하나님은 자신이 살아계신 분이며 행치 못할 일이 없는 분임을 입증하는 한층 더 강력한 증거를 주셨습니다. 어떻게 주셨습니까? 그들이 기도하던 장소를 진동시키심으로 주셨습니다.행 4:31 그것은 하나님이 살아계신 분이라는 증거였습니다. 이들이 허공이나 자신들이 만들어 낸 신에게 말하고 있는 것이 아니라 우주를 만드신 분에게 아뢰고 있다는 증거였습니다. 그것은 지금도 우주를 통제하고 계시며 건물과 사람과 제국과 왕국을 언제든지 진동시킬 수 있는 분에게 아뢰고 있다는 증거였습니다. 그들이 기도한 하나님은 바로 그런 분이었습니다. 그래서 그들은 위기 앞에서도 침착할 수 있었고 신뢰할 수 있었습니다.

거듭 말씀드리지만, 이것이야말로 구약성경의 전체 줄거리입니다. 세상을 만드신 하나님께서 홍수로 세상을 멸망시키셨다가 다시 회복시키셨습니다. 사람들이 어리석게도 하늘에 닿는 탑을 쌓으려 하자, 하나님은 그들의 언어를 혼잡케 하여 소통하지 못하게 하심으로 그 계획을 무너뜨리셨습니다.

그분이 출애굽의 하나님이심을 잊지 마십시오. 애굽의 노예가 된 아브라함의 후손들은 그야말로 아무 힘도 없는 사람들이었습니다. 반면 애굽은 당대의 패권을 쥐고 있었고, 바로는 군대와 병거와 마병을 거느리고 있었습니다. 히브리 백성은 소수의 평범한 사람들로, 가진 것 하나 없는 농민과 유목민에 불과했습니다. 그런 사람들이 대체 무엇을 할 수 있었겠습니까? 그들은 아무것도 할 수 없었습니다. 그러나 하나님은 모든 것을 하실 수 있는 분이십니다. 그는 백성들의 부르짖음―사도행전에 나오는 이 사람들의 부르짖음과 같은 부르짖음―에 응답하여 구원자를 보내 주셨습니다. 바로의 마병들을 홍해에 몰아넣어 전멸시키셨습니다. 그들을 진동시켜 흔적도 없이 멸하시고 자기 백성을 구원해 주셨습니다.

이들이 믿었던 하나님, 제가 지금 여러분에게 권하고 있는 하나님은 바로 이런 분이십니다. 신약성경뿐 아니라 구약성경도 읽어 보십시오. 하나님을 발견할 수 있을 것입니다. 엘리야가 거짓 선지자 850명과 대결하는 갈멜산의 위대한 장면을 읽어 보십시오. 거짓 선지자들이 자기 몸을 상하게 하면서까지 신들에게 소리를 질러 댔지만 아무 일도 일어나지 않았습니다. 그다음으로 나선 엘리야는 아주 조용히—사도행전의 신자들이 기도했을 때와 똑같이—"여호와여, 주께서 이스라엘 중에서 하나님이신 것……을 오늘 알게 하옵소서"라고 기도했습니다 왕상 18:36. 알게 하옵소서! 과연 그는 알게 해주셨습니다. 불을 내려 번제물과 나무와 돌을 태우시고 도랑의 물까지 핥게 하셨습니다. 그는 응답하시는 하나님이십니다. 엘리야의 하나님, 갈멜산의 하나님, 산헤립과 그의 강한 군대도 하룻밤에 멸하신 하나님은 능히 형세를 역전시키실 수 있는 분입니다. 믿는 자들의 기도에 예루살렘의 건물을 진동시키셨듯이, 무엇이든 진동시키실 수 있는 분입니다.

이처럼 역사는 여러분에게 이 하나님에 대해 이야기해 줄 것입니다. 그러나 그 어떤 증거보다 뛰어난 증거는, 여기에서 "거룩한 종 예수"라고 부르고 있는 나사렛 예수십니다. 참되고 영원한 살아계신 하나님, 우주의 주재께서 존재하고 계시다는 절대적인 증거를 보고 싶습니까? 여기 그 증거가 있습니다. 그가 자기 독생자를 세상에 보내셨습니다. 그는 아들을 보내 주겠다고 미리 말씀하셨고, 수세기에 걸쳐 거듭 약속하셨으며, 그 약속을 하나도 빠짐없이 정확히 지키셨습니다. 그래서 베들레헴에 하나님의 아들이요 영원한 능력의 증거인 한 아기가 태어난 것입니다.

하나님이 참되고 살아계신 분인지 알고 싶습니까? 나사렛 예수를 보십시오. 그는 "나를 본 자는 아버지를 보았거늘"이라고 말씀하셨습니다 요 14:9. 예수께로부터 볼 수 있는 것이 무엇입니까? 거룩함입니다. 권위입니다. 능력입니다. 지금 그가 배에 잠들어 계십니다. 큰 광풍이 불고 파도가 치며 사나운 바람이 울부짖고 있습니다. 제자들이 그를 깨우며 말합니다. "선생님이여, 우리가 죽게 된 것을 돌보지 아니하시나이까." 그러자 그가 침착하게, 하나님의 위엄으로, 휘몰아치는 바람을 향해 명하십니다. "잠잠하라. 고요하라." 그러자 "아주 잔잔하여지더라"고 성경은 기록하고 있습니다막 4:37-41. 이것은 살아있는 능력입니다. 자연의 힘을 다스리는 권위입니다. 우주를 다스리는 권위입니다.

그는 병자를 고치실 수 있었습니다. 죽은 자를 일으키시고 눈먼 자를 보게 하실 수 있었습니다. 그에게 능치 못할 일은 하나도 없었습니다. 그가 행하신 기적과 능력을 생각해 보십시오. 그런데도 그들은 그를 십자가에 못박았습니다. 그는 연약한 모습으로 돌아가셨고, 그들은 그의 시신을 무덤에 두었습니다.

그렇다면 이것이 이야기의 끝일까요? 결코 그렇지 않습니다! 그는 사망의 줄을 끊으셨고 "무덤을 이기고" 일어나셨습니다. 맨 나중 원수는 그에게 아무 힘도 행사하지 못했습니다. 그는 하늘과 땅의 모든 능력을 가지고 계십니다. 그는 모든 것을 정복하시며 모든 원수를 진동시켜 멸하시는 분입니다. 초대교회 신자들은 그 일을 목격했기 때문에 하나님께 기도할 수 있었습니다. 주님은 그들에게 미리 말씀하셨습니다. "내가 아버지께로 가니 언제든지 원하는 것이 있으면 아버지께 기도하라. 내가 거기서 너희를 대신해 그 기도를 전해 주겠다. 너희 아버지께서는 너희 자신과 너희의 모든 필요를 이미 알고 계신다. 기도할 때는 내 이름으로 하라. 내가 그곳에서 너희의 미약한 간구에 나의 향香을 덧입혀 주겠다." 그들은 이 모든 것을 알고 있었습니다. 부활하신 그리스도를 직접 보았기 때문입니다. 그들은 살아계신 그리스도의 능력을 알고 있었습니다. 그래서 신뢰하며 기도했습니다.

이들이 오순절을 통과했다는 사실을 잊지 마십시오. 제자들이 주님의 임박한 죽음 앞에 풀이 죽고 낙담해 있었을 때 주님은 "너희는 마음에 근심하지 말라"고 말씀하셨습니다요 14:1. 그들을 고아처럼 내버려두지 않겠다고 말씀하셨습니다. "내가 아버지께 구하겠으니 그가 또 다른 보혜사를 너희에게 주사 영원토록 너희와 함께 있게 하"실 것이라고 말씀하셨습니다14:16. 보혜사께서 그들을 인도하시며 그들에게 필요한 모든 것을 가르쳐 주실 것이라고 말씀하셨습니다14:26. 과연 주님은 하늘로 돌아가셔서 성령을 보내 주셨고, 그들은 오순절에 성령이 임하신 결과를 목격할 수 있었습니다.

이것은 살아계신 하나님이 존재하신다는 증거입니다. 우리가 '추상적 개념'이나 '궁극적 실재'나 '우리 존재의 기반'에 기도하는 것이 아니라, 생각하고 행동하시는 하나님, 우리를 보고 계시며 우리의 모든 것을 알고 계시는 하나님, 우리 기도에 응답하시며 기꺼이 응답할 준비를 하고 계신 인격적이고 살아계신 하나님께 기도한다는 증거입니다.

마지막으로, 이들처럼 기도하려면 제가 지금까지 제시해 온 증거를 토대로 살아계신 능력의 하나님을 믿어야 할 뿐 아니라, 이들처럼 그 하나님을 인격적으로 체험해야 합니다. 그들은 오순절을 통과했고 변화를 겪었습니다. 그들의 삶은 새로워졌으며 그들은 새사람이 되었습니다. 그들은 전능하신 하나님 외에는 그 누구도, 그 무엇도 이런 일을 가능케 할 수 없다는 것을 알았습니다. 자신들 안에 생명이 있다는 것, 하나님이 아버지 되시고 자신들은 그의 자녀가 되었다는 것을 알았습니다. 바로 이 빛이 있었기 때문에 유다 최고의 권력기관인 산헤드린이 죽이겠다고 위협하는데도 무서워하지 않았던 것입니다. 그들에게는 공포나 흥분의 기미가 보이지 않았습니다. 전혀 보이지 않았습니다. 그들은 하나님께 능치 못할 일이 없다는 것과 이 당국자나 권력자들은 그분 앞에 아무것도 아니라는 사실을 알았기 때문에 지극히 침착하게, 절대적 확신을 가지고, 일심으로 하나님께 소리를 높일 수 있었습니다. 바로와 산헤립 같은 인물도 다루실 수 있는 하나님, 원하기만 하면 온 우주라도 동원하실 수 있는 하나님 앞에 이 관리들이 뭐가 그리 대단한 존재였겠습니까? 그래서 사도들은 아주 조용히 모든 사정을 아뢰면서 하나님의 이름과 영광을 위해 하나님의 진리가 옳다는 것을 입증해 달라고 간구했습니다. 그 아들의 결백함을 입증해 달라고 간구했습니다. 그가 살아계신 하나님이심을 이 사람들에게 알려 달라고 간구했습니다. 그리스도가 그들을 구하러 세상에 오신 하나님의 아들임을 알려 달라고 간구했습니다.

우리도 이들과 같은 소망을 가지고 있습니다. 그러므로 무슨 일이 있든지 하나님을 바라보며 이렇게 말할 수 있습니다.

오, 모든 것을 품으시는 자비여!
오, 늘 열려 있는 문이여!
눈과 마음을 다해 찾아본들
당신 없이 할 수 있는 것 어디 있겠습니까?
모든 것이 우리를 대적하는 듯
절망으로 몰고 갈 때에도
한 문은 열려 있음을 아나이다.
한 귀는 우리 기도 듣고 계심을 아나이다.
– 오스왈드 앨런Oswald Allen

여러분은 이 살아계신 하나님을 알고 있습니까? 제가 이렇게 반복해서 묻는 것은, 처음에도 말했고 지금도 거듭 말씀드리지만, 온 세상이 곧 최후의 진동을 겪을 것이기 때문입니다. 성경은 이 일에 대해서도 예언하고 있습니다. 하나님은 다음과 같이 분명하게 말씀하셨습니다. "그때에는 그 소리가 땅을 진동하였거니와 이제는 약속하여 이르시되 내가 또 한 번 땅만 아니라 하늘도 진동하리라 하셨느니라. 이 또 한 번이라 하심은 진동하지 아니하는 것을 영존하게 하기 위하여 진동할 것들 곧 만드신 것들이 변동될 것을 나타내심이라"히 12:26-27. 여러분의 나라는 진동할 것입니다. 여러분의 왕과 여왕과 군주와 제왕과 대통령과 수상들은 진동하여 흔적도 없이 소멸될 것입니다. 땅과 하늘도 진동하고, 텔레비전도 박살 날 것입니다. 아무것도 남지 않을 것입니다. 술집도 무너지고, 술집에서 연주하던 밴드들도 한데 뒤엉켜 사라질 것입니다. 그것을 목적으로 살았던 사람, 그것을 수단으로 살았던 사람들이 다 진동하여 잊혀지고 소멸될 것입니다.

그러나 여러분은 소멸되지 않고 남기 위해 던져야 할 질문이 있습니다. 그 마지막 격변의 때에 진동하지 않는 것을 소유하는 사람이 되고 싶습니까? 하나님이 사랑하시는 복된 아들과 성령의 능력으로, 이 참되고 살아계신 우주의 주재를 아는 사람이 되고 싶습니까? 그리스도는 진동하지 않는 나라, 하나님의 나라를 세우려고 세상에 오셨습니다. 우리 모두에게 아주 중요한 질문이 여기 있습니다. 우리는 결코 진동하지 않는 그 나라에 속해 있는 사람들입니까?

여러분은 어떻게 그 나라에 들어갈 수 있습니까? 아주 간단합니다. 자기 죄를 고백하십시오. 우습게도 이런 문제를 놓고 논쟁을 벌인 뻔뻔함과 교만을 인정하고 고백하며, 나를 받아 달라고 구하십시오. 그러면 받아주실 것입니다. "하나님이 세상을 이처럼 사랑하사 독생자를 주셨으니 이는 그를 믿는 자마다 멸망하지 않고 영생을 얻게 하려 하심이라"요 3:16. "주 예수를 믿으라. 그리하면 너와 네 집이 구원을 받으리라"행 16:31. 여러분이 이것을 믿는다면 그의 나라, 영원한 나라, 영존하는 나라, 하나님의 나라, 영광의 나라에 들어가게 될 것입니다.

10

유일한 답변

또 주의 종 우리 조상 다윗의 입을 통하여 성령으로 말씀하시기를 어찌하여 열방이 분노하며 족속들이 허사를 경영하였는고. 세상의 군왕들이 나서며 관리들이 함께 모여 주와 그의 그리스도를 대적하도다 하신 이로소이다.

사도행전 4:25-26

예루살렘 대공회가 주 예수 그리스도의 이름으로 설교하지도, 가르치지도 말라고 금지하면서 베드로와 요한을 풀어 준 후에 함께 모였던 초대교회 그리스도인들에 대해 계속 살펴보겠습니다. 두 사람은 곧장 동료들에게 돌아가 법정에서 들은 말을 보고했습니다. 성경은 신자들이 그 말을 듣는 순간 일심으로 하나님께 소리를 높였다고 말하고 있습니다. 다시 말해 기도하기 시작했다는 것입니다.

오늘 우리는 여러 나라에서 휴전기념일Remembrance Day(1·2차 세계대전 전사자들을 추도하는 날로서, 11월 11일에 가장 가까운 일요일-옮긴이)로 정해 놓은 특별한 날을 기념하며 모였습니다. 우리는 이날의 관점에서 우리 메시지를 고찰할 필요가 있습니다. 여기 모인 우리들은 한동안 세상을 외면하고 살았습니다. 혼란스럽고 괴로웠던 세상, 고통스럽고 불행했던 세상을 막 겪고 난 터이기 때문입니다. 특히 휴전기념일 같은 때가 되면 모든 지식인들의 마음에 떠오르는 심각한 질문이 있습니다. "뭐가 문제인가? 왜 상황이 이렇게까지 되고 말았는가? 왜 그런 전쟁이 벌어져야 했는가? 왜 각 나라들은 아직도 군비경쟁을 하고 있는가? 도대체 왜 죽음 같은 게 있어야 하는 것인가? 왜 질병과 고통과 슬픔과 불행이 있어야 하는 것인가?"

우리는 이날을 감상적으로만 바라보면 안됩니다. 우리 중 많은 이들이 1·2차 세계대전을 겪었습니다. 그러므로 이제 모두가 다시금 진지하고도 깊이 있게 이런 질문들을 던지기 시작해야 합니다. 일요신문이나 일간신문을 읽는 이들은 이 세상 어느 누구도 이런 질문들에 답변을 줄 수 없다는 사실을 알 것입니다. 그것은 이미 충분히 입증된 사실입니다. 그러나 저는 이 자리에서 그보다 더 적극적인 주장을 펴고자 합니다. 저의 주장은 성경에 그 답변이 있다는 것이며, 그것이야말로 유일한 답변이라는 것입니다.

시편 2편이 상기시키고 있는 바대로, 무엇보다 먼저 성경이 제시하는 답변은 이 모든 문제는 새삼스러운 것이 아니라는 것입니다. 20세기만 이런 곤경에 빠져 있는 것이 아닙니다. 사람들은, 우리는 20세기에 살고 있으므로 무언가 특별한 데가 있다는 치명적인 가정에서 출발합니다. 우리는 우리의 지식, 특히 과학지식에 흠뻑 취해 있습니다. 그 결과, 우리의 문제는 다 새롭게 발생한 것들이고 과거에는 이런 문제들이 전혀 없었다고 생각합니다. 그러나 오래된 책인 성경은 즉각 그 생각은 전적으로 틀렸다고 선언합니다. 오늘날의 문제는 아주 오랜 옛날부터 세상에 계속되어 오던 일이 표출된 것에 불과합니다. 전쟁과 죽음, 신체 장애, 질투와 경쟁은 성경 맨 앞장부터 등장하고 있는 일들입니다. 그것이 곧 인류의 역사였습니다. 지금 우리는 세상에서 가장 오래된 책을 앞에 놓고 있습니다. 이 책이 지금 우리가 처한 형편과 이 세상 상태에 대해 말하는 바를 들어 보시기 바랍니다.

저는 시편 2편의 메시지를 통해 이 점을 살펴보고자 합니다. 성경 곳곳에서 비슷한 진술들을 많이 찾아볼 수 있음에도 굳이 이 시편을 살펴보려는 것은, 초대교회 그리스도인들이 오래전 예루살렘 다락방에서 기도할 때 바로 이 시편을 인용했기 때문입니다. 2편은 어느 관점에서 보더라도 매력적인 시편입니다. 또 여러 방식으로 나누기도 가장 쉬운 시편입니다. 이 시편은 전체 12절로 되어 있는데, 각각 세 절씩 네 문단으로 나눌 수 있습니다. 시편기자는 처음 세 절에서 현재의 형세에 대해 진술하고, 다음 세 절에서 하나님의 반응에 대해 이야기합니다. 그리고 그다음 세 절에서 하나님의 아들이신 주 예수 그리스도의 말씀을 들려주고, 마지막 세 절에서 모든 내용을 요약하며 이 메시지에 귀를 기울일 것을 호소합니다.

이 시편을 쓴 사람은 다윗인 것이 확실하지만, 그렇다고 자기 이야기를 주로 하고 있지는 않습니다. 그는 자신이 장차 오실 위대한 왕, 위대한 구원자를 예시해 주는 존재에 불과하다는 것을 알았습니다. 이 시편은 다윗에게 적용되는 동시에 주 예수 그리스도의 오심을 예언하고 있다는 데 대부분의 사람들이 동의하고 있습니다. 우리는 이미 통용되고 있는 관점으로 이 시편을 살펴보고 있는 중입니다. 다윗은 그를 "기름부음 받은 자", 하나님의 아들로 부르고 있습니다. "너는 내 아들이라. 오늘날 내가 너를 낳았도다"시 2:7. 또한 하나님께서 거룩한 산 시온에 세우신 왕으로 부르고 있습니다.

유대인들은 2편을 항상 메시아적 시편 – 위대한 구원자의 오심을 가리키는 시편 – 으로 여겨 왔습니다. 그런데 사도행전 4장에 나오는 초대교회의 기도를 보면, 신자들이 성령으로 충만해져서 아무 의심과 주저함 없이 이 시편을 주 예수 그리스도께 적용하고 있는 것을 볼 수 있습니다. 27절은 이렇게 기록하고 있습니다. "과연 헤롯과 본디오 빌라도는 이방인과 이스라엘 백성과 합세하여 하나님께서 기름부으신 거룩한 종 예수를 거슬러." 권력자들이 한데 모여 예수를 정죄하고 사형을 선고했습니다. 다시 말해 이 시편에 묘사되어 있는 사람들의 반응은 시대를 막론하고 인류가 하나님께 보여 온 태도입니다. 그런데 그것이 하나님의 아들 나사렛 예수 그리스도의 십자가 처형에서 절정이자 중심부에 이른 것입니다.

여기 우리를 위한 성경의 메시지가 있습니다. 지금 우리는 세상의 상태를 다루고 있다는 사실을 기억하십시오. 세상이 왜 이 모양이 되었습니까? 시편 2편은 첫 절부터 이 질문을 제기하고 있습니다. "어찌하여 열방heathen이 분노하며 족속들people이 허사를 경영하였는고." 시편기자는 "어찌하여"라는 흥미로운 단어를 사용함으로써 단순히 의문만 표현한 것이 아니라 공포와 놀라움까지 표현하고 있습니다. 하나님의 사람이었던 시편기자는 열방이 어떤 행동을 하고 있는지 볼 수 있었습니다. 그러나 단순히 열방의 행위만 본 것은 아닙니다. 여기 나오는 "족속들"은 이스라엘 민족을 의미합니다. 성경은 인간을 열방과 민족으로 나누는데, 그럴 때 민족은 언제나 하나님의 택한 족속인 이스라엘 백성을 가리킵니다. 여러분과 제가 이 세상 – 시편기자가 살았던 세상과 비슷한 세상 – 을 향해 묻고 있듯이, 시편기자도 자기 세상을 향해 묻고 있습니다. "어찌하여, 어찌하여 상황이 이렇게 되어 버렸는가?"

이제 이에 대한 성경의 답변을 들어 보겠습니다. 이 답변을 듣는 것이야말로 인간이 할 수 있는 일 가운데 가장 중요한 일입니다. 오늘날 여러분의 현재 상황을 조명해 주는 것은 세상 어디에도 없습니다. 성경 말고는 아무 데도 없습니다. 그렇다고 정치가 필요 없다는 말은 아닙니다. 정치가도 필요합니다. 우리에게는 통치자와 정치가가 있어야 합니다. 법과 질서가 있어야 합니다. 더 나아가 그들이 최선을 다하고 있다는 사실까지 인정해 주기로 합시다. 그러나 그들은 곤경에 빠져 있습니다. 세상을 오로지 인간적인 차원에서 수평적으로만 보고 있기 때문입니다. 그들은 성경처럼 깊이 있게 세상을 보고 있지 못합니다. 그러므로 성경의 메시지에 귀를 기울여야 하는 것입니다.

우선, 시편기자가 세상의 상태를 어떻게 묘사하고 있는지부터 살펴보겠습니다. 저는 그때 해당되었던 말이 지금도 해당된다는 점을 보여드리고자 합니다. 세상은 지금도 "분노"하고 있습니다. "어찌하여 열방이 분노하며"에서 "분노하다"라는 단어는 "소요를 일으키다"라는 뜻입니다. 그들의 분노는 마치 바다가 포효하며 분노하는 것 같았습니다. 성경은 하나님을 떠난 삶을 이런 식으로 표현하는 것을 좋아합니다. 선지자 이사야의 위대한 진술에는 다음과 같은 표현이 나옵니다. "그러나 악인은 평온함을 얻지 못하고 그 물이 진흙과 더러운 것을 늘 솟구쳐 내는 요동하는 바다와 같으니라"사 57:20. 이것은 하나님을 떠난 인류에 대한 묘사입니다. 바다가 이리저리 출렁이고 솟구치며 진흙과 진창과 온갖 더러운 것과 찌꺼기들을 휘저어 놓는 광경, "평온함을 얻지 못하고 요동하는 바다"가 연출하는 광경을 본 적이 있습니까? 오늘날 세상 사람들의 상태를 이보다 더 완벽하게 묘사해 주는 표현이 어디 또 있겠습니까? 우리는 모두 이러한 요동과 곤경과 혼란을 보고 있으며, 이리저리 밀려다니는 광경들을 보고 있습니다. 바로 다음 순간 무슨 일이 일어날지 몰라 최신 뉴스속보나 최신판 신문의 희생자가 되는 사람들, 환경과 우연의 희생자가 되어 이리저리 흔들리는 사람들을 보고 있습니다.

이것이야말로 인생의 큰 난제 아닙니까? 사람들은 방향감각을 잃은 채 흔들리며 살고 있습니다. 그들은 묻습니다. "삶에서 무엇을 찾을 수 있을까? 산다는 것이 무슨 가치가 있을까?" 차라리 죽는 편이 낫다고 생각하는 이들도 많고, 실제로 많은 이들이 자살을 감행합니다. 저는 지금 과장하고 있는 것이 아닙니다. 세상이 정말 그렇습니다. 신문들은 이런 세상에서 일어나는 온갖 일들을 우리에게 전해 주고 있습니다. 세상은 폭풍이 일어 요동하는 바다 같습니다. 열방은 분노하고 있습니다. 천둥처럼 울리는 그 소리가 들리지 않습니까? 저 큰 대륙 아프리카를 보십시오. 파도가 솟구쳐 올라오는 것이 보이지 않습니까? 분노가 일어나는 것이 보이지 않습니까? 극동의 어느 지역을 둘러보아도 이러한 긴장과 싸움과 불안과 혼동을 목격할 수 있습니다. 이것은 수많은 형태로 나타납니다. 인종적 증오는 그 수많은 문제의 하나일 뿐입니다. 성경은 이 문제에 대해 샅샅이 알고 있습니다. 그래서 이렇게 정확하게 묘사할 수 있는 것입니다.

삶을 통해, 또 삶의 악을 통해 표출되는 분노를 보십시오. 죄는 죄일 뿐입니다. 그런데 죄도 가끔은 아주 평온하고 고요한 모습을 보일 때가 있습니다. 바다에 파도가 전혀 일지 않을 때가 있는 것처럼 말입니다. 그럴 때 우리는 말합니다. "비단결처럼, 벨벳처럼 잔잔하구나. 흔들림도 거의 없고, 맑은 여름날 오후의 바다는 정말 부드럽고 고요하다." 그러나 그럴 때라도 바다 깊은 곳은 여전히 흔들리고 있습니다. 언제라도 폭풍이 일면 파도치며 사납게 날뛰고 분노하며 요란한 소리와 함께 혼란에 빠져 버립니다. 여러분과 제가 살고 있는 시대가 바로 그런 상태입니다. 사람들은 항상 죄를 지어 왔지만, 그렇다고 항상 지금처럼 죄 가운데 날뛰며 분노했던 것은 아닙니다. 요즘은 한계라는 것이 없어져 버렸습니다. 사람들은 마음놓고 음주가무와 방종에 빠져 지냅니다. 한때 죄로 여기던 행동을 정당화하고 있을 뿐 아니라 오히려 미화하고 있습니다. 사람들은 품위와 절제에 대한 감각을 완전히 잃어버렸습니다. 텔레비전과 라디오에서 나오는 소리들을 들어보십시오. 수치는 사라지고 죄만 날뛰며 분노하고 있습니다. 술, 마약,

섹스, 폭력, 음주가무와 무절제가 난무하고 있습니다. 시편기자는 말합니다. "어찌하여 열방이 분노하며."

이제 다음 질문으로 나아가 보겠습니다. "어찌하여……족속들이 허사를 경영하였는고^{imagine}." 더 나은 번역은 이것입니다. "어찌하여 족속들이 허망하고 공허한 전략을 세우는가." 이 얼마나 20세기를 완벽하게 요약해 주는 말입니까? 지금 사람들이 하고 있는 일이 바로 이런 것입니다. 시편기자가 선택한 단어는 세상의 계획이 어떤 것인지 완벽하게 설명해 주고 있습니다. 세상의 계획은 공허하고 헛됩니다. 왜 그렇습니까? 하나님과 동떨어져 있기 때문입니다. 하나님은 분명히 계십니다. 분명히 존재하고 계십니다. 그는 모든 존재와 삶을 지으신 분입니다. 따라서 그와 연결되어 있지 않은 사람은 사실상 아무것도 가질 수 없습니다. 잠시 무언가 손에 쥔 것 같지만, 막상 손을 펴고 보면 아무것도 없습니다.

그뿐만이 아닙니다. 하나님과 떨어져서 하는 일 또한 언제나 무위로 돌아가게 되어 있습니다. 이것은 많은 심오한 사상가들이 도달한 결론입니다. 그들은 그리스도인이 아니었습니다. 인생! 그것은 무엇입니까? 셰익스피어는 한 등장인물의 입을 빌려 인생이란 "아무 의미 없는 소리와 분노로 가득 차" 있는 것이라고 말했습니다. 무^{無}! 하나님과 떨어져 있는 세상의 삶을 간단히 보여주는 말 아닙니까? 온갖 흥분되는 일들과 지적인 교양, 세상이 그토록 책에서 많이 언급하며 자랑하는 것들이 도달하는 지점이 어디입니까? 그 모든 것들은 결국 무엇을 향해 나아가고 있습니까? "아무 의미 없는 소리와 분노"입니다.

그런데도 세상은 자신감에 꽉 차 있습니다. 스스로 사태를 바로잡을 전략을 세울 수 있다고 믿어 의심치 않습니다. 사람들은 헛되고 허망하고 공허한 프로그램을 "경영"해서 우리 앞에 제시합니다. 세상은 스스로 완벽한 세상을 만들어 낼 수 있으며, 평화와 풍요와 행복과 즐거움을 제공할 수 있다고—다윗의 시대나 주님 당시 사람들이 그랬던 것처럼—확신하고 있습니다. 자기가 원하는 상황을 능히 만들어 낼 수 있다고 믿어 의심치 않습니다.

그러나 이것은 문명의 실상을 드러내 주는 말에 불과합니다. 문명이란 인간이 세운 위대한 전략과 기획의 역사라고 할 수 있습니다. 인간이 기획한 것이 무엇입니까? 그리스 철학자들의 시대로 돌아가 봅시다. 사람들은 그때부터 이상적인 상태를 꿈꾸기 시작했습니다. 1516년, 토마스 모어Thomas More는 『유토피아』Utopia에 그것을 묘사해 놓았습니다. 이상향에 대한 동경은 새삼스러운 것이 아닙니다. 여러분도 알다시피 "해 아래에는 새것이 없"습니다전 1:9. 따라서 우리가 새로운 문제에 직면해 있고, 새로운 해결책을 가지고 있다는 생각은 사실상 우습기 짝이 없는 것입니다! 사람들은 계속해서 유토피아를 동경해 왔고, 유토피아의 모든 것을 면밀히 계획해 왔습니다. 백성을 어떻게 나눌 것인가, 다양한 임무를 어떻게 할당할 것인가, 그들을 어떻게 통치할 것인가, 일정한 행동양식을 어떻게 가르칠 것인가 등을 다 계획해 왔습니다. 사람들은 계속해서 유토피아, 즉 세상의 모든 문제가 해결되는 곳을 꿈꾸어 왔습니다!

제가 말한 대로 이것이 문명의 역사입니다. 이것이 모든 시대에 걸쳐 정치가들이 해온 일이며, 철학자들과 교육 신봉자들이 해온 일이고, 이 시대의 과학이 할 수 있다고 장담하는 일입니다. 이들은 하나님을 버린 채, 스스로 완벽한 사회질서를 만들어 낼 수 있다는 자신감에 차 있습니다. 이들은 '고전적 인본주의자', '과학적 인본주의자'를 자처하지만, 사실은 모두 하나님을 배제하고 있는 인본주의자들일 뿐입니다. 이처럼 사람들은 자기의 웅대한 전략들을 "경영"하고 있습니다. 우리에게 가치 있는 삶을 살게 해주겠다고 장담하고 있습니다. 우리의 문제를 다 해결해 주겠다고 큰소리치고 있습니다.

우리 중에 그래도 나이가 있는 분들은 '영웅이 살 만한 땅'이나 '전쟁을 끝내기 위한 전쟁' 등, 1차 세계대전 때 들었던 연설의 내용을 기억하고 있을 것입니다. 우리는 국제연맹과 로카르노 조약을 기억하고 있고, 전후의 충돌을 막기 위해 사람들이 내놓은 뛰어난 아이디어들을 기억하고 있습니다. 우리는 능히 충돌을 막을 수 있다고 확신했습니다. 곧 전쟁이 종식될 것이고 다시는 전쟁이 일어나지 않을 것이라고 확신했습니다. 사랑하는 여러분, 나이가 들면 좋은 점도 있습니다! 지금 사람들이 하는 소리는 전에도 많이 하던 소리입니다. 저는 지금 냉소적인 말을 하고 있는 것이 아니라 현실적인 말을 하고 있습니다. 이제 세상에는 국제연합이 등장했습니다! 사람들이 거기에 쏟아붓는 에너지를 보십시오. 그 열정을 보십시오. 사람들은 지금도 계속해서 유토피아의 청사진과 전략과 기획을 "경영"하고 있습니다! 그러나 성경은 그 모든 것이 "허사"이고 공허한 일이라고 말합니다. 그것들은 결국 무위로 돌아가게 되어 있습니다. 이제야말로 현실주의자가 되어 이러한 상황을 직면해야 할 때가 되지 않았습니까? 여러분은 인간의 경영에서 나와서 여러분 앞에 제시된 이 웅대한 기획들에 그저 만족하고 살겠습니까?

이번에는 훨씬 더 심각한 문제로 나아가 보겠습니다. 많은 비그리스도인들은 제가 방금 말한 내용에 수긍할 것입니다. 위대한 자연철학자들 중에도, 사람은 어리석어서 미래의 희망을 약속할 수 없다는 점을 깨달은 이들이 있었습니다. 그런 사람들의 책-버트런드 러셀이나 줄리안 헉슬리처럼 저명한 사람들의 책-을 읽어 보면 과연 그렇다는 것을 발견할 것입니다. 그들은 사실을 관찰하다가 그것을 깨달았습니다.

그러나 성경은 그들도 알지 못했던 일을 해주고 있습니다. 단순히 상황을 묘사하는 데 그치지 않고 그 상황에 대한 설명까지 해주고 있는 것입니다. 성경은 우리의 지각을 깨우쳐 이런 상황의 원인을 깨닫게 해줍니다. "어찌하여 열방이 분노하며 족속들이 허사를 경영하였는고." 이 질문에 대한 적절한 답변은 한 가지뿐입니다. 왜 우리가 휴전기념일을 지키게 되었는지, 왜 이런 날이 생기게 되었는지, 왜 전쟁과 분쟁과 시련이 발생하는지 설명할 수 있는 길은 오직 한 가지뿐입니다. 이 모든 일은 인간이 하나님을 대적한 데서 비롯된 것입니다. 들어 보십시오. "세상의 군왕들이 나서며 관원들이 서로 꾀하여 여호와와 그의 기름부음 받은 자를 대적하며 우리가 그들의 맨 것을 끊고 그의 결박을 벗어 버리자 하는도다."

214

이 말씀을 해석해 보겠습니다. 여기에 충분한 설명이 나오고 있습니다. 우선 하나님을 대적하는 일에는 세상 모든 사람이 관련되어 있다는 사실에 주목하십시오. "세상의 군왕들"과 "관원들"과 "세상의 재판관들"judges of the earth([시 2:10]-옮긴이)이 다 관련되어 있으며, 철학자들과 정치가들과 그들의 가르침을 받는 일반 대중이 다 관련되어 있습니다. 사회 구석구석 관련되지 않은 부분이 없습니다. 사실 이것은 세상의 위대한 사람들과 지도자들에게 특별히 더 적용되는 말씀입니다. 그들은 모든 영역에서 하나님을 대적하며 무시하고 반대합니다. 그러나 톰이나 딕이나 해리처럼 길거리에서 만나는 평범한 사람들이라고 해서 별다른 것은 아닙니다. 그들도 똑같이 말합니다. "종교에는 아무것도 없어. 완전히 헛소리라고. 하나님을 이런 식으로 생각하는 건 구태의연해." "의인은 없나니 하나도 없"습니다롬 3:10.

다음 요점으로 넘어가 보겠습니다. 모든 사람이 하나님을 대적하는 일에 관련되어 있을 뿐 아니라 자발적으로 하나님께 반역하고 있다는 데 주목하십시오. "세상의 군왕들이 나서며 관원들이 서로 꾀하여." 이것이야말로 이 주제 전체를 통틀어 가장 무서운 점입니다. 사람들은 무의식적으로 반역하는 것이 아닙니다. 자발적으로 "나서며" 반역하는 것입니다. 그들은 지금도 자발적으로 나서고 있습니다. 인본주의자들의 회합이나 연합모임을 구성하여, 서로 꾀하며 함께 책을 쓰고 서로 칭송하고 있습니다. 이렇게 자발적으로 모인 악한 조직들은 "여호와와 그의 기름부음 받은 자를 대적"합니다. 하나님과 그의 계획과 그의 목적을 대적합니다. 이것이야말로 그 무엇보다 소름끼치는 측면이 아닐 수 없습니다. 인류의 문제는 단순히 게으르거나 나태한 데 있지 않습니다. 이처럼 자발적으로, 정해진 목적하에, 고의적인 살의를 품고, 조직적으로 하나님을 대적하는 데 있습니다. 오늘날 세상에서 이런 세력의 존재를 보지 못한다면, 뉴스기사와 텔레비전 다큐멘터리, 혼란으로 이끄는 현대적 악의 전시물들 이면에서 악을 조직하고 있는 세력을 보지 못한다면, 여러분은 눈이 아주 먼 것입니다.

한 걸음 더 나아가 보겠습니다. 왜 인간은 이처럼 자발적으로 하나님을 대적합니까? 왜 "하나님은 필요 없다, 우리는 하나님을 믿지 않는다, 하나님은 우리가 상상 속에서 꾸며 낸 존재일 뿐이다"라고 말합니까? 왜 그토록 열심히, 열광적으로, 열정을 다해 반역하는 것입니까? 왜 그토록 자기들의 반역을 미화하는 것일까요? 이 질문에 대한 놀라운 답변이 여기 있습니다. 그들 마음속에 하나님에 대한 적개심이 있기 때문입니다. 그들의 말을 들어 보면 그 저의를 알 수 있습니다. "우리가 그들의 맨 것을 끊고 그의 결박을 벗어 버리자." 이것은 그들이 하나님과 그의 거룩한 법에 적개심을 품고 있다는 뜻입니다.

사도 바울은 로마서 8장에 나오는 위대한 진술에서 이 점을 다음과 같이 요약해 놓았습니다. "육신의[자연적인] 생각은 하나님과 원수가 되나니 이는 하나님의 법에 굴복하지 아니할 뿐 아니라 할 수도 없음이라"롬 8:7. "하나님과 원수가 되나니!" 어떻게 해서 하나님의 거룩한 법이 속박과 결박과 족쇄 취급을 받게 되었는지 보십시오. 하나님은 사람을 만드신 후, 그들이 삶의 기준으로 삼을 법을 주셨습니다. 우리 모두에게는 가르침이 필요하기 때문에 사랑과 자비와 긍휼로 교훈을 주신 것입니다. 그는 우리에게 십계명을 주셨습니다. 위대한 선지자들의 가르침을 주셨고, 산상설교를 주셨습니다. 이 가르침들은 모두 우리의 유익을 위한 것입니다.

사도 바울의 말을 다시 인용해 보겠습니다. "하나님의 나라는 먹는 것과 마시는 것이 아니요 오직 성령 안에 있는 의와 평강과 희락이라"롬 14:17. 하나님이 법을 주신 것은 단순히 우리를 억누르고 얽어매기 위해서가 아닙니다. 우리에게 유익하게 하시려고, 우리를 도우시며 어떻게 살아야 하는지 가르쳐 주시려고, 어떻게 하면 풍성하고 즐거운 삶, 거룩하고 평화로운 삶을 살 수 있는지 가르쳐 주시려고 법을 주신 것입니다. 그런데도 사람들은 그 가르침에 감사하기는커녕 하나님의 법을 참기 힘든 족쇄로 여깁니다. 그들은 말합니다. "하나님은 우리를 노예로 만들고 있어. 우리 속에 위대한 것이 있는데도 우리를 억압해서 노예로 만들고 있다고." 세상이 이 모양이 되어 버린 이유가 여기 있습니다.

이 강단에서 자주 언급한 말이지만, 휴전기념일을 맞아 한 번 더 반복하겠습니다. 오늘날 세상 모든 나라와 모든 개인이 십계명과 산상설교에 따라 살기만 한다면, 이 세상은 금세 낙원이 될 것입니다. 남부 로디지아에는 더 이상 분쟁이 생기지 않을 것입니다. 국제연합도 필요 없어질 것입니다. 모든 사람이 하나님의 법, 하나님의 길을 따라 살기만 하면, 하나님이 삶을 보시는 관점에 따라 살기만 하면, 국가적 문제나 국제적 문제나 개인적 문제나 사회적 문제나 그 밖의 모든 문제들이 사라져 버릴 것입니다. 세상은 하나님이 처음 만드셨던 낙원처럼 될 것입니다. 이처럼 낙원에는 법이 있어야 합니다. 법을 지켜야 낙원이 될 수 있는 것입니다. 법을 어기는 순간, 혼돈과 혼란과 다툼이 생겨나고, 세상은 "평온함을 얻지 못하고 요동하는 바다"가 되어 버립니다.

이처럼 사람들이 하나님께 반역하는 것은 첫째는 적개심 때문이며, 둘째는 자신감 때문입니다. 그들은 "우리가 그들의 맨 것을 끊고 그의 결박을 벗어 버리자"라고 말합니다. 성경에 나오는 "······하자"라는 표현에 주목하십시오. 창세기 11장을 읽어 보면 사람들이 하나님을 대적하는 것을 볼 수 있습니다. 이들은 "자, 성읍과 탑을 건설하여 그 탑 꼭대기를 하늘에 닿게 하여 우리 이름을 내고 온 지면에 흩어짐을 면하자"라고 말합니다[114]. "면하자!" 이것은 인간을 파멸시키는 치명적인 자신감에서 나온 말입니다. 인간은 하나님과 그의 거룩한 법을 보면서 "깨뜨려 버리자, 부수어 버리자, 없애 버리자, 스스로 해방되자, 자유로워지자, 일어나 우리를 짓누르는 폭군 하나님을 없애 버리자"고 말합니다. 그들은 스스로 그렇게 할 수 있다고 생각합니다. 자기들이 원하는 세상을 능히 만들 수 있다고 생각합니다. 누군가 성가시게 하거나 간섭하지만 않으면 능히 즐겁게 지낼 수 있다고 생각합니다. 그들은 하나님과 그의 거룩한 법에서 해방될 수 있다고 믿습니다.

세상이 처해 있는 곤경의 원인-하나님께 대한 반역과 적개심과 자신감-을 고찰해 보았으니, 이제는 이런 상황이 얼마나 어리석은 것인지 보겠습니다. 이것이야말로 인류의 비극이 아닐 수 없습니다! "하늘에 계신 이가 웃으심이여, 주께서 그들을 비웃으시리로다. 그때에 분을 발하며 진노하사 그들을 놀라게 하여 이르시기를 내가 나의 왕을 내 거룩한 산 시온에 세웠다 하시리로다." 이것이 인간들의 어리석음과 분노, 헛된 경영, 스스로 하나님께 도전할 수 있다고 믿는 치명적인 자신감에 대한 하나님의 반응이며, 이 모든 일에 대한 하나님의 답변입니다.

인간의 문제가 무엇입니까? 하나님에 대해 치명적으로 무지하다는 것입니다. 이것이 성경 전체에서 말하고 있는 주제입니다. 복되신 주님은 생애 마지막 무렵, 위대한 대제사장의 기도를 드리면서 이것을 말씀하셨습니다. "의로우신 아버지여, 세상이 아버지를 알지 못하여도 나는 아버지를 알았사옵고"요 17:25. 이미 살펴본 대로, 세상의 문제는 언제나 하나님을 모른다는 데 있습니다. 시편기자들은 이 점을 때로 아주 시각적이고 극적인 방식으로 표현해 놓았습니다. 그런 표현 중 하나가, 하나님께서 인간을 보시면서 "네가 나를 너와 같은 줄로 생각하였도다"는 말씀입니다시 50:21. 이것은 우리 모두에게서 발견되는 경향이기도 합니다. 우리는 우리를 기준으로 하나님을 평가합니다. 스스로 재판석에 앉아 그를 판단합니다. 우리가 누구입니까? 그 훌륭한 20세기 사람들 아닙니까? 우리는 아주 위대한 지식을 가지고 있는 사람들입니다. 하나님을 실험대 위의 분석 대상으로 전락시키는 사람들입니다. 위대한 우리 인간이여! 우리는 이처럼 하나님을 대적하고 있습니다.

그러나 한 번 더 성경의 답변을 들어 보십시오. "하늘에 계신 이가 웃으심이여, 주께서 그들을 비웃으시리로다." 위대한 하나님께서 우리의 세상, 이 '똑똑한' 세상, 찰스 다윈Charles Darwin의 『종의 기원』On the Origin of Species 한 권으로 하나님을 제거할 수 있다고 믿는 세상을 경멸하신다는 사실을 생각하면 두렵습니다. 그렇게 믿는 자들을 다루는 방법은 오직 한 가지, 비웃으며 내쫓는 것입니다. 조롱하며 우주 밖으로 내쫓는 것입니다. 하나님이 지금 그렇게 하고 계십니다. "하늘에 계신 이가 웃으심이여, 주께서 그들을 비웃으시리로다." 무엇 때문입니까? 하나님이 누구시며 어떤 분이신가 하는 본질 때문입니다. 그런데 사람들은 "우리가 그들의 맨 것을 끊고 그의 결박을 벗어 버리자" 하고 있습니다. 감히 "하늘에 계신 이"에게 그런 말을 하고 있는 것입니다!

우리는 최근에 사람들을 로켓에 태워 우주 궤도를 돌게 한 일 하나를 놓고서도 흥분해서 어쩔 줄 모르고 있습니다. 하늘? 그들은 하늘 냄새도 못 맡고 왔습니다. 하늘 근처에도 못 가 봤습니다. 우리는 장난감을 가지고 노는 아이들 수준에 불과합니다. 그러나 하나님은 하늘에 계신 분입니다. 아무것도 없는 데서 지구를 만들어 공중에 두신 분입니다. 그는 영원한 세계에 거하시는 분입니다. 우주의 창조자입니다. 우주를 만드신 분일 뿐 아니라 다스리시는 분입니다. 우리의 마음에 들든 들지 않든, 그는 우주의 주인으로 우주를 다스리고 계십니다. 온 우주 위 영광의 보좌에 앉아 처음부터 끝까지 다 보고 계십니다.

또한 그는 심판관이라는 사실을 잊지 말아야 합니다. "그때에 분을 발하며 진노하사 그들을 놀라게 하여 이르시기를." 사랑하는 여러분, 우리는 도덕적인 우주에 살고 있습니다. 저는 오늘날 비도덕적인 사람들, 도덕과 관계없는 사람들이 이 사실을 믿지 않는다는 것을 알고 있습니다. 그러나 우리는 도덕적인 우주에 살고 있습니다. 세상에는 사람이 함부로 변경할 수 없는 법칙이 있습니다. 불에 손가락을 넣어 보십시오. 당장 데일 것입니다. 그 법칙을 바꾸고 싶다는 생각이 들 수 있지만 그렇게 할 수는 없습니다. 여러분이 하나님의 법을 가지고 장난을 치려고 하는 즉시, 그 법이 가차 없이 자신에게 작동한다는 사실을 발견하게 될 것입니다. "하나님의 제분기는 느리게 움직이지만, 아주 미세한 알갱이까지 갑니다"(프리드리히 폰 로가우Friedrich von Logau).

"여호와께서 말씀하시되 악인에게는 평강이 없다 하셨느니라"사 48:22. 이것이 두 차례에 걸쳐 세계대전이 일어난 이유입니다. 오늘 우리가 휴전기념일을 지키게 된 이유가 여기 있습니다. 세상이 곤경에 빠지게 된 이유가 여기 있습니다. 여러분이 원하는 대로 한번 해보십시오. 하나님을 마음껏 대적하면서 여러분이 그리는 이상향의 청사진을 그려 보십시오. 결코 이루어 내지 못할 것입니다. 곧 곤경에 빠져서 비참해질 것이며 "난리와 난리 소문을 들"게 될 것입니다마 24:6. 왜 그렇습니까? 우주의 주인이시며 "땅 끝까지 심판을 내리"실 하나님께 도전했기 때문입니다삼상 2:10. 하나님의 진노와 분과 격노를 무시하는 것이 얼마나 어리석은 일입니까! 성경을 한번이라도 읽어 본 사람이라면, 아니 세속 인간의 역사라도 읽어 본 사람이라면 이 사실을 조금도 의심치 않을 것입니다.

그러나 인간은 반항하는 태도로 하나님께서 우주를 만드신 목적과 계획에 대항하려고 애를 쓰고 있습니다. "여호와와 그의 기름부음 받은 자를 대적하며." 여기에서 인간의 어리석음이 더 선명하게 드러납니다. 하나님께 위대한 목적과 계획이 있다는 것을 어떻게 모를 수 있는지 그저 놀라울 따름입니다. 하나님께서는 훨씬 전, 인류가 처음 등장했을 때부터 자신의 목적과 계획을 계시해 주셨습니다. 그때는 이미 아담과 하와가 타락한 후였습니다. 죄와 혼돈과 심판을 몰고 온 인간에게 하나님은 "괜찮다. 나에게 다 계획이 있다"고 말씀해 주셨습니다. "내가 너[뱀]로 여자와 원수가 되게 하고 네 후손도 여자의 후손과 원수가 되게 하리니 여자의 후손은 네 머리를 상하게 할 것이요 너는 그의 발꿈치를 상하게 할 것이니라"창 3:15. 이것이 그 계획의 시초이자 개요입니다. 하나님은 그 계획을 실행하셨습니다. 그것은 구약성경 전체를 관통하고 있습니다. 하나님께서 그 계획을 점점 더 확장시키고 확실하게 하시며 분명히 하셨습니다. 이스라엘 백성의 이야기를 한번 읽어 보십시오. 그들은 하나님께 지음받은 백성이었으면서도 죄를 짓고 벌을 받아 적들에게 정복당하곤 했습니다. 그러면 하나님이 그 적들을 물리치고 그들을 구원해 주셨습니다. 이런 일의 반복이 구약성경 전체의 줄거리를 이루고 있습니다.

그러나 초대교회 그리스도인들이 예루살렘 다락방에서 명확하게 깨달았듯이, 하나님의 계획이 가장 분명하게 드러난 사건은 바로 주 예수 그리스도의 삶과 죽음과 부활이었습니다. 우리는 주님의 삶을 통해 어떻게 "세상의 군왕들이 나서며 관원들이 서로 꾀하"는지 보게 됩니다. 서로 적대관계에 있었던 헤롯 왕과 본디오 빌라도가 친구가 되어 관원들과 한 패거리가 되었습니다. 이방인과 유대인들이 그리스도를 대적하여 음모를 꾸미는 일에 힘을 합쳤습니다. 그들은 "없이 하소서, 그를 십자가에 못박게 하소서"라고 외쳤습니다. 그러고는 의기양양하게 비웃기 시작했습니다.

그러나 그때 하나님도 그들을 비웃으셨습니다! 하나님은 부활이라는 명백한 사실을 통해 그들을 비웃으시며 그들을 무색하게 하셨습니다. 하나님은 아들을 죽은 자 가운데서 일으켜 택한 증인들에게 보이신 후 영광 중에 다시 하늘로 데려가심으로써 그들의 한없는 어리석음을 드러내셨습니다. 그것은 하나님이 세우신 계획의 일부였습니다. 하나님은 사람들과 마귀와 지옥이 힘을 합해 마지막 비축해 놓은 무기를 꺼내 들고 대적하러 나서게 한 후에 패배시키실 작정이었습니다. 그는 결국 부활을 통해 그들을 공개적으로 부끄럽게 만드셨으며, 그들이 저지른 바로 그 일을 통해 그들을 패배시키고 승리를 거두셨습니다 골 2:15.

이 시편의 예언 중에 어떤 의미에서 아직 성취되지 않은 유일한 예언은 이것입니다. "네가 철장으로 그들을 깨뜨림이여, 질그릇같이 부수리라." 이것은 아버지께서 아들에게 하신 말씀입니다. 하나님은 "내가 이방 나라를 네 유업으로 주리니 네 소유가 땅 끝까지 이르리로다"라고 말씀하셨을 뿐 아니라 아들을 심판관의 자리에 앉히셨습니다. 설교에 엄숙한 책임이 있는 이유가 여기에 있습니다. 저는 설교자로서 하나님의 아들이 "철장"을 가지고 세상에 다시 오신다는 말을 거듭거듭 일깨우지 않을 수가 없습니다. 그는 "천하를 공의로 심판"하시기 위해 다시 오실 것입니다 행 17:31. 세상은 이 상태로 영원히 머물 수 없습니다. 언제까지나 마귀의 지배를 받고 있을 수 없습니다. 절대 그럴 수 없습니다. 세상은 마귀 것이 아닙니다. 그는 찬탈자일 뿐입니다. 원래 주인이 다시 오실 것입니다. 그가 "철장으로 저희를 깨뜨[리고] 질그릇같이 부"술 것입니다. 그가 세상에 다시 오시면 "각 사람의 눈이 그를" 볼 것이며, "그를 찌른 자들도 볼" 것입니다계 1:7. 그들은 그의 얼굴을 뵙기가 너무나 무서워 숨으려고 애쓸 것입니다. 바위한테까지 "어린양의 진노에서 우리를 가리라"고 말할 것입니다6:16. 그러나 그런 노력도 아무 소용이 없을 것입니다. 그런데도 세상은 그 사실을 전혀 모르고 있습니다. 그저 자신들의 과학과 학식과 유토피아와 전략에 대해서만 떠들고 있을 뿐입니다. 자기 자신에 대해, 하나님에 대해 "허사를 경영"하고 있을 뿐입니다. 이 시편은 그런 사람들에 대한 답변을 보여주고 있습니다.

그러나 저는 이 말로 설교를 마칠 수가 없습니다. 이 시편은 인간의 어리석음보다 더 심각한 문제를 보여주고 있기 때문입니다. 그것이야말로 인간의 비극입니다. 세상이 눈을 떠서 이 비극을 볼 수만 있다면 얼마나 다행이겠습니까! 사람들은 하나님의 힘과 능력과 의에만 대항하고 있는 것이 아니라 하나님의 사랑까지 거부하고 있습니다. 들어 보십시오. "관원들이 서로 꾀하여 여호와와 그의 기름부음 받은 자를 대적하며……." 무슨 뜻입니까? 사람들이 "기름부음 받은 자"를 대적하는 것은 하나님의 은혜로운 계획과 목적의 일부라는 것입니다. 여기에서 "기름부음 받은 자"는 누구입니까? 주 예수 그리스도입니다. "나사렛 예수"입니다. 하나님의 아들입니다.

이 메시지에 비추어 볼 때 죄에 빠진 인간을 이해한다는 것은 거의 불가능해 보입니다. 우리가 교만하게 하나님께 반역하고 대항하며 그의 법을 미워하고 그것을 "맨 것"과 "결박"으로 여겼음에도 불구하고, 그의 면전에서 그를 모욕했음에도 불구하고, 하나님의 은혜로운 메시지는 여전히 이렇게 말합니다. "하나님이 세상을 이처럼 사랑하사"-하나님은 세상을 이만큼이나 사랑하십니다!-"독생자를 주셨으니 이는 그를 믿는 자마다 멸망하지 않고 영생을 얻게 하려 하심이라"요 3:16. 하나님은 그의 "기름부음 받은 자", 독생자를 영원한 영광의 세계에서 이 세상으로 내려 보내셨습니다. 도대체 왜 사랑하는 아들을 이 악한 세상에 보내셔서 조롱과 비웃음과 야유와 침 뱉음을 당하게 하시고, 그 거룩한 이마를 가시관에 짓눌리게 하시고, 십자가의 무게에 짓눌려 비틀거리면서 골고다를 오르게 하시며, 거기 못박혀 죽어 장사되게 하셨습니까? 도대체 왜 그런 일이 일어나게 하신 것입니까? 답은 오직 하나, 하나님의 사랑 때문입니다! 하나님의 은혜로운 목적 때문입니다! 하나님은 그 아들에게 기름을 부어, 주님 자신이 친히 나사렛 회당에서 말씀하신 대로 우리의 구주이자 구원자로 삼으셨습니다 눅 4:16-21.

사도 바울이 로마서 5장에 이것을 어떻게 표현해 놓았는지 기억하십니까? 이 휴전기념일 저녁, 우리에게 필요한 메시지가 여기 있습니다. "우리가 아직 연약할 때에 기약대로 그리스도께서 경건하지 않은 자를 위하여 죽으셨도다. 의인을 위하여 죽는 자가 쉽지 않고 선인을 위하여 용감히 죽는 자가 혹 있거니와 우리가 아직 죄인되었을 때에 그리스도께서 우리를 위하여 죽으심으로 하나님께서 우리에 대한 자기의 사랑을 확증하셨느니라. 그러면 이제 우리가 그의 피로 말미암아 의롭다 하심을 받았으니 더욱 그로 말미암아 진노하심에서 구원을 받을 것이니 곧 우리가 원수되었을 때에 그의 아들의 죽으심으로 말미암아 하나님과 화목하게 되었은즉 화목하게 된 자로서는 더욱 그의 살아나심으로 말미암아 구원을 받을 것이니라" 롬 5:6-10.

그러나 세상은 여전히 이 메시지를 비웃고 조롱하며 야유하고 있습니다. 세상은 이 메시지를 고려할 생각조차 하지 않고 있습니다. 오히려 이 메시지를 모욕으로 여기고 있습니다. 언제든지 일요신문을 읽을 수 있는 사람들, 똑똑한 사람들의 관점과 전략과 제안과 반짝이는 아이디어와 과학의 발견을 읽을 수 있는 사람들한테 이런 구닥다리 복음을 들어 보라고 제안할 때 과연 어떤 반응을 보일지 상상해 보십시오!

하나님의 법에 반역하는 것은 아주 무서운 일이지만, 제가 비난함에도 아주 이해가 되지 않는 것은 아닙니다. 그러나 제가 도저히 이해할 수 없는 것은, 하나님의 법과 공평함과 의로움은 거부한다 해도 어떻게 하나님의 사랑까지 그의 면전에 집어던질 수 있는가 하는 것입니다. 하나님의 자비와 인자와 긍휼까지 우습게 여길 수 있는가 하는 것입니다. 믿어지지 않지만 세상은 지금 그렇게 하고 있습니다. 하지만 세상이 거부한다고 해도 하나님은 세상을 포기하지 않으셨습니다. 오히려 세상을 구원하고 회복시키기 위해 아들까지 보내 주셨습니다. 그러나 세상은 하나님의 법을 거부했던 것처럼 하나님의 사랑을 거부했습니다. 이것이 인간의 결정적인 비극입니다. "그는 멸시를 받아 사람들에게 버림받았으며"사 53:3.

이제 시편기자의 호소를 제시함으로 설명을 마치려고 합니다. 이상의 모든 사실에 비추어 시편기자는 다음과 같이 말하고 있습니다. "그런즉 군왕들아, 너희는 지혜를 얻으며 세상의 재판관들아, 너희는 교훈을 받을지어다. 여호와를 경외함으로 섬기고 떨며 즐거워할지어다. 그의 아들에게 입맞추라. 그렇지 아니하면 진노하심으로 너희가 길에서 망하리니 그의 진노가 급하심이라. 여호와께 피하는 모든 사람은 다 복이 있도다."

"지혜를 얻으라"는 이 호소에 귀를 기울이십시오. 멈추어 서서 생각하십시오! 텔레비전과 라디오와 음악을 잠시 꺼두십시오. 신문도 치우십시오. 그렇게 잠시 멈추어 서서, 하나님께서 여러분에게 행하셨던 이 말씀을 듣고 생각하십시오. 그리고 교훈을 받으십시오. 기꺼이 배울 준비를 하십시오. 자신이 지금 서 있는 자리가 어딘지 모르고 있다는 사실, 삶을 이해하지 못하고 있다는 사실을 정직하게 인정하십시오. 죽음도 이해하지 못하고 있으며 이 계몽된 시대, 지적이고 과학적인 20세기에도 왜 전쟁이 일어나고 전쟁의 소문이 횡행하는지 모르고 있다는 사실을 인정하십시오. 이 모든 것들을 모르고 있다면 그 사실을 인정하고, 어린아이가 되어 기꺼이 교훈을 받을 준비를 하십시오.

여러분에게 주는 교훈은 이것입니다. 지금 무슨 일이 일어나고 있는지 깨달으십시오. 세상이 오늘날 이 모양이 된 이유를 깨달으십시오. 그에 대한 해결책이 여기 있습니다. "그의 아들에게 입맞추라. 그렇지 아니하면 진노하심으로 너희가 길에서 망하리니 그의 진노가 급하심이라." 저는 오늘날 하나님의 아들이 세상에 진노하고 계시다는 작은 징후가 이미 나타나고 있다고 생각합니다. 그는 지금 은혜의 영향력을 행사하지 않고 보류하고 계십니다. 억제의 손길을 거두심으로, 우리가 이 정신 나간 어리석음의 열매를 거두도록 내버려두고 계십니다. 이처럼 억제의 손길을 거두시고 우리 마음대로 하도록 내버려두시는 것은 죄를 향한 진노의 일부에 불과합니다. 앞으로 맛볼 진짜 지옥의 모습에 비하면, 지금 이 순간 우리가 만들어 내고 있는 세상의 작은 지옥은 그야말로 사소하기 짝이 없는 것입니다.

세상이 정말 지옥 같다는 생각이 듭니까? "사는 게 지옥이야!"라는 말이 절로 나옵니까? 많은 이들이 그렇게 말하고 있습니다. 그들은 마음껏 쾌락을 누리고서도 만족을 찾지 못하고 있습니다. 얽혀 있는 문제가 너무 복잡해서 스스로 어떻게 해야 할지 모르고 있습니다. 무엇을 해야 할지 몰라 미쳐 날뛰며 분노하고 있습니다. 그래서 눈에 띄는 사람을 이유도 없이 죽여 버리는 일이 생기기도 합니다. 물론 본인도 그러고 싶어서 그러는 것은 아닙니다. 문제는 자기가 무슨 짓을 하고 있는지 모른다는 데 있습니다. 사람들은 미쳤습니다. 이것이 지옥입니다. 아니, 이것은 지옥이 아닙니다. 지옥의 그림자일 뿐입니다. 지옥의 한 작은 조각일 뿐입니다. 진짜 지옥은 이 모든 것이 무한대로 확대된 곳이며, 그런 모습이 영원히, 영원히, 무한하게 지속되는 곳입니다.

시편기자는 조심하라고 말합니다. 길을 잃지 않도록 조심하라고 말합니다. 세상은 이미 길을 잃었지만 이제라도 돌아오라고 말합니다. 지혜를 얻으라, 교훈을 듣고 생각하고 받아들이라고 말합니다. 지금 자기가 서 있는 곳이 어딘지 보십시오. 지금 가고 있는 길의 끝이 어딘지 보십시오. 시간이 아직 있을 때 멈추어 서십시오. 지금 자신이 우주의 주재이신 하나님, 나를 수중에 쥐고 계신 하나님, 도저히 피해서 도망칠 수 없는 하나님께 대항하고 있다는 사실을 깨달으십시오. "살아계신 하나님의 손에 빠져 들어가는 것이 무서울진저"히 10:31. 여러분은 "이런 설교는 다시는 듣지 않겠어"라고 말할 수도 있습니다.

그러나 이런 설교를 듣지 않아도 여러분은 여전히 살아야 하며, 결국은 죽어야 하고, 죽은 후에 심판대 앞에 서야 합니다. 여러분은 정말 바보입니다. 여러분은 이 말씀을 잊어버리거나 적어도 너무 자주 생각나지 않도록 함으로써 어떻게든 이 말을 무시해 버릴 수 있다고 생각할 것입니다. 그러나 그렇지 않습니다! 이 말씀은 결코 사라지지 않고 남을 것입니다. 이것은 살아계신 하나님의 말씀이기 때문입니다! 그러니 지혜를 얻으십시오. 교훈을 받으십시오. 길을 잃지 않도록 조심하십시오.

어떻게 하면 확실히 길을 잃지 않겠습니까? 회개하면 됩니다. 이 모든 일을 다시 한번 생각해 보면 됩니다. 여러분의 공허함과 반역과 자발적인 적개심과 어리석음, 하나님의 말씀 듣기를 거절한 비극을 인정하면 됩니다. 그다음으로 할 일은 무엇입니까? "그의 아들에게 입맞추라"는 시편기자의 호소를 듣는 것입니다. 우리는 오늘 이 모임, 이 집회에서 하나님의 아들을 눈으로 볼 수 없습니다. 그런데도 시편기자는 그에게 입맞추라고 촉구하고 있습니다. 저도 똑같이 촉구합니다. 그의 아들에게 입맞추십시오. 버킹엄궁에 가서 여왕의 임명을 받을 때, 사람들은 그 손에 입을 맞춥니다. 그것은 여왕에게 승복하며 힘을 다해 여왕의 법을 수행하겠다는 표시입니다.

지금 하나님의 아들이 여러분에게 손을 내밀고 계십니다. 사랑하는 여러분, 그 아들에게 입맞추십시오. 반역을 포기하고 그에게 승복하여 충성을 맹세하고 그를 의지하십시오. 당황스럽고 혼란스럽고 불행한 상태에 있다 하더라도, 나사렛 예수는 하나님의 영원한 아들로서 나를 구원하시려고 세상에 오셨다는 사실을 단순히 믿으십시오. 그의 메시지를 받아들이고, 복음을 있는 그대로 믿으며, 어린아이가 되어 그와 그의 메시지에 승복하십시오. 그가 여러분을 구해 주실 것을 믿으십시오. 그가 여러분을 지켜 주실 것을 믿으십시오. 그가 자신의 영원한 영광을 나누어 주실 것을 믿으십시오. 그리고 즉시 그를 섬기기 시작하십시오. "여호와를 경외함으로 섬기고 떨며 즐거워"하십시오시 2:11. 그러면 여러분도 이 오래된 시편의 마지막 구절에 기꺼이 동의를 표하게 될 것입니다. "여호와께 피하는 모든 사람은 다 복이 있도다."

10

유일한 답변

11

그리스도의 십자가

사도들이 놓이매 그 동료에게 가서 제사장들과 장로들의 말을 다 알리니 그들이 듣고 한마음으로 하나님께 소리를 높여 이르되 대주재여, 천지와 바다와 그 가운데 만물을 지은 이시오 또 주의 종 우리 조상 다윗의 입을 통하여 성령으로 말씀하시기를 어찌하여 열방이 분노하며 족속들이 허사를 경영하였는고. 세상의 군왕들이 나서며 관리들이 함께 모여 주와 그의 그리스도를 대적하도다 하신 이로소이다. 과연 헤롯과 본디오 빌라도는 이방인과 이스라엘 백성과 합세하여 하나님께서 기름부으신 거룩한 종 예수를 거슬러 하나님의 권능과 뜻대로 이루려고 예정하신 그것을 행하려고 이 성에 모였나이다.

사도행전 4:23-28

초대교회 그리스도인들은 시편 2편을 인용함으로써, 자신들이 핍박받고 있는 이유를 알고 있음을 보여주었습니다. 그런데 이들은 시편을 인용한 다음 아주 기이한 일을 한 가지 합니다. 최근에 예루살렘에서 돌아가신 주 예수 그리스도의 죽음을 갑자기 언급한 것입니다. 그들은 이렇게 말했습니다. "……그의 그리스도를 대적하도다 하신 이로소이다. 과연 헤롯과 본디오 빌라도는 이방인과 이스라엘 백성과 합세하여 하나님께서 기름부으신 거룩한 종 예수를 거슬러 하나님의 권능과 뜻대로 이루려고 예정하신 그것을 행하려고 이 성에 모였나이다." 우리의 질문은 이것입니다. 이들은 왜 갑자기 기도중에 이 죽음을 언급한 것입니까? 이것은 초대교회의 기도였고, 이들의 기독교는 참된 기독교였습니다. 참된 그리스도인의 기도에는 비합리적인 구석이 한군데도 없습니다. 참된 기도를 드리는 사람은 단순히 무언가를 외치거나 아무 말이나 외치거나 뜻 없는 말을 외치지 않습니다. 이들의 기도는 성령이 명하시고 감동시키신 기도였습니다. 이들에게는 폭력이나 소요를 부추기려는 의도가 전혀 없었습니다. 그저 자신들의 생각을 정연하게 전개해 나가고 있었을 뿐입니다. 그러다가 갑자기 주님의 죽음을 언급한 것입니다. 여기에는 이유가 있습니다.

　물론 방금 인용한 시편 2편을 해석하다가 자연히 이런 언급을 하게 된 것이 아니겠느냐고 말할 수도 있습니다. 이미 살펴본 대로 그리스도께서 시편 2편을 성취하셨다는 데에는 저도 상당히 동의합니다. 그러나 여기에는 그 이상의 의미가 있습니다. 신자들은 주님의 십자가 죽음이 지금 자신들의 곤경을 조명해 주고 있음을 알았습니다. 요컨대 그들은 "지금 저들이 우리에게 하고 있는 것은 우리 주님께 한 것과 정확히 일치한다. 이 두 가지는 같은 원리에서 나온 것이다"라고 말하고 있습니다. 제가 볼 때 그들의 언급에는 이런 생각도 담겨 있습니다. 그뿐 아니라 우리는 그들이 이처럼 주님의 죽음을 언급했다는 사실을 통해, 특히 그것을 언급한 방식을 통해, 사도들이 갈보리 언덕의 십자가 죽음을 어떻게 가르쳤는지에 대해서도 알게 됩니다. 특히 사도행전 4:28은 초대교회가 하나님의 아들 예수 그리스도의 죽음을 어떻게 바라보았는지를 보여주고 있습니다.

제가 이 구절들에 여러분의 주의를 환기시키는 것은, 여기에 기독교 신앙과 관련해 결정적으로 중요한 내용이 들어 있기 때문입니다. 기독교 설교의 핵심은 십자가에 있습니다. 우리는 이미 그것을 살펴보았습니다. 여러분은 오순절 날 베드로가 어떻게 설교했는지, 주님의 죽음을 어떻게 설명했는지 기억하고 있을 것입니다. 성전 미문에서 앉은뱅이를 고친 사건이 일어났을 때도 마찬가지였습니다. 베드로는 설교를 시작하자마자 그 사람을 고친 이가 자신이나 요한이 아니라 주님이라고 설명하면서 십자가를 이야기했습니다. 산헤드린 앞에 섰을 때도 마찬가지였습니다. "이 예수는 너희 건축자들의 버린 돌로서 집 모퉁이의 머릿돌이 되었느니라. 다른 이로써는 구원을 받을 수 없나니 천하 사람 중에 구원을 받을 만한 다른 이름을 우리에게 주신 일이 없음이라"4:11-12. 그는 십자가를 설교했습니다. 이처럼 교회가 설교하고 가르칠 때는 반드시 예수 그리스도와 그가 십자가에 못박히신 일을 언급하게 되어 있습니다. 십자가는 기독교 메시지의 핵심입니다. 우리는 이 기도에서 다시 한번 그 핵심과 마주치게 됩니다.

위대한 사도 바울의 사역을 돌아볼 때, 그 또한 십자가에 집중했음을 알 수 있습니다. 바울이 비시디아 안디옥에서 설교한 기록을 읽어 보십시오행 13장. 그가 십자가를 자세히 설명하고 있을 뿐만 아니라, 그는 항상 그렇게 했다는 사실을 발견하게 될 것입니다. 바울은 고린도전서의 잊을 수 없는 구절에서 자신의 이런 입장을 단번에 요약해 놓았습니다. "내가 너희 중에서 예수 그리스도와 그가 십자가에 못박히신 것 외에는 아무것도 알지 아니하기로 작정하였음이라"2:2. 그 당시 바울은 고린도를 떠나 있었습니다. 그가 설교하려고 한 것이 무엇입니까? 복음의 핵심이자 중심이 무엇입니까? "예수 그리스도와 그가 십자가에 못박히신 것"입니다. 바울은 고린도전서 15장에서 자신이 무엇보다 먼저 고린도의 그리스도인들에게 설교했던 메시지, 곧 "성경대로 그리스도께서 우리 죄를 위하여 죽으"신 일과 그 밖의 일들을 상기시킵니다 고전 15:3-4. 또 고린도후서에서도 그는 말합니다. "그러므로 우리가 그리스도를 대신하여 사신이 되어……그리스도를 대신하여 간청하노니 너희는 하나님과 화목하라. 하나님이 죄를 알지도 못하신 이를 우리를 대신하여 죄로 삼으신 것은 우리로 하여금 그 안에서 하나님의 의가 되게 하려 하심이라" 고후 5:20-21.

이것은 "하나님께서 그리스도 안에 계시사 세상을 자기와 화목하게 하시며 그들의 죄를 그들에게 돌리지 아니하"셨다는 화해의 메시지입니다 고후 5:19. 이것이야말로 기독교 신앙의 큰 중심을 차지하는 메시지이자 핵심입니다. 초대교회는 항상 이 메시지를 가장 강조했습니다. 실제로 사도 바울은 자기 자신을 벽보 게시자에 비유하는 아주 과감한 이미지를 사용했습니다. 그는 "그리스도께서 십자가에 못박히신 것이 너희 눈앞에 밝히 보이거늘"-문자 그대로 "벽보에 게시해 놓았거늘"-이라고 말합니다 갈 3:1. 바울은 그들 앞에 게시했습니다. 무엇을 게시했습니까? 당연히 주 예수 그리스도의 죽음을 게시했습니다. 부흥과 개혁의 시기가 오기 전에도, 설교자들은 항상 그리스도의 십자가 죽음의 중심성과 결정적인 중요성을 설교했습니다.

따라서 여기에 논리적으로 불가피하게 따라오는 결론이자 필연적으로 따라오는 결론이 있습니다. 여러분과 제가 그리스도인인지 아닌지 최종적으로 검증할 수 있는 방법은 십자가를 어떻게 바라보느냐에 달려 있다는 것입니다. 저는 여러분이 자신을 무엇이라고 부르는지, 여러분의 삶이 선한지 악한지에는 관심이 없습니다. 여러분이 어떤 체험을 했는지에도 관심이 없습니다. 그렇습니다. 십자가를 어떻게 보느냐가 시금석입니다. 이것이 결정적인 검증방법입니다. 이것이 우리가 서 있는 자리를 언제든지 확실하고도 정확하게 입증해 줄 수 있는 방법입니다. 다른 방법으로 자신을 판단하는 사람은 길을 잃을 것입니다. 세상은 여러분과 제가 요구하고 자랑하는 것들을 대부분 위조해 낼 수 있지만, 한 가지만큼은 위조해 낼 수 없습니다. 그것은 갈보리 언덕의 십자가 죽음입니다.

그렇다면 그 죽음의 의미는 무엇일까요? 함께 그 의미를 살펴보겠습니다. "주 달려 죽은 십자가"를 생각해 보십시오. 거기서 대체 무슨 일이 일어났습니까? 많은 이들이 그 죽음을 별것 아니라고, 아주 간단하게 이해할 수 있는 문제라고 합니다. 그 죽음은 무지하고 잔인한 인간들, 실수 잘하는 인간들의 소행일 뿐이라는 것입니다. 그런 인간들의 손에 소크라테스도 죽었고, 선지자들도 죽었다고 말합니다. 인류의 가장 위대한 사람들이 늘 이런 식으로 죽임을 당해 왔으며, 주님의 죽음도 그런 죽음의 한 예에 불과하다고 말합니다. 그러나 이런 관점은 충분한 해답이 못 되는 것이 분명합니다. 이런 관점으로는 그리스도의 인격을 설명하거나 다룰 길이 없기 때문입니다. 여기 그리스도가 계십니다. 그는 기적을 행하실 수 있었습니다. 휘몰아치는 폭풍을 다스릴 수 있었습니다. 맹인의 눈을 뜨게 하실 수 있었습니다. 못 듣는 사람의 귀를 여실 수 있었습니다. 못 걷는 사람을 걷게 하실 수 있었습니다. 심지어 죽은 사람까지 다시 살리실 수 있었습니다. 그런데 왜 죽으셨습니까? 단순히 무지한 인간의 부주의한 실수 때문입니까? 그렇다면 그렇게 큰 능력을 가진 분이 왜 그런 실수를 저지르게 내버려두신 것입니까?

이처럼 이 관점은 그리스도의 인격을 설명해 주지 못할 뿐 아니라 하나님의 능력도 설명해 주지 못합니다. 우리는 사도행전 4장에 나오는 기도에서 "천지와 바다와 그 가운데 만물을 지은" 하나님의 능력이 크게 강조되어 있는 것과, 구약성경에 나타난 하나님의 놀라운 행하심이 언급되어 있는 것을 봅니다. 십자가 죽음이 단순히 인간의 소행에 불과했다면, 그 능력 많으신 하나님께서 왜 그러한 소행을 내버려두셨을까요? 더욱이 복음서는 주께서 친히 "이 상황을 피할 마음만 있었다면 아주 쉽게 피할 수도 있었다"고 말씀하셨다고 기록하고 있습니다마 26:53. 엘리야도 죽음 없이 하늘로 데려가신 하나님께서, 어찌서 당신의 아들은 그렇게 데려가지 못하신 것입니까?

이제 우리에게 남은 중요한 질문은 이것입니다. 십자가 죽음에서 하나님이 맡으신 몫은 어디까지입니까? 또 인간이 개입한 부분은 어디까지입니까? 이 두 가지 요소는 서로 어떻게 조화될 수 있습니까? 인간의 관점만 가지고는 십자가를 설명할 길이 없습니다. 도대체 하나님과 인간은 어떻게 십자가에 연관되어 있는 것입니까? 오늘 말씀은 바로 이 문제를 해결해 주고 있습니다. 초대교회 그리스도인들은 이 때문에 다음과 같이 기도했던 것이 분명합니다. "과연 헤롯과 본디오 빌라도는 이방인과 이스라엘 백성과 합세하여 하나님께서 기름부으신 거룩한 종 예수를 거슬러." 이것이 사람들이 한 일입니다. "하나님의 권능과 뜻대로 이루려고 예정하신 그것을 행하려고." 이것이 하나님께서 하신 일입니다. 의미심장한 이 구절에서 우리는 십자가를 바로 보게 해주는 관점, 그리하여 우리 앞에 놓인 상황 전체를 이해하게 해주는 관점을 얻게 됩니다. 이 기도는 하나님의 역할과 인간의 역할을 명백하고도 분명하게 진술해 주고 있습니다. 참으로 기도는 얼마나 놀라운 것입니까!

지금부터는 이 구절이 예수 그리스도의 죽음의 의미를 어떻게 놀랍고도 참되게 설명해 주고 있는지, 또한 그렇게 함으로써 현대인들의 십자가에 대한 모든 오해를 어떻게 완벽하게 논박하고 있는지 보여드리겠습니다. 이러한 오해는 현대세계가 겪고 있는 큰 비극입니다. 성경은 이것이야말로 비극 중의 비극이라고 말합니다. 모든 민족 중에서도 특히 유대인들이 십자가를 오해해서 걸려 넘어졌습니다. 또 헬라인들은 십자가를 우습게 여겨 대수롭지 않게 생각했습니다. 그후로도 세상은 같은 잘못을 계속해 왔습니다. 무엇보다 놀라운 일은 세상이 계속해서 십자가를 거부해 왔을 뿐 아니라, 슬프게도 교회까지 십자가에 대해 극도의 혼동을 겪으며 실제와 거의 정반대되는 주장을 펼 때가 아주 많았다는 사실입니다.

이 위대한 진술은 그렇게 잘못된 개념 몇 가지를 논박하고 있습니다. 무엇보다, 예수 그리스도의 십자가 죽음이 어쩌다 일어난 사고가 아니었다는 것입니다. 이 구절은 그 점을 확연히 보여주고 있습니다. "하나님의 권능과 뜻대로 이루려고 예정하신 그것을 행하려고." 십자가는 예기치 못한 일이 아니었습니다. 오늘날 사람들이 흔히 내세우는 주장은 주께서 십자가를 앞에 두고 놀라시며 슬퍼하셨다는 것입니다. 저는 전에 어떤 사람이 "다 이루었다"는 주님의 영광스러운 말씀을 "다 끝장났다, 완전히 실패해 버렸다, 사람들을 설득할 수 있을 줄 알았는데 그렇지 못했다"는 뜻으로 해석한 일을 기억하고 있습니다. 그는 "예수는 실의에 빠져 죽었다"고 말했습니다. 자기 백성을 먼저 개혁하고 그들을 통해 세상 전체를 개혁하려 했는데 그 일이 실패로 돌아가서 죽었다는 것입니다.

그러나 굳이 이 기도 때문이 아니더라도 그런 관점은 절대 받아들일 수 없는 것이 분명합니다. 주님 자신이 친히 제자들에게 곧 죽음이 닥칠 것을 여러 번 말씀하셨기 때문입니다. 가이사랴 빌립보에서 사도 베드로가 "주는 그리스도시요 살아계신 하나님의 아들이시니이다"라는 위대한 진술을 한 직후에^{마 16:16}, 주님은 자신이 잔인한 자들의 손에 넘겨져 죽게 될 것을 말씀하셨습니다. 베드로는 그 말씀이 듣기 싫었습니다. 그는 그 말씀을 이해할 수가 없었습니다. 그래서 "주여, 그리 마옵소서"라고 말렸습니다. 그러나 주님은 "사탄아, 내 뒤로 물러가라"고 꾸짖으셨습니다^{16:22-23}. 이처럼 주님은 제자들에게 자신의 죽음이 임박했음을 명백히 가르치셨습니다. "인자가 온 것은 섬김을 받으려 함이 아니라 도리어 섬기려 하고 자기 목숨을 많은 사람의 대속물로 주려 함이니라"^{막 10:45}.

또 성경은 변화산에서 엘리야와 모세가 주님 앞에 나타났을 때에도 "장차 예수께서 예루살렘에서 별세하실 것을 말"하셨다고 기록하고 있습니다^{눅 9:31}. 변화산 사건 이후 주님은 자신의 죽음에 대해 계속 말씀해 주셨습니다. 주님을 따르던 자들은 그것을 받아들이지 못했지만, 그렇다고 주님이 아예 말씀하시지 않았던 것은 아닙니다. 주님은 계속해서 그들을 준비시키셨습니다. 그는 "너희는 마음에 근심하지 말라"고 말씀하셨습니다^{요 14:1}. 이처럼 주님의 죽음은 어쩌다 일어난 사고나 뜻하지 않게 일어난 사건이 아니었습니다. 주님은 불시에 죽음을 당하신 것이 아니었습니다.

달리 표현하면, 주님의 십자가 죽음은 피할 수 있었던 일, 일어나지 않을 수도 있었던 일이 아니었습니다. 이것은 앞서의 관점과 똑같이 잘못된 관점입니다. 사람들은 말합니다. "오, 얼마나 큰 실수인가. 그가 예루살렘으로 올라가겠다고 고집하지만 않았어도, 사람들의 흥분이 가라앉을 때까지 잠시 피해 있기만 했어도 그런 일은 일어나지 않았을 텐데. 그것은 피할 수 있는 비극이었어."

이에 대해서도 성경은 완벽한 답변을 제시해 주고 있습니다. 주님은 체포될 당시 칼을 빼들고 주님을 보호하려는 제자를 꾸짖으시며 "네 칼을 도로 칼집에 꽂으라.……너는 내가 내 아버지께 구하여 지금 열두 군단 더 되는 천사를 보내시게 할 수 없는 줄로 아느냐"고 하셨습니다 마 26:52-53. 이 말씀처럼 본인이 원하기만 하셨다면 아주 쉽게 죽음을 피해 하늘로 올라가실 수도 있었을 것입니다. 그러나 그렇게 하지 않으셨습니다. 주님의 죽음은 꼭 일어나야 하는 일이었습니다. 절대적으로 일어나야 했습니다. 도저히 피할 수 없는 일이었습니다. 따라서 우리는 어떤 의미에서든 십자가를 타락한 인간 본성의 맹목성이나 큰 실수 때문에 벌어진 사고로 돌리려는 개념을 머릿속에서 지워 버려야 합니다.

이제 주님의 죽음을 완전히 오해하고 있는 두번째 부류의 사람들을 살펴보겠습니다. 이 부류의 사람들은 "십자가는 그저 하나의 본보기로서만 의미가 있을 뿐"이라고 말합니다. 이것은 현대에 흔히 접하게 되는 생각으로서, 이러한 생각 역시 여러 가지 다양한 형태로 표현되고 있습니다. 우리는 지난 설교에서 두 차례에 걸친 세계대전에 대해 생각해 보았습니다. 저도 나이가 있는지라 1차 세계대전이 벌어지는 동안 자주 들었던 말이 무엇인지-2차 세계대전 때는 그런 말을 많이 들을 수 없었습니다-기억하고 있습니다. 그때 사람들은 주님의 죽음을 애국심을 고취시키는 데 사용했습니다. 그런데 지금은 방식은 똑같지만 내용은 완전히 정반대입니다. 주님의 죽음을 오용하고 있는 것입니다. 평화주의자들은 "그는 자기를 전혀 방어하지 않는다는 것이 무엇인지 보여주는 최고의 본보기다. 그는 자기가 전적으로 옳고 상대방은 전부 틀렸을 때에도 싸우지 않았다. 손가락 하나 까딱하지 않았다. 그들의 손에 자기를 완전히 내맡긴 채 조금도 저항하지 않고, 불평하지 않고 모든 것을 감수했다. 그는 누구도 칼로 자신을 보호해 주지 못하도록 금지했다"고 말합니다. 주님이 가르치신 것은 바로 그 십자가의 본보기를 그대로 따라 하라는 것이라고 주장합니다. 이것이야말로 사람들이 그리스도의 십자가에 대해 가장 흔히 가지고 있는 관점 아닙니까?

　이러한 생각의 세번째 변형은, 십자가가 가장 많은 양의 지적 이해력을 요구하는 본보기라는 것입니다. 이들은 우리가 하나님과 그분 뜻에 어떻게 무조건적이고 철저하게 복종할 준비를 해야 하는지—설사 그것이 죽음을 의미할지라도—주님이 십자가에서 가장 영광스럽고도 완벽한 예를 보여주셨다고 말합니다. 주님은 아버지께 순종하여 죽을 준비가 되어 있었으며, 실제로 그렇게 죽으심으로 하나님께 철저하게 순종하는 가장 위대한 본을 보이셨다는 것입니다.

　십자가를 오해하는 세번째 부류의 사람들은 "하나님은 예수 그리스도의 십자가 사건에 대한 대응으로 그 사건을 활용하셨다"고 말합니다. 십자가는 전적으로 인간의 행위—산헤드린 공회원, 교활한 바리새인, 서기관, 사두개인 같은 잔인한 사람들, 정치적이고 신학적인 성직자들이 행한 일—라는 것이 이들의 주장입니다. 십자가 사건의 전적인 책임은 바로 그들에게 있다는 것입니다. 그들은 그런 짓을 하지 말아야 했음에도 불구하고 그런 짓을 했다는 것입니다. 그런데 하나님께서 그 일이 기회가 될 수 있음을 보시고, 그 일을 활용하셨다는 것입니다. 때로는 복음주의자로 알려진 사람들도 이런 말을 합니다. 그들은 하나님께서 세상을 보시며 "내 독생자, 참으로 사랑하는 내 아들에게 그런 짓을 했어도 나는 여전히 너희를 사랑한다. 너희는 내 외아들을 죽이지 말았어야 했으나 그를 죽였다. 그러나 나는 그것까지 용서해 주겠다"고 말씀하신다고 주장합니다.

무슨 말입니까? 행동의 주체는 인간이며, 하나님은 단지 대응만 하신다는 것입니다. 인간의 행동을 취하여 자신의 크고 영원한 사랑을 나타내는 데 활용하신다는 것입니다. 여기에 주님 자신도 십자가에서 똑같은 일을 하셨다는 말을 덧붙이는 사람들도 있습니다. 주님 역시 우리를 보시며 "너희가 나에게 이런 짓을 했으나 나는 너희를 사랑한다"고 말씀하셨다는 것입니다. 십자가는 우리가 알든 모르든 하나님께서 우리 한 사람 한 사람을 사랑하신다는 위대한 선포라는 것입니다. 우리가 아무리 하나님께 불순종하고, 아무리 그의 법을 어기며 그의 신성에 침을 뱉는다고 해도, 심지어 그의 독생자까지 죽인다고 해도 여전히 하나님은 우리를 사랑한다고 말씀하신다는 것입니다.

그러나 사도들에 따르면, 그것은 십자가의 의미가 아닙니다. 28절은 하나님께서 단순히 십자가 사건에 대응만 하신 것이 아님을 보여주고 있습니다. 하나님은 십자가 사건을 일으킨 **장본인**이셨습니다. 이 구절은 십자가 사건의 전모를 완벽하게 보여주고 있습니다. 십자가 사건은 바로 하나님이 일으키신 일이었습니다. 이것이 초대교회가 기도중에 십자가를 설명한 방식이었습니다.

사랑하는 여러분, 저는 가끔씩 우리가 정말로 기도라는 것을 해본 적이 있을까 의심합니다. 기도는 이 사람들처럼 하는 것입니다! 이것이 참으로 분별력 있는 기도입니다. 이것이야말로 하나님께서 자기 백성을 구원하셨다는 위대한 교리를 계시받은 사람들이 드리는 기도입니다. 실제로 주님을 못박은 자들은 인간이었지만, 그를 죽이기로 결정하신 분은 하나님이셨습니다. 사람들은 하나님의 계획을 성취시킨 것에 불과합니다. 이것이 사도들의 가르침이었습니다. 베드로는 오순절 설교에서 이미 이런 이야기를 했습니다. 사도행전 2:23은 "그가 하나님께서 정하신 뜻과 미리 아신 대로 내준 바 되었거늘 너희가 법 없는 자들의 손을 빌려 못박아 죽였으나"라고 기록하고 있습니다.

오, 이것이야말로 선포할 만한 메시지 아닙니까! 하찮지만 이런 메시지의 전령이 된다는 것은 얼마나 큰 특권입니까! 십자가의 의미가 무엇입니까? 제가 말씀드리겠습니다. 십자가는 인간이 저지른 일이 아닙니다. 어떤 의미에서 관리들은 기계적인 도구 역할을 한 것에 불과합니다. 그들은 자신들이 무슨 짓을 하는지 몰랐습니다. 주님이 십자가 위에서 하신 말씀 그대로입니다. "아버지, 저들을 사하여 주옵소서. 자기들이 하는 것을 알지 못함이니이다"눅 23:34. 그러나 하나님은 이 일의 의미를 알고 계셨고, 아들도 알고 계셨습니다. 아들이 겟세마네 동산에서 핏방울이 떨어질 정도로 고민하신 것도 이 일의 의미를 알고 계셨기 때문입니다. 그래서 가능하면 이 일을 피하게 해주시되, 그럴 수 없다면 이 일을 감당하겠다고 기도하신 것입니다.

예수 그리스도의 갈보리 십자가 죽음은 창세 전에 이미 계획된 일이었습니다. 오순절 날 이 말을 선포했던 베드로가 세월이 흘러 노인이 되어 쓴 편지에서는 어떻게 말하고 있는지 들어 보겠습니다.

> 너희가 알거니와 너희 조상이 물려 준 헛된 행실에서 대속함을 받은 것은 은이나 금같이 없어질 것으로 된 것이 아니요 오직 흠 없고 점 없는 어린양 같은 그리스도의 보배로운 피로 된 것이니라. [이제 나오는 말에 주목하십시오.] 그는 창세 전부터 미리 알린 바 되신 이나 이 말세에 너희를 위하여 나타내신 바 되었으니 너희는 그를 죽은 자 가운데서 살리시고 영광을 주신 하나님을 그리스도로 말미암아 믿는 자니 너희 믿음과 소망이 하나님께 있게 하셨느니라벧전 1:18-21.

이래도 십자가가 사고였습니까? 불시에 일어난 사건이었습니까? 일어나지 않을 수도 있었던 일, 꼭 일어나지 않아도 될 일이었습니까? 단순히 하나님이 활용하신 일이었습니까? 아닙니다. 십자가는 세상이 창조되기도 전에 계획되고 정해진 일이었습니다. 하나님께서는 사람을 만드시기도 전에 아들 되신 그리스도의 죽음을 계획해 놓으셨습니다. 이것이 십자가에 대한 참된 설명입니다. 첫 신자들은 그것을 알고 있었습니다. "하나님의 권능과 뜻대로 이루려고 예정하신 그것을 행하려고."

실제로 저는 구약성경을 통해 이 점을 입증해 드릴 수 있습니다. 왜 아벨의 제사가 가인의 제사보다 더 받으실 만했습니까? 답은 하나입니다. 아벨의 제사는 피 있는 제사였기 때문입니다. 다 아시겠지만 이것이 출발점입니다. 그후 이어지는 구약성경을 읽어 보십시오. 레위기와 그 앞 책인 출애굽기, 민수기 등을 읽어 보십시오. 모든 번제와 희생제사, 아침저녁으로 양을 죽여 바치는 일, 제사장이 짐승의 머리에 손을 얹은 후 짐승을 죽이고 피를 모아 바치는 일 등의 강조점이 언제나 피에 있다는 사실을 발견할 것입니다. 이런 일들이 모두 무엇입니까? 예언입니다. 하나님께서 아들의 십자가 죽음을 미리 계획해 놓으시고, 그 일을 위해 인간, 특히 자기 백성을 미리 준비시키신 것입니다. 구약성경에 나오는 희생제물과 제사는 그 표상이요 그림자요 예언-어떻게 불러도 좋습니다-입니다. 그 자체로서는 의미가 없지만, 무엇을 가리킨다는 점에서 의미 있는 일들이라는 것입니다. 하나님께서는 이런 일들을 통해 앞으로 행하실 일을 미리 알려 주셨습니다.

그다음으로 읽을 책은 구약성경의 위대한 예언서들입니다. 이사야서 53장을 보십시오. 이사야가 아주 분명한 말로 하나님 아들의 십자가 죽음을 예언하고 있습니다. 그런데도 교회 내의 똑똑하다는 사람들은 그 죽음이 사고였고, 반드시 일어날 필요는 없었으며, 하나님은 그저 그 일을 활용하셨을 뿐이라고 말합니다. 그러나 여러분, 하나님은 이 죽음을 미리 계획하셨을 뿐 아니라 앞으로 이 일을 행하실 것과 이 일이야말로 하나님의 크고 영광스러운 행위의 중심부에 있는 일임을 이스라엘 백성에게 알리셨고, 또 그들을 통해 온 세상에 알리셨습니다.

신약성경에서 가장 처음 만나는 설교자는 세례 요한-그는 정말 비범한 사람입니다!-입니다. 어느 날 제자 두 명과 함께 서 있던 요한은 나사렛 예수를 본 즉시 "세상 죄를 지고 가는 하나님의 어린양이로다"라고 말했습니다 요 1:29. 예수야말로 바로 그 어린양, 하나님의 어린양, 제사장이 성막이나 성전에서 준비하는 어린양이 아니라 하나님께서 친히 준비하신 어린양이라고 말한 것입니다. 여기 세상 죄를 지고 갈 하나님의 어린양이 있습니다. 첫 설교자이자 선구자였던 세례 요한은 자기 손을 들어 그 양을 가리켰습니다. 그 양을 지적했습니다. 이것이 십자가의 의미입니다. 십자가는 사고도 아니고 인간이 한 일도 아니었습니다. 십자가는 하나님이 정해 놓으신 계획-때가 되면 반드시 일어날 일-이었습니다.

그다음으로 읽을 것은 복음서입니다. 우리는 주님의 가르침을 보면서, 그가 친히 "모세가 광야에서 뱀을 든 것같이 인자도 들려야 하리니 이는 그를 믿는 자마다 영생을 얻게 하려 하심이니라"고 말씀하셨음을 알게 됩니다요 3:14-15. 주님도 같은 일에 대해 말씀하신 것입니다. 또한 주님은 "인자가 영광을 얻을 때가 왔도다"라고도 말씀하셨습니다12:23. **때**라는 표현에 유의하되, 요한복음을 읽을 때에는 특히 더 유의하시기 바랍니다. 주님은 정해진 때를 위해 오셨습니다. 그래서 "예루살렘을 향하여 올라가기로 굳게 결심하"셨다고 성경은 기록하고 있습니다눅 9:51. 제자들은 그를 말리려고 애를 썼습니다. 그러나 주님은 헤롯이 자신을 죽일 음모를 꾸민다는 소식을 들으셨을 때 "가서 저 여우에게 이르되 오늘과 내일은 내가 귀신을 쫓아내며 병을 고치다가 제삼일에는 완전하여지리라 하라"고 말씀하셨습니다13:32. 그는 무슨 일이 일어날 것인지 정확히 알고 계셨고, 그렇게 알고 계신 바를 제자들에게 가르치셨습니다. 우리가 살펴본 대로 그는 겟세마네에서 깊이 고민하셨습니다. 그는 자신에게 어떤 일이 닥칠 것인지 알고 계셨습니다. 그래서 아버지께 이 길밖에 없는지 물으셨고, 그렇다면 기꺼이 이 길을 가겠다고 말씀하셨습니다. "그러나 내 원대로 마시옵고 아버지의 원대로 되기를 원하나이다"22:42.

주님이 십자가에서 마지막 하신 말씀은 "다 이루었다"는 것이었습니다요 19:30. 해야 할 일을 다 하셨다는 뜻입니다. 그는 그렇게 죽어서 장사되었다가 다시 살아나셔서 엠마오로 가는 두 사람 앞에 나타나셨습니다. 그들은 낙심하여 말했습니다. "우리는 이 사람이 이스라엘을 속량할 자라고 바랐노라"눅 24:21.

그러자 주님이 말씀하셨습니다. "미련하고 선지자들이 말한 모든 것을 마음에 더디 믿는 자들이여, 그리스도가 이런 고난을 받고 자기의 영광에 들어가야 할 것이 아니냐"24:25-26. 그러고 나서 그들에게 모든 것을 설명해 주셨습니다. 그는 반드시 죽으셔야 했습니까? 꼭 죽으셔야 했습니다! 그의 죽음은 이미 예언된 일이었습니다. 누가복음 마지막 장을 읽어 보면 주님이 다락방에서 어떻게 이 모든 일을 설명해 주셨는지 알 수 있습니다. 주님은 제자들과 함께 모세의 책과 시편과 선지자들의 글을 논하면서, 그 모든 말씀이 자신에 대해 이야기하고 있음을 밝히셨습니다. 자신이 어떻게 죽었다가 다시 살아나야 했는지 보여주셨으며, 이 모든 것이 하나님의 크고 영원하신 계획의 일부임을 보여주셨습니다.

신약성경의 나머지 부분과 서신서들을 읽어 보면, 각 책의 저자들도 정확히 같은 이야기를 하고 있음을 발견할 것입니다. "하나님이 죄를 알지도 못하신 이를 우리를 대신하여 죄로 삼으신 것은 우리로 하여금 그 안에서 하나님의 의가 되게 하려 하심이라"고후 5:21. 이것은 베드로의 말을 통해 이미 살펴본 내용입니다. 베드로는 말했습니다. "선지자들은 이 일을 연구했습니다. 그들은 그리스도가 받으실 고난과 후에 받으실 영광에 대해 기록했으나, 당시에는 이 일이 무엇인지 이해하지 못했습니다. 이해하지 못했으면서도 기록하고 연구했습니다. 천사도 마찬가지입니다. 십자가는 하나님이 행하신 가장 위대한 일입니다."벧전 1:10-12 참조.

히브리서 기자는 이것을 다음과 같이 자기 식으로 표현해 놓고 있습니다. "지금 우리가 만물이 아직 그[사람]에게 복종하고 있는 것을 보지 못하고 오직 우리가 천사들보다 잠시 동안 못하게 하심을 입은 자……예수를 보니." 이처럼 사람이 되신 이유가 무엇입니까? "죽음의 고난"을 받으시기 위해서입니다히 2:8-9. 이것이 그가 태어나신 이유이며, 이 세상에 오신 이유입니다. 하나님의 아들 예수 그리스도는 우리 모든 사람을 위해 죽음을 맛보려고 베들레헴에 태어나셨습니다. 사고로 어쩌다 죽으신 것이 아닙니다. 처음부터 죽으려고 세상에 오신 것입니다. 성경의 가르침은 전부 이것을 알리기 위한 것입니다. 산헤드린의 판결로 큰 압박을 받고 있던 신자들은 이 점을 기도의 한 구절에 요약해 놓았습니다. 행동은 사람이 하지만, 그 행동으로 성취되는 것은 하나님의 목적입니다. 아들을 십자가로 이끄신 분은 하나님이십니다. 하나님께서 창세 전에 이 모든 일을 계획해 놓으셨습니다.

그렇다면 하나님께서는 왜 독생자를 보내서 죽게 하셨습니까? 이것은 지금 이 세상과 앞으로 올 세상을 통틀어 가장 심오한 진리인 동시에 어떤 의미에서 가장 단순한 진리이기도 합니다. 이에 대한 답은 오직 하나, 하나님은 하나님이시기 때문이라는 것입니다! 우리가 언제나 하나님으로부터 출발해야 하는 이유가 여기 있습니다. 우리가 살펴본 대로, 대부분의 곤경은 우리가 하나님을 모르고 그의 진리를 모르는 탓에 그를 우리와 "같은 줄로 생각하"는 데서 비롯됩니다^{시 50:21}. 그러나 그는 우리와 같은 분이 아니십니다. 십자가 사건이 일어난 이유는 '하나님은 하나님'이시라는 데 있습니다. 이것은 그가 공평하신 분이라는 뜻입니다. 거룩하신 분이라는 뜻입니다. 의로우신 분이라는 뜻입니다. 참된 분, 진리 그 자체라는 뜻입니다.

인간의 죄는 이 영존하시며 영원하신 하나님 앞에 한 가지 문제를 들이댑니다. 어떻게 거룩하고 공평하며 의로우신 하나님께서 죄로 가득 찬 인간을 용서하실 수 있습니까? 하나님의 본성상 죄는 처벌되어야 마땅하며, 그 점에 대해서는 하나님도 여러 번 말씀하셨습니다. 구약성경에서 번제와 희생제사에 대해 말씀하시면서, 하나님은 분명한 언어로 계속해서 이 점을 밝히셨습니다. 이것을 히브리서는 "피흘림이 없은즉 [죄]사함이 없느니라"는 위대한 구절로 요약해 놓고 있습니다^{히 9:22}. 죄는 반드시 처벌되어야 합니다. 하나님께서 그렇게 말씀하셨습니다. 그는 세상 정치인들처럼 자신의 법을 변경치 않으십니다. 그는 "빛들의 아버지"로 "변함도 없으시고 회전하는 그림자도 없으"신 분입니다^{약 1:17}. 하나님은 영원하시며, 그가 하시는 말씀도 영원합니다. 그는 자신이 하신 말씀을 수정하실 수 없습니다. 변경하실 수도 없습니다. 그는 거짓말을 하실 수 없습니다. 이미 말씀하신 것을 취소하실 수 없습니다. 그는 본질상 죄를 혐오하시며, 죄인은 그 앞에 살아남을 수가 없습니다. "우리 하나님은 소멸하는 불이심이라"히 12:29. "죄의 삯은 사망"입니다롬 6:23. 죄를 지은 사람은 누구나 죽어야 합니다. 그것은 피할 수 없는 일입니다. 하나님의 공평하고 의로우며 거룩한 본성이 그것을 요구하고 있습니다.

바로 이 부분에서 문제가 발생합니다. 하나님의 본성이 그렇다면 인류가 모조리 죽임을 당하여 흔적도 없이 사라져야 합니까? 그렇지 않습니다. 만약 그렇다면 마귀가 승리하게 될 것입니다. 하나님은 당신의 영광을 위해 자신의 백성을 구원하셔야만 합니다. 그러나 어떻게 구원하실 수 있습니까? 율법은 "육신으로 말미암아 연약하"기 때문에 도움을 주지 못합니다롬 8:3. 그렇다면 하나님이 하실 수 있는 일이 무엇입니까?

하나님이 하실 수 있었던 일, 그분이 하신 일이 한 가지 있는데, 경외하는 마음으로 그것이 무엇인지 말씀드리겠습니다. 하나님은 "곧 죽음의 고난받으심으로 말미암아……모든 사람을 위하여 죽음을 맛보"게 하시기 위해 외아들을 세상에 보내셨습니다히 2:9. 하나님의 아들은 우리 죄를 지셨습니다. "여호와께서는 우리 모두의 죄악을 그에게 담당시키셨"습니다사 53:6. 하나님은 죄를 벌하셔야만 했고, 결국 아들 안에서 죄를 벌하셨습니다. 이처럼 아들 안에서 죄를 벌하셨기 때문에 계속해서 의롭고 참되고 거룩한 분으로 계시면서도 나를 값없이 용서해 주실 수 있는 것입니다. 오직 이 방법으로만 각 개인은 죄사함을 받을 수 있습니다.

만일 다른 방법이 있었다면 그 방법을 택하셨을 것입니다. 그러나 다른 방법은 없었습니다. 우리 죄를 사하기 위해서는 반드시 하나님의 아들이 성육신을 하셔야 했습니다. 말씀이 육신이 되어 십자가에 못박히셔야 했습니다. 주님은 그 일에서 벗어나실 수도 있었습니다. 당연히 그러실 수 있었습니다. 그러나 그렇게 하셨다면 모든 의를 이루지 못했을 것입니다. 주님은 죄값을 치르셔야 했습니다. 형벌을 받으셔야 했습니다. 물론 그를 죽인 것은 사람들입니다. 그러나 그들은 그렇게 그를 죽임으로, 하나님의 영원한 계획을 수행했습니다. 아들의 죽음은 우리를 구원하시는 수단이었습니다.

> 우리 죄 사하려고 그가 죽으셨네.
> 우리를 회복시키려고 그가 죽으셨네.
> ─세실 프랜시스 알렉산더 Cecil Francis Alexander

"친히 나무에 달려 그 몸으로 우리 죄를 담당하셨으니 이는 우리로 죄에 대하여 죽고 의에 대하여 살게 하려 하심이라. 그가 채찍에 맞음으로 너희는 나음을 얻었나니"벧전 2:24.

주님의 죽음은 우리가 구원받을 수 있는 유일한 길이며, 하나님처럼 의로운 분이 우리 같은 죄인을 용서하실 수 있는 유일한 길입니다. 그것은 "자기[하나님]도 의로우시며 또한 [동시에] 예수 믿는 자를 의롭다 하"실 수 있는 유일한 길입니다롬 3:26. 주님의 죽음만이 사람을 그리스도인으로 만들 수 있습니다. 그리스도인들은 자기 죄 때문에, 자기를 용서해 주시기 위해 하나님의 아들이 죽으셨으며 또 죽으셔야 했다는 것을 깨달은 사람들입니다. 사도 바울처럼 "……나를 사랑하사 나를 위하여 자기 자신을 버리신 하나님의 아들을 믿는 믿음 안에서 사는 것이라"고 고백하는 사람들입니다갈 2:20. 따라서 여러분이 그리스도의 죽음을 통하지 않고 기도한다면 그것은 진짜로 기도하는 것이 아닙니다. 그의 죽음이 여러분의 기도 안으로 들어와야 합니다. 이 죽음과 별개로 하나님께 나아갈 길은 없습니다. 이 죽음으로, 이 예수의 피로 여러분은 하나님과 화해하는 것입니다. 자신이 죄사함을 받았고 하나님의 자녀가 되었으며 모든 하나님의 백성에게 예비되어 있는 영광의 상속자가 되었음을 아는 가장 거룩한 지식에 들어가는 것입니다.

12

예수와 부활

주여, 이제도 그들의 위협함을 굽어보시옵고 또 종들로 하여금 담대히 하나님의 말씀을 전하게 하여 주시오며 손을 내밀어 병을 낫게 하시옵고 표적과 기사가 거룩한 종 예수의 이름으로 이루어지게 하옵소서 하더라. 빌기를 다하매 모인 곳이 진동하더니 무리가 다 성령이 충만하여 담대히 하나님의 말씀을 전하니라 믿는 무리가 한마음과 한뜻이 되어 모든 물건을 서로 통용하고 자기 재물을 조금이라도 자기 것이라 하는 이가 하나도 없더라. 사도들이 큰 권능으로 주 예수의 부활을 증언하니 무리가 큰 은혜를 받아.

사도행전 4:29-33

이제 함께 읽은 사도행전 4:33 일부, "사도들이 큰 권능으로 주 예수의 부활을 증언하니"라는 말씀을 특별히 다루고자 합니다.

우리는 지금까지 초대교회 그리스도인들이 박해에 어떻게 대처했는지 살펴보았습니다. 이제 그들이 기도할 때 자신들에 대해 어떤 말을 했는지 살펴볼 차례가 되었습니다. 지금까지 그들은 자신들이 곤경에 처해 있거나 어떤 의미에서는 죽음에 직면해 있었음에도 불구하고, 오직 하나님을 경배하고 사모하는 기도만 했습니다. 그들은 영광 중에 계신 위대한 하나님을 경배했습니다. 자신들이 경배하는 하나님이 시편 2편의 영감을 주신 바로 그 하나님이시라는 것과 시편기자와 선지자들의 하나님이시라는 것을 깨달았습니다. 그런 후에 어떻게 주님의 십자가의 죽음을 상기했는지에 대해서는 지난번에 이미 살펴보았습니다.

이제 그들은 마지막으로 자기 자신과 자신들이 처한 곤경에 대해 말하고 있습니다. 그런데 그들이 이 부분에서 무엇을 구하고 있는지 보십시오. 그들은 자유롭게 해달라거나, 편안하고 행복한 세월을 보내게 해달라거나, 궁지에서 벗어나게 해달라고 기도하지 않았습니다. 절대 그러지 않았습니다! 오히려 그들은 "주여, 이제도 그들의 위협함을 굽어보시옵고 또 종들로 하여금 담대히 하나님의 말씀을 전하게 하여 주시오며"라고 기도했습니다. 하나님의 말씀만을 계속 전할 수 있기를 구한 것입니다. 31절은 이렇게 기록하고 있습니다. "빌기를 다하매 모인 곳이 진동하더니 무리가 다 성령이 충만하여 담대히 하나님의 말씀을 전하니라." 그리고 33절은 "사도들이 큰 권능으로 주 예수의 부활을 증언"했다고 말하고 있습니다.

그들은 앞서 주님을 하나님의 기름부으신 "거룩한 종 예수"로 불렀습니다. 그의 영광스러운 인격과 십자가의 죽으심에 대해 이야기 했습니다. 그리고 여기에서, 또 하나의 강력한 사실인 부활로 나아가고 있습니다. 이것이 기독교입니다. 이 복되신 분, 그의 탄생과 가르침, 기적, 죽음, 장사, 부활이 곧 기독교입니다. 사도들은 그 일들에 대해 설교했습니다. 자기 자신에 대해 설교한 것이 아닙니다. 후에 사도 바울은 절대 잊어서는 안될 중요한 진술을 한 가지 합니다. "우리는 우리를 전파하는 것이 아니라 오직 그리스도 예수의 주 되신 것과 또 예수를 위하여 우리가 너희의 종 된 것을 전파함이라"고후 4:5. 이것이 사도적인 설교입니다. 이 점에 유의하면서 사도행전 앞부분을 읽어 보십시오. 이들이 설교할 기회를 얻을 때마다 실제 사실과 역사적으로 발생한 일들과 여러 사건들, 그리고 그것들의 의미와 의의에 대해 설교했음을 발견하게 될 것입니다. 그들은 부활의 증인들이었습니다. 그들은 자신들이 보고 들은 일들을 이야기했습니다.

물론 제자들이 이렇게 보고 들은 일들을 설교한 것은, 그것이야말로 그리스도인의 존재 전체를 좌우할 만큼 중요했기 때문입니다. 그들은 단순히 체험만 한 것이 아니었습니다. 물론 체험도 했고 감사하게도 그 체험은 유일무이한 것이었지만, 그럼에도 그들은 그 체험에 대해 설교하지 않았습니다. 그렇습니다. 그들은 그 체험을 주신 분에 대해 설교했고, 그 체험을 가능하게 한 사건들에 대해 설교했습니다. 이 예수 그리스도가 없었다면 그들은 결코 사도가 되지 못했을 것입니다. 그렇기 때문에 그를 설교하지 않을 수 없었습니다. 또한 이런 실제 사건들이 없었다면, 특히 부활 사건이 없었다면, 그들은 결코 그리스도인이 되지 못했고 교회도 생겨나지 못했을 것입니다.

낙심에 빠져 슬퍼하며 엠마오로 가던 두 사람을 생각해 보십시오. 부활 후에 다락방에 모였던 제자들을 생각해 보십시오. 그들은 모두 크게 낙심했습니다. 이 엄청난 사건, 부활이 일어나지 않았다면 이야기는 거기에서 끝나고 말았을 것입니다. 제가 이토록 이 점을 입증하고자 애쓰는 것은 현대인들이 이 부분에서 혼동을 겪고 있기 때문입니다. 오늘날 사실들은 전혀 중요치 않다고 말하는 이들이 있습니다.

그들은 텔레비전과 라디오와 그 밖의 매체를 통해 널리 이름을 날리고 있고, 그들이 쓴 책들도 큰 인기를 누리고 있습니다. 그들은 특히 유럽 대륙의 신학사상을 지배함으로써 세계 다른 지역에까지 영향을 끼치고 있습니다. 실제로 그들은 그 사실들 가운데 진짜라고 확신할 수 있는 것은 거의 없다고 말하기를 주저하지 않습니다.

오늘날 지배적인 가르침은 여기 우리가 가지고 있는 기록들은 전부 신빙성이 없는 것들이지만, 거기서 '종교적인 가치'만 얻을 수 있다면 신빙성이 있느냐 없느냐는 하등 중요치 않다는 것입니다. 예수가 동정녀의 몸에서 태어났는지 아닌지도 중요치 않고, 그가 기적을 행했는지 아닌지, 자신의 죽음으로 우리 죄를 속했는지 아닌지도 사실상 중요치 않다는 것입니다. 그가 무덤에서 육체로 부활했는지 아닌지도 전혀 중요치 않다는 것입니다. 그들은 예수와 그의 가르침에서 종교적인 가치만 얻을 수 있다면 사실 여부가 어떠하든, 그것은 중요치 않다고 이야기합니다. 여러분은 이 점을 놓치지 말아야 합니다. 제가 오늘 이 말씀을 강조하는 이유가 여기 있습니다. 사도들은 어떤 의미에서 사실만을 설교했습니다. 그들에게는 사실이 가장 중요했습니다. 그들은 자신들이 "보고 들은 것"을 계속 이야기했습니다. 그들의 체험은 그들이 계속해서 언급해 온 사실들에서 직접 나온 것들이었습니다. 만약 여러분의 체험이 그리스도의 삶과 죽음이라는 사실에서 비롯된 것이 아니라면, 그것은 기독교적인 체험이라고 할 수 없습니다.

제자들은 기도하는 가운데 부활이라는 위대한 사실을 강조했습니다. 혹시 제 말을 듣는 여러분 중에 자칭 그리스도인이라고 하면서도 현대사상을 받아들여 부활을 믿느냐 아니냐는 중요치 않다고 생각하는 사람이 있습니까? 그런 사람들에 대한 대답이 신약성경 가운데 가장 긴 장의 하나인 고린도전서 15장에 나와 있습니다. 바울은 부활을 믿는 믿음이야말로 단연 본질적인 것이라는 점을 밝히기 위해 15장을 썼습니다. 오늘날 교회처럼 초대교회 때에도 부활은 이미 지나간 과거지사로, 문자 그대로 부활이 일어났던 것은 아니며, 부활이 일어났는지 아닌지는 사실 중요치 않다고 말하는 사람들이 있었습니다. 그런 사람들을 향해 바울은 이렇게 말했습니다. "그것이 중요치 않다면 나는 아무것도 아니다. 내 모든 설교는 거짓말, 무가치한 말이 되어 버린다."

우리 신앙 전체의 기초가 되는 이 위대한 근본적 사실들을 그 어느 때보다 강조해야 할 때가 있다면 바로 지금입니다. 세상은 이 사실들을 믿지 않기 때문에 오늘날 이 모양이 되어 버린 것입니다. 여러분이 자기 체험을 세상에 이야기하면 세상은 이렇게 말할 것입니다. "좋습니다. 그런 것에서 만족을 찾는다면 그렇게 하세요. 난 관심 없습니다. 나하고는 상관없는 일입니다." 더 나아가 "우리 종교를 믿으세요. 그러면 행복을 얻을 것입니다. 몇 년 동안 불면증에 시달린 사람도 이제부터는 편히 잠들 수 있습니다"라는 사교 집단의 제안을 받게 될 수도 있습니다. 그러나 우리가 전하는 것은 그런 체험이 아니라 사실입니다. 사도들이 증거한 사실들, 주 예수 그리스도의 부활이라는 이 엄청나고도 영광스러운 사실을 포함한 실제 사실들입니다.

무슨 뜻입니까? 저는 무엇보다 먼저 부활이 진짜 사실이라는 점을 강조하고자 합니다. 사도들은 단순히 예수—모든 사도들이 알고 지내며 직접 그 말씀을 들었던 분, 십자가에 못박혀 죽어 장사되신 분—께서 이 세상과는 다른 영적인 영역에 여전히 살아계시다고 설교한 것이 아닙니다. 물론 그렇게도 설교했지만, 부활이란 단순히 그것만을 의미하는 것이 아닙니다. 그 이상을 의미하는 것이라고 설교했습니다. 우리는 이 점을 명확히 해야 합니다. 사도들은 무덤이 비었다는 사실을 전했습니다. 그들은 말했습니다. "우리가 증인입니다. 우리는 그가 못박히시는 광경을 목격했습니다. 버림받아 내지르시는 외침소리를 들었습니다. 마지막 순간에, '아버지, 내 영혼을 아버지 손에 부탁하나이다' 말씀하시는 소리를 들었습니다눅 23:46. 사람들이 그의 시신을 내리는 광경을 보았습니다. 그를 무덤에 누이고 돌을 굴려 입구를 막은 후 인봉하고 로마 군사를 시켜 지키게 하는 것을 보았습니다. 우리는 그 모든 일을 보았습니다. 그러나 셋째 날 아침에 무덤이 텅 비어 있는 것을 목격했습니다."

이것이 그들이 증거하고 전한 내용입니다. 단순히 예수께서 보이지 않는 영역에 존재하시면서 지금도 우리를 도우실 수 있다고 말한 것이 아니라, 시신을 쌌던 천만 무덤에 남겨 둔 채 문자 그대로 부활하셨다고 설교한 것입니다. 그는 몸으로 부활하셨습니다. 부활한 몸은 변화된 몸이었지만 본질적으로는 전과 같은 몸, 그 자신의 몸이었습니다. 주님은 손과 옆구리를 보여주셨습니다. 여러분은 그 사실을 선뜻 믿지 못해 걸려 넘어졌던 도마의 이야기를 기억할 것입니다. 주님은 도마에게 "네 손가락을 이리 내밀어 내 손을 보고 네 손을 내밀어 내 옆구리에 넣어 보라"고 말씀하셨습니다요 20:27. 도마가 만진 주님의 몸은 전과 같은 몸인 동시에 변화된 몸이었습니다.

또 누가복음 마지막 장에 기록되어 있는 대로, 주님이 다락방에서 친히 암시하신 요지가 무엇이었는지 생각해 보겠습니다. 주님은 "여기 무슨 먹을 것이 있느냐"고 물으셨습니다. 그들이 구운 생선 한 토막을 드리자 주님은 그들이 보는 앞에서 다 잡수셨습니다. 왜 그렇게 하셨습니까? 제자들이 주님을 유령으로, 영으로 생각했기 때문입니다. 그는 "영은 살과 뼈가 없으되 너희 보는 바와 같이 나는 있느니라"고 말씀하셨습니다눅 24:39. 영은 형체가 없기 때문에 음식을 먹지 않습니다. 그러나 주님은 음식을 드심으로 종류가 다르기는 하지만 여전히 형체를 갖고 계심을 증명하셨습니다. 그는 닫힌 문을 통과해서 들어가실 수 있었습니다. 그래서 제자들이 유대인을 두려워하여 문을 걸어 둔 방에 갑자기 나타나실 수 있었습니다. 그럼에도 본질적으로는 전과 같은 몸을 가지고 계셨습니다. 그는 영도 아니었고 환영도 아니었고 유령도 아니었습니다. 주님은 문자 그대로 자신이 누워 있던 무덤에서 자신의 몸으로 부활하여 그들 앞에 나타나셨습니다. 이것이 부활이 의미하는 것입니다.

우리 과학세대도 이런 일을 믿지 못하지만, 1세기 사람들도 이런 일을 믿지 못했습니다. 믿느냐 믿지 않느냐는 과학과는 아무 상관이 없는 일입니다. 마태복음 마지막 장은 그 당시 똑똑한 사람들이 부활을 부인하기 위해 거짓 이야기를 꾸민 다음, 로마 군인들에게 돈을 주어 퍼뜨리게 했다고 기록하고 있습니다. 그들은 그런 극단적인 짓을 했습니다. 오늘날에도 사람들은 비슷한 짓을 하고 있습니다. 이것은 불신앙의 부정직한 면모입니다. 믿지 않는 사람만 정직하고 믿는 자들은 사실을 왜곡하고 있다는 것은 진실과 정반대되는 생각입니다! 불신앙의 입지가 워낙 궁색하기 때문에, 이렇게 산헤드린 당국자들처럼 돈으로 사람을 사서 꾸며 낸 거짓말을 유포할 수밖에 없습니다. 믿지 않으려면 사실을 무시하는 수밖에 없습니다. 우리가 익히 아는 것처럼, 부활을 반박하기 위한 설명들을 들여다보면 자기들끼리도 상충되고 있는 것을 알 수 있습니다. 어떤 의미에서 성경은 이처럼 어떤 식으로든 부활을 반박하려는 모든 사람들에 대해 이야기하고 있다고 할 수 있습니다.

물리적인 부활의 진실성을 논증해 주는 마지막 근거는 사도들 자신입니다. 우리는 당국자들이 베드로와 요한처럼 배우지 못한 무식한 사람들이 기탄없이 말하는 모습을 보고 놀란 일을 살펴보았습니다. 그들이 놀란 것도 무리는 아닙니다! 여러분이라면 이 사도들의 변화를 어떻게 설명할 수 있겠습니까? 교회가 생긴 일을 어떻게 설명할 수 있겠습니까? 우리는 이들이 부활 전에 희망을 완전히 잃은 채 얼마나 큰 낙담에 빠져 있었는지 살펴보았습니다. 이들은 어떤 일도 제대로 할 수 있을 것 같지 않았습니다. 그런데 나중에 엄청난 일을 했습니다. 이들로부터 교회가 세워졌고, 이들이 세운 교회는 전 세계로 퍼져 나가 옛 세계를 뒤엎었습니다. 결국 교회는 로마제국을 정복했을 뿐만 아니라, 그후 지금까지 굳건히 존속되고 있습니다. 우리는 이 일을 설명해야 합니다. 그런데 부활을 문자 그대로의 사실로 보지 않는 한 이 일을 설명할 길이 없습니다.

또 한 가지 생각할 점이 있습니다. 그것은 신약 서신서에 나오는 사도들의 가르침이야말로 우리가 소유하고 있는 문학 가운데 가장 영광스러운 문학임을 비그리스도인들도 줄곧 인정해 왔다는 사실입니다. 만일 이 사도들이 사기꾼들이어서 사실을 임의로 꾸며 냈거나, 자신들의 주가 죽은 자들 가운데서 살아나지도 않았는데 살아난 척 거짓말을 한 것이라면 어떻게 이처럼 훌륭한 서신들을 쓸 수 있었겠습니까? 그럼에도 최근에 나온 한 어리석은 책의 저자는 사도들의 가르침이 날조된 것이며, 부활은 그 가르침을 사람들에게 강요하기 위해 교묘하게 조작해 낸 사건이라고 애써 주장하고 있습니다! 하지만 그런 사기꾼들이 어떻게 이런 훌륭한 문학을 창출해 낼 수 있었겠습니까? 교회가 세상에 끼친 것과 같은 선한 영향력을 끼칠 수 있었겠습니까? 그것은 우스꽝스럽기 짝이 없는 생각입니다. 악에서 선이 나올 수는 없는 법입니다. 절대 그럴 수 없습니다. 이 일을 설명할 길은 오직 하나, '부활은 실제 사실'이라는 것밖에 없습니다. 사도들이 부활을 고수하며 계속 전파한 이유가 여기 있습니다. 부활을 부인하느니 차라리 죽는 쪽을 택하려고 한 이유가 여기 있습니다.

그렇다면 그들은 왜 그토록 부활을 중요하게 여긴 것일까요? 부활이야말로 그리스도가 어떤 분인지 최종적으로 입증해 주는 일이었기 때문입니다. 복음서를 다시 읽어 보면, 사도들이 전에도 가끔씩 핵심을 간파할 때가 있었다는 것을 알게 됩니다. 베드로는 가이사랴 빌립보에서 "주는 그리스도시요 살아계신 하나님의 아들이시니이다"라고 말했습니다.마 16:16. 또 예수께서 "너희도 가려느냐"고 물으셨을 때 모든 사도들을 대표해서 "주여, 영생의 말씀이 주께 있사오니 우리가 누구에게로 가오리이까"라고 말하기도 했습니다.요 6:67-68. 그들은 주님의 실체와 영광을 순간적으로 볼 때가 있었습니다. 물론 그것은 선명하지 않았습니다. 그래서 주님이 돌아가신 후에 그토록 좌절했던 것입니다. 그들의 고백은 나중에 기억하고 활용할 수 있을 만큼 강력한 것이 아니었습니다. 그들은 자신들이 본 것을 붙들 수가 없었습니다. 이해할 수도 없었습니다. 그렇게 얼핏 본 것만으로는 충분치 않았습니다. 사도들에게 결정적인 증거가 되어 준 것은 부활 사건이었습니다.

부활은 어떤 의미에서 결정적인 증거가 됩니까? 문자 그대로 주께서 죽은 자들 가운데서 살아나셨기 때문입니다. 바울이 후에 아그

립바와 베스도에게 설교하면서 말한 대로, 주님은 "죽은 자 가운데서 먼저 다시 살아나"셨습니다.행 26:23. 나사로가 다시 살아난 것은 부활이 아닙니다. 단순히 소생한 것일 뿐입니다. 나사로는 잠시 생명을 얻었다가 결국은 다시 죽었습니다. 그러나 주님은 죽은 자 가운데서 육체를 입고 처음으로 살아나셨습니다. "죽은 자들 가운데에서 먼저 나시고"계 1:5. "죽은 자 가운데서 다시 살아"고전 15:20. "많은 형제 중에서 맏아들이 되게 하려 하심이니라"롬 8:29. 이것은 사도들에게 최종적인 확신을 심어 준 놀랍고도 굉장한 사건이었습니다. 그는 문자 그대로 다시 살아나셨습니다. 그리고 승천하시기 전 40일 동안 여러 차례에 걸쳐 모든 의심과 의문을 잠재울 증거를 주셨습니다.

누가복음 24장에 나오는 것처럼, 주님은 성경을 통해서도 부활에 대해 가르쳐 주셨습니다. 그 가르침을 받은 후에야 제자들은 부활 사건을 온전히 이해하게 되었습니다. 구약성경은 주님의 죽음에 대한 예언뿐 아니라 부활도 예언하고 있습니다. 주님이 분명히 죽임당하실 것만 예언하고 있는 것이 아니라 셋째 날에 다시 살아나신다는 것도 예언하고 있습니다. 주님은 엠마오로 가는 두 제자에게 성경을 자세히 설명해 주셨습니다. 모세의 책과 시편과 선지자의 글이 주님께 일어난 바로 그 사건들을 예고하고 있음을 보여주셨습니다. 그래서 두 제자에게 "미련하고 선지자들이 말한 모든 것을 마음에 더디 믿는 자들이여"라고 말씀하신 것입니다눅 24:25. 주님은 다락방에 나타나셨을 때에도 성경에서 자신과 관련된 부분들을 보여주면서 동일한 내용을 가르쳐 주셨습니다. 그러므로 여러분도 이 일들에 대해 확신을 얻고 싶다면 성경을 아는 일에 착수해야 합니다. 그것이 기초입니다.

이처럼 첫 제자들은 주님이 부활하신 증거를 자신들의 눈으로 목격했을 뿐 아니라 그의 부활이 위대한 예언의 성취라는 사실을 깨달았습니다. 베드로가 마지막 편지에서 말하고 있는 것처럼 그들에게는 "더 확실한 예언"이 있었습니다벧후 1:19. 베드로는 이에 대해 그리스도인들에게 권면하고 있는데, 요컨대 이렇게 말하고 있는 것입니다. "우리는 다소 어려운 압력과 함께, 조롱과 욕을 듣고 있습니다. 그러므로 우리에게 '확실한' 예언을 준 선지자들의 말에 주의를 기울여야 합니다."

주님도 친히 부활을 예언하셨습니다. 다락방에 나타나신 주님은 제자들에게 "내가 너희와 함께 있을 때에 너희에게 말한 바……기록된 모든 것이 이루어져야 하리라 한 말이 이것이라"고 말씀하셨습니다눅 24:44. 실제로 복음서를 읽어 보면 주님이 셋째 날 부활하실 것을 계속해서 말씀하신 사실을 알 수 있습니다. 주님은 요나의 예를 한 번 이상 드셨지만 제자들은 그것이 무슨 뜻인지 몰랐습니다. 그러나 이제는 주님의 예언이 사실임을 알게 되었습니다.

죽은 자 가운데서 살아나신 이분, 죽은 자 가운데서 살아날 것을 예언할 수 있었던 이분은 누구입니까? 답은 오직 하나입니다. 이분은 영원하신 하나님의 아들입니다. 부활이 너무나도 중요한 이유가 여기 있습니다. 부활은 "예수는 진정 하나님의 아들인가?"라는 논의에 종지부를 찍는 사건이요, 이에 대한 확신을 제자들에게 심어 준 사건이었습니다. 바울은 로마서 1:3-4에서 그만의 독특한 표현으로 이 사실을 이야기하고 있습니다. "그의 아들에 관하여 말하면 육신으로는 다윗의 혈통에서 나셨고 성결의 영으로는 죽은 자들 가운데서 부활하사 능력으로 하나님의 아들로 선포되셨으니 곧 우리 주 예수 그리스도시니라." 사람들은 나사렛 예수가 하나님의 독생하신 아들이심을 알 필요가 있었습니다. 부활은 그 사실을 입증해 주었습니다.

부활은 이처럼 절대적으로 중요한 사건이었기 때문에 사도들은 계속해서 부활을 설교했습니다. 성경이 기록하고 있는 그대로입니다. "사도들이 큰 권능으로 주 예수의 부활을 증언하니"행 4:33. 그들은 원수의 위협에도 아랑곳하지 않고 계속해서 부활을 이야기했습니다. "우리는 보고 들은 것을 말하지 아니할 수 없다"는 것입니다. "그가 십자가에 못박히시는 것을 보았고, 장사되는 것을 보았으며, 부활하신 것을 보았다"는 것입니다. 사도들은 이처럼 자신들에 대해 이야기하지 않고 주님에 대해 이야기했습니다. 오늘날 세상에 중요한 것은 바로 이 사실, **하나님의 아들**이 세상에 오셨다는 사실입니다.

두번째로, 부활은 주께서 죽음을 통해 자신이 주장하신 모든 일을 성취하셨다는 것을 최종적으로 입증해 주는 사건입니다. 부활은 그리스도의 죽음이 거룩하신 하나님과 거룩한 그의 법을 완전히 충족시켰음을 선포하는 사건입니다. 오, 이 얼마나 중요한 일입니까! 바울이 "예수는 우리가 범죄한 것 때문에 내줌이 되고 또한 우리를 의롭다 하시기 위하여 살아나셨느니라"고 말한 것도 놀랄 일이 아닙니다^{롬 4:25}. 여러분은 이 사실을 깨달았습니까? 고린도전서 15장의 요지가 무엇입니까? 여러분은 이 말씀을 자주 들어 보지 않았습니까? 장례식장에 가면 종종 이 말씀을 들을 수 있습니다. 15장은 정말 중요한 말씀입니다. 이 말씀이 장례식 분위기를 어떻게 바꾸어 놓는지 보십시오. 이 말씀은 장례의 순간을 기쁨과 찬양과 감사의 순간으로 바꾸어 놓습니다.

15장의 요지가 무엇입니까? 그것은 "그리스도께서 만일 다시 살아나지 못하셨으면 우리가 전파하는 것도 헛것이요 또 너희 믿음도 헛것이며……너희가 여전히 죄 가운데 있을 것이요……만일 그리스도 안에서 우리가 바라는 것이 다만 이 세상의 삶뿐이면 모든 사람 가운데 우리가 더욱 불쌍한 자이리라"는 것입니다^{고전 15:14, 17, 19}. 예수 그리스도가 죽은 자 가운데서 살아나지 못하셨다고 가정해 보십시오. 사람들이 그를 장사지낸 후 시신이 계속 무덤에 남아 있었다고 가정해 보십시오. 아니면 똑똑한 사람들의 이론 가운데 하나를 채택해 보십시오. 누군가 시신을 훔쳐 갔다는 이론이나, 어찌 된 영문인지는 모르겠지만 무덤의 상태에 무언가 변화가 생겨 시신에서 습기가 빠져나가는 바람에 먼지가 되어 사라졌다는 좀더 얼빠진 이론을 채택해 보십시오. 사람들은 이렇게 낡고 비현실적인 이야기를 계속해서 반복하고 있습니다. 고작 이런 수준의 이야기를 내세워 너무나도 명백한 사실을 부인하고 있는 것입니다! 그러나 어쨌든 이런 이야기가 옳고, 주님이 죽은 자들 가운데서 육체로 부활하지 못하셨다고 가정해 보십시오. 그러면 우리는 어떻게 됩니까? "죄의 삯은 사망"이라는 것이 그 답입니다^{롬 6:23}. 하나님은 이 점을 분명히 하셨습니다. "범죄하는 그 영혼은 죽으리라"겔 18:4, 20. 여러분은 하나님의 법을 가지고 장난칠 수 없습니다. 율법은 절대적인 것입니다. 우리 한 사람 한 사람은 모두 죄를 지었습니다. 따라서 우리 모두 죽음, 그것도 영원한 죽음에 직면해 있습니다.

제가 그리스도의 죽음을 설교하는 특권을 누리면서 여러분에게 밝히고자 애쓴 바, 이 죽음에서 구원받을 수 있는 길은 오직 하나뿐입니다. 주님은 그 일을 위해 자신을 바치셨습니다. 하나님께서는 아들을 어린양으로 취하시고 우리 죄를 담당하게 하신 후, 그 안에서 우리 죄를 벌하셨습니다. 그 벌이 무엇이었습니까? 죽음이었습니다. 여기에서 제기되는 질문은 이것입니다. "주님은 우리를 능히 구원하실 수 있는 분인가?" 주님이 우리를 구원하실 수 있기 위해서는 자신이 죽음이라는 큰 벌을 받을 수 있고 그 벌을 끝까지 감당할 수 있을 만큼 크고 위대한 분임을 입증해야 합니다. 주님은 죽음의 반대쪽에서 모습을 드러내심으로, 즉 부활하심으로 그것을 입증하실 수 있었습니다. 주님은 한 치의 오차도 없이 그 일을 해내셨습니다. 주 예수 그리스도의 부활은 하나님의 아들이 자기 백성의 죄를 지고 진노의 쓴잔을 남김없이 받아 마심으로 이 일을 다 이루셨을 뿐 아니라, 다시 살아나 하늘에 오르셨음을 온 우주에 알리는 하나님의 선포입니다. "예수는 우리가 범죄한 것 때문에 내줌이 되고 또한 우리를 의롭다 하시기 위하여 살아나셨느니라"롬 4:25. 바울이 고린도전서 15장에서 하고 있는 말은 요컨대 이런 것입니다. "그가 이 일을 다 이루시지 못했다면 우리는 여러분을 우롱하는 것이 됩니다. 우리도 여러분을 속이고, 여러분도 자신을 속이는 것이 됩니다. 여러분은 여전히 죄 가운데 머물게 되고, 그 죄로 인해 죽어야 합니다. 그가 이 일을 다 이루시지 못했다면 여러분은 영원히 죽게 될 것입니다. 그러나 그는 이 일을 다 이루셨고, 그 증거를 주셨습니다. 그는 다시 살아나셨습니다." 이것이야말로 사도들이 그처럼 큰 권능으로 주 예수의 부활을 증거한 이유입니다. 그들은 "들으십시오. 그가 구주십니다. 그가 다 이루셨습니다"라고 말했습니다.

그다음으로 부활은 그리스도가 모든 원수들에게서 우리를 구원하실 수 있다는 것을 입증하는 사건입니다. 저는 지금 여러분에게 나사렛 예수가 하나님의 아들이시며 세상의 구주라고 선포하고 있습니다. 구주救主? 도대체 무엇에서 우리를 구원해 주는 주主입니까? 그는 세상에서, 육신에서, 마귀에게서, 하나님의 율법에서 우리를 구원해 주는 구주십니다. 그렇습니다. 하나님의 율법은 우리를 대적하고 있으며, 그 점에서 우리의 원수가 됩니다. "율법으로는 죄를 깨"닫습니다롬 3:20. 율법은 우리를 정죄합니다. "율법의 행위로써는 의롭다 함을 얻을 육체가 없"습니다갈 2:16. 하나님의 율법은 우리를 고소하고 있으며, 우리는 그것을 피할 길이 없습니다. 율법은 우리를 감시하며 대적합니다.

세상과 육신과 마귀와 율법, 이 모든 것의 배후에는 가장 무서운 원수가 자리잡고 있습니다. 맨 나중 원수인 죽음입니다. 그것은 현대 세계가 자기 재간과 머리와 과학을 총동원해 싸우고 있는 적입니다. 우리는 모두 젊음을 유지하기 위해, 노화와 죽음을 물리치기 위해 발버둥치고 있습니다. 그 결과로 한두 해 정도는 노화나 죽음을 막을 수 있을지 모르겠습니다. 그러나 아주 피할 수는 없습니다. 지금도 죽음은 그 낫을 들고 가까이, 더 가까이, 좀더 가까이 다가오고 있습니다. 그 죽음이 마침내 여러분의 문을 두드리며 "가자"고 말하는 날, 그래서 어쩔 수 없이 떠나야 하는 날-우리 모두가 잘 알고 있는 그날-이 올 것입니다. 이것이 맨 나중 원수입니다. 죽음은 시간적으로 볼 때도 맨 나중 원수지만, 심판과 율법과 하나님의 거룩하심에 직면하게 함으로써 영원토록 비참하고 가련하고 불행한 운명에 떨어뜨릴 수 있다는 점에서도 맨 나중 원수입니다.

말로는 구주라고 하면서도 실제로는 이 모든 원수에게서 우리를 구원하지 못한다면, 감히 구주라고 불릴 자격이 없다고 해야 할 것입니다. 그러나 감사하게도 주님은 이 원수들의 도전을 능히 감당하실 수 있었습니다. 주님은 육신으로 이 땅에 계실 때 여러 번 마귀를 물리치셨고 손쉽게 그를 정복하셨습니다. 주님은 세상에 오염되지 않으셨고, 세상과 구별되게 사셨습니다. 그는 육신의 죄를 알지 못했습니다. 우리처럼 모든 점에서 외부의 유혹을 받았지만 죄는 짓지 않으셨습니다. 또 내부의 죄에도 전혀 미혹되지 않으셨습니다. 하나님의 율법에 관해서는 그가 율법의 모든 요구를 완성하셨으며, 아버지의 법을 하나도 어기지 않으셨고, 율법의 모든 요구를 십자가에서 온전하고도 완벽하게 만족시키셨다는 것을 지난번 설교에서 이미 밝혀 드렸습니다.

그러나 그 순종은 주님 자신의 죽음과 연결되어 있었습니다. 그렇다면 맨 나중 원수가 그를 이긴 것입니까? 주님이 세상과 육신과 마귀와 율법은 패배시키셨지만, 맨 나중 원수는 아닙니까? 맨 나중 원수가 주님을 정복하고 승리한 것입니까? 세상은 "맞아, 그렇지!"라고 소리쳤습니다. 의기양양하게 승리감을 누렸습니다. 그러나 그 승리는 얼마 가지 못했습니다. 주님의 부활하심으로 산산조각이 나고 말았습니다. 주님은 우리의 맨 나중 원수를 정복하심으로 자기 백성들이 죽음을 똑바로 쳐다보며 "사망아, 너의 승리가 어디 있느냐. 사망아, 네가 쏘는 것이 어디 있느냐"라고 말할 수 있게 하셨습니다.[고전 15:55] 바울은 연이어 말합니다. "사망이 쏘는 것은 죄요 죄의 권능은 율법이라. 우리 주 예수 그리스도로 말미암아 우리에게 승리를 주시는 하나님께 감사하노니"[15:56-57]. 주님은 맨 나중 원수를 정복하셨습니다. 그는 온전하고 완벽한 구주십니다. 만약 그가 문자 그대로 몸으로 무덤에서 일어나지 못하셨다면 저도 이렇게 말할 수 없을 것입니다. 몸으로 부활하셨기 때문에 이렇게 말할 수 있는 것입니다. "사도들이 큰 권능으로 주 예수의 부활을 증언하니." 사도행전의 이 사람들처럼 성령 충만한 사람들이 하는 일이 바로 이것입니다. 이것을 증거합니다. 모든 것은 이 사실에 기초하고 있으며, 세상이 알아야 하는 것도 이것입니다.

이쯤에서 질문을 한 가지 드리겠습니다. 여러분은 이 사실을 누리고 있습니까? 그렇지 못하다면 아직도 저 밖에 있는 것이고, 하나님의 진노 아래 있는 것이며, 율법의 정죄 아래 있는 것입니다. 이것은 그리스도인에게 주시는 양식입니다. 참된 신자에게 주시는 천국의 포도주입니다. "예수와 부활"^{행 17:18}, 이것은 주 예수를 믿으며 그에게 일어난 일들과 그가 행하신 일들을 믿는 자에게 주시는 증거이자, 우리의 구원이 완성될 것을 보여주는 증거입니다.

인간은 전적으로 타락했습니다. 의지나 마음이나 정신만 타락한 것이 아닙니다. 인간 전체가 타락했고, 몸 자체가 타락했습니다. 사도 바울은 우리의 몸에 대해 특이한 용어를 사용하고 있습니다. 흠정역 KJV은 빌립보서 3:21에서 "우리의 **천한**^{vile} 몸"이라는 표현을 사용하고 있습니다. 개역성경은 "우리의 낮은 몸"이라고 번역을 다듬어 놓았는데, 오히려 옛 번역이 더 핵심을 짚고 있습니다. 인간의 몸은 천한 몸이며, 썩은 몸입니다. "또 그리스도께서 너희 안에 계시면 몸은 죄로 말미암아 죽은 것이나 영은 의로 말미암아 살아있는 것이니라"^{롬 8:10}. 우리가 아픔과 고통을 겪는 이유, 질병을 앓는 이유, 나이가 들수록 몸이 쇠락해 가는 이유가 여기 있습니다. 우리의 몸은 썩어 있습니다. 고린도전서 15장에 나오는 바울의 주장을 한 번 더 기억하시기 바랍니다. "썩는 것은 썩지 아니하는 것을 유업으로 받지 못하느니라"^{고전 15:50}. 지금 우리의 몸은 "천한 몸"이며 낮은 몸입니다.

인간이 이렇게 썩게 된 것은 타락의 결과입니다. 타락하지 않았다면 몸도 이런 상태가 되지 않았을 것입니다. 우리 몸에는 죄가 있는데, 바울은 그리스도께서 바로 그 "죄 있는 육신의 모양으로" 오셨다고 말합니다^{롬 8:3}. 그의 몸은 죄가 없었지만 죄 있는 육신의 모양이 되었고, 그 결과 우리와 아주 비슷한 모습을 갖게 되었습니다. 내 몸이 구원받지 못하면 구속도 완성되지 못할 것입니다. 그런데 부활은 그리스도께서 영만 구속하시는 것이 아니라 몸도 구속하시므로 우리가 완전한 구속을 받게 된다는 것을 보여줍니다. 주님이 인간의 몸을 입고 세상에 오신 것은 인간을 총체적으로 구원하시기 위해서였습니다. 요한은 첫번째 서신에서 주님이 마귀의 일을 멸하기 위해 세상에 오셨으며, 만약 그렇게 못하신다면 구주가 아니라고 말하고 있습니다. 그러나 여러분과 제가 만난 분은 완전한 구주십니다. 그는 마귀의 일을 모두 멸하시고 무효화시키기 위해 오셨습니다. 그러므로 우리는 최종적으로 몸의 구속을 얻게 되어 있습니다.

바울은 빌립보의 그리스도인들에게 이렇게 썼습니다. "거기로부터 구원하는 자 곧 주 예수 그리스도를 기다리노니 그는 만물을 자기에게 복종하게 하실 수 있는 자의 역사로 우리의 낮은 몸을 자기 영광의 몸의 형체와 같이 변하게 하시리라"빌 3:20-21. 또 로마의 성도들에게도 이렇게 썼습니다. "그뿐 아니라 또한 우리 곧 성령의 처음 익은 열매를 받은 우리까지도 속으로 탄식하여 양자될 것 곧 우리 몸의 속량을 기다리느니라"롬 8:23. 이것은 사도 바울의 영적인 체험이 절정에 달했을 때 나온 말입니다.

요한이 상기시키고 있듯이 믿는 자들이 주님을 있는 모습 그대로 보게 될 날, 주님과 같이 될 날이 오고 있습니다요일 3:2. 죽은 자 가운데서 살아나셨을 때 주님의 몸은 영광스러워졌습니다. 엠마오로 가던 제자들이 그를 알아보지 못한 이유가 여기 있었습니다. 주님이 제자들 가운데 나타나셨을 때 제자들은 무서워했습니다. 무엇 때문입니까? 예전과 같으면서도 다른 몸, 영광스러운 몸으로 나타나셨기 때문입니다. 감사하게도 여러분과 저는 장차 영광의 몸을 입게 될 것을 기대할 수 있습니다. 그때가 오면 모든 죄와 흠과 주름 잡힌 것에서 자유로워진 불멸의 영에 영광의 몸을 입게 될 것입니다. 곧 몸의 구속이 이루어질 것입니다.

부활만이 주님께서 우리를 완전히 구원하셨다는 사실을 입증해 줍니다. 우리가 살펴본 대로, 그리스도는 "많은 형제 중에서 맏아들"이요롬 8:29 "잠자는 자들의 첫 열매"입니다고전 15:20. 그가 다시 오실 때 그 안에 있는 자들도 살아날 것입니다. "죽은 자들이 썩지 아니할 것으로 다시 살아나고 우리도 변화되리라"15:52. 우리는 영광의 몸을 받을 것이며, 그 몸으로 주님과 함께 영원히 거할 것입니다.

마지막으로, 부활은 주님이 만물의 심판자 되신다는 사실을 입증해 준다는 단순한 이유만으로도 단연 중요한 일이라고 할 수 있습니다. 바울이 아덴에서 했던 말을 기억하십니까? 바울은 스토아 학파와 에피쿠로스 학파, 아덴의 똑똑한 철학자들에게 '말쟁이'라는 소리를 들으면서도 이렇게 설교했습니다. "알지 못하던 시대에는 하나님이 간과하셨거니와 이제는 어디든지 사람에게 다 명하사 회개하라 하셨으니"-왜 그렇습니까?-"이는 정하신 사람으로 하여금 천하를 공의로 심판할 날을 작정하시고 이에 그를 죽은 자 가운데서 다시 살리신 것으로 모든 사람에게 믿을 만한 증거를 주셨음이니라"행 17:30-31.

이 땅에서 통용되는 정의의 원칙은 나와 자격이 동등한 인간에게 심판을 받아야 한다는 것입니다(1215년 영국에서 반포된 마그나 카르타 제39조항에는 "모든 자유민은……동등한 자격을 갖는 사람들의 법률적 판단이나 국법에 의하지 않고는……구속되거나 재산의 몰수를 당하지 않는다"라고 규정되어 있다-옮긴이). 모든 인간은 한 인간 예수 그리스도께 심판을 받을 것입니다. 그는 심판자로 "정해져 있는" 분입니다. 하나님께서는 온 세상에 마지막 심판이 있을 것과, 베들레헴 구유에 갓난아기로 태어나 열두 살 소년 시절에 율법학자들을 난처하게 만들었고 다 자라서는 나사렛의 목수로 살다가 서른 살부터 설교를 시작하고 기적을 행했던 예수, 이제껏 아무도 말한 적이 없는 것을 가르쳤던 예수가 심판자 될 것을 온 우주에 고지하셨습니다. 심판자가 될 이 사람은 분명히 약하고 무력한 모습으로 십자가에서 죽어 무덤에 장사되었습니다. 그러나 그는 죽음에 붙잡힐 수 없는 분이었습니다. 인간일 뿐 아니라 하나님이셨기 때문에 다시 살아나셨습니다. 그는 택한 증인들에게 모습을 보이신 후 그들이 보는 앞에서 하늘로 올라가셨고-이것이 또 하나의 명백한 사실입니다-약속하신 성령을 보내 주심으로써 자신이 스스로 말씀하신 바로 그분임을 최종적으로 입증해 주셨습니다. 증인들은 성령으로 충만해져 큰 권능으로 그분을 증거했으며, 그분의 삶과 죽음과 부활과 현재 하시는 일, 공의로 우주를 심판하시고 판결을 집행하시기 위해 영광 중에 다시 오실 것을 증거했습니다.

이것이 사도들이 전한 내용이며, 저 또한 같은 이유로 여러분에게 설교하고 있는 것입니다. 이 모든 일의 의미를 알겠습니까? 하나님의 아들이 왜 세상에 오셨습니까? 왜 그런 죽음을 당하셨습니까? 왜 장사되셨습니까? 왜 다시 살아나셨습니까? 답은 오직 하나, 그것만이 우리를 구원하여 율법의 정죄와 영원한 사망의 형벌을 피하게 해 줄 유일한 길이기 때문입니다. 사도들이 계속해서 이것을 설교한 것도 사람들이 이 길을 모른 채 지옥으로 가고 있음을 알았기 때문입니다. 사도들에게 죽음은 위협이 되지 못했습니다. 그들은 이미 사망에서 생명으로 옮겨진 사람들이었습니다. 그들은 그리스도 안에서 심판에서 생명으로 옮겨진 사람들이었기 때문에 죽음을 두려워하지 않았습니다. 그들은 자신들의 목적지를 알고 있었습니다. 그곳은 "그리스도와 함께 있을" 수 있는 곳, 그래서 더 좋은 곳이었습니다.빌 1:23

이처럼 사도들은 목숨에 연연하지 않았기 때문에 이런 상황에서 자기들을 구해 달라거나 풀어 달라고 기도하지 않았습니다. 그렇습니다. 사도들은 오히려 이 메시지를 계속 전할 능력을 달라고 기도했습니다. 유대의 지도자들은 무지했습니다. 무지해서 그리스도를 못박아 죽였습니다. 무지해서 여전히 그를 거부하고 있었습니다. 그들은 자신들이 율법의 정죄 아래 있다는 것을 몰랐습니다. 심판하시는 하나님을 곧 만나게 된다는 것을 몰랐습니다. 그래서 사도들은 기도했습니다. 그들이 얼마나 무서운 곤경에 처해 있는지, 하나님께서 그들을 구원하시기 위해 독생자를 통해 무슨 일을 행하셨는지 말할 능력을 달라고 기도했습니다. 사도들은 사람들에게 우선적으로 필요한 것이 행복이나 건강이 아님을 알았습니다. 사람들에게 필요한 것은 구원이었습니다. 임박한 진노에서 구원받는 것, 하나님과 화해하는 것, 다시 오시는 주님을 만나기에 합당한 자가 되는 것, 그와 함께 영원한 기쁨에 들어가는 것이었습니다. 사도들의 설교를 다시 한번 읽어 보기를 간절히 권합니다. 사도행전 앞장들을 읽어 보면 사도들이 항상 "예수와 부활" 및 그 의미를 전했다는 사실을 알게 될 것입니다.

그러므로 저는 여러분에게 행복한지 불행한지 묻지 않겠습니다. 불면증에 시달리는지, 이런저런 공포증에 사로잡혀 있는지도 묻지 않겠습니다. 건강에 무슨 문제가 있는지도 묻지 않겠습니다. 다만, 우리가 살펴본 사실들이 제기하는 중대한 질문만 한 가지 드리려고 합니다. 여러분은 심판하시는 하나님을 만날 준비가 되어 있습니까? 여러분이 지금 가고 있는 곳, 영원히 거하게 될 곳이 어디인지 알고 있습니까? 이 사실들의 의미와 의의가 바로 여기에 있습니다.

"사도들이 큰 권능으로 주 예수의 부활을 증언하니." 여러분은 이 증거를 들었습니까? 이 증거를 믿고 받아들였습니까? 주님께 완전히 승복했습니까? 전에 한번도 그렇게 한 적이 없다면 지금 그렇게 하십시오. 그러면 자신이 죄사함 받고 하나님의 자녀가 되었다는 사실을 깨닫게 될 것입니다. 주님과 함께 상속자가 되어 하나님의 모든 영광을 누리게 되었다는 사실을 깨닫게 될 것입니다.

13

성령 하나님

빌기를 다하매 모인 곳이 진동하더니 무리가 다 성령이
충만하여 담대히 하나님의 말씀을 전하니라.

사도행전 4:31

제가 확신하건대, 대부분 사람들은 거의 본능적으로 교회란 장엄한 건물과 강력한 위계, 구별되는 질서-교황, 주교, 대주교, 부제-와 큰 체계를 갖춘 거대한 기관으로서 국가가 편의에 따라 인정하고 활용하는 곳이라는 생각을 가지고 있습니다. 이것이 기독교에 대한 일반인들의 생각입니다. 즉 기독교는 사실상 국가를 이루고 있는 여러 부문 가운데 하나로, 화려한 겉치레와 의식儀式이 그 특징이라는 것입니다.

이 거대한 기관 안을 들여다보면 세련된 철학적·신학적 논쟁에 대부분의 시간을 보내는 듯한 사람들을 볼 수 있습니다. 평범한 이들은 그 사람들이 대체 무슨 이야기를 하는지조차 모르는데도 그들은 논쟁을 계속합니다. 그들은 심오한 분위기 속에 살고 있습니다. 놀라운 용어와 개념들을 내놓는 그들의 모습이나 말을 텔레비전에서 보고 들을 기회가 주어지기도 합니다. 꽤 그럴듯해 보이는 이 모든 것의 실상은 무엇입니까?

이 모든 것은 옛 율법, 곧 구약시대 때 이미 일어났던 일입니다. 그때 한 종교가 있었습니다. 우리는 그 종교의 유래를 추적할 수 있는데, 기록에 따르면 그 종교는 처음 모습과 정반대로 변질되어 결국 주님이 오셨을 당시에는 그 종교 당국자들과 가장 큰 싸움을 치러야 할 지경이 되었습니다. 가장 앞장서서 주님을 환영하며 그 메시지를 믿고 순복하며 따랐어야 할 사람들이, 오히려 그를 거부하며 남들까지 거부하도록 부추기는 장본인이 되고 만 것입니다. 유대인의 종교는 너무나 경직되고 화석화되고 제도화된 나머지, 기독교 신앙의 가장 큰 원수가 되고 말았습니다.

제도화된 종교의 거부는 지금도 계속되고 있습니다. 저는 일반인들이 교회라고 생각하는 이른바 '기독교계'야말로 신약교회에서 멀어질 대로 멀어져 있다고 말하고 싶습니다. 이 모든 것이 왜 중요합니까? 신약성경의 기록에 따르면, 인간을 구원할 수 있는 유일한 진리는 이 사도들의 가르침 속에만 들어 있기 때문입니다. 세상의 많은 것들은 여러분이 어떤 관점을 가지고 바라보든 큰 상관이 없습니다. 예컨대 저는 총선에서 어디에 투표하든 크게 중요치 않다고-어디에 투표하든 결국은 거의 마찬가지라고-생각하게 된 사람 가운데 하나입니다. 우리는 그러한 쟁점들이 있을 때 엄청나게 법석을 떨며 흥분하지만, 사실 그렇게 법석을 떨 만큼 중요한 것도 아닙니다. 우리는 각자 자기 생각과 견해가 있습니다. 좋습니다. 그러므로 그 생각과 견해를 행사하면 그만입니다.

그러나 기독교 메시지는, 우리가 그것에 어떻게 반응하느냐에 따라 이생에서 일어날 일이 결정될 뿐 아니라 앞으로의 영원한 운명까지 결정된다고 주장합니다. 즉 우리가 복음에 어떤 태도를 보이느냐에 따라 돌이킬 수 없는 결과가 초래된다는 것입니다. 기독교는 이 복음이 사람에게서 나온 것이 아니라 하나님에게서 나왔다고 주장합니다. 따라서 복음은 우리가 무슨 견해를 표명해야 하는 문제가 아니라, 전능하신 하나님께서 말씀하신 바를 듣고 경청해야 하는 문제라는 것입니다. 오늘날 무엇보다 절실하게 필요한 이 메시지에 명확한 태도를 취하는 것이야말로 참으로 긴급한 일이 아닐 수 없습니다.

기독교가 단순한 철학체계나 관점이 아니라는 점은 이미 살펴보았습니다. 기독교는 도덕적 행위나 윤리관의 문제도 아닙니다. 절대 아닙니다. 기독교는 초자연적인 것입니다. 기적적인 것입니다. 살아 계신 하나님이 인간 사이에서 행동하시는 것입니다. 더 나아가, 기독교는 단순한 체험이 아닙니다. 오늘날 많은 사람들이 자기에게 유익한 체험, 자기를 더 나은 사람으로 만들어 주는 체험만 있다면 남들이 어떻게 생각하든 중요치 않다고 말합니다. 그러나 우리는 그런 생각을 받아들일 수 없습니다. 이것은 지극히 중요한 문제입니다. 저는 체험이 본질적인 것이라는 데 기꺼이 동의합니다. 체험은 반드시 있어야 합니다. 기독교는 그 정의定義상 하나님이 우리에게 무언가를 행하시는 것이기 때문입니다. 기독교 신앙에서 주관적인 요소는 중요한 것입니다. 거듭 말하지만 여러분과 저에게 체험-아무리 사소한 체험이라도-이 전혀 없다면, 하나님께서 우리를 다루신 체험이 전혀 없다면, 우리는 그리스도인이라고 할 수 없습니다. 기독교는 하나님의 활동이요 능력입니다. 그러므로 우리에게는 반드시 어떤 체험이 있어야 합니다. 미숙한 체험이든, 부분적인 체험이든, 하찮은 체험이든 체험이 있어야 합니다. 그렇지 않으면 우리 신앙은 무가치하고 건조한 지적 신념 이상의 것이 될 수 없습니다.

그렇다고 해서 어떤 체험이든 상관없이 체험만 있으면 된다는 말은 결코 아닙니다. 성경 기록의 놀라운 점은, 그 안에 양면이 다 존재한다는 것입니다. 주관적이고 실험적이며 체험적인 측면이 있는 반면에, 객관적인 측면도 있습니다. 제가 여러분에게 계속해서 제시하고자 하는 것은 성경의 이 장엄한 객관적 측면입니다.

저는 이제껏 실제로 일어난 일들의 역사성을 강조해 왔습니다. 제가 이렇게 한 것은 사도행전 앞부분 자체가 역사성을 강조하고 있기 때문입니다. 더욱이 역사성은 기독교 신앙에 대한 심리학의 공격에도 답변이 되어 줍니다. 어떤 체험의 타당성을 검증해 보려면 그 체험의 토대가 무엇인지 물어봐야 합니다. 사람에게 많은 유익을 끼칠 만한 매개체들은 기독교 외에도 많이 있습니다. 그 사실까지 부인할 필요는 없습니다. 많은 대중적 사교 집단들도 유익을 끼칠 수 있습니다. 그렇지 않다면 사교 집단들이 그런 성공을 거둘 수 없었을 것입니다. 또 심리치료사나 의사들도 사람들이 겪고 있는 문제의 다양한 원인과 치료법을 제시함으로써 도움을 줄 수 있습니다. 사람들에게 더 큰 행복을 느끼게 해줄 매개체들은 마약을 비롯해 얼마든지 많이 있습니다.

사람들은 기독교가 체험을 강조한다고 비난합니다. "당신들은 스스로 속이고 있을 뿐이다. 일종의 자기 암시를 통해 좀더 행복하고 명랑한 기분을 느끼는 것일 뿐이다. 당신들은 노래하며 즐거워한다. 현실을 외면하고 회피하면서 자신을 심리적으로 고양시킨 다음, 그렇게 좀더 행복해진 기분으로 귀가하는 것이다. 하지만 문제는 다시 불거지게 마련이다. 당신은 또다시 곤경에 빠지게 된다. 그러면 또 약을 얻으러 가는 것이다. 교회는 일종의 진정제를 나누어 주는 약국인 셈이다. 그것이 기독교의 전부다." 사람들은 계속해서 말합니다. "우리는 굳이 비판하고 싶지 않다. 당신들 종교가 당신들을 더 나은 사람, 더 행복한 사람으로 만들어 준다면 계속 믿으라. 하지만 우리까지 거기 끼기를 바라지는 말라." 이것이 그들의 주장입니다. 기질이나 심리적 특성상 종교를 받아들일 만한 사람, 종교적 콤플렉스가 있는 사람에게는 종교가 좋을 수도 있다는 것입니다.

그러나 우리는 이 말을 부인합니다. 기독교는 주관적인 동시에 객관적인 것으로, 그 객관성으로부터 주관적인 요소가 나오기 때문입니다. 성경의 역사적 사실과 사건들은 위와 같은 심리적 측면의 비난에 답변이 되어 줍니다. 우리는 초대교회의 놀라운 기도에서 이미 그 점을 발견한 바 있으며, 이제 이 기도에 대한 응답에서도 동일하게 그 점을 발견할 수 있습니다.

사도들을 주목해 보십시오. 사도들은 곤경 속에서도 일종의 자기 암시를 통해 자위하려 애쓰지 않았습니다. 이 사실은 그들이 단순히 주관적인 체험만 한 것이 아니었음을 증명해 줍니다. 사도들은 자기들의 경건한 희망과 염원만 표명한 것이 아닙니다. 절대 그러지 않았습니다. 그들은 위대한 객관적 사실, 곧 성부 하나님, 창조주 하나님을 먼저 이야기했습니다. 눈을 안으로 돌려 자신과 자신의 체험을 들여다보는 대신, 밖을 내다보았습니다. "그들이 듣고 한마음으로 하나님께 소리를 높여 이르되 대주재여, 천지와 바다와 그 가운데 만물을 지은 이시요……." 이것은 우리가 이미 살펴본 내용입니다. 그들은 시편기자들처럼 창조주 하나님을 먼저 이야기했으며, 하나님이 역사를 지배하시는 분임을 먼저 상기했습니다.

구약시대에도 하나님의 백성들은 곤경에 처할 때마다 자신들의 역사를 되짚어 보았습니다. "아브라함의 하나님, 이삭의 하나님, 야곱의 하나님, 모세의 하나님, 이스라엘 자손의 하나님, 홍해의 하나님!" 역사! 사건! 이것이 신앙의 유일한 토대였습니다. 그들은 스스로 속이지 않았습니다. 그들은 말했습니다. "우리는 살아계신 하나님, 스스로 살아계시다는 증거를 주신 이 하나님을 믿는다. 우리의 역사는 그 이야기로 가득 차 있다."

예언도 역사만큼 중요한 요소였습니다. 신자들은 사도행전 4장의 기도를 하면서, 다윗이 메시아의 오심을 예언했다는 사실을 깨달았습니다. 예언은 확인 가능한 것이기 때문에 신자들은 예언을 아주 중시했습니다. 800년 전에 예언한 사람들의 말이 그대로 이루어졌습니다. 예언은 자기 설득도, 자기 암시도 아닙니다. 아주 자세한 부분까지 적어 놓은 객관적인 기록입니다.

그다음으로, 신자들은 성자 하나님과 자신들이 보고 들은 일에 대해 이야기했습니다행 4:20. 그들에게는 사람들을 행복하게 해줄 마법의 공식 같은 것이 없었습니다. 전혀 없었습니다. 그저 사실을 보고하고, 이 한분을 증거했을 뿐입니다. 우리는 그들이 "예수와 부활"에 얼마나 큰 중요성을 부여했는지 살펴보았습니다. "사도들이 큰 권능으로 주 예수의 부활을 증언"했음도 살펴보았습니다. 이 모든 것 때문에 신자들은 그런 신앙과 확신을 가질 수 있었던 것입니다.

여러분 앞에 제시할 사실이 한 가지 더 있습니다. 이 구절들은 성부 하나님과 성자 하나님에 대해 언급하고 있을 뿐 아니라, 성령 하나님에 대해서도 언급하고 있습니다. "빌기를 다하매 모인 곳이 진동하더니 무리가 다 성령이 충만하여." 우리는 사도행전 초반부를 공부하면서 이미 성령 하나님의 능력에 마주친 적이 있습니다. 그런데 신자들의 기도와 연결된 맥락에서 다시 한번 그 능력에 마주치게 됩니다. 성령은 기독교 설교에서 극히 중요하고 본질적인 부분을 차지하고 있는 주제입니다. 기독교는 철저히 삼위일체적인 것입니다. 이 말이 이상하게 들립니까? 그러나 다른 종교나 사교 집단, 또는 기독교인 척 하는 것들과 진정한 기독교를 구별하는 방법이 바로 삼위일체적인가, 아닌가를 묻는 것입니다.

사람은 이 모든 것을 이해할 수 없습니다. 기독교가 그 정의상 기적적이고 초자연적인 것이라면, 사람이 이해할 수 없는 것도 당연한 일입니다. 현대인에게는 안된 말이지만, 현대인의 그 위대한 두뇌로도 기적을 이해할 수 없습니다. 이 점을 빨리 깨닫는 것이 좋습니다. 만약 복음이 여러분이나 제가 이해할 수 있는 것이라면 "복되신 하나님의 영광의 복음"이 아니라 딤전 1:11 우리가 해부하고 파악할 수 있는 하나의 철학이 되고 말 것입니다. 그러나 복음은 철학이 아닙니다. 복음은 여러분을 마주하자마자 "네 신을 벗으라!"고 명령합니다. 모세도 불타는 떨기나무 앞에서 그 명령을 받았고, 여호수아도 같은 명령을 받았습니다 수 5:15.

우리는 너무나 똑똑한 사람들이어서 어떤 광경을 보면 거기에 자신의 위대한 정신을 온통 집중시킵니다. "내가 돌이켜 가서 이 큰 광경을 보리라"고 말한 모세처럼 현대인들도 그 광경을 보고 싶어합니다. 하나님을 분석해서 이해하고 싶어합니다. 그들은 "이해할 수 없는 것은 믿지 않겠다"고 말합니다. 좋습니다. 여러분도 그렇게 말하고 싶으면 하십시오. 그러나 그 말은 별로 독창적인 것이 못 된다는 것을 알아야 합니다. 사람들은 처음부터 그렇게 말해 왔습니다. 오늘날 세상이 이렇게 된 것도 그 때문입니다. 사람들은 자기 자신조차 이해하지 못하면서, 어리석게도 하나님과 기적적인 일들과 초자연적인 일들을 이해하고 싶다고 말합니다! 그러고는 자신들이 이해할 수 없다는 이유로 믿기를 거부합니다. 그래서 세상은 점점 더 지옥이 되어 가고 있습니다. 오, 자기 지성을 믿는 현대인은 얼마나 어리석은 사람들입니까! 제가 이 자리에 서 있는 것은 여러분에게 이 기적적이고 초자연적인 복음, 삼위일체의 메시지를 전하기 위해서입니다. 이 메시지를 이해하시겠습니까? 물론 못할 것입니다. 저도 못합니다. 전에도 여러 번 말씀드렸듯이, 저는 단지 사도 바울 뒤에 서서 "크도다. 경건의 비밀이여, 그렇지 않다 하는 이 없도다. 그는 육신으로 나타난 바 되시고……"라고 말할 뿐입니다 딤전 3:16. 복되고 거룩하신 삼위일체라는 이 위대한 교리에 대해서도 같은 말을 할 수밖에 없습니다.

그렇다면 이 교리의 의미는 무엇입니까? 이 교리는 삼위일체 하나님을 주장합니다. 하나님 안에 복되신 삼위—성부 하나님, 성자 하나님, 성령 하나님-가 계시다고 주장합니다. 제 임무는 여러분을 기분 좋고 편안하게 해주는 것이 아닙니다. 여러분의 문제와 곤경과 시련을 잠시 동안 잊게 해주는 것이 아닙니다. 절대 아닙니다. 제 임무는 여러분에게 진리를 선포하며 계시된 바를 선포하는 것입니다. 삼위일체를 이루고 계시는 삼위는 똑같이 동등하시며, 똑같이 영원하시고, 영원부터 영원까지 존재하십니다. 제가 강조하고 싶은 바를 최대한 간단하게 말씀드리겠습니다. 저는 저처럼 하찮은 설교자의 말만 듣고 이 교리를 믿으라는 것이 아닙니다. 역사를 통해 명백히 증명된 교리이기 때문에 믿으라는 것입니다. 삼위일체는 오로지 체험으로만 알 수 있는 교리가 아니라, 역사에 객관적으로 계시된 교리입니다. 삼위 하나님께서 친히 당신을 알려 주신 것입니다.

이 계시는 구약성경에 처음 나타납니다. 구약성경이 성부 하나님만 언급하고 있는 것은 아닙니다. 그러나 주로 성부 하나님의 활동을 보여주고 있습니다. 창조와 홍수, 아브라함에게서 시작된 새 민족, 그들의 흥망성쇠와 그들에게 일어난 일들, 또 그들과 관련해 다른 나라에 일어난 일들을 읽어 나가면서, 우리는 어떤 경우에도 자신의 위대한 목적을 이루어 가시는 성부 하나님의 모습을 보게 됩니다.

사복음서가 주로 보여주는 분은 성자 하나님입니다. "때가 차매 하나님이 그 아들을 보내사 여자에게서 나게 하시고 율법 아래에 나게 하신 것은 율법 아래에 있는 자들을 속량하시고 우리로 아들의 명분을 얻게 하려 하심이라"갈 4:4-5. 우리는 사복음서 각 장에서 이론이 아닌 한 인물, 역사에 등장한 구체적인 인물과 마주치게 됩니다. 그는 하나님을 몸으로 보여주신 성자 하나님이십니다. "말씀이 육신이 되어 우리 가운데 거하시매"요 1:14. 주님은 "나를 본 자는 아버지를 보았거늘"이라고 말씀하셨습니다요 14:9. 보이지 않는 하나님이 볼 수 있게 나타나셨다는 것입니다.

그리고 여기 '사도들의 행전'에서 우리는 주로 성령 하나님의 활동을 보게 됩니다. 성령의 활동은 성부와 성자의 활동만큼이나 기독교 메시지의 본질적인 부분입니다. 성경은 성령에 대해 무엇을 가르치고 있습니까? 제가 한번 요약해 보겠습니다. 성령은 구약시대에도 활동하셨습니다. 창세기 첫 구절에서부터 우리는 성령과 그 활동을 만나게 됩니다. "태초에 하나님이 천지를 창조하시니라. 땅이 혼돈하고 공허하며 흑암이 깊음 위에 있고 하나님의 영은 수면 위에 운행하시니라"창 1:1-2. 복되신 삼위는 이 땅과 인류의 모든 역사에 관련되어 계십니다. 성령도 창조 때 자신의 역할을 감당하셨습니다.

성령의 또 다른 위대한 활동은 그로부터 한참 후에, 옛 율법시대에 사람들을 인도하여 성경을 쓰게 하신 것입니다. "모든 성경은 하나님의 감동으로 된 것으로", 하나님의 숨결이 배어 있습니다딤후 3:16. 이것은 성령께서 하신 일입니다. 구약의 선지자들이 어떻게 메시지를 받았으며 기록했는지 읽어 보십시오. 항상 "여호와의 엄중한 말씀"the burden of the Lord이 임했다, "여호와의 신"이 임했다고 말하는 것을 알게 될 것입니다. 그들은 붙잡힌 바 되었습니다. 신적인 영감afflatus, 숨을 불어넣음이 그들을 붙잡고 사로잡아 메시지를 주셨으며, 그 메시지를 이해하고 기록할 능력을 주셨습니다. 그들은 한결같이 이 메시지의 저자는 자신들이 아니라고 주장했습니다. 성경의 저자는 오직 성령 한분 뿐입니다. 이것이 우리가 알아야 할 중요한 가르침입니다. 성경은 하나님의 말씀으로서, 성령께서 영감을 전달하는 중개 역할을 하신 책입니다. 이것은 예언에서 특히 두드러지게 나타납니다. 사도 베드로는 자신의 두번째 서신이자 교회에 보내는 마지막 편지에서 다음과 같은 유명한 말로 이 점에 대해 이야기하고 있습니다.

> 또 우리에게는 더 확실한 예언이 있어 어두운 데를 비추는 등불과 같으니 날이 새어 샛별이 너희 마음에 떠오르기까지 너희가 이것을 주의하는 것이 옳으니라. 먼저 알 것은 성경의 모든 예언은 사사로이 풀 것이 아니니벧후 1:19-20.

베드로의 말은 요컨대 이런 것입니다. "여러분도 알다시피 예언서를 기록한 사람이나 선지자들은 단지 똑똑하고 능력 있어서 그런 예언을 쓴 것이 아닙니다." 그들은 일요신문에 특별 논평과 논설을 쓰는 지식인 부류가 아니었습니다. 이리저리 발로 뛰며 법정 판결 내용을 보도하는 일반 기자들과 달리, 주간 칼럼을 통해 사건과 시대에 대해 자기가 파악한 내용을 쓰거나 정부에 여러 가지 대책을 제안하는 위대한 사상가 부류도 아니었습니다. 예언은 그런 사람들이 쓸 수 있는 것이 아니었습니다. "성경의 모든 예언은 사사로이 풀 것이 아니니." 성경은 인간의 지각에 기원을 두고 있는 책이 아닙니다. 그러면 무엇입니까? "예언은 언제든지 사람의 뜻으로 낸 것이 아니요 오직 성령의 감동하심을 받은 사람들이 하나님께 받아 말한 것임이라"^{벧후 1:21}. 성령은 구약시대 때 이런 일을 하셨습니다.

구약시대부터 전해져 내려오던 위대한 예언이 하나 있었습니다. 그것은 성령 하나님을 모든 육체에게 부어 주시는 날이 온다는 예언이었습니다. 여러분은 베드로가 오순절 날 예루살렘에서 설교할 때 요엘의 이 예언을 인용한 사실을 기억할 것입니다. 사람들이 몰려들어 "이 어찌 된 일이냐"고 묻자 어떤 이들이 "그들이 새 술에 취하였다"고 말했습니다. 그때 베드로는 열한 사도와 같이 서서 이렇게 말했습니다.

> 유대인들과 예루살렘에 사는 모든 사람들아, 이 일을 너희로 알게 할 것이니 내 말에 귀를 기울이라. 때가 제삼시니 너희 생각과 같이 이 사람들이 취한 것이 아니라. 이는 곧 선지자 요엘을 통하여 말씀하신 것이니 일렀으되 하나님이 말씀하시기를 말세에 내가 내 영을 모든 육체에 부어 주리니 너희의 자녀들은 예언할 것이요 너희의 젊은이들은 환상을 보고 너희의 늙은이들은 꿈을 꾸리라. 그때에 내가 내 영을 내 남종과 여종들에게 부어 주리니 그들이 예언할 것이요^{행 2:14-18}.

이것은 예언이었습니다. 한 날이 이를 텐데, 그날이 오면 성령이 더 이상 구약시대 때처럼 예언이나 성전 건축 등과 관련된 은사를 주시기 위해 특별히 세우신 자들에게만 부분적으로 임하여 활동하시지 않는다는 것입니다. 더 이상 그렇게 예외적으로 드물게 활동하시지 않고, 보편적이고 풍성하게 활동하신다는 것입니다.

에스겔서 36장도 같은 내용을 가르치고 있습니다. 구약시대 선지자들은 무언가 강력한 일이 벌어지는 날, 살아계신 하나님의 영이 사람들의 몸에 임하여 그들을 변혁시킴으로써 인간의 힘으로 도저히 할 수 없는 일을 하게 하실 날이 올 것을 예언했습니다. 그들은 그날이 오면 참으로 놀라운 광경이 벌어질 것이라고 말했습니다. 하나님께서 "내가 그들에게 한마음을 주고 그 속에 새 영을 주며 그 몸에서 돌 같은 마음을 제거하고 살처럼 부드러운 마음을 주"실 것이라고 말했습니다겔 11:19. 성령으로 그들을 채워 주실 것이라고 말했습니다.

주님도 같은 약속을 하신 것을 복음서에서 볼 수 있습니다. 한번은 "명절 끝 날 곧 큰 날에" 예루살렘에서 이렇게 말씀하셨습니다. "누구든지 목마르거든 내게로 와서 마시라. 나를 믿는 자는 성경에 이름과 같이 그 배에서 생수의 강이 흘러나오리라"요 7:37-38. 요한은 이것이 앞으로 주실-그때까지는 성령을 주시지 않으셨으므로-성령, "믿는 자들이 받을 성령"을 가리켜 하신 말씀이라고 부연했습니다7:39.

그뿐 아니라 요한복음 14장에서는 "너희는 마음에 근심하지 말라.……내가 너희를 고아와 같이 버려두지 아니하고"라고 말씀하셨습니다요 14:1, 18, KJV. 즉 고아처럼 버려두지 않으시겠다는 것입니다. 주님은 가시겠지만 또 다른 보혜사Comforter, 성령을 보내 주시겠다는 것입니다. 그리고 16장에서는 다음과 같이 말씀하셨습니다. "내가 떠나가는 것이 너희에게 유익이라. 내가 떠나가지 아니하면 보혜사가 너희에게로 오시지 아니할 것이요 가면 내가 그를 너희에게로 보내리니"16:7. 이렇게 말씀하신 분은 믿을 만한 분입니까? 이분은 정말 하나님의 아들이십니까? 우리는 어떻게 그것을 알 수 있습니까? 그가 부활하신 것을 보고 알 수 있습니다. 그뿐만이 아닙니다. 약속대로 성령을 보내 주신 것을 보고 알 수 있습니다.

그후에 주님은 성령 보내 주실 것을 다시 한번 분명히 약속해 주셨습니다. 사도행전 1:7-8은 이렇게 기록하고 있습니다. "때와 시기는 아버지께서 자기의 권한에 두셨으니 너희가 알 바 아니요. 오직 성령이 너희에게 임하시면 너희가 권능을 받고 예루살렘과 온 유대와 사마리아와 땅 끝까지 이르러 내 증인이 되리라." 그러므로 "너희는 위로부터 능력으로 입혀질 때까지 이 성에 머물라"고 말씀하셨습니다.눅 24:49.

이것은 분명한 진술입니다. 심리치료나 자기 암시나 사람들을 좀 더 행복하게 해주겠다는 선전문구가 아닙니다. 이것은 분명한 약속이요 예언입니다. 그 어떤 것보다 실제적이고 구체적인 말씀입니다. 이것이 왜 중요한지 아시겠습니까? 사도들은 심리적인 체험을 한 사람들이 아니었습니다. 그들은 약속과 성취, 예언과 사실을 비교해 보았습니다. 그들은 주님이 돌아가신 것을 보고 뿔뿔이 흩어져 버린 현실적인 사람들이었습니다. 그런데 지금은 즐거워합니다. 왜 그렇습니까? 주님이 말씀하신 대로 이루어졌기 때문입니다.

따라서 오순절은 기독교 설교에서 지극히 중요한 부분을 차지할 수밖에 없습니다. 이것은 하나님의 위대하신 행동입니다. 오순절은 성육신, 죽음, 부활, 승천만큼이나 동일하게 중요한 사건입니다. 이 모든 일이 하나님의 경이롭고 놀라운 역사役事지만, 오순절은 그중에서도 가장 경이로운 역사에 속합니다. 저는 실제로 일어났던 사건을 한 번 더 전해 드리고자 합니다. 역사 속에 일어났던 일을 한 번 더 말씀드리고자 합니다. 120명 정도의 사람들이 한방에 모여 열흘 동안 기도했습니다. 그다음에 일어난 일을 읽어 드리겠습니다.

> 오순절 날이 이미 이르매 그들이 다 같이 한곳에 모였더니 홀연히 하늘로부터 급하고 강한 바람 같은 소리가 있어 그들이 앉은 온 집에 가득하며 마치 불의 혀처럼 갈라지는 것들이 그들에게 보여 각 사람 위에 하나씩 임하여 있더니 그들이 다 성령의 충만함을 받고 성령이 말하게 하심을 따라 다른 언어들로 말하기를 시작하니라행 2:1-4.

이것은 사실입니다. 실제 일어난 사건입니다.

이 일이 있은 후에 그들은 서로를 자세히 보았습니다. 그들은 불쌍한 그리스도인들이었습니다. 일개 범인들-배운 것도 없고 영향력도 없고 중요하지도 않고 유력하지도 않은 사람들-이었습니다. 게다가 베드로와 요한은 당국자들의 위협과 함께, 다시는 예수의 이름으로 전하지도 말고 가르치지도 말라는 명령까지 받은 상태였습니다. 그 명령에 복종하지 않으면 죽게 된다는 것을 그들은 알고 있었습니다. 우리가 살펴보았듯이 두 사람은 다른 신자들에게 이 일을 보고한 후 함께 기도하기 시작했습니다. 그런데 여기에서 제가 문득 주목하게 된 구절이 있습니다. 바로 "빌기를 다하매 모인 곳이 진동하더니"라는 것입니다.

이 구절은 또 하나의 사실, 또 하나의 사건을 보여줍니다. 지금 저는 단순히 이 사람들의 기분이 좀 나아졌고 행복해졌다고 말하는 것이 아닙니다. 물론 그러기도 했습니다. 그들은 큰 기쁨과 담대함을 얻었고, 우리가 나중에 살펴보고자 하는 다른 많은 것들로 충만해졌습니다. 그러나 성경이 무엇보다 먼저 말하고 있는 사실은 "모인 곳이 진동"했다는 것입니다. 저는 이것을 '신성한 유머'라고 부릅니다. 현대인들은 이런 일을 상당히 우습게 여기기 때문입니다. 그들은 말합니다. "하나님이 건물을 진동시켰다고? 건물은 진동하지 않아." 실상은 건물이 진동한다는 사실을 알면서도 이렇게 말하는 것일 수도 있습니다. 어쨌든 현대인들은 산헤드린처럼 어떤 설명이든 갖다 붙여서 사실을 회피하려 하고 있습니다.

이런 설명들 중에서도 가장 우스운 것은, 이들이 너무나 무서워 벌벌 떤 나머지 건물이 진동한 것처럼 느꼈다는 것입니다. 이런 말을 얼마나 진지하게 하는지 모릅니다!

이것이 불신앙의 터무니없는 면모입니다. 불신앙은 아주 터무니없는 것입니다. 이 점은 앞에서도 보여드렸습니다. 산헤드린은 자기들의 정당성을 입증할 수 없었습니다. 그들은 걸인이 치유된 것을 분명히 보았으면서도 그 사실을 회피하려고 몸부림치다가 스스로 우스꽝스러운 꼴이 되고 말았습니다. 그런데 위와 같이 설명하는 사람들도 그들과 똑같은 짓을 하고 있습니다. 베드로와 요한은 근엄하기 짝이 없는 경고와 위협을 받은 직후에도 산헤드린 공회원들의 눈을 똑바로 쳐다보면서 "우리가 당신들 말을 듣는 것이 옳은지, 하나님 말씀을 듣는 것이 옳은지 스스로 판단해 보십시오. 우리는 보고 들은 것을 말하지 않을 수 없으며 앞으로도 계속 말할 것입니다"라고 당당히 증언할 수 있었던 사람들입니다. 그런 사람들이 바로 다음 순간 겁쟁이가 되어서 벌벌 떤 나머지 건물이 진동한 것처럼 착각했고, 다른 사람들도 똑같이 착각했다는 것입니다! 그러나 사도들은 자기 자신에 대해서는 조금도 걱정하지 않던 사람들입니다. 그들은 자기 자신을 위해서나 일신상의 안전과 편안을 위해서는 단 한 마디도 간구하지 않았습니다. 그들이 구한 것은 오직 "주여, 이제도 그들의 위협함을 굽어보시옵고 또 종들로 하여금 담대히 하나님의 말씀을 전하게 하여" 달라는 것뿐이었습니다. 하나님은 그들이 모인 곳을 진동하심으로 그 기도에 응답해 주셨습니다.

거듭 말씀드리지만, 이것은 하나님의 행동입니다. 홍해를 가르신 일과 연속선상에 있는 객관적이고도 외적인 행동입니다. 하나님은 그 백성의 믿음이 헛되이 돌아가지 않는다는 것과 허공에 떨어지지 않는다는 것을 알리고 싶어하셨습니다. 그분은 이렇게 말씀하신 것입니다. "너희가 지금 나에게 아뢰며 요청하고 있다. 나를 살아있는 하나님으로 믿고 있을 뿐 아니라, 땅 끝까지 창조한 창조주이자 온 우주를 지탱하는 자, 능치 못할 일이 없는 자로 믿고 있음을 분명히 고백하고 있다. 나는 너희가 옳다는 것을 알려 주고 싶다. 그래서 내 능력을 나타내는 것이다." 건물이 진동한 것은 이 때문입니다. 이것이 우리 신앙의 객관적인 측면입니다. 물론 여기에는 주관적인 측면도 있지만, 그 부분은 나중에 다루기로 하겠습니다. 제가 지금 여러분 앞에 제시하려는 것은 이 위대하고 장엄한 객관성입니다. 행동과 사실과 실제 일어난 일과 사건들입니다! 우리는 이것을 믿으며, 여기에 우리 신앙의 토대를 두고 있습니다.

또한 이것은 하나님이 살아계시다는 증거이기도 합니다. 기독교 메시지는 복되신 성삼위께서 여러분과 제가 살고 있는 이 오래된 세상, 이 비극적인 세상, 이 부끄러운 세상, 이 불행한 세상, 자신이 서 있는 곳도 모른 채 마지막 대파멸을 향해 돌진하고 있는 이 세상을 염려하신다고 말합니다. 오, 얼마나 놀라운 메시지이며 얼마나 감사할 일입니까! 복되신 성삼위께서 이 세상을 염려하시고, 이 세상을 구속할 계획을 갖고 계시며, 그것을 위해 공동작업을 하고 계신다는 것입니다! 성부께서는 세상의 기초를 놓기도 전에 계획을 세우고 고안해 내셨습니다. 그것은 세상을 구속할 수 있는 유일한 계획이었습니다. 성자께서는 자원하여 세상에 오심으로 그 계획을 수행하셨습니다. 성육신이 없었다면 우리는 아무 희망도 가질 수 없었을 것입니다. 이미 살펴본 것처럼 성자 하나님께서 세상에 오시지 않았다면, 이 세상 누구에게도 희망은 없었습니다. 죄는 반드시 처리되어야 했습니다. 그래서 성자께서 하나님을 아는 지식에 절대적으로 필요한 이 일을 하셨고, 우리는 그것을 통해 하나님의 복을 받아 세상에 임박한 파멸에서 구원받을 수 있었던 것입니다. 이것이 성자가 맡으신 역할이었습니다.

복되신 성령의 역할은 이 모든 일을 우리에게 적용하시는 것입니다. 필요한 모든 일이 다 이루어졌으나, 그것은 반드시 적용이 되어야 했습니다. 그 모든 일을 취하지 않고 적용하지 않는 한, 우리는 아무 유익도 얻을 수 없습니다. 성경이 말하는 놀라운 사실은, 복되신 삼위일체 중에 세번째 위이신 성령, 바로 이 성령께서 성부의 지시를 받아 성자가 이루신 위대한 구원을 여러분과 제게 적용하고자 보냄받으셨다는 것입니다. 이것은 절대적으로 중요한 사실입니다. 그는 오순절 날에 임하셔서 활동을 시작하셨고, 지금도 여전히 활동하고 계십니다.

우리는 성령의 활동을 간략히 두 가지 주된 분야로 나눌 수 있습니다. 먼저 성령이 정규적으로 하시는 일이 있는데, 감사하게도 지금도 교회에서 그 일을 행하고 계십니다. 그것은 죄를 입증하시고, 회심시키시고, 거듭나게 하시고, 일하게 하시고, 성화의 과정을 밟게 하시는 일입니다. 이것은 그의 지속적인 사역으로서, 다소 주관적인 일이라고 할 수 있습니다. 그러나 저는 지금 장엄한 객관성을 강조하고 있는 중입니다. 그러므로 세상의 비판에 겁먹을 수도 있는 연약한 그리스도인들에게 큰 도움이 될 이야기를 하고자 합니다. 성령이 하시는 활동의 객관성을 생각해 보십시오! 어디에서 그것을 볼 수 있습니까? 저는 여러분에게 성경에 있는 큰 증거를 이미 보여드린 바 있습니다. 그러나 그것이 증거의 전부는 아닙니다. 저는 복음을 믿을 다른 이유가 없었어도 지금부터 말하려는 이 이유 하나만으로도 충분히 신앙을 가졌을 것이라는 생각을 가끔 합니다. 그만큼 이것은 제가 기독교 신앙을 갖는 데 큰 역할을 해주었습니다.

저는 '부흥의 땅'으로 알려진 지역에서 자라는 특권을 누렸습니다. 부흥! 제가 왜 이 이야기를 하는지 아시겠습니까? 이제부터 말씀드리겠습니다. 성령이 정말 계시는지 안 계시는지 알고 싶다면, 그런 위位가 정말 계시는지 안 계시는지 알고 싶다면, 부흥과 개혁의 증거에 귀를 기울이시기 바랍니다. 이것이 제가 말하는 성령의 **예외적인** 사역입니다. 성령께서는 평상적인 사역을 하시는 동시에 예외적인 사역도 하시는데, 그 예외적인 사역은 교회사에 두드러진 흔적으로 남아 있습니다.

이미 말씀드렸듯이, 교회사를 읽다 보면 교회가 제도화되는 데서 나아가 화석화되었던 중세 암흑시대를 만나게 됩니다. 그 당시 교회는 사도행전에 나타나고 있는 교회와 거의 정반대되는 모습이었습니다. 부유하고 교만하고 세속적이었던 중세 로마 가톨릭 교회는 정치가의 독재권력보다 더 악한 성직자의 독재권력을 휘둘러, 모든 사람을 농노제와 영적 무지의 어둔 밤에 가두어 버렸습니다. 모든 면에서 너무나 절망적인 시대였습니다.

그런데 그때 종교개혁이 일어났습니다. 마르틴 루터는 그 거대한 제도와 모든 허식, 권위와 권력, 15세기 전통에 대항했습니다. 그는 제도를 기초부터 뒤흔들어 놓았고, 위대한 종교개혁을 이루어 냈습니다. 어떻게 이런 일이 가능했습니까? 마르틴 루터가 뛰어났기 때문입니까? 물론 그는 천재라고 해도 좋을 만큼 유능한 사람이었습니다. 그러나 루터 이전에 있었던 존 후스John Huss나 영국의 존 위클리프John Wycliffe를 비롯한 다른 많은 이들도 루터만큼 유능한 사람들이었습니다. 그런데도 그들은 마르틴 루터가 했던 일을 할 수 없었습니다. 왜 그랬습니까? 오, 그것은 성령이 하신 일이었기 때문입니다. 그 일을 해낸 이는 사람이 아니라 성령 하나님이셨습니다. 어떤 인간도, 어떤 육체도 중세시대 로마 가톨릭 교회를 그렇게 흔들어 놓을 수는 없었습니다. 그러나 성령 하나님은 한 사람을 통해 그 불가능한 일을 하실 수 있었습니다. 그래서 그 사람이 그 일을 해냈던 것입니다.

우리는 종교개혁이 일어난 지 200년 후인 18세기의 역사에서도 똑같은 일을 볼 수 있습니다. 그 당시 영국은 지극히 비참한 상태에 빠져 있었습니다. 여러 면에서 오늘날의 영국보다 더하면 더했지 덜하지 않았습니다. 도덕은 땅에 떨어졌고, 기독교는 완전히 끝난 것 같았습니다. 예배당은 텅텅 비었고, 사람들은 교회를 조롱했으며, 이른바 합리주의자들, 이신론자들은 기적적이고 초자연적인 일들과 성령의 존재를 부인하며 기독교를 일개 도덕으로 축소시키고 있었습니다. 희망이란 찾아볼 수 없을 것 같은 시대였습니다. 그런데 글로스터의 한 술집에서 자라난 조지 횟필드라는 소년이 갑자기 나타나 설교를 시작하더니, 회중을 흔들어 놓고, 교회를 흔들어 놓고, 급기야 잉글랜드 전체를 흔들어 놓았습니다! 말하자면 별 볼일 없는 한 애송이가 어느 날 갑자기 역동적으로 설교를 한 것입니다. 후에 웨슬리 형제가 그의 뒤를 따랐습니다. 그리하여 영국 전체가 전면적인 변화를 겪게 되었습니다.

이것이 무엇입니까? 오, 이것이 바로 성령이 하시는 일입니다! 그는 살아계시며 생동하시는 분입니다. 그는 이론도 아니고, 힘도 아니고, 암시도 아닙니다. 살아계신 인격, 복되신 성삼위의 세번째 위이십니다. 저는 교회의 긴 여정 중에 나타난 다른 부흥의 이야기도 다 말씀드릴 수 있습니다. 부흥의 때마다 이렇게 놀라운 일들이 일어났습니다. 이것이 기독교 메시지입니다. 기독교 메시지는 하나님이 무슨 일을 하셨는지 말해 줍니다. 만물을 만드신 하나님, 세상을 버리지 않으시고 지금도 행동하고 계시는 하나님에 대해 말해 줍니다. 여러분 앞에는 이러한 사실들이 있고, 증거가 있고, 객관적인 사건들이 있습니다. 이 모든 것은 기원전 55년 율리우스 카이사르$^{Julius\ Caesar}$가 처음 이 나라를 정복한 일처럼 진짜 있었던 일입니다. 이 일들은 역사의 날실과 씨실을 이루고 있습니다. 하나님이 이렇게 개입하신 것입니다.

"하지만 우리가 왜 그런 데 관심을 가져야 하는가?"라고 물을 수도 있습니다. 저는 이미 그 질문에 답변을 드렸습니다. 여러분이 이 사실들을 직면해야 하는 날, 성부 하나님과 성자 하나님과 성령 하나님을 직면해야 하는 날이 오기 때문입니다. 역사에 기록된 이 사건들을 직면해야 하는 날이 오기 때문입니다. 그때 성삼위께서는 우리에게 이렇게 물으실 것입니다. "왜 너는 그런 상태로 나아왔는가? 왜 그렇게 무거운 죄에 사로잡힌 채 이 마지막 심판 자리에 나아왔는가? 왜 우리와 우리가 제시한 영광의 가능성을 전혀 모른 채 육신과 세상과 마귀를 좇아 육욕적인 삶만 살다 왔는가? 왜 그런 모습으로 내 앞에 나아왔는가?"

그러면 여러분은 이렇게 말할지도 모릅니다. "저는 종교에 흥미를 느낄 만한 기질이 아닙니다. 저는 감정적인 사람이 아니었습니다." 그 밖에 다른 핑계도 수없이 있습니다. 그러나 다음과 같은 질문 앞에서는 결국 침묵할 수밖에 없을 것입니다. "그렇다면 실제 사실들은 어떻게 되는가? 역사적인 사건들은? '하나님의 큰일'은? 베들레헴 구유에 누운 아기와 십자가에 달린 이는? 빈 무덤은 어떻게 되는가? 감람산과 예루살렘의 오순절 날과 예루살렘의 건물이 진동한 것은 어떻게 되는가? 마르틴 루터와 조지 휫필드와 웨슬리 형제는 어떻게 되는가? 한때 너와 똑같은 모습으로 너와 똑같은 세상에 살았던 사람들은? 저기 그 사람들이 있으니 한번 보라. 아들이 입혀 준 의로 밝게 빛나는 사람들, 하늘의 별처럼 빛나는 저들을 보라. 저들은 어떻게 저렇게 될 수 있었는가?"

답은 오직 하나입니다. 그들은 사실을 믿고 사실에 순복했습니다.

자신들의 죄를 회개하고 인정하고 고백했으며, 주 예수 그리스도를 자신들의 구주로 믿었습니다. 사랑하는 여러분, 역사가 기록하고 있는 사실, 성부에 관한 사실과 성자에 관한 사실과 성령에 관한 사실을 직시하십시오. 그리고 믿으십시오.

14

성령의 사역

주여, 이제도 그들의 위협함을 굽어보시옵고 또 종들로 하여금 담대히 하나님의 말씀을 전하게 하여 주시오며 손을 내밀어 병을 낫게 하시옵고 표적과 기사가 거룩한 종 예수의 이름으로 이루어지게 하옵소서 하더라. 빌기를 다하매 모인 곳이 진동하더니 무리가 다 성령이 충만하여 담대히 하나님의 말씀을 전하니라. 믿는 무리가 한마음과 한뜻이 되어 모든 물건을 서로 통용하고 자기 재물을 조금이라도 자기 것이라 하는 이가 하나도 없더라. 사도들이 큰 권능으로 주 예수의 부활을 증언하니 무리가 큰 은혜를 받아.

사도행전 4:29-33

우리가 살펴본 대로, 교회는 사도의 메시지를 믿는 사람들, 연속적으로 일어난 이 "하나님의 큰일"들을 사실로 인정하는 사람들로 이루어져 있습니다. 지난 설교에서 살펴본 것처럼, 이 큰일들은 오순절 성령 강림과 그후 교회에서 이루어진 성령의 활동으로 절정에 달했습니다.

그러므로 이제 우리가 살펴보아야 할 질문은 이것입니다. "이 모든 일과 우리는 어떻게 관련을 맺게 되는가?" 우리가 가장 먼저 한 일은 이 위대한 메시지의 내용을 알아본 것입니다. 그다음으로 해야 할 일은, 이 메시지가 어떻게 사람들에게 이르게 되는지를 묻는 것입니다. 이것이야말로 이 사건이 명백하게 보여주고 있는 또 하나의 사실이자, 이 문제 전체에서 가장 중요한 측면입니다. 이 질문에 대한 답은 신자들이 오늘 본문에서 구하고 있는 바로 그것을 통해 우리는 관련을 맺게 된다는 것입니다. 이들이 기도한 내용을 보면 알 수 있듯이, 이들은 자기 자신을 놓고 기도하지 않았습니다. 자신들을 구해 달라거나 반대자들과 당국자들을 침묵시켜 달라고 기도하지 않았습니다. 절대 그렇게 하지 않았습니다. 교회가 처음부터 기도의 목적으로 삼았던 것은 한 가지뿐이었습니다. 베드로와 요한은 친구들과 돕는 자들에게 돌아와 "예수의 이름으로" 설교하거나 가르치거나 무엇이든 하지 말라는 명령을 받았다고 보고했습니다^{행 4:18}. 이 말이 그들을 기도로 이끌었습니다.

제자들이 원한 한 가지 일은 예수의 이름으로 설교하고 가르치고 일하는 것이었습니다. 그런데 그 일을 계속할 수 있는 방법은 오직 하나, 하나님께서 그렇게 할 수 있도록 능력 주시는 것뿐이었습니다. 이것을 깨달았기 때문에 그들은 기도했습니다. 자신들의 힘으로는 그 일을 계속할 수 없다는 것을 알았기 때문에 기도했습니다. 제자들은 어떤 사람들이었습니까? 제자들 중에는 유명한 사람이 한 명도 없었습니다. 영향력이나 권세나 돈이나 힘이나 그 밖의 것을 가진 사람도 없었습니다. 그들은 일개 범인들로서 거대한 권력체인 산헤드린과 그 배후에 있는 로마 세력 및 그리스 철학자들과 맞서 있었습니다. 이런 그들이 대체 무엇을 할 수 있었겠습니까? 그들은 철저하게 무력했습니다. 그들이 할 수 있는 일이라고는 오직 하나님께 나아가 자신들을 능력 있게 해달라고 구하는 것밖에 없었습니다.

그래서 제자들은 그것을 구했습니다. "주여, 이제도 그들의 위협함을 굽어보시옵고 또 종들로 하여금 담대히 하나님의 말씀을 전하게 하여 주시오며 손을 내밀어 병을 낫게 하시옵고 표적과 기사가 거룩한 종 예수의 이름으로 이루어지게 하옵소서." 이것은 그들이 보고 들은 것, 이 "하나님의 큰일"을 만인에게 말할 수 있는 능력을 달라는 간구였습니다. 우리가 여기에서 끌어낼 수 있는 유일한 추론은, 능력 있게 하시는 것은 성령의 특별한 사역이라는 것입니다. 우리는 지난 설교에서 이 본문이 가르쳐 주는 성령의 교리를 다루기 시작하면서, 성령의 사역에 대한 객관적이고 역사적인 증거를 살펴보았습니다. 이제 같은 주제를 좀더 주관적인 방식으로 살펴보려고 합니다. 성령은 거룩한 담대함으로 이 메시지를 선포하고 설교할 수 있게 하는 특별한 사역을 하십니다.

신약성경 곳곳에도 나타나지만, 이 기록은 특히 더 분명하게 성령께서 두 가지 주된 방식으로 그리스도인들을 능력 있게 하신다는 점을 보여주고 있습니다. 첫째로, 성령은 설교자들을 능력 있게 하셔서 이 메시지를 전하게 하십니다. 여기서 '설교자'란 저처럼 강단에 서는 사람만 의미하는 것이 아닙니다. 누군가에게 이 일에 대해 말하는 사람이면 다 설교자입니다. 여러분은 사람들이 초대교회뿐 아니라 그후로도 서로 대화를 나누는 가운데 설교했다는 사실을 알고 있을 것입니다. 사도행전 8장은 예루살렘에 큰 박해가 일어나 믿는 자들이 "사도 외에는 다 유대와 사마리아 모든 땅으로 흩어"졌다고 기록하고 있습니다[8:1]. 그리고 나서 4절은 "그 흩어진 사람들이 두루 다니며 복음의 말씀을 전할새"라고 기록하고 있는데, 여기에서 "전할새"preaching라는 그리스어는 '말한다'는 뜻을 가지고 있습니다. 이 구절을 "그들은 사방으로 가서 그 말을 떠들었다"라고 번역할 수도 있습니다. 다시 말해 자신들이 접촉하는 다양한 사람들에게 그 말을 하고, 그 말을 설명했다는 것입니다. 성령께서는 이처럼 신약성경에서 "기름부음"이라고 말하는 것을 중심으로 그리스도인들을 능력 있게 하십니다. 그는 기름을 부으시고, 지각을 주시고, 자유를 주시고, 분명한 말을 주십니다. 권위를 주십니다.

　이처럼 하나님이 주시는 설교의 능력을 가리키는 용어들이 많이 있습니다. 그중에서도 이 모든 것을 아주 잘 요약해 주고 있다고 생각되는 구절이 있습니다. 바울이 가장 처음 쓴 서신은 데살로니가전서로 알려져 있는데, 바울은 그 서신의 첫 장에서, 복음이 믿는 자들에게 어떻게 이르게 되었는지를 상기시키고 있습니다. "이는 우리 복음이 너희에게 말로만 이른 것이 아니라 또한 능력과 성령과 큰 확신으로 된 것임이라"살전 1:5. 바울의 말은 이런 것입니다. "내가 말은 했지만 사실은 내가 말한 것이 아닙니다. 나는 단지 사용되었을 뿐입니다." 그는 스스로 말을 하면서도 자신은 성령께서 사용하시는 전달수단이자 통로이자 도구에 불과하다는 사실을 알고 있었습니다. 그는 붙들린 바 되었습니다. 자신의 한계를 넘어서 복음을 전했습니다. 성령께 사로잡힌 것입니다. 그는 자신이 "큰 확신으로" 설교하고 있음을 알았습니다. 당시의 상황은 그에게 불리한 것들뿐이었습니다. 데살로니가는 마게도냐에 속한 이방 도시였습니다. 사람들은 유대적인 배경도 없었고, 구약성경도 가지고 있지 않았습니다. 그들은 선지자를 몰랐습니다. 아는 것이 하나도 없었습니다. 극도의 무지 속에서 죄된 삶, 퇴폐적인 삶을 살고 있었습니다. 그런데도 사도는 그들 틈에서 확신 있게 말할 수 있었습니다. 무엇 때문입니까? 자기 말이 아니라 "능력과 성령"으로 된 말을 전했기 때문입니다.

　베드로를 비롯한 다른 사도들도 모두가 동일한 이야기를 하고 있습니다. 같은 체험을 했기 때문에 같은 서술방식을 쓰고 있는 것입니다. 베드로는 말했습니다.

> 이 구원에 대하여는 너희에게 임할 은혜를 예언하던 선지자들이 연구하고 부지런히 살펴서 자기 속에 계신 그리스도의 영이 그 받으실 고난과 후에 받으실 영광을 미리 증언하여 누구를 또는 어떠한 때를 지시하시는지 상고하니라. [이제부터 나오는 말에 주목하십시오.] 이 섬긴 바가 자기를 위한 것이 아니요 너희를 위한 것임이 계시로 알게 되었으니 이것은 하늘로부터 보내신 성령을 힘입어 복음을 전하는 자들로 이제 너희에게 알린 것이요 천사들도 살펴보기를 원하는 것이니라^{벧전 1:10-12}.

베드로가 말하는 요점은 복음이 "하늘로부터 보내신 성령을 힘입어" 그들에게 전해졌다는 것입니다. 즉 성령께서 복음 전하는 자를 사용하셨다는 것입니다. 이것이 "기름부음"과 "능력"으로 되었다는 말의 의미입니다. 이 "좋은 소식", "하나님의 큰일"은 이런 식으로 사람들에게 알려졌습니다. 이처럼 성령은 사람을 취하여 분명하게 말하도록 도우십니다. 이것이 성령의 능력 있게 하시는 사역입니다.

다음으로 덧붙일 말은, 이 본문이 상기시키고 있듯이 성령의 이 큰 능력이 표적을 일으킬 때가 가끔 있다는 것입니다. 신자들은 오늘 말씀에서 실제로 그 표적을 구하고 있습니다. 그들은 "담대히 하나님의 말씀을 전하게" 해달라고 구했을 뿐 아니라 "손을 내밀어 병을 낫게 하시옵고 표적과 기사가 거룩한 종 예수의 이름으로 이루어지게" 해달라고 기도했습니다. 사도들은 주님이 기적을 행하시는 것을 보았습니다. 주님은 그들도 같은 일을 할 수 있게 하시겠다고 약속하셨습니다. 또한 그들은 오순절을 경험했습니다. 방언을 했고 기적을 목격했습니다. 베드로와 요한은 직접 기적을 일으켰으며, 그런 기적들이 자신들에게 권위를 부여하고 정당성을 입증해 준다는 사실을 알았습니다. 그렇다고 해도 기적이 말씀의 능력보다 큰 것은 아닙니다. 기적은 말씀에 부수적으로 수반되는 일입니다. 사실 기적은 눈에 보이는 것이기 때문에 어떤 의미에서 좀더 낮은 차원에 속한 일이라고 할 수 있습니다. 사람들은 종종 순전히 말만 들을 때보다 눈에 보이는 기적을 목격할 때 훨씬 큰 감화를 받습니다. 그래서 초기의 복음 설교에는 이런 표적들이 수반되었던 것입니다.

히브리서에도 같은 내용이 나오고 있습니다. "우리가 이같이 큰 구원을 등한히 여기면 어찌 그 보응을 피하리요. 이 구원은 처음에 주로 말씀하신 바요 들은 자들이 우리에게 확증한 바니 하나님도 표적들과 기사들과 여러 가지 능력과 및 자기의 뜻을 따라 성령이 나누어 주신 것으로써 그들과 함께 증언하셨느니라"히 2:3-4. 이제 이 구절을 주목해 보시기 바랍니다. 그들이 원할 때마다 이런 기적이 나타났던 것은 아닙니다. 기적은 성령의 "뜻을 따라" 나타났습니다. 설교할 때 눈에 보이는 일이 수반되는 경우가 가끔 있습니다. 제가 상기시켰듯이 교회의 긴 역사에 등장하는 위대한 부흥의 이야기들을 읽어 보면, 특별히 어려운 시대가 왔을 때 하나님께서 "지금은 설교자의 능력뿐 아니라 눈에 보이는 능력도 나타내야겠다"고 말씀하시기라도 하는 듯 경이로운 현상들이 발생했던 것을 알 수 있습니다. 이처럼 능력 있게 하시는 성령의 사역에는 설교의 능력을 주시는 일과 기적의 능력을 주시는 일이 다 포함되어 있습니다.

이것이 이 문제들을 바라보는 균형잡힌 시각입니다. 표적은 나타날 수도 있고 나타나지 않을 수도 있습니다. 성령의 능력은 위대한 부흥의 때에 그러했던 것처럼 사람들을 회심시키는 설교의 형태로 권위 있게 나타나기도 하고 가장 극적인 기적의 형태로 나타나기도 합니다. 두 가지 다 하나의 권위, 즉 동일한 성령께서 일으키시는 일입니다.

성령은 이런 방식으로 일하십니다. 그런데 이것 말고 또 다른 방식이 한 가지 있는데, 그것은 성령께서 말씀 듣는 자들에게 역사하신다는 것입니다. 만일 성령께서 설교자에게만 역사하신다면 회심은 일어나지 않을 것입니다. 성령은 듣는 자들에게도 역사하시는데, 사도행전은 특히 그 예를 풍성히 보여주고 있습니다. 그중에서도 최고의 예는 오순절 날 베드로의 설교를 듣고 회심한 사건일 것입니다. 우리는 사도행전 2장에서 베드로가 설교 중반에 성경을 상세히 설명하자 사람들이 "마음에 찔려 베드로와 다른 사도들에게 물어 이르되 형제들아, 우리가 어찌할꼬" 했다는 기록을 읽은 바 있습니다[2:37]. 그것은 성령이 하신 일이었습니다. 성경을 명쾌하게 해설해 준 것은 베드로의 설교가 아니라 성령 하나님이셨습니다. 성령의 능력, 죄를 깨닫게 하시는 능력이 임하여 듣는 자들에게 역사했습니다. 그날 하루 3천 명이 교회에 더해졌습니다. 4장 도입부는 하루나 이틀쯤 후에 2천 명이 더 늘어났음을 보여주고 있습니다.

성령은 이처럼 이중적으로 행하십니다. 그는 설교자, 강단에든 사적인 자리에든, 말하는 자를 취하여 세우시고 말씀 전할 능력을 주십니다. 그리고 듣는 자들에게 역사하셔서 그들의 정신과 마음과 의지를 다루십니다. 이 두 가지 일을 동시에 행하십니다.

다음으로 제가 강조하고 싶은 것은 성령이 행하시는 방식입니다. 오늘 말씀은 그 방식을 아주 확연히 보여주고 있습니다. 신자들은 "주여, 이제도 그들의 위협함을 굽어보시옵고 또 종들로 하여금 담대히 하나님의 말씀을 전하게 하여 주시오며"라고 기도했습니다. "하나님의 말씀", 이것이 그들이 가장 앞세운 것이었습니다. 그것을 먼저 구한 후에야 그들은 "표적과 기사"를 구했습니다. 왜 그렇습니까? 표적과 기사는 말씀을 확증하고 증명하기 위해 필요한 것이기 때문입니다. 그다음으로 나오는 구절은 "빌기를 다하매 모인 곳이 진동하더니 무리가 다 성령이 충만하여"입니다. 그래서 어떻게 되었습니까? "담대히 하나님의 말씀을 전하"게 되었습니다. "하나님의 말씀"과 "성령", 두 가지입니다. 우리는 이 두 가지를 분리시키면 안됩니다. 그러면 곧 길을 잃고 헤매게 됩니다.

어떤 이들은 "말씀"만 강조합니다. 그들은 지식인들로서 "아, 말씀 외에 중요한 건 없지"라고 말합니다. 그들은 성경을 읽고 연구하는 데 시간을 투자해 신학과 교리의 권위자가 됩니다. 그래서 자기의 위대한 지식을 자랑하기도 하고, 자기들에게 동조하는 사람들의 찬사를 받기도 합니다. 그러나 그들은 서로 찬사를 주고받는 작은 모임을 넘어서지는 못합니다. 그중에 아무도 회심하지 않습니다. 아무도 죄를 깨닫지 못합니다. 지식과 지각으로만 포장된 머리는 아무 쓸모가 없습니다! 아시다시피 이것이 "오직 말씀"을 내세우는 사람들의 실상입니다.

또 모든 강조점을 성령에만 두는 사람들도 있습니다. 이들은 말씀에는 관심이 없습니다. "뭘 믿느냐는 중요치 않다"는 것입니다. 최근에 군중이 많이 모인 자리에서 한 사람이 "여러분 마음에 끌리는 대로 하십시오! 마음에 끌리는 대로 하십시오!"라고 소리쳤다는 말을 들었습니다. 그래서 거기 모인 사람들이 전부 그렇게 했다는 것입니다. 그러나 신약성경은 그 누구에게도 마음에 끌리는 대로 하라고 말하지 않습니다. 절대 그렇지 않습니다! 성령은 체험만 주시는 것이 아니라 말씀을 사용하십니다. 그는 진리의 영이자 계시의 영이십니다. 지각으로 인도하는 영이십니다. 우리는 하나님이 주신 지성을 절대 내버려서는 안됩니다. 그럴 필요가 없습니다. 성령은 우리의 다른 부분들뿐 아니라 두뇌도 다루실 수 있습니다. 사람들에게 마음에 끌리는 대로 하라고 시키는 것은 잘못된 가르침입니다. 그것은 온갖 상상과 감정에 휘말리도록 자신을 방임하는 짓이며, 여러분 주변에서 언제든지 여러분을 사로잡아 마음대로 사용하고 속일 준비를 하고 있는 악한 영과 세력들의 손에 자신을 내주는 것입니다. 성령과 말씀이 함께 가야 합니다! "무리가……하나님의 말씀을 전하니라." 반복하지만, 이 두 가지는 결코 분리될 수 없습니다.

여기에 성령의 사역과 역할이 있습니다. 그는 사실들-우리가 지금까지 살펴본 하나님의 큰일, 사도들이 보고 들은 일-을 취하여, 그 의미를 밝혀 주십니다. 기독교 설교는 단순히 권고하거나 호소하는 것이 아니라 사실을 설명하는 것입니다. 성령은 사실들을 증거하게 하시며, 듣는 자들에게 그 의미와 의의를 밝혀 주십니다.

초대교회 그리스도인들은 그것을 위해 기도했습니다. 그들은 "주여, 이제도 그들의 위협함을 굽어보시옵고 또 종들로 하여금 담대히 하나님의 말씀을 전하게 하여 주시오며"라고 말했습니다. 그냥 기적과 기사를 구한 것이 아니라, 말씀을 나타내기 위한 기적과 기사가 설교에 수반되기를 구한 것입니다. 말씀은 지극히 중요합니다. 주 예수 그리스도에 대한 말씀은 언제나 그렇습니다. 성령은 예수 그리스도의 영광을 나타내기 위해 보냄받으셨습니다. 주님이 "그가 내 영광을 나타내리니"라고 말씀하신 대로요 16:14, 성령은 언제나 그리스도의 영광을 나타내십니다. 혹자가 "성령의 행전"이라고도 부르는―저는 이 부분에 대해 논쟁을 벌일 생각이 없습니다―이 책 사도행전에서 성령은 무슨 일을 하고 계십니까? 그 답은 언제나 주 예수 그리스도의 영광을 나타내셨다는 것입니다. 이 기도에서 구하고 있는 바가 바로 그것입니다. "……표적과 기사가 거룩한 종 예수의 이름으로 이루어지게 하옵소서."

그렇다면 성령은 예수께 영광을 돌리는 이 사역을 정확히 어떻게 수행하실까요? 저는 사도행전 4장의 이 구절에 대한 가장 훌륭한 설명을 주님이 친히 해주셨다고 생각합니다. 주님은 제자들에게 이렇게 말씀하셨습니다. "그가 와서 죄에 대하여, 의에 대하여, 심판에 대하여 세상을 책망하시리라. 죄에 대하여라 함은 그들이 나를 믿지 아니함이요 의에 대하여라 함은 내가 아버지께로 가니 너희가 다시 나를 보지 못함이요 심판에 대하여라 함은 이 세상 임금이 심판을 받았음이라."요 16:8-11.

"책망하시리라"는 말부터 먼저 생각해 보겠습니다. "그가 와서 죄에 대하여……책망하시리라." 흠정역에 나오는 "책망하시리라"reprove는 썩 좋은 번역이 아니라는 데 대부분의 주석가들이 동의하고 있고, 저도 같은 생각입니다. 이 말에 대한 다양한 번역들을 찾아보면 두 가지 단어 사이에서 왔다갔다 하는 것을 알 수 있습니다. 절반 정도는 '죄를 입증하다'convict라는 말을 사용하고 있고 나머지 절반은 '설복하다'convince라는 말을 사용하고 있는데, 저는 둘 다 맞으며 둘 다 '책망하다'보다는 훨씬 더 좋은 번역이라고 생각합니다.

물론 책망의 요소도 있기는 하지만, 이 단어에는 그 이상의 의미가 있습니다. 이 단어에는 '죄를 입증함'이라는 요소와 '설복'이라는 요소가 다 들어 있습니다. '죄를 입증하는 것'과 '설복' 사이에는 극히 중대한 차이가 있습니다. 죄를 입증한다는 것은 고소가 성립되었다는 뜻이고 고발이 들어왔다는 뜻입니다. 이 구분은 중요합니다. 범죄 사실로 고소되어 법정에 서게 된 사람, 재판정 피고석에 앉아 있는 사람의 예를 들어봅시다. 이 사람은 끝까지 무죄를 주장함에도 불구하고 죄가 입증되어 유죄판결을 받을 수 있습니다. 죄가 입증되었다는 사실이 곧 피고인 자신이 범죄 사실을 인정하고 자백했다는 의미는 아닙니다. 피고인이 자신의 혐의를 완강히 부인해도, 배심원들이 유죄 평결을 내리고 그 범죄 사실에 대해 유죄판결을 내릴 수 있습니다. 피고인이 평결에 동의하지 않는다는 사실은 평결 자체에 아무 영향도 끼치지 못합니다. 그의 죄를 입증하여 유죄판결을 내린 것은 법정입니다. 그는 기결수로서, 그 죄에 대해 형을 받아야 합니다.

하나님 앞에서 우리의 신분을 생각할 때 이 구분은 엄청난 중요성을 갖습니다. 성령은 죄를 입증하십니다. 항상 그렇게 하십니다. 그러나 항상 설복하시는 것은 아닙니다. 여러분은 사도행전에서 죄는 입증되었으나 그 사실에 설복되지 못한 사람들의 예를 많이 발견할 것입니다. 사도행전 7장에 나오는 스데반 이야기가 그 한 예입니다. 전도자 스데반이 설교를 하고 있었습니다. 그는 자기 설교를 적용하면서 "목이 곧고 마음과 귀에 할례를 받지 못한 사람들아, 너희가 항상 성령을 거슬러"라고 말했습니다7:51. 죄를 입증하시는 성령의 능력을 느끼지 못한 상태에서 "성령을 거스를" 수는 없는 법입니다. 성령의 능력을 느끼는 사람만이 성령을 거스를 수 있습니다. 자기를 압박하는 힘을 전혀 느끼지 못하는 사람은 거스를 생각조차 하지 않습니다. 즉 거스를 대상 자체를 의식하지 못하는 것입니다. 스데반은 말합니다. "……너희도 너희 조상과 같이 항상 성령을 거스르는도다. 너희 조상들이 선지자들 중의 누구를 박해하지 아니하였느냐. 의인이 오시리라 예고한 자들을 그들이 죽였고……." 그다음에 나오는 말을 주목해 보십시오. "그들이 이 말을 듣고 마음에 찔려 그를 향하여 이를 갈거늘"7:51-52, 54.

무엇이 그들을 이렇게 만들었습니까? 여러분이 무언가에 동의하지 않는다고 해서 "이까지 가는" 경우는 별로 없지 않습니까? 대개 "난 그렇게 생각하지 않는데"라고 말하고 넘어갈 것입니다. 또는 약간 흥분하거나 소리를 지를 수는 있지만, 이까지 갈지는 않습니다! 왜 그렇습니까? "마음에 찔"리지 않기 때문입니다. 그렇다면 무엇이 마음을 찌릅니까? 성령입니다. 죄를 입증하시며 메시지를 사람의 마음에 가닿게 만드시는 성령이 마음을 찌르십니다. 그래서 그들은 그렇게까지 스데반을 증오했던 것입니다. 그들은 이를 갈다가 결국 스데반을 죽여 버렸습니다. 이것이 죄는 입증되었으되 설복되지 않은 상황에서 벌어지는 사례입니다.

또 한 가지 예는, 사도 바울이 피고인으로서 벨릭스와 드루실라에게 연설하는 사도행전 24장 끝부분의 유명한 사건입니다. 성경은 이렇게 기록하고 있습니다. "바울이 의와 절제와 장차 오는 심판을 강론하니 벨릭스가 두려워하여 대답하되 지금은 가라. 내가 틈이 있으면 너를 부르리라 하고"24:25. 무슨 일이 벌어졌습니까? 여러분도 종종 동의할 수 없는 이야기를 들을 때가 있지만, 그렇다고 두려워 떨기까지 하는 경우는 없지 않습니까? 그런데 이 사람은 두려워 떨었습니다. 대로마제국의 총독이 무릎이 덜덜 떨릴 정도로 두려워한 것입니다. 무엇 때문입니까? 오, 성령께서 그의 죄를 입증하셨기 때문입니다. 그러나 벨릭스는 그것을 거슬렀습니다.

'책망하다'로 번역된 이 그리스어에는 '설복하다'는 개념도 들어 있습니다. 여기 죄가 입증된 데 승복하여 죄를 자백한 사람이 있다고 합시다. 그는 죄만 입증받은 것이 아니라 그 사실에 설복되었습니다. 이것은 사도행전의 큰 줄거리를 이루고 있는 이야기이기도 합니다. 오순절 날 3천 명의 사람들에게 이 일이 일어났습니다. 그들은 죄의 입증을 받았고 거기에 설복되었습니다. 그들은 번민하며 "형제들아, 우리가 어찌할꼬"라고 소리쳤습니다. 회개하고 믿고 세례를 받았습니다. 그들은 사도들과 합류했습니다.

빌립이 사마리아에서 설교했을 때나 에디오피아 내시 한 사람을 대상으로 설교했을 때에도 같은 일이 일어났습니다8:12, 36-38. 다른 예도 있습니다. 고넬료와 그 집안 식구들10장, 빌립보의 루디아 이야기16:14-15를 보십시오. 예는 얼마든지 더 있습니다. 이것이 사도 바울이 서신서에서 그토록 자주 이야기하는 내용입니다. 그가 데살로니가 사람들에게 "이는 우리 복음이 너희에게 말로만 이른 것이 아니라 또한 능력과 성령과 큰 확신으로 된 것임이라.……또 너희는 많은 환난 가운데서 성령의 기쁨으로 말씀을 받아 우리와 주를 본받은 자가 되었으니……너희가 어떻게 우상을 버리고 하나님께로 돌아와서 살아계시고 참되신 하나님을 섬기는지"라고 했던 말의 의미입니다살전 1:5-6, 9. 이 사람들은 죄만 입증받고 끝난 것이 아니라 그 입증된 사실에 설복되었습니다. 그래서 주님이 요한복음 16장에서 "성령이 오시면 죄를 입증하시며 설복하실 것"이라고 말씀하신 것입니다. 다시 말하지만, 이 두 측면은 아주 중요합니다.

요한복음 16장에서 성령이 세상의 죄를 입증하실 것이라고 하신 주님의 말씀은 오순절 날 성령이 임하심으로써 그대로 성취되었습니다. 성령의 임재는 예언이 옳았음을 입증하는 증거이자 주 예수 그리스도께서 친히 주신 약속의 성취였습니다요 14:16, 26; 16:7. 따라서 성령의 임재는 주님이 과연 어떤 분이신지를 입증하는 증거가 됩니다. 이것이 성령께서 믿지 않는 모든 사람의 죄를 입증하시는 방식입니다.

또한 성령은 사람들을 믿게 하심으로 설복하십니다. 우리가 살펴본 그대로입니다. 오직 성령만이 이렇게 하실 수 있다는 사실을 명심하시기 바랍니다. 성령 말고는 누구도 이 일들이 참되다는 것을 사람들에게 설복할 수 없습니다. 그래서 주님께서 사도들에게 "너희는 위로부터 능력으로 입혀질 때까지 이 성에 머물라"고 하신 것입니다눅 24:49. 그들은 사실들을 다 알고 있었고, 자기들의 눈으로 목격하기까지 했습니다. 그러나 그것만으로는 소용이 없었습니다. 성령의 능력이 임하기 전까지 그들은 아무도 설복할 수가 없었습니다. 사람들을 감화시키고 설복할 수 있는 분은 성령 한분뿐입니다.

성령은 인류를 두 무리로 나누십니다. 즉 죄만 입증된 사람과 설복까지 된 사람입니다. 바울은 고린도전서 2장에서 이 점을 특히 분명하게 제시하고 있습니다. 사도는 "이 세대의 통치자들이 한 사람도 알지 못하였나니"라고 말합니다 고전 2:8. 이 세대의 통치자, 위인, 철학자, 왕족, 과학과 사상의 선도자들은 그리스도를 알지 못합니다. 그들은 눈이 멀었습니다. "육에 속한 사람은 하나님의 성령의 일들을 받지 아니하나니 이는 그것들이 그에게는 어리석게 보임이요"2:14. 이것이 모든 인간적인 지혜의 실상입니다.

그러나 감사하게도 또 다른 무리에 속하는 사람들이 있습니다.

오직 하나님이 성령으로 이것을 우리에게 보이셨으니 성령은 모든 것 곧 하나님의 깊은 것까지도 통달하시느니라.……우리가 세상의 영을 받지 아니하고 오직 하나님으로부터 온 영을 받았으니 이는 우리로 하여금 하나님께서 우리에게 은혜로 주신 것들을 알게 하려 하심이라. 우리가 이것을 말하거니와 사람의 지혜가 가르친 말로 아니하고 오직 성령께서 가르치신 것으로 하니 영적인 일은 영적인 것으로 분별하느니라.……신령한 자는 모든 것을 판단하나 자기는 아무에게도 판단을 받지 아니하느니라 고전 2:10, 12, 13, 15.

"하나님의 큰일"이 일어났습니다. 그러나 대다수의 사람들은 그 일을 믿지 않았습니다. 성령께 설복당하지 않았기 때문입니다. 다시 고린도전서 2장을 보면, 사도는 이렇게 말하고 있습니다. "내가 너희 가운데 거할 때에 약하고 두려워하고 심히 떨었노라. 내 말과 내 전도함이 설득력 있는 지혜의 말로 하지 아니하고"2:3-4. "설득력 있는 지혜의 말"에는 인간적인 모든 수단이 포함된다는 사실을 기억하십시오. 바울은 조명을 조작하거나 구경거리를 보여주지 않았습니다. 사람들의 마음을 움직이고 환심을 사기 위해 즐거움을 제공하거나 심리치료를 하지 않았습니다. 절대 그렇게 하지 않았습니다. 바울은 그런 기미가 있는 것은 무엇이든 질색했습니다. "설득력 있는 지혜의 말로 하지 아니하고 다만 성령의 나타나심과 능력으로 하여"2:4. 사도 바울은 어떤 기교도 쓰지 않았습니다. 그는 계속해서 "너희 믿음이 사람의 지혜에 있지 아니하고"–사람의 똑똑한 머리와 기교와 장난에 있지 않고–"다만 하나님의 능력에 있게 하려 하였노라"고 말합니다[2:5]. 사람의 지혜로 지지자를 얻거나 교인 수는 늘릴 수 있을지 모릅니다. 그러나 그들을 그리스도인으로 만들 수는 없습니다. 사람을 '설복'할 수 있는 분은 성령 한분뿐입니다.

주님은 요한복음 16장에서 성령이 어떻게 죄를 입증하시고 설복하시는지에 대해 계속 말씀하고 계십니다. 성령은 항상 진리 안에서 이 일을 하십니다. 그러므로 자신이 무엇을 믿는지 모르는 사람은 당연히 그리스도인이 될 수 없습니다. 성령은 항상 진리, 곧 "하나님의 말씀"을 사용하십니다. 주님은 그 말씀의 내용도 이야기해 주고 계십니다. "그가 와서 죄에 대하여, 의에 대하여, 심판에 대하여 세상을 책망하시리라[죄를 입증하시며 설복하시리라]." 이것이 성령께서 다루시는 주제이며, 오늘날도 다루고 계시는 주제입니다. 이것이 기독교의 메시지입니다. 이것이 말씀, 하나님의 말씀, 권력자들이 그토록 싫어하며 금지했던 말씀입니다. 이 말씀은 죄에 대해, 불순종에 대해, 아집에 대해, 각기 제 길로 간 것과 하나님께 등을 돌리고 그의 말씀을 거부한 것에 대해 이야기하고 있습니다.

이미 눈치채셨겠지만, 주님은 특히 "죄에 대하여라 함은"–이런 식으로–"그들이 나를 믿지 아니함이요"라고 짚어서 말씀하고 계십니다[요 16:9]. 이것은 하나님의 아들을 알아보지 못하는 것만큼 죄 많고 눈먼 인간의 상태를 분명하게 입증해 주는 일은 없다는 뜻입니다. 바울이 상기시키고 있듯이, 이것은 보통 사람들뿐 아니라 "이 세대의 통치자들"에게도 해당되는 말입니다. 책을 수없이 읽는 것은 그리스도인이 되는 데 하등 도움이 되지 않습니다. 책을 수없이 읽은 사람이나 한 권도 읽지 않은 사람이나 처지는 다 마찬가지입니다. 기독교는 어떤 모양으로든, 어떤 형태로든 인간의 지혜에 의존하지 않습니다.

여러분은 말할 것입니다. "하지만 방금 마음이 끌리는 대로 하면 안된다고 하지 않았습니까?" 저는 지금도 같은 생각입니다. 그러나 동시에 여러분이 읽은 책 – 책에서 얻은 지혜 – 은 도움이 되지 않지만, 성령께서는 여러분의 머리에 진리를 알려 주시며 여러분 자신의 머리를 사용하기를 원하신다는 말을 덧붙여야겠습니다. 여러분은 자신이 무엇을 믿는지 알고 있어야 합니다.

눈이 멀어 주님을 알아보지 못했던 세상의 죄는 이미 입증되었습니다. 세상이 구유에 누인 아기를 알아보지 못한 것은 눈먼 탓이었습니다. 찰스 웨슬리는 그 아기를 보며 이렇게 말했습니다.

육신에 싸이신 하나님을 보도다.
성육신하신 하나님을 맞이하라.[1]

지혜로운 사람들은 그를 알아보았습니다. 그래서 황금과 유향과 몰약을 예물로 가져왔습니다. 그들은 왕께 절하려고 나아왔습니다! 그들은 그를 알아보았지만 세상은 알아보지 못했습니다. 세상은 출산을 앞둔 마리아에게 방을 내주지 않았습니다. 아기는 가축이 울고 짚더미가 있는 마구간에서 태어나야 했습니다.

세상은 그가 소년이 되어 성전에 갔을 때에도, 목수로 일하고 있을 때에도 알아보지 못했습니다. 세상은 이 비범한 인물, 서른 살이 되면서부터 갑자기 설교를 쏟아 내기 시작한 이 청년을 알아보지 못했습니다. 그들은 사람의 입에서 그렇게 은혜로운 말씀이 흘러나오는 것을 들어 본 적이 없다는 사실을 인정해야 했음에도 그를 알아보지 못했고, 결국에는 그를 거부하여 십자가에 못박고 말았습니다. 이렇게 세상이 눈멀어 그를 알아보지 못한 원인은 죄에 있었습니다. 성령은 이 일에 대해 사람들의 죄를 입증하고 계십니다. "그들이 나를 믿지 아니함이요."

둘째로, 눈먼 사람들은 자신에게 그분이 필요하다는 사실을 보지 못했습니다. 그들은 그를 대면해서 보았고 직접 질문을 던졌습니다.

---

[1] 찬송가 126장 2절 일부를 원문에 가깝게 다시 옮겼다 – 옮긴이.

그랬으면서도 논쟁으로 그를 무너뜨리고 함정에 빠뜨리며 덫으로 사로잡으려 했습니다. 그들은 자신들이 똑똑해서 이렇게 한다고 생각했지만, 사실 그것은 하나님의 아들을 대적하는 짓이었습니다. 혹시 여러분도 그렇게 하고 있지 않습니까? 그렇다면 여러분은 온 우주에서 가장 어리석은 바보이자 가장 큰 죄인입니다. 죄인이 그를 알아보지 못하는 것은 자신에게 그가 필요하다는 사실을 보지 못하는 탓입니다.

자부심이 강한 사람들은 하나님과 그리스도를 비롯한 모든 것에 판단을 내리려 합니다. 자기 인생도 제대로 살지 못하면서 자신의 대단한 견해 밝히기를 주저하지 않습니다! 오, 자신들의 필요조차 보지 못하는 눈멀고 죄 많은 인생들이여! 사람들은 그렇게 눈이 어두워진 탓에, 그가 오셨는데도 그 발 앞에 엎드려 "하나님, 이분을 보내 주셔서 감사합니다. 마침내 구주가 오셨군요!"라고 말하지 않았습니다. "죄에 대하여라 함은 그들이 나를 믿지 아니함이요."

그다음으로 성령은 "의에 대하여" 책망하십니다. 주님은 "의에 대하여라 함은 내가 아버지께로 가니 너희가 다시 나를 보지 못함이요"라고 말씀하셨습니다. 그는 스스로 "의인"이라고 주장하셨습니다. 그는 "나와 아버지는 하나이니라"고 하셨습니다요 10:30. 똑똑한 세상은 그를 보며 말합니다. "정말 참람한 사람이로군. 자기가 하나님과 같다고 하다니. 자기가 하나님의 보냄을 받아 왔다는 것이 말이나 되는가. 어떻게 감히 '아브라함이 있기 전에 내가 있다'느니, '나와 아버지는 하나'라느니, '나를 보내신 이는 아버지다'라고 떠들 수 있다는 말인가." 그들은 "이자는 사기꾼에 거짓말쟁이다! 없애 버려라!"라고 말했습니다.

그러나 주님은 "성령이 오시면 내가 내 말처럼 의로운 자임을 입증하실 것"이라고 말씀하셨습니다. 성령은 물론 그렇게 하셨습니다. 부활은 주님이 의로운 분이심을 입증해 주는 사건이었습니다. 이미 살펴보았듯이 주님의 말씀대로 성령이 임하신 일 또한 그가 하나님의 아들이심을 입증하는 결정적이고 절대적인 증거가 되었습니다. 그는 아버지께 이 선물을 받아 자기 백성들에게 부어 주셨습니다. 이처럼 성령은 "세상을 설복하여 주님이 의롭다는 사실을 인정"하게 하십니다.

요한복음 16:8-11의 말씀에 담긴 두번째 의미가 있습니다. 주님은 성령께서 친히 우리를 가르치시며 설복하여 주님만이 우리를 의롭게 할 수 있다는 사실을 믿게 하실 것이라고 말씀하고 계십니다. 우리에게 필요한 것은 바로 이것이 아닙니까? 욥은 "인생이 어찌 하나님 앞에 의로우랴"고 물었습니다9:2. 내 죄에 대해 내가 무엇을 할 수 있겠습니까? 어떻게 내 죄를 없앨 수 있겠습니까? 어떻게 하나님의 심판대 앞에 설 수 있겠습니까? 어떻게 이 세상에 발을 붙이고 살면서 하나님께 기도할 수 있겠습니까? 내가 정말 선하고 깨끗하고 순결한 삶을 살 수 있겠습니까? 그것이 과연 가능한 일입니까? 죽을 인생이 과연 의로워질 수 있습니까? 우리는 실패와 죄와 타락이 어떤 것인지 알고 있습니다. 이런 우리가 공포나 겁에 질리지 않고 하나님께 나아간다는 것이 과연 가능한 일입니까? 거룩한 담대함으로 우주의 보좌에 앉아 계신 거룩한 분께 기도한다는 것이 가능한 일입니까? 주님은 말씀하십니다. "성령이 오시면 너희를 설복하여, 오직 나를 믿음으로 의로워질 수 있다는 것을 믿게 하실 것이다."

바울은 "하나님이 죄를 알지도 못하신 이를 우리를 대신하여 죄로 삼으신 것은 우리로 하여금 그 안에서 하나님의 의가 되게 하려 하심이라"고 기록했습니다고후 5:21. 성령 한분만이 이 사실을 보게 해주십니다. 한 사람이 일어나 말합니다. "좋습니다. 나는 언제든지 하나님을 만날 준비가 되어 있습니다. 나는 선한 삶을 살았습니다. 술에 취한 적도 없고 간음을 한 적도 없습니다. 살인죄를 지은 적도 없습니다. 나는 항상 선한 일을 하며 살았고 누구에게도 해를 끼친 적이 없습니다." 그러나 자기 힘을 의지하여 독립적으로 살아온 이 사람은 시편 1편의 표현대로 겨처럼 바람에 날아가 버릴 것입니다. 의義! 구약성경의 말씀대로 "우리의 의는 다 더러운 옷"과 같습니다사 64:6. 주님은 바리새인들에게 말씀하셨습니다. "너희는 사람 앞에서 스스로 옳다 하는 자들이나 너희 마음을 하나님께서 아시나니 사람 중에 높임을 받는 그것은 하나님 앞에 미움을 받는 것이니라"눅 16:15.

다소의 사울 이야기로 결론을 맺겠습니다. 그는 바리새인으로서 자기 의를 자랑하던 사람이었습니다. 그는 자신이 "팔일 만에 할례를 받고 이스라엘 족속이요 베냐민 지파요 히브리인 중의 히브리인이요……율법의 의로는 흠이 없는 자"였다고 말합니다. 그리고 연이어 이렇게 덧붙입니다. "그러나 무엇이든지 내게 유익하던 것을 내가 그리스도를 위하여 다 해로 여길뿐더러 또한 모든 것을 해"–똥과 쓰레기–"로 여김은……믿음으로 하나님께로부터 난 의"–그리스도의 의–"[를 알기 위함이라]"빌 3:5-9. 무엇이 그에게 이것을 알게 했습니까? 성령이십니다. 자부심 강한 이 바리새인은 죄를 입증하고 설복하시는 성령 앞에 완전히 무너져 버렸습니다. 다메섹으로 가는 길에서 그는 소리쳤습니다. "주님, 무엇을 하리이까"행 22:10. 그는 자기 죄를 도말하시기 위해 죽으신 의로운 분의 의에 굴복했습니다. 그는 사울에게 자신의 의를 입혀 주셨고, 친첸도르프 백작과 존 웨슬리가 다음과 같은 찬양을 짓기 수세기 전에 이미 같은 내용을 깨닫게 해주셨습니다.

> 예수여, 당신의 의와 피,
> 내 아름다움, 내 영광의 옷이니
> 불타는 세상 속에서 이 옷 차려입고
> 기쁨으로 내 머리를 들리이다.

성령께서 우리의 의를 확신시켜 주실 것입니다. 왜냐하면 주님이 아버지께 가실 것이고, 거기 영원히 계시면서 믿는 자들을 위해 중보하시며 그들의 의를 영원토록 보장해 주실 것이기 때문입니다.

마지막으로 생각할 것은, "세상을 책망[설복]하시리라.……심판에 대하여라 함은 이 세상 임금이 심판을 받았음이니라"는 말씀입니다. "이 세상 임금"은 마귀입니다. 주님은 여기에서 성령이 말씀을 사용해 최후의 심판과 관련해 죄를 입증하시고 설복하실 것이라고 말씀하십니다. 주님의 말씀대로 성령께서는 마귀가 이미 심판받았다는 점을 드러내심으로써 이 일을 하십니다. 어떻게 이 점을 드러내십니까? 여러분이 우리 앞에 있는 이 사실들을 안다면, "하나님의 큰일"을 안다면, 베드로와 요한과 다른 사도들이 무엇을 보고 들었는지 안다면, 그 답 또한 알 수 있을 것입니다. 답은 이것입니다. 마귀는 십자가와 부활로 완전히 패배했습니다. 주님은 돌아가시기 전에 이미 이것을 말씀해 주셨습니다. "이제 이 세상에 대한 심판이 이르렀으니 이 세상의 임금이 쫓겨나리라"요 12:31. 바울이 골로새 사람들에게 말한 그대로입니다. "통치자들과 권세들을 무력화하여 드러내어 구경거리로 삼으시고 십자가로 그들을 이기셨느니라"골 2:15. 사람들은 주님을 이겼다고 생각했습니다. 이것은 그들이 성취한 최대의 업적이었습니다. 마침내 사기꾼을 덫으로 잡은 것입니다. 그들은 이 일을 훌륭히 해냈습니다. 최종적으로 남은 일은 그를 처치해 죽이는 것이었습니다. 그렇게만 된다면 모든 상황이 끝이었습니다. 그들은 승리를 확신했습니다.

그러나 주님은 다시 살아나셔서 성령을 보내셨습니다. 그렇게 하심으로 그들의 행로를 결정하셨으며, 그들은 전부 틀렸고 당신이 전적으로 옳다는 것을 입증하셨습니다. 더 나아가 주님의 정당성은 십자가와 부활로 입증되었습니다. 그것은 또한 이 복음을 믿는 사람이 한 명이라도 있다는 것은 곧 "이 세상의 임금"이 패배해서 쫓겨났고 심판받았다는 증거라는 사실을 통해서도 입증되고 있습니다.

"그 말이 옳다는 것을 어떻게 증명할 수 있습니까?"라고 묻는 사람도 있습니다. 그것을 증명하는 방법은 아주 간단합니다. 사람들은 왜 복음을 믿지 않습니까? 사도 바울이 한 가지 답을 제시해 주고 있습니다. "만일 우리의 복음이 가리었으면 망하는 자들에게 가리어진 것이라. 그중에 이 세상의 신이 믿지 아니하는 자들의 마음을 혼미하게 하여 그리스도의 영광의 복음의 광채가 비치지 못하게 함이니 그리스도는 하나님의 형상이니라"고후 4:3-4. 사람들이 믿지 않는 이유는 오직 한 가지입니다. 학식이나 학벌 때문에 못 믿는 것이 아닙니다. 20세기의 위대한 과학 때문도 아닙니다. 절대 아닙니다. 그들이 못 믿는 것은 "이 세상의 신"이 그들의 눈과 마음을 멀게 했기 때문입니다. 마귀는 모든 사람을 제 손아귀에 쥐고 있습니다. 그러므로 그에게 잡혀 있던 한 영혼이 복음을 믿게 되었다는 사실은 곧 마귀가 심판을 받아 몰락했다는 결정적인 증거가 되는 것입니다.

이것이 천사들이 하늘에서 즐겁게 노래하는 이유입니다. 잃어버린 동전의 비유를 기억하십니까? 주님은 말씀하셨습니다. "내가 너희에게 이르노니 이와 같이 죄인 한 사람이 회개하면 하나님의 사자들 앞에 기쁨이 되느니라"눅 15:10. 왜 그렇습니까? 오, 그들은 알고 있습니다. 이해하고 있습니다. 천사들은 악마가 지금까지 세상을 지배해 온 것과 "이 세상의 신"이 하나님 앞에서 인간을 몰아내고 피조세계를 망치며 아담의 모든 후손에게 재앙을 몰고 온 것을 알고 있습니다. 마귀가 어떻게 사람들을 제 손아귀에 넣었는지 알고 있습니다. 그런데 그 손아귀에서 벗어나 믿는 사람이 생겼다는 것은, 마귀가 확실히 패배했다는 증거가 아닐 수 없습니다.

마지막으로, 성령께서는 당연히 우리를 마귀의 세력에서 구해 주심으로 마귀의 패배를 입증하십니다. 이미 살펴본 대로, 우리는 모두 죄와 사탄의 종으로 태어났습니다. 여기에서 우리를 구원해 줄 수 있는 것은 오직 성령의 기름부음과 권위와 능력으로 설교되는 복음뿐입니다. 주님은 다메섹으로 가는 다소의 사울을 붙들어 세우시고 이 사실을 알려 주셨습니다. "일어나 너의 발로 서라. 내가 네게 나타난 것은 곧 네가 나를 본 일과 장차 내가 네게 나타날 일에 너로 종과 증인을 삼으려 함이니"-이제 나오는 말을 잘 들어 보십시오-"이스라엘과 이방인들에게서 내가 너를 구원하여 그들에게 보내어"-무엇을 위해 보내십니까?-"그 눈을 뜨게 하여 어둠에서 빛으로, 사탄의 권세에서 하나님께로 돌아오게 하고"행 26:16-18. 이것이 성령의 사역입니다. 사람들이 세상과 육신과 마귀의 권세에서, 죄와 악의 권세에서 구원받을 때마다 그리스도께 승리가 돌아갑니다. 성령께서는 이 사역을 통해 그리스도가 어떻게 사탄의 모든 궤계와 권세를 물리치셨는지 보여주고 계십니다.

한 번 더 바울의 말을 들어 보겠습니다. 그는 골로새 사람들로 인해 하나님께 감사를 드리면서 이렇게 말하고 있습니다. "우리로 하여금 빛 가운데서 성도의 기업의 부분을 얻기에 합당하게 하신 아버지께 감사하게 하시기를 원하노라. 그가 우리를 흑암의 권세에서 건져내사 그의 사랑의 아들의 나라로 옮기셨으니"골 1:12-13. 이 일은 매번 사탄의 패배를 가져옵니다. 사탄은 단 한 사람의 시민도 잃고 싶어하지 않습니다. 그는 여러분을 꽉 붙잡고 있을 것입니다. 복음을 조롱할 것입니다. 설교를 조롱할 것입니다. 복음은 전부 쓰레기라고 말하는 논문들을 읽게 만들 것입니다. 텔레비전에 과학자들을 내세울 것입니다. 복음을 반대하는 유명한 사람들의 이름을 들이밀 것입니다. 여러분을 손아귀에 넣고 있을 수만 있다면 무슨 짓이든 가리지 않을 것입니다.

그러나 감사하게도 "[여러분] 안에 계신 이가 세상에 있는 자보다 크"십니다요일 4:4. 성령께서는 여러분의 닫힌 눈을 여실 수 있습니다. 성령도 하나님이시라는 사실을 기억하십시오. 그는 삶을 새롭게 하실 수 있습니다. 죄만 입증하시는 것이 아니라 갱생의 삶도 살게 해주십니다. 능력과 지각을 주실 수 있습니다. "그리스도의 마음"을 주실 수 있습니다. 가려진 것들을 드러내 보여주실 수 있습니다. 그때 여러분은 그 드러난 것들을 보고 믿으며 즐거워하기 시작할 것입니다. "강한 자가 무장을 하고 자기 집을 지킬 때에는 그 소유가 안전하되 더 강한 자가 와서 그를 굴복시킬 때에는 그가 믿던 무장을 빼앗고 그의 재물을 나누느니라"눅 11:21-22.

여기 여러분에게 전하는 메시지가 있습니다. 성령께서 이 일을 하실 것입니다. 죄에 대하여, 의에 대하여, 심판에 대하여 세상의 죄를 입증하시고 세상을 설복하실 것입니다. 마귀는 이미 심판을 받았습니다! 성령이 그것을 입증하고 계십니다. 여러분과 저는 해방될 수 있습니다. 해방되어 하나님을 믿고, 즐거워하며, 예배드리고, 기도드릴 수 있습니다. 하나님의 자녀에게 주어진 영광스러운 자유에 합당하게 살 수 있습니다. 그렇게 되게 하는 것이 성령의 사역입니다.

15

땅에는 평화

믿는 무리가 한마음과 한뜻이 되어 모든 물건을 서로 통용하고 자기 재물을 조금이라도 자기 것이라 하는 이가 하나도 없더라.……그중에 가난한 사람이 없으니 이는 밭과 집 있는 자는 팔아 그 판 것의 값을 가져다가 사도들의 발 앞에 두매 그들이 각 사람의 필요를 따라 나누어 줌이라.

사도행전 4:32, 34-35

우리는 지금까지 사도들이 성령의 능력으로 메시지를 설교하고 전달한 결과, 교회가 생기게 된 일과 그 메시지가 사람들에게 강력한 영향을 끼친 일을 살펴보았습니다. 우리는 오순절 날 3천 명, 그다음날쯤 2천 명이 회심한 이야기를 읽었으며, 교회가 날마다 자라갔다는 말씀을 들었습니다. "주께서 구원받는 사람을 날마다 더하게 하시니라"행 2:47. 이것이 누가가 요약해 놓은 역사입니다. 이제 우리는 이 사회, 이 공동체가 어떻게 생기게 되었는지를 살펴보아야 합니다.

우리는 2장에서 "그들이 사도의 가르침을 받아 서로 교제하고 떡을 떼며 오로지 기도하기를 힘"썼다는 사실을 이미 들어 알고 있습니다2:42. 그들은 서로의 집에 모여 떡을 먹으며 이 일들에 대해 말하고 기도했습니다. 또 무엇보다 함께 즐거워하며 하나님을 찬양했습니다. 이것이 교회입니다. 교회는 유력자와 권력자, 저명한 성직자들이 포진하고 있는 강력한 기관이 아니었습니다. 신약성경 어디에서도 그 비슷한 기관은 찾아볼 수 없습니다. 세월이 흐르고 사람들이 늘어나면서 지금의 모습이 된 것일 뿐입니다. 그렇습니다. 진짜 교회는 사도행전에 나오는 이 교회입니다.

이 구절은 특히 이 공동체 또는 사회의 특징을 상기시키고 있습니다. 그 특징이란 이들이 "모든 물건을 서로 통용"했다는 것입니다. 이것은 놀라운 평화의 장면이자 일치의 장면이요 형제애와 친교의 장면입니다. 저는 이 같은 교제가 어떻게 그 자체로 복음의 증거가 되는지 보여드리고자 합니다. 그리스도의 복음 없이는 이 구절이 묘사하고 있는 이런 상황이 벌어진 적도 없거니와 벌어질 리도 없기 때문입니다.

어떤 사람은 말합니다. "하지만 이것은 일종의 원시 공산주의입니다. 공산주의의 산물이란 말이지요. 공산주의는 만인을 평등화해서 모든 물건을 공유하게 합니다. 사도행전 4장에 나오는 것은 공산주의 실험이 실패한 한 예에 불과합니다. 사람들은 때때로 이런 실험을 반복했습니다. 17세기에도 평등론자들을 비롯한 몇몇 사람들이 공산주의를 시도해 보았지요. 오늘날 세상의 유일한 희망은 우리가 공산주의 원칙을 받아들여 이런 식으로 모든 것을 공유하는 것입니다."

그러나 성경에 나오는 이것이 정말 공산주의였습니까? 아닙니다. 사실 저는 사람들이 그런 생각을 했다는 것 자체가 놀랍습니다. 저는 이것이 공산주의나 이런 종류의 공동체를 만들어 내려는 어떤 인간적인 노력과도 정반대되는 것임을 밝히고자 합니다. 이 두 가지의 차이점이 무엇입니까? 오늘 말씀은 그 자체로 제 논점을 충분히 입증해 줄 만한 차이점을 한 가지 보여주고 있습니다. 여러분도 아시겠지만 이것은 완전히 자발적으로 일어난 일이었습니다. 러시아[1]나 그 밖의 다른 공산국가에서 자발적인 원칙들을 얼마나 찾아볼 수 있습니까? 공산주의에는 자발성이라는 것이 전혀 없습니다. 공산주의는 칼과 무력의 힘으로 목적을 수행합니다. 도전하는 사람은 제거해 버립니다. 공산주의는 아마 나치보다 더 많은 사람들을 제거(그들이 쓰는 무서운 용어를 사용한다면)했을 것입니다. 그렇습니다. 이 기독교 공동체는 공산주의와 정반대되는 것이었습니다. 공산주의는 평등을 강요합니다. 그런데 여기 이 공동체에서는 자발적인 평등이 이루어졌으며, 사람들은 그 평등을 기쁘게 받아들였습니다. 비밀경찰이 감시하고 있고 다른 선택권도 없어서 두려움의 영으로 행한 일은 하나도 없었습니다. 이 공동체는 강요된 체제와는 완전히 반대되는 것이었습니다.

크리스마스를 앞둔 이 주일 저녁, 저는 여기 나오는 이 공동체에 여러분의 주의를 환기시키려 합니다. 크리스마스가 다가올 때마다 사람들은 평화를 이야기하지만, 세상은 여전히 분열되어 있으며 어려움을 겪고 있습니다. 우리는 로디지아의 문제와 민족들의 분열, 외교관

---

1 이 설교를 했던 1965년 상황에 해당되는 언급이다.

계의 단절과 베트남 전쟁을 보고 있습니다. 이 자리에서 이런 안타까운 사례를 일일이 일깨울 필요는 없을 것입니다. 세상은 병들고 비참한 처지에 놓여 있으며, 분쟁과 전쟁과 유혈로 분열되어 있습니다.

인류는 기나긴 역사 내내 평화와 일치와 친교와 형제애를 추구해 왔습니다. 평화에 대해 무수한 논의를 거듭했고, 여러 기관을 설립했습니다. 그 기관들의 이름은 제각각이었지만—한때는 국제연맹이었다가 지금은 국제연합이라는 식—결과는 매번 똑같았습니다. 세상은 항상 평화를 꿈꾸었고, 불화하고 있는 인류의 문제를 참으로 해결해 줄 수 있는 하나의 조직체를 만들기 위해 있는 힘을 다했습니다. 오늘날에도 과거 그 어느 때보다 평화를 추구하고 있지만, 실제 평화를 창출해 낼 수 없을 것이 확실합니다. 그것이 가능했다면 진작에 그렇게 했을 것입니다. 그러나 세상은 과거에도 실패했고, 지금도 실패를 거듭하고 있습니다.

우리는 이런 배경에서 초대교회에 대한 이 서술을 살펴보고자 하는 것입니다. 세상이 찾아 헤맸지만 찾지 못한 것이 여기 있습니다. 그것은 오직 참된 그리스도인들 사이에서만 찾을 수 있는 것입니다. 그렇다면 첫번째로 떠오르는 명백한 질문을 먼저 해보겠습니다. 왜 세상에는 평화가 없는 것입니까? 왜 민족들은 유혈과 분열을 고집하며 무섭게 군사력을 증강시키고 있는 것입니까? 우리는 이런 현상을 어떻게 설명해야 합니까? 지금 이 시점에 특히 이런 질문을 던지지 않을 수 없는 이유는, 19세기 말에 유난히 평화를 이루어 낼 수 있다는 자신감이 사람들 사이에 팽배했다는 데 있습니다. 빅토리아시대 중기부터 말엽까지 등장한 시詩들은 모두 당시 사람들이 생각하고 있던 바를 대변한 것에 불과합니다. 저는 인류 역사상 이 시대가 품고 있는 자신감—인간의 의회와 세상의 동맹, 20세기에 도래할 황금시대에 대한 믿음—보다 더 딱한 것은 없다고 생각합니다.

이 첫번째 질문에 답하지 못한다면 다음 질문으로 나아가지 못할 것입니다. 한 번 더 말씀드리지만, 이 질문에 대한 답은 한 가지뿐입니다. 그 답은 성경이라고 불리는 이 책에 나와 있습니다. 성경을 믿을 만한 다른 이유가 없다 해도 저는 믿을 것입니다. 그것은 성경만이 정확한 진단을 내리는, 제가 아는 유일한 책이기 때문입니다. 개선을 위한 세상의 모든 노력이 실패하는 것은 우리의 궁극적인 문제를 사실상 찾아내지 못했기 때문입니다. 세상은 실패할 수밖에 없습니다. 진단이 잘못되면 치료도 잘못되게 마련입니다.

그러므로 우리는 성경이 이 문제들을 어떻게 설명하고 있는지부터 살펴보아야 합니다. 그것은 다음과 같이 간단히 표현될 수 있습니다. 모든 인간의 문제는 하나님과의 관계가 잘못된 데서 비롯됩니다. 이것이 우리가 빠져 있는 전반적인 곤경입니다. 정치가들과 국제 연합 대표자들은 누군가의 표현대로 '수평 방향'을 바라보고 있습니다. 하나님은 잊어버린 채 서로의 얼굴만 바라보고 있는 것입니다. 이것이 그들의 모든 노력이 실패로 돌아가는 이유입니다. 주된 문제는 사람과 사람 사이에 있는 것이 아니라, 인간과 하나님 사이에 있습니다. 이사야 선지자가 반복하고 있는 위대한 진술이 있는데, 현대의 문제를 푸는 열쇠가 바로 거기 나오고 있습니다. "여호와께서 말씀하시되 악인에게는 평강이 없다 하셨느니라"사 48:22; 57:21. 무서운 말이지만 사실입니다. 아무리 진보하고 발전하고 많이 배우고 부유하고 중요한 나라라 하더라도, 그들이 악하다면 평강을 누리지 못할 것입니다. 물론 여기에서 '악하다'는 것은 하나님과 관계가 잘못되었다는 뜻입니다. 인간의 모든 곤경은 인간이 죄의 상태에 있으며 하나님께 반역하고 있다는 사실에서 비롯됩니다.

세상의 상태에 대한 다른 설명들을 보면, 이러한 성경의 설명은 전혀 언급하고 있지 않다는 사실을 발견하게 됩니다. 문제들을 해결하려는 세상의 모든 시도가 허사로 돌아가는 이유가 여기 있습니다. 인간에 대해 알아야 할 진리는 우리가 하나님 중심으로 만들어졌다는 것입니다. 이것이 인간의 본질이며 본성입니다. 인간 스스로 자신을 만들어 낸 것이 아닙니다. 인간은 어쩌다 생겨난 존재도 아니고, 우연의 소산도 아닙니다. 인간은 하나님이 창조하신 존재로서, 하나님의 법과 본성의 법에 순종할 때에만 참되고 행복하게, 성공적으로 제 기능을 할 수 있도록 만들어졌습니다.

여기에 항의하는 것은 시계를 왜 이런 식으로 만들었냐고 항의하는 것만큼이나 무익합니다. 제가 가지고 있는 시계는 태엽을 감아 주어야 제 기능을 합니다. 즉 그것이 제조된 법칙에 따라 작동하는 것입니다. 인간도 똑같습니다. 그런데도 인간은 여기에 항의하고 있습니다. 그 결과 곤경에 빠지게 된 것입니다. 인간은 자신의 체질을 거슬러 싸우고 있습니다. 자신의 존재를 가능케 한 법칙, 자신이 창조된 법칙을 거슬러 싸우고 있습니다. 여기에서 인간의 모든 곤경이 초래됩니다. 인간의 행복은 언제나 하나님과의 관계에 달려 있습니다. 어떻게 성경을 읽고서도 이 사실을 의심하며 이의를 제기할 수 있는지 저는 이해가 되지 않습니다.

여러분은 성경에서 위대한 인물들을 만납니다. 그들이 절망에 빠진 모습도 보고, 곧 즐거워하며 행복해하는 모습도 봅니다. 무엇이 이러한 변화를 가져오는 것입니까? 결국 하나님과의 관계가 문제입니다. 다윗 같은 사람을 보십시오. 그의 위대한 시편들은 즐겁고 기쁜 모습을 보여주고 있습니다. 그는 하나님을 향해 외칩니다. "여호와는 나의 목자시니 내게 부족함이 없으리로다"시 23:1. 반면에 시편 51편은 비참하고 불행한 모습을 보여주고 있습니다. "하나님이여, 내 속에 정한 마음을 창조하시고 내 안에 정직한 영을 새롭게 하소서"51:10. 무엇이 잘못된 것입니까? 왜 이런 차이가 나타나는 것입니까? 이것은 하나님과의 관계로만 설명될 수 있는 차이입니다. 하나님께 순종할 때에는 23편을 노래하고, 불순종하며 반역할 때에는 51편의 나락으로 떨어지는 것입니다. 이것이 구약 역사 전체를 관통하고 있는 보편적인 법칙입니다. 신약과 모든 인간 역사도 마찬가지입니다.

인간은 주인이 아니라 순종해야 할 종으로 만들어졌습니다. 하나님이 주재시요, 주인이시요, 우주의 통치자십니다. 인간은 하나님의 법에 순종하도록 만들어졌습니다. 만약 인간이 그 법에 순종했다면 세상은 지금도 평화로운 낙원의 모습을 유지하고 있을 것입니다. 그러나 인간은 반역했고, 자기에게 있는 무언가 위대한 것을 강탈당했다는 불만을 품게 되었습니다. 그것이 원죄요 타락입니다. 인간은 그 때부터 자기를 주장하기 시작했고, 스스로 통치하고 판단할 권리와 스스로 자기 일을 규제할 힘을 요구하기 시작했습니다. 이렇게 스스로 자율적인 존재임을 주장하게 된 인간은, 궁극적인 법을 주시는 최고의 통치자를 더 이상 인정하지 않게 되었습니다. 모든 인간이 통치자이자 입법자의 자리에 올라섰습니다. 세상이 곤경에 처한 것은, 이처럼 인간이 하나님 중심이 아니라 자기중심이 되었기 때문입니다. 인간은 이렇게 자기중심이 되면서 행복을 잃고 말았습니다. 모든 것을 잃고 말았습니다.

인간은 하나님 믿는 것을 반대합니다. 하나님의 법칙을 반대합니다. 인간은 "법"이라는 말 자체를 싫어합니다. 오늘날 그 어느 때보다 훈련에 반대하고 있습니다. 인간은 자기 방식대로 자기 삶을 자유롭게 살고 싶다고 말합니다. 그럴 수 있습니다. 그러나 불행히도 남들 역시 똑같은 생각을 하고 있습니다. 인간은 모두 작은 신이 되어 버렸습니다. 모두 천성적으로 "도대체 왜 안된다는 거야? 난 내가 좋아하는 것, 내가 최선이라고 생각하는 것을 할 권리가 있어"라고 말하고 있습니다. 인간은 다 이기적입니다. 다 자기만 생각하며 남을 생각지 않습니다. 이것이 그토록 많은 부부가 어린 자녀들을 고통에 빠뜨리면서까지 이혼하는 이유이며, 오늘날 세상에 그토록 많은 번민과 고통이 생겨나는 이유입니다. 이것은 피할 수 없는 결과입니다. 사람들은 어떻게 하면 행복할까, 어떻게 하면 즐거울까만 생각합니다. 그러나 거듭 말하지만, 우리는 자기 자신을 통치하도록 만들어지지 않았습니다. 우리는 그 일에 맞는 사람들이 아닙니다. 그 일을 할 정도로 큰 존재가 못 됩니다. 우리는 충분히 알지 못합니다. 충분히 볼 수 있는 것도 아닙니다. 우리는 세상에서 좌절을 거듭하면서도 늘 자신을 통치할 수 있다는 주장을 꺾지 않습니다. 그러고는 쉽게 화를 내며 남들과 다툽니다. 이렇게 모두가 쉽게 화를 내는 곳에서는 자연히 충돌이 일어날 수밖에 없습니다.

자신을 우선시하는 사람은 자연히 남들을 보면서 판단을 내리게 됩니다. 남들이 자기보다 높은 자리에 있다고 생각되면 질투하며 그들을 끌어내리고 싶어합니다. "저 사람들은 도대체 무슨 자격으로 저렇게 높이 올라가 있는 거야?"라고 불평합니다. 그러나 막상 자기가 높은 자리에 올라가고 나면 남들을 무시하면서 낮은 곳이야말로 그들에게 맞는 자리이며, 그들은 자기와 비교가 되지 않는 사람들이므로 높이 올라올 자격이 없다고 말합니다! 전 세계는 이런 식으로 갈려 있습니다. 사람들은 능력이나 피부색이나 자기가 가진 것들-부와 지위, 전통을 비롯한 수많은 것들-로 서로를 갈라놓고 있습니다. 역사가들은 세상의 모든 문제를 가진 자와 가지지 못한 자의 문제인 것처럼 축소시키는 경우가 종종 있는데, 그것은 전체 문제의 일단에 불과합니다. 이렇게 세상이 갈려 있는 것은 전부 자신의 참된 모습을 보지 못한 채 자신을 우선시한 결과이며, 자기 기준으로 남들을 판단한 결과입니다. 그리하여 세상은 시기와 질투, 악의와 원한, 신랄함과 증오로 가득 차 버렸습니다.

정치가들과 철학자들은 결코 하나님과 인간의 관계라는 기초적인 질문에서 출발하지 않습니다. 그럼으로 세상에 평화가 없고 친교가 없고 일치가 없는 것입니다. 세상과 초대교회가 이처럼 대조적인 모습을 보이고 있는 것입니다.

이제 두번째 원리로 나아가 보겠습니다. 인간은 세상이 왜 이 모양이 되었는지 모르고 있기 때문에 실패한다는 사실은 이미 보여드렸습니다. 그러니 이제는 다른 방식으로 이 문제를 살펴보기로 하겠습니다. 여러분은 평화를 창출하려는 세상의 온갖 노력이 비참할 정도로 피상적이라는 생각이 들지 않습니까? 사람들은 이것을 쉬운 일로 생각하고 있기 때문에 막상 실패했을 때 놀라움과 실망을 금치 못합니다. 그들은 회의만 소집하면 된다고 생각합니다. 네빌 체임벌린 Neville Chamberlain은 히틀러를 찾아가서 책상을 마주하고 앉아 사업가로서 대화만 나누면 문제가 해결될 것이라고 생각했습니다. 사람들은 분쟁과 유혈을 머리의 문제로만 생각하는 것 같습니다. 그들은 말합니다. "사람들을 일단 회의석상으로 불러내 자기 카드를 내놓거나 입장을 제시하기만 하면 된다. 합리적인 사람이라면 그 제안에 동의할 것이 분명하다." 작고한 웰즈H. G. Wells는 교육으로 전쟁을 없앨 수 있다고 믿었습니다. 그는 미개인들이나 싸우는 법이라고 말했습니다. 교육받은 인간에게는 충분한 분별력이 있기 때문에 자기가 무슨 짓을 하고 있는지 파악할 수 있고 생각할 수 있다는 것입니다. 그러니까 우리들의 문제와 어려운 상황에 감미로운 이성을 적용하기만 하면 곧바로 해결된다는 것입니다.

비그리스도인이 평화를 찾는 방식의 또 다른 특징은, 언제나 아주 소극적이라는 것입니다. 사람들은 평화를 전쟁 종식으로 생각합니다. 모든 나라가 무기를 부수어 버리기만 하면 평화가 온다는 것입니다. 그러나 무기를 다 부수어 버린다 해도—인간이 인간으로 남아 있는 한 불가능한 일이지만—가정이나 가족이나 사회계층 간에 평화가 찾아오는 일은 절대 없을 것입니다.

제가 볼 때 평화주의자들만큼 기독교 신앙에 반대되는 내용을 가르치는 사람들은 세상에 없는 것 같습니다. 여기에서 평화주의자란 실제로 이성과 가르침을 통해 전쟁을 중단시킬 수 있다고 말하는 사람들을 가리킵니다. 그들의 주장이 왜 잘못되었습니까? 그것이 남편과 아내의 다툼이든, 두 사람 사이의 다툼이든, 온갖 다툼과 싸움, 평화와 친교의 부재 등 모든 종류의 전쟁 원인은 잘못된 머리에 있는 것이 아니라 잘못된 마음에 있다는 사실을 깨닫지 못했기 때문입니다. 모든 문제는 결국 마음에 있는 것입니다.

저는 지금 머리를 폄하하는 것이 아닙니다. 단지 인간의 심리를 진정으로 살펴본다면 머리가 인격을 통제하는 요소가 아니라는 사실을 알게 된다는 것입니다. 사람은 마음의 지배를 받습니다. 위대한 지식과 지혜와 지각을 갖춘 사람이 있을 수 있습니다. 그렇다고 해서 그 사람이 반드시 위대한 삶을 산다고 말할 수 있습니까? 당연히 그렇지 않습니다! 우리 각 사람 안에는 무언가 더 깊은 것, 더 근본적인 것이 있습니다. 우리는 똑같은 일도 남이 하면 정죄하고 내가 하면 눈감아 버립니다. 객관적인 문제에 견해를 밝힐 필요가 있을 때에는 완벽한 판단을 내리면서도 자기 삶에는 같은 지혜를 적용하지 못합니다. 왜 그렇습니까? 우리 각 사람은 마음의 통치를 받고 있기 때문입니다. 야고보는 말합니다. "너희 중에 싸움이 어디로부터 다툼이 어디로부터 나느냐." 야고보는 자기 질문에 이렇게 대답하고 있습니다. "너희 지체 중에서 싸우는 정욕으로부터 나는 것이 아니냐"^{약 4:1}. 전쟁은 여러분 안에서 벌어지고 있습니다. 욕망과 정욕의 전쟁이 벌어지고 있는 것입니다. 이처럼 모든 곤경의 원인은 마음에 있습니다.

달리 표현하자면-이것 역시 최고로 중요한 사실인데-비그리스도인들은 평화를 직접적인 목표로 삼아서는 안된다는 점을 전혀 생각지 못합니다. 평화는 항상 간접적으로 주어지는 것입니다. 행복에 적용되는 말이 평화에도 적용됩니다. 행복 그 자체를 위해 사는 사람은 행복해질 수 없습니다. 지금 당장 행복을 찾는 일에 착수해 보십시오. 절대 찾지 못할 것입니다. 행복은 직접 찾는다고 얻을 수 있는 것이 아닙니다. 그 점을 깨닫지 못하는 한 여러분은 결코 행복과 평화를 얻지 못할 것입니다. 행복이나 평화 그 자체를 목표로 설정한 사람은 절대 그 목표에 도달할 수 없습니다.

이처럼 평화는 무언가 다른 것의 부산물로 따라오는 것입니다. 성경에 따르면 그 '무언가 다른 것'은 바로 의입니다. 이것 역시 성경 전체가 제시하는 기본적인 명제에 속합니다. 제가 볼 때 이 문제를 아주 명쾌하게 표현하고 있는 사람은 야고보입니다. 그는 야고보서 3장 끝부분에서 전쟁의 문제를 전반적으로 다루면서 다음과 같이 말하고 있습니다.

> 너희 중에 지혜와 총명이 있는 자가 누구냐. 그는 선행으로 말미암아 지혜의 온유함으로 그 행함을 보일지니라.

"지혜의 온유함", 이것이 중요한 것입니다.

> 그러나 너희 마음속에 독한 시기와 다툼이 있으면 자랑하지 말라.

> 진리를 거슬러 거짓말하지 말라. 이러한 지혜는 위로부터 내려온 것이 아니요 땅 위의 것이요 정욕의 것이요 귀신의 것이니 시기와 다툼이 있는 곳에는 혼란과 모든 악한 일이 있음이라. 오직 위로부터 난 지혜는 첫째 성결하고.

야고보가 처음 말하고 있는 것이 "성결"이라는 데 주목하십시오. 성결하다는 것은 깨끗하고 의롭다는 뜻입니다.

> 다음에 화평하고 관용하고 양순하며 긍휼과 선한 열매가 가득하고 편견과 거짓이 없나니 화평하게 하는 자들은 화평으로 심어 의의 열매를 거두느니라 And the fruit of righteousness is sown in peace of them that make peace, 약 3:13-18.

야고보는 의를 심으면 평화를 거둘 것이라고 말하고 있습니다. 평화는 의와 성결, 거룩함, 하나님과의 바른 관계, 그의 거룩한 법과 명령에 대한 순종의 열매이기 때문입니다. 그리스도에게서 떠나 있는 정치가들과 세상의 비극은 늘 평화를 심으려고 애를 쓰는데도 결코 평화를 거두지 못한다는 데 있습니다. 그러나 그들이 의를 심기 시작한다면 평화의 열매를 기대할 수 있을 것입니다.

이처럼 성경의 크고 중심적인 메시지는 인간은 의롭지 못하기 때문에 평화를 누리지 못한다는 것입니다. 인간은 똑똑해지고 박식해지고 지혜로워지며 과학적인 지식에서 진보는 이룰 수 있을지 몰라도, 평화를 얻을 수는 없습니다. 평화는 항상 의의 결과로 따라오는 것입니다. 세상은 하나님을 잊어버렸습니다. 그러므로 아무리 평화를 찾으려 애쓰고 평화를 창출하려 해도 얻지 못하는 것입니다. 세상 지도자들은 다툼을 무마하려 애쓰고 있습니다. 타개책이나 절충안을 찾으려 애쓰고 있습니다. 그들은 관리들을 데리고 만인을 만족시킬 만한 말을 만드는 데 시간을 들이지만, 휴전이나 일시적인 정전을 끌어내는 것이 고작입니다. 진짜 우리가 얻고 싶은 것은 친교와 형제애입니다다. 그런데 이것은 마음의 문제입니다. 하나님의 의와 진리와 거룩함에 기초하고 있는 근본적이며 기본적인 문제입니다.

여기, 사도행전 4장 끝부분은 우리가 얻을 수 있는 평화를 묘사하고 있습니다. 어떻게 하면 이런 평화를 얻을 수 있겠습니까? 어떻게 하면 이런 평화가 찾아올 수 있겠습니까? 자, 여기 여러분께 드리는 크리스마스 메시지가 있습니다.[2] 오직 그리스도 한분만이 이런 평화를 주실 수 있습니다. 그리스도 한분만이 이런 친교를 이루실 수 있고, 세상이 헛되이 갈망하고 있는 이 모든 것을 창출하실 수 있습니다. 크리스마스의 메시지는 그가 이 평화를 이루시려고, 이 평화를 우리에게 주시려고 세상에 오셨다는 것입니다. 그는 평화의 왕이시지만, 이것이 그의 유일한 칭호는 아닙니다. 그는 의의 왕이시기도 합니다. 그는 항상 의와 평화가 함께 있는 자리에 계십니다. 선지자 역할을 했던 시편기자가 오래전에 발견한 그대로입니다. "의와 화평이 서로 입맞추었으며"시 85:10. 의와 평화가 복되신 한 인격, 베들레헴 마구간에 태어나신 나사렛 예수 안에서 함께 만났습니다. 그의 어린 몸은 구유에 뉘어졌습니다. 찰스 웨슬리가 다음과 같이 그의 오심을 알린 것은 지극히 합당한 일입니다.

맞이하라, 하늘에서 나신 평화의 왕!
맞이하라, 의의 태양![3]

의와 평화는 항상 같이 갑니다.

하나님의 아들이 성육신 하신 모든 목적은 평화의 왕이신 당신의 통치를 이 땅에 이루시려는 데 있었습니다. 그는 사람들을 가르치심으로써 그 일을 하셨습니다. 그는 이전에 어느 누구도 가르치지 않았던 것, 곧 서로 사랑할 것을 가르치셨습니다. 그러나 가르치기만 하신

---

2 로이드 존스는 1965년 12월 19일에 이 설교를 했다.
3 찬송가 126장 3절 첫 부분을 원문에 가깝게 다시 옮겼다.

것은 아닙니다. 가르침만으로는 절대 평화를 만들어 낼 수 없다는 사실을 잊어서는 안됩니다. 우리가 살펴본 대로 문제는 머리에 있는 것이 아니라 마음에 있기 때문입니다. 제정신을 가진 사람이라면 전쟁을 좋아할 수가 없습니다. 그런데도 인간은 자기 이성과 지혜와 지각을 거스른 채 전쟁터로 달려갑니다. 그렇습니다. 우리에게는 좀더 깊은 차원의 해결책이 필요합니다. 그렇다면 이 평화의 왕은 어떻게 평화를 이루십니까? 그 답이 신약성경 전체에 나와 있습니다. 그는 죽음과 부활로 평화를 이루셨습니다. 이것이 평화로 나아가는 유일한 길입니다. 사람은 본성 전체가 잘못되어 있고, 하나님과의 관계가 잘못되어 있습니다. 그것이 평화를 얻지 못하는 이유입니다. 그리스도는 바로 이 기본적인 문제를 해결하러 오셨습니다. 이 점을 바울은 다음과 같이 설명하고 있습니다.

> 이제는 전에 멀리 있던 너희가 그리스도 예수 안에서 그리스도의 피로 가까워졌느니라. 그는 우리의 화평이신지라. 둘로 하나를 만드사 원수된 것 곧 중간에 막힌 담을 자기 육체로 허시고 법조문으로 된 계명의 율법을 폐하셨으니 이는 이 둘로 자기 안에서 한 새사람을 지어 화평하게 하시고 또 십자가로 이 둘을 한몸으로 하나님과 화목하게 하려 하심이라. 원수된 것을 십자가로 소멸하시고 또 오셔서 먼 데 있는 너희에게 평안을 전하시고 가까운 데 있는 자들에게 평안을 전하셨으니엡 2:13-17.

그리스도는 십자가의 피로 평화를 이루셨습니다. 이것은 이 복되신 분을 바라보아야만, 그의 기적을 보고 최고의 가르침을 들어야만, 무엇보다 십자가를 바라보아야만 우리 문제의 해결책을 찾을 수 있다는 뜻입니다. 하나님의 아들이 어째서 십자가에 달려야 했습니까? 유일한 답은 우리의 극심한 죄 때문이라는 것입니다. 우리가 거룩하고 의로우신 하나님에게서 멀어져 있기 때문입니다. 우리가 하나님께 죄를 지어 축복 대신 저주 아래 있게 되었기 때문입니다. 우리가 전적으로 무력하기 때문입니다. 인간이 이처럼 쉽게 병들고 불안해하며 서로 싸우고 자기 힘으로 찾을 수 없는 것을 찾으려 애쓰는 것은, 저주 아래 있기 때문입니다. 주님은 그 관계를 바로잡으려고 세상에 오셨습니다. 그리고 십자가 위에서, 바로 그곳에서 그 관계를 바로잡으셨습니다. 우리는 십자가 위에서 우리가 과연 어떤 사람들이며, 우리의 곤경이 어떤 것이고, 우리의 필요가 무엇인지 보게 됩니다. 십자가 위에서 주님이 우리를 하나님과 화해시키고 회복시키시며 용서받게 해주신 것을 보게 됩니다.

인간은 자기 자신이나 남들과 평화를 누리기 전에 하나님과 먼저 평화를 누려야 합니다. 바울은 말합니다. "우리가 믿음으로 의롭다 하심을 받았으니 우리 주 예수 그리스도로 말미암아 하나님과 화평을 누리자"롬 5:1. 사실 이것만으로도 놀라운 일이 아닐 수 없습니다. 그런데 주님은 나의 죄를 사하시고 허물을 씻어 주시는 데서 나아가, 새 생명과 새 본성까지 주십니다. 앞서 말씀드렸듯이 새 생명과 새 본성이야말로 우리에게 기본적으로 필요한 것들입니다. 교훈이 필요한 것이 아닙니다. 교훈이라면 수세기 동안 축적된 것들이 얼마든지 많이 있습니다. 성경기자들뿐 아니라 그리스 철학자들도 그런 교훈을 주려고 애를 썼지만 사람들은 듣지도 않았고 행하지도 않았습니다. "그 정죄는 이것이니 곧 빛이 세상에 왔으되 사람들이 자기 행위가 악하므로 빛보다 어둠을 더 사랑한 것이니라"요 3:19. 세상에 필요한 유일한 것이 이성의 빛과 교훈이라고 생각하십니까? 그렇다면 그 이성의 빛과 교훈이 여기 있습니다. 이것만 적용하면 세상은 다시 낙원이 될 것입니다. 여기에 생명의 길, 삶의 길이 있습니다.

그러나 교훈과 빛이 되는 메시지가 주어졌는데도 세상은 이 모양입니다. 세상이 이 메시지를 좋아하지 않기 때문입니다. 세상은 신약을 공부하기보다는 술을 마시고 성에 탐닉하는 것을 더 좋아합니다. 세상은 나사렛 예수와 그가 살았던 삶의 방식을 진정으로 경멸하며 조롱합니다. 라디오와 텔레비전에 나오는 똑똑한 사람들은 대중의 입맛을 맞추어 줍니다. 대중은 그리스도인의 삶에 빠져 있다고 생각하는 약간의 양념을 원합니다. 엄격하고 편협한 기독교는 결코 원하지 않습니다. 세상은 순결과 의와 도덕적 규범을 따르는 일에는 관심이 없습니다. 그러면서도 세상에 싸움이 벌어지고 있다는 사실에 놀라고, 평화와 안식과 친교가 없다는 사실에 놀랍니다. 그러나 사랑하는 여러분, 평화를 얻으려면 법에 순종해야 합니다. 악한 일을 사랑하면 악한 열매를 거두게 되어 있습니다. "사람이 무엇으로 심든지 그대로 거두리라"갈 6:7. 이것은 절대적인 법칙입니다.

인간에게는 새 마음, 빛을 사랑하고 어둠을 미워하는 새 마음이 필요합니다. 그 마음이 생기기 전까지는 평화를 얻을 수가 없습니다. 그런데 이 마음은 그리스도 예수 안에서만 얻을 수 있습니다. 그리스도께서는 우리가 새로워질 필요가 있다는 사실을 아셨습니다. 우리에게 새 마음과 새 본성, 새 삶이 필요하다는 사실을 아셨습니다. 그래서 인간의 본성을 입고 내려오신 것입니다. 인간의 죄된 본성을 그분 자신에게 연결시켜 정화시키시고 신적인 성품에 참여시킨 후에 되돌려주심으로, 정화되고 깨끗해진 새 인류를 만드시기 위해서였습니다. 이것이 크리스마스의 메시지입니다.

그에 더하여 주님은 우리에게 성령을 주십니다. 사도행전에 나오는 이 사람들이 다 성령으로 충만해져서 이렇게 행동하게 된 것도 성령께서 일정한 유형의 열매를 만들어 내셨기 때문입니다. 사도 바울은 갈라디아서에서 그 열매에 대해 설명해 주고 있습니다. "오직 성령의 열매는 사랑과 희락과 화평과 오래 참음과 자비와 양선과 충성과 온유와 절제니"갈 5:22-23. 이것이야말로 오늘날 불행과 분쟁과 곤경과 번민 속에서 싸우고 있는 이 오래된 세계에 필요한 것입니다. 교훈이나 계몽이나 교육이나 회의나 협상이나 절충이 필요한 것이 아닙니다. 성령의 열매가 자라날 수 있는 본성과 남을 참고 받아 줄 수 있는 능력이 필요합니다. 여기에서 평화가 나오는 것입니다.

사도행전에 나오는 이 사람들이 메시지를 믿기 시작했을 때 "믿는 무리가 한마음과 한뜻이" 되는 일이 일어났습니다. 이들이 전부터 그랬던 것은 아닙니다. 전에는 서로 다투며 시기했습니다. 그러나 이제는 나라가 각기 다르고, 천성 또한 다른 인간들과 다를 바가 없는데도 하나가 되었습니다. 놀라운 지각과 관용과 사랑과 서로 도우려는 열망이 그들 사이에 일어났습니다. 그들은 자기를 내주었고 자기를 희생했습니다. 그들 사이에는 진정한 평화와 친교가 있었습니다. 무엇 때문입니까? 새사람이 되었기 때문입니다. 그들은 단순히 예수의 가르침을 취하여 적용하기로 결심한 사람들이 아니었습니다. 그들은 다시 태어났고, 성령으로 충만해졌으며, 새 본성과 새 마음을 얻었습니다. 이것은 그들 자신이 보기에도 놀라운 일이었습니다. 이것이 기독교입니다! 세상도 이렇게 되려고 애를 쓰고 있지만 다 허사로 돌아가고 있습니다. 이 모든 것은 이 복되신 분, 주 예수 그리스도 안에서만 얻을 수 있는 것입니다.

이들에게 일어난 일은 다음과 같은 것입니다. 사람들은 거듭나는 순간 같은 성령으로 태어나서 같은 본성을 물려받기 때문에 새롭고도 낯선 감각을 공유하게 됩니다. 이렇게 거듭난 사람들은 무엇보다 먼저 자기 자신을 새롭게 보게 됩니다. 전에는 자기 생각만 하면서 살았고, 자기만 자랑했습니다. 그런데 거듭나면서 모든 것이 바뀌어 버립니다. 그들은 자신이 무지하고 눈먼 바보였다는 것, 자신이야말로 최악의 원수였다는 것을 알게 됩니다. 이것은 베들레헴 말구유에 아기로 태어나신 이 복되신 분과 대면할 때 비로소 깨닫게 되는 사실입니다. 그의 얼굴을 마주하고 섰을 때, 그들은 부끄러움을 느끼며 겸손해집니다. 다소의 사울처럼 자기가 죄인 중에 괴수라는 사실을 보게 됩니다. 그들은 그 자리에서 쓰러져 버립니다. 아무것도 아닌 존재가 되어 버립니다. 그들은 자신의 이기주의와 자기중심주의를 보게 됩니다. 평생 처음으로 자신이 정말 어떤 사람인지 알게 됩니다.

그러나 자기 자신만 새로운 눈으로 보게 되는 것이 아닙니다. 남들도 새로운 눈으로 보게 됩니다. 남들도 자기와 똑같은 사람이라는 사실을 알게 되는 것입니다. 전에는 자기만 옳고 남들은 틀렸다고 생각했습니다! 그런데 이제 그리스도인이 되고 나서 보니 모든 사람이 틀린 것입니다! 우리는 너나없이 바보들입니다. 절망의 흙먼지 속에 무력하게 누워 있는 존재들입니다. 그리스도인들은 우리 모든 사람이 하나님의 피조물로서, 팔레스타인에 살았던 이 청년을 닮아 가도록 지음받았다는 사실을 깨닫습니다. 그의 삶이야말로 참된 삶이라는 것을 깨닫습니다. 그리스도인들은 자신이 그런 삶을 살도록 지음받았다는 사실을 압니다. 그리고 그 크고 위대하신 영광스러운 삶은, 남들은 아랑곳하지 않은 채 자기가 움켜잡을 수 있는 것을 최대한 움켜잡고 달려가 달성해야 할 목표가 아니라는 것을 압니다. 절대 그런 것이 아님을 압니다. 그들의 관점은 대변혁을 겪습니다. 그리스도인은 이 땅에서 함께 살고 있는 동료 인간들을 보면서, 자신이 지금의 모습을 갖게 된 것은 자기 안에 무언가 그럴듯한 것이 있기 때문이 아니라 하나님의 은혜 때문임을 깨닫습니다. 그래서 바울도 "내가 나 된 것은 하나님의 은혜로 된 것이니"라고 고백한 것입니다.^{고전 15:10}.

그러므로 자랑할 것이 하나도 없는 것이 당연하지 않습니까? 과거에는 서로 힐끗거리며 "저 남자가 나보다 머리가 좋을까? 저 여자가 나보다 나을까? 저 사람들이 나보다 더 돈을 많이 벌었을까? 어떻게 하면 저 사람들보다 나아질 수 있을까?"를 생각했습니다. 그런데 이제는 우리 모두 자랑거리 하나 없는 가난뱅이들로 다 같은 그리스도인이 되었다는 것을 압니다. 어떻게 그리스도인이 되었습니까? 우리가 살아온 삶 덕분입니까? 절대 아닙니다! 우리가 함께 그리스도인이 된 것은 하나님의 은혜를 받았기 때문입니다. 따라서 우리에게 자랑이란 있을 수 없습니다. 우리에게는 같은 운명이 주어졌습니다. 우리는 한몸이 되어 한 구주를 즐거워하는 사람들입니다. 우리는 한 구주를 노래하고 싶어하며, 한 캐롤, 한 찬송을 부르고 싶어하고, 한 성경을 읽고 싶어합니다. 우리를 부요하게 하시려고 영광을 버리고 십자가에 죽기까지 자기를 낮추신 분을 묵상하고 싶어합니다. 바울은 말했습니다. "우리 주 예수 그리스도의 은혜를 너희가 알거니와 부요하신 이로서 너희를 위하여 가난하게 되심은 그의 가난함으로 말미암아 너희를 부요하게 하려 하심이라"^{고후 8:9}. 다른 사람들과 더불어 한 노래를 부를 때, 여러분은 그들과 하나가 되어 그들을 사랑하기 시작합니다. 그들과 함께 한 구주를 즐거워합니다.

그러나 무엇보다 그리스도인들은 자신의 삶 전체가 이전에 생각했던 삶과는 완전히 다르다는 사실을 깨닫게 됩니다. 전에는 삶을 먹고 마시며 돈 벌고 돈 쓰는 터전으로만 생각했습니다. 그러나 물건은 돈으로 살 수 있어도 행복이나 평화는 돈으로 살 수 없는 법입니다. 그리스도인들은 우리가 동물이 아니라 영원을 향해 나아가는 순례자들이라는 사실을 깨닫기 시작합니다. 이 땅의 삶이란 하나의 여행이자 순례에 불과하며, 우리는 나그네요 순례자요 여행자요 길손일 뿐이라는 사실을 알게 됩니다. 우리는 이곳이 잠시 지나가는 세상이요 악한 세상이요 "이 천지 만물 모두 변하나"(찬송가 481장 2절-옮긴이)라고 말할 수밖에 없는 세상임을 알고 있습니다. 우리는 지금 그런 세상을 빠져나가고 있는 중입니다. 세상-세상과 그 왕국과 영광-은 전부 지나가고 있으며 사라지고 있습니다. 이렇게 금세 사라질 세상을 위해 사는 사람은 바보입니다.

주님께서 영광을 떠나 세상에 와서 사시다가 다시 세상을 떠나 영광으로 돌아가신 것처럼, 우리도 모두 하나님의 보내심을 받아 세상에 살고 있는 사람들입니다. 그러나 우리는 여기 머물지 않고 영광의 기업을 받을 사람들로서, 같은 여행길을 함께 가고 있습니다. 그리스도인은 다 함께 이렇게 말하는 사람들입니다. "우리가 여기에는 영구한 도성이 없으므로 장차 올 것을 찾나니"히 13:14. 주님이 우리 앞서 가셨습니다. 우리를 위한 처소를 예비하러 가셨습니다. 그는 말씀하셨습니다. "내 아버지 집에 거할 곳이 많도다. 그렇지 않으면 너희에게 일렀으리라"요 14:2. 우리는 세상을 잠시 지나가는 장소로 여깁니다. 그런데 내 재산을 과시할 이유가 뭐가 있겠습니까? 남들은 다 적게 갖고 있는데 굳이 나만 많이 가지려고 할 이유가 뭐가 있겠습니까? 이 땅의 삶은 일시적인 것에 불과합니다. 우리는 모두 한몸이요, 한 영원한 집을 똑같이 얻도록 지음받은 사람들이요, 한 영원한 기업을 똑같이 바라보며 사는 사람들입니다.

사도행전에 나오는 그리스도인들은 밝은 깨달음을 얻었습니다.

그들의 관심은 앞으로 얻을 영광, 주님께서 성령을 통해 예비하고 계신 영광에 집중되었습니다. 그렇기 때문에 "믿는 무리가 한마음과 한뜻이 되어 모든 물건을 서로 통용하고 자기 재물을 조금이라도 자기 것이라 하는 이가 하나도 없"었던 것입니다. 그들은 주님이 자신들을 위해 처소를 예비하고 계심을 알았습니다. 그래서 서로를 보면서 시기와 질투, 경멸에 마음을 빼앗기지 않고 사랑할 수 있었습니다. 그들은 한 하나님, 한 성부, 한 구주께 속해 있는 사람들이었습니다. 한 나라로 지어져 가고 있는 공동 상속자요, 위대한 한 기업을 같이 나눌 사람들이었습니다. 첫 신자들에게 해당되는 이 말은 오늘날 우리에게도 그대로 해당됩니다.

> 의심과 슬픔의 밤을 지나
> 앞으로 나아가는 순례자의 무리,
> 희망의 노래 부르며
> 약속의 땅으로 나아갑니다.
> – 베른하르트 잉거만^{Bernhardt Ingemann}

그들은 한 생각, 한 믿음, 한 즐거움, 결코 허사로 돌아가지 않을 영광스럽고 복되고 영원한 한 소망을 가지고 있었습니다.

어느 때가 되어야 이 노쇠한 슬픈 세상이 이 메시지에 귀를 기울이기 시작할까요? 다음의 찬송을 들어 보십시오.

> 세상은 죄와 싸움의 재앙
> 오래도록 겪었네.
> 천사의 선율 듣고서도
> 죄악 세월 이천 년이나 넘실댔네.
> 인간은 저들끼리 싸우며
> 사랑의 노래 듣지 않네.
> 오, 싸우는 인간들아, 잠잠하고

천사 노래 들으라.

천사들이 노래하고 있는 것이 무엇입니까? "지극히 높은 곳에서는 하나님께 영광이요 땅에서는 하나님이 기뻐하신 사람들 중에 평화로다" 눅 2:14.

보라! 선지자 예언한 날
급히 오고 있도다.
세월이 돌고 돌아
황금시대 오고 있도다.
평화가 옛 광채 흩뿌리며
온 땅을 덮을 때
온 세상 천사 노래에
다 화답하도다.
―에드먼드 해밀튼 시어즈 Edmund Hamilton Sears

우리 모두 노래를 시작합시다. 준비하고 예행연습을 합시다. 그를 믿는 이들은 다 함께 모여 바로 지금 노래를 시작합시다.

16

능력과 은혜

빌기를 다하매 모인 곳이 진동하더니……무리가 큰 은혜를 받아.

사도행전 4:31, 33

제가 이 두 구절을 여러분 앞에 제시하는 것은, 여기에 등장하는 사람들이 성경 전체와 기독교 복음 메시지에 나타나는 두 가지 초점을 얼마나 훌륭하게 보여주고 있는지 말씀드리고 싶어서입니다. 우리는 묵은해의 마지막 주일 저녁에 모였습니다. 어떻게 보면 중요치 않은 일 같지만, 또 어떻게 보면 중요한 일이라고 할 수 있습니다. 생일에 어떤 목적이 있는 것처럼, 이 모든 것에도 목적이 있습니다. 생일을 맞이할 때마다 우리는 즐거운 시간을 보냅니다. 물론 좋은 일입니다. 그러나 조금이라도 분별력이 있는 사람이라면 자기가 1년 전보다 한 살 더 먹었다는 사실과, 세상에서 살 시간이 좀더 줄어들었다는 사실을 깨달을 것입니다. 이제 마침표를 찍으려는 이 묵은해도 마찬가지입니다.[1] 한 해의 마지막은 기독교 복음과 운명이라는 관점에 비추어 자신을 검토하고, 자신이 인생의 어느 지점에 서 있는지 알아볼 수 있는 좋은 기회가 됩니다.

제가 알기로, 많은 분들이 올해 내내 이 복음을 들었습니다. 여러분은 이 복음에 어떻게 반응했습니까? 복음을 듣기 전과 비교해서 달라진 것이 있습니까? 복음이 여러분의 생각을 지배하게 되었습니까? 특히 한 해의 마지막과 새해의 시작에 대한 생각, 삶 전체와 죽음에 대한 생각, 죽음 너머에 있는 것에 대한 생각을 지배하게 되었습니까? 복음의 존재 목적이 바로 여기 있습니다. 기독교는 사람들이 빠져 있는 특정한 활동들에 대한 메시지에 불과하다는 것은 완전히 잘못된 생각입니다. 저는 로디지아나 남아프리카나 미국이나 러시아에서 일어나고 있는 일에 대해 설교하지 않습니다. 그런 일에 대해서는

---

1   로이드 존스는 1965년 12월 26일에 이 설교를 했다.

설교할 마음이 없기 때문입니다. 제가 이 자리에 서 있는 것은 다른 나라, 다른 사람들 사이에서 일어나는 일들과 상관없이, 우리 각자 자기 삶을 살면서 했던 일들과 이 땅에서 보낸 시간에 책임을 져야 한다는 사실을 여러분과 저 자신에게 설교하기 위해서입니다.

기독교는 일차적으로 아주 개인적인 메시지입니다. 우리 시대의 비극은 사람들이 이 점을 잊어버렸거나 싫어할 뿐 아니라, 기독교와 기독교 메시지를 자신의 삶이나 생활과는 전혀 상관없이 모호하고 일반적인 측면에서만 생각한다는 데 있습니다. 이런 이유 때문에 정치가들이 국가 간에 맺은 계약의 신성함에 대해서는 그렇게 유창한 달변을 늘어놓으면서도 정작 자기 자신의 결혼서약을 지키는 일에는 그만큼 관심을 기울이지 않는 것-흔히 접하는 사례 아닙니까?-입니다. 이런 이유 때문에 개인적인 영역에서뿐 아니라 국가적인 영역에서도 위선이 나타나고 있는 것입니다.

기독교 메시지의 관심사는 우리를 개인적이고 인격적으로 다루려는 데 있습니다. 좋은 국민이 없는데 좋은 나라가 될 수는 없는 법입니다. '나라'는 어떤 의미에서 추상적인 단어라고 할 수 있습니다. 나라는 개인의 집합체로서, 우리는 언제나 개인을 출발점으로 삼아야 합니다. 따라서 이 시간에는 개인을 살펴보는 동시에, 기독교 메시지 또는 기독교의 선포를 이루고 있는 거대한 타원의 두 초점을 살펴보면서 올해를 마무리 지으려고 합니다. 이 두 초점은 우리가 살펴보는 말씀에 나오고 있습니다. 첫번째 초점은 "모인 곳이 진동하더니"라는 말씀에 나오는 하나님의 능력입니다. 두번째 초점은 "무리가 큰 은혜를 받아"라는 말씀에 나오는 하나님의 은혜입니다.

성경이 전하는 첫번째 위대한 메시지는 언제나 하나님의 능력에 관한 것입니다. 오늘 말씀도 그 능력을 첫번째로 언급하고 있습니다. 하나님의 능력은 언제나 첫번째로 등장합니다. 복음은 하나님과 하나님의 존재에 대한 선포로 시작합니다. 복음은 우리 이야기로 시작하지 않습니다. 우리의 필요와 문제와 아픔과 고통에 대한 이야기로 시작하지 않습니다. 중요한 것은 우리의 상태도 아니고, 우리의 감정도 아닙니다. 성경이 범우주적으로 선포하는 메시지는 창세기 1:1, "태초에 하나님이"라는 말로 시작합니다. 위대하신 하나님, 전능하신 하나님, 건물을 진동시키실 수 있는 하나님, 강력하신 하나님으로부터 시작합니다. 성경에 따르면, 복음에 따르면-성경 전체는 곧 복음 메시지 전체와 같으므로-이 메시지는 크고 무한한 능력을 가지신 하나님으로부터 시작합니다. 이 하나님은 전능하신 분, 온 우주를 살피고 계신 분입니다.

이처럼 복음은 하나님의 능력을 주장하는 것으로부터 시작합니다. 여기 사도행전에서 우리는 교회가 모여 있는 광경을 봅니다. 믿는 자들이 모여서 기도했을 때 처음으로 일어난 일은 건물이 진동하는 것이었습니다. 이것은 꾸며 낸 이야기가 아니라, 실제 일어난 사실에 대한 보고입니다. 성경은 건물이 어떻게 진동했는지에 대해서는 말하고 있지 않지만, 혹시 땅이 흔들렸던 것은 아닐까 생각합니다. 다만 한 가지 분명히 알 수 있는 사실은 하나님께서 이 일을 일으키셨다는 것입니다. 건물은 얼마든지 진동할 수 있습니다. 저는 다른 곳에 가서 설교할 때 "어느 날 아침, 폭탄이 가즈 채플 Guard's Chapel 위에 떨어져서 우리 교회 건물이 흔들렸다"는 말을 곧잘 합니다. 바로 이 건물도 폭탄 때문에 진동한 적이 있습니다. 그때 저쪽 벽이 흔들려 1인치 반이나 제자리에서 벗어났습니다. 인간은 폭탄을 터뜨려야 이런 건물을 진동시킬 수 있지만, 하나님은 모든 일에 전능하시다고 성경은 말합니다.

물론 하나님의 능력은 무엇보다 창조라는 위대한 행위에 최고로 나타나 있습니다. 하나님의 능력을 알고 싶습니까? 그렇다면 이 말씀을 보십시오. "하나님이 이르시되 빛이 있으라 하시니 빛이 있었고" 창1:3. 하나님의 말씀, 하나님의 명령 하나로 충분했습니다. 우리는 이것을 통해 하나님의 능력을 어느 정도 짐작할 수 있습니다. 사도 바울이 강조한 바가 바로 이것입니다. "이는 하나님을 알 만한 것이 그들 속에 보임이라. 하나님께서 이를 그들에게 보이셨느니라. 창세로부터 그의 보이지 아니하는 것들 곧 그의 영원하신 능력과 신성이 그가 만드신 만물에 분명히 보여 알려졌나니 그러므로 그들이 핑계하지 못할 지니라"롬 1:19-20. 영원한 세계에 계시면서 무로부터 세상을 창조하기로 결정하신 전능하신 하나님은 말씀 한 마디로 그 일을 하실 수 있었습니다! 물론 이것은 우리가 이해할 수 있는 종류의 일이 아닙니다. 하나님은 전능하신 분입니다. "대저 하나님의 모든 말씀은 능하지 못하심이 없느니라"눅 1:37. 하나님께서는 피조세계의 경이롭고 장엄하고 완벽한 모습 속에서 그 증거를 보여주셨습니다.

하나님의 능력은 섭리와 역사에도 나타나 있으며, 그 내용이 구약과 신약 모두에 기록되어 있습니다. 이미 말씀드렸듯이, 우리는 무에서 창조된 놀라운 세상에 살고 있습니다. 그러나 그후에 세상이 반역하여 죄와 악을 저지르는 것을 보시고 하나님께서는 세상을 멸하기로 결정하셨습니다. "그의 마음으로 생각하는 모든 계획이 항상 악할 뿐임을 보시고"창 6:5. 땅에 사는 사람들이 오늘날 우리들처럼 부도덕할 뿐 아니라 말할 수 없이 타락하고 더러운 삶을 살고 있는 것을 굽어보시고, 세상을 멸하기로 결정하신 것입니다.

베드로후서는 이 사실을 우리에게 상기시키고 있습니다벧후 2:5; 3:6. 하나님께서는 "물에서 나와 물로 성립된" 땅을 대홍수로 멸하기로 하셨습니다. 이것은 창조의 능력과 동일한 능력입니다. 그는 세상을 만드실 수 있을 뿐 아니라 원하시면 언제든지 홍수로 멸하실 수도 있는 분입니다.

홍수가 물러간 후 하나님은 질서를 회복시키셨고, 그후 지금까지 세상을 유지시키며 인도해 오고 계십니다. 시편 104편을 읽어 보면, 하나님께서 어떻게 만물을 만드셨으며 계속 운행하고 계신지 상세히 묘사해 놓은 것을 볼 수 있습니다. 그는 만물을 통제하시고 만물에 호흡과 생명을 주시는 분입니다. 그가 성령을 거두시면 만물은 전부 붕괴되고 말 것입니다. 구약성경에는 이처럼 놀라운 하나님의 능력을 보여주는 이야기가 많이 있습니다.

우리는 섭리와 역사적 사건들 속에서도 하나님의 능력을 보게 됩니다. 기근 때문에 애굽으로 내려간 이스라엘 백성들은 급격히 번성하게 되었습니다. 이렇게 잘되는 모습에 질투가 난 애굽인들은 그들을 학대하고 괴롭히기 시작했습니다. 바로는 군대와 병거와 마병을 거느린 위대한 독재자이자 당대의 가장 강력한 군주였던 반면, 이스라엘 백성은 아무것도 가진 것 없는 노예에 불과했습니다. 그러나 그들은 하나님의 백성이었습니다. 하나님이 그들 대신 행하셨습니다.

여러분은 그 이야기를 구약성경에서 읽을 수 있습니다. 하나님의 인도하심으로 마침내 애굽을 떠난 이스라엘 백성을 홍해가 돌연 가로막았습니다. 비하히롯과 바알스본이라는 두 산맥 사이에 끼인 이스라엘 백성들은 바로의 군대와 홍해 사이에서 꼼짝할 수 없는 처지가 되었습니다. 그런 상황에서 그들이 무슨 일을 할 수 있었겠습니까? 아무것도 할 수 없었습니다. 그러나 하나님은 모든 일을 하실 수 있었습니다. 그는 홍해를 단번에 갈라 백성들을 건너가게 하셨습니다. 바로의 군대가 뒤를 따랐지만 물길이 다시 터져 모조리 수장되고 말았습니다. 바로와 그의 자랑하던 군대가 완전히 사라져 버린 것입니다. 이것도 동일한 하나님께서 하신 일이었습니다!

이 이야기는 위대한 시편에 종종 요약 반복되면서, 구약성경 전체로 이어져 내려갑니다. 우리는 하나님께서 자기 백성과 열방을 다루시는 내용을 통해 그의 위대한 능력을 보게 됩니다. 후에 또 다른 독재자 한 사람이 등장했습니다. 그는 느부갓네살이라는 이름의 바벨론 독재자로서 위대한 군인이자 정치가였습니다. 그런데 그 역시 비슷한 많은 사람들처럼 우쭐해진 나머지 스스로 신이라고 착각하기 시작했습니다. 그는 백성들에게 자기를 예배하라는 명령을 내렸습니다. 얼마나 무지한 바보입니까! 그는 하늘에 거하시는 하나님의 능력을 알지 못했습니다. 하나님께서 갑자기 그를 치시자, 그의 머리털은 독수리 털처럼 자라고 손톱은 새 발톱처럼 되어 들판에서 풀을 뜯어먹으며 지내는 신세로 전락해 버렸습니다. 느부갓네살은 백성들 앞에 비천한 웃음거리가 되어 버렸습니다.

자, 저는 지금 구약성경과 그 역사를 요약하고 있는 중입니다. 구약성경이 단순하게 말하고 있는 바는 우리가 전능하신 하나님의 목전에 있다는 것입니다. "모인 곳이 진동하더니." 이것은 전능하신 하나님이 하신 일입니다! 우리는 하나님이 주관하시는 세상, 하나님이 만드신 세상, 하나님이 지배하시는 세상, 하나님이 통치하시는 세상, 하나님이 결정하시는 세상에 살고 있습니다. 여러분과 제가 마주하고 있는 하나님은 이런 분이십니다. 이것이 복음의 첫째 가는 메시지입니다.

당연히 신약성경에서도 같은 진리를 발견할 수 있습니다. 우리는 이제껏 베들레헴 마구간에 태어난 아기, 구유에 누워 있던 작은 아기에 대해 생각해 왔습니다. 복음서에 나오는 그의 이야기를 읽어 보면 그가 항상 사람들을 놀라게 했다는 것을 알게 됩니다. 그는 기사와 이적과 놀라운 일들을 행했습니다. "맹인이 보며 못 걷는 사람이 걸으며 나병환자가 깨끗함을 받으며 귀먹은 사람이 들으며 죽은 자가 살아나며"눅 7:22. 이 사람이 대체 누구인데 이런 일을 행하는 것입니까? 그는 폭풍우도 잔잔하게 했고, 울부짖는 바람도 잠재웠으며, 물고기 두 마리 떡 다섯 개로 5천 명도 먹였습니다. 이 사람은 대체 누구입니까? 당시 사람들도 같은 질문을 던졌습니다. "우리는 오늘 큰일을 목격했다. 그런데 이 능력의 정체는 대체 무엇인가?"

오, 이것은 하나님의 능력입니다! 이 일들은 그의 신분을 보여주는 증거입니다. 이 일들은 나사렛 예수, 베들레헴에서 태어난 이 아기가 단순한 인간이 아니라 육신을 입고 오신 하나님이심을 보여주는 증거입니다. 만물이 그로 인해 만들어졌고 그를 통해 만들어졌다는 증거입니다. "태초에 말씀이 계시니라 이 말씀이 하나님과 함께 계셨으니 이 말씀은 곧 하나님이시니라. 그가 태초에 하나님과 함께 계셨고 만물이 그로 말미암아 지은 바 되었으니 지은 것이 하나도 그가 없이는 된 것이 없느니라"요 1:1-3. 그는 하나님이십니다! 전능하신 창조주이십니다! 주님은 능력을 행하심으로 그것을 드러내셨습니다. 이것이 복음서가 우리를 위해 이 일들을 기록하고 있는 이유입니다. 복음서는 이분이 누구시며 무슨 일을 하시려고 세상에 오셨는지 깨닫게 하려고 기록된 책입니다.

물론 과거와 미래를 통틀어 이 능력이 가장 놀랍게 나타난 사례는, 바로 그가 잡혀서 재판을 받으시고 정죄당하신 후 십자가에 못박히신 일입니다. 그는 죽임을 당했습니다. 병사들이 옆구리를 창으로 찌르자 물과 피가 섞여 나왔습니다. 그래서 친구들이 그의 시신을 수습하여 장사지냈습니다. 원수들은 온통 의기양양했습니다. 그들은 예수를 완전히 끝장내 버렸다고, 이제야말로 모든 것이 끝났다고 생각했습니다. 그러나 그것은 완전히 틀린 생각이었습니다. 셋째 날 아침, 무덤은 텅 비어 있었습니다. 시신을 쌌던 천밖에 남아 있지 않았습니다. 그는 죽은 자 가운데서 다시 살아나셨습니다. 하나님께서 그를 죽은 자 가운데서 다시 살려 내셨습니다.

사도 바울은 에베소서에서 부활에 대해 기록하고 있습니다. 그는 에베소의 그리스도인들이 그들에게 임하시는 하나님의 능력을 알기 원했습니다. 그래서 다음과 같이 썼습니다.

> 그의 힘의 위력으로 역사하심을 따라 믿는 우리에게 베푸신 능력의 지극히 크심이 어떠한 것을 너희로 알게 하시기를 구하노라. 그의 능력이 그리스도 안에서 역사하사 죽은 자들 가운데서 다시 살리시고 하늘에서 자기의 오른편에 앉히사 모든 통치와 권세와 능력과 주권과 이 세상뿐 아니라 오는 세상에 일컫는 모든 이름 위에 뛰어나게 하시고 엡 1:19-21.

죽음을 정복할 수 있는 능력, 무덤을 정복할 수 있는 능력이 여기 있습니다. 마귀와 지옥을 정복할 수 있는 능력이 여기 있습니다. 이것이 '부활의 능력'이요 영생의 능력입니다. '맨 나중 원수'인 죽음은 하나님의 능력으로 멸망해 버렸습니다.

그다음으로 읽게 되는 것은 사도행전 2장에 기록된 바, 오순절 날 예루살렘에서 일어난 사건입니다. 성경은 신자들이 열흘 동안 함께 기도하며 기다렸고, 그날 아침도 기도하고 있었다고 말합니다. 그때 다음과 같은 일이 일어났습니다. "오순절 날이 이미 이르매……홀연히 하늘로부터 급하고 강한 바람 같은 소리가 있어 그들이 앉은 온 집에 가득하며 마치 불의 혀처럼 갈라지는 것들이 그들에게 보여 각 사람 위에 하나씩 임하여 있더니 그들이 다 성령의 충만함을 받고." "급하고 강한 바람!" 이것 역시 앞서 말한 것과 동일한 능력이 일으킨 것입니다. 사도행전 4장에도 같은 능력을 보여주는 예가 나옵니다. 이들은 무엇을 해야 할지도 모르고 어디로 가야 할지도 모르는 절망적인 처지에 빠져 있었습니다. 그래서 하나님께 기도했는데 건물이 진동했습니다. 우리 하나님께서 진동시키신 것입니다!

사실 이 모든 일은 아직 도래하지 않은 하나님의 능력을 좀더 강력하게 보여주는 전조前兆에 불과합니다. 베드로는 이에 관해 다음과 같이 쓰고 있습니다. "그러나 주의 날이……오리니 그날에는 하늘이 큰 소리로 떠나가고 물질이 뜨거운 불에 풀어지고"벧후 3:10. 텔레비전에서 원자폭탄이 폭발하는 장면을 본 적이 있습니까? 땅을 들어올리면서 하늘로 솟구치는, 바다를 산처럼 들어올리는 그 힘을 보았습니까? 그 안에는 대체 얼마나 강력한 힘이 들어 있는 것일까요! 그러나 사랑하는 여러분, 아무리 그 힘이 강력하다 해도 시간이 마침내 종착점에 이르렀을 때, "주의 날이 왔을 때" 일어날 거대한 대격변에 비하면 아무것도 아닙니다.

그날은 어떤 날입니까? 하나님이 최후심판을 하실 날, 하나님이야말로 우주의 통치자시며 땅 끝의 심판자이심을 나타내실 날입니다. 그는 우리가 그날에 대비하도록 전 역사를 통해 자신의 능력을 보여주셨습니다. 그는 우리를 가르치고 계시며, 준비하라고 부르고 계십니다. 그래서 제가 이 주제를 다루는 것입니다. 권력자들은 사도들을 정죄하면서 입을 다물라고 명령했습니다. 그러나 그들은 그렇게 하지 않고, 계속 전하고 싶다고 하나님께 구했습니다. "그렇게 할 능력을 주겠다고 말씀해 주옵소서"라고 기도했습니다.

그러자 하나님께서 건물을 진동시키셨습니다! 이것은 "계속 전하라! 내가 너희와 함께하겠다"는 말씀이었습니다. 또한 이 재판관들, 공회원들이 하나님 앞에 서야 할 날이 오고 있다는 경고였습니다.

히브리서 기자는 다음과 같이 경고하고 있습니다.

너희는 삼가 말씀하신 이를 거역하지 말라. 땅에서 경고하신 이를 거역한 그들이 피하지 못하였거든 하물며 하늘로부터 경고하신 이를 배반하는 우리일까보냐. 그때에는 그 소리가 땅을 진동하였거니와[시내산에서 모세에게 율법을 주셨던 때 "온 산이 크게 진동" 했다고 기록되어 있는 그때를 가리키는 것입니다출 19:18.] 이제는 약속하여 이르시되 내가 또 한번 땅만 아니라 하늘도 진동하리라 하셨느니라. 이 또 한번이라 하심은 진동하지 아니하는 것을 영존하게 하기 위하여 진동할 것들 곧 만드신 것들이 변동될 것을 나타내심이라. 그러므로 우리가 흔들리지 않는 나라를 받았은즉 은혜를 받자. 이로 말미암아 경건함과 두려움으로 하나님을 기쁘시게 섬길지니 우리 하나님은 소멸하는 불이심이라히 12:25-29.

이 하나님에 대해 들어 보았습니까? 이 하나님이 말씀하시는 소리를 들어 보았습니까? 복음의 메시지는 무엇보다 먼저 "전능하신 하나님은 모든 곳에 계시며 우리는 다 그분 아래 있다. 우리의 생명과 존재는 모두 그의 전능하신 손 아래 있다"고 선포합니다. 즉 하나님의 능력을 선포하고 있습니다!

그러나 감사하게도 메시지는 여기에서 그치지 않습니다. 만일 여기에서 그쳤다면, 우리 귀에 들린 메시지 중 가장 무서운 메시지가 되었을 것입니다. 그러나 이 메시지에는 두번째 요소가 있습니다. 그것은 하나님의 은혜에 대한 선포입니다. "무리가 큰 은혜를 받아." 은혜, 이 얼마나 놀라운 말입니까! 교회가 존재하는 이유가 여기 있습니다. 이 사람들이 기도하던 방이 진동한 이유가 여기 있습니다. 그것은 하나님의 은혜가 일으킨 일이었습니다. 이것은 이 선포를 이루고 있는 또 하나의 물줄기이자 중요한 구성요소입니다. 그렇습니다. 한쪽에는 하나님의 능력이 있습니다. 그러나 또 한쪽에는 그 능력에 못지 않은 은혜가 있습니다.

"은혜"의 의미가 무엇입니까? 은혜는 "호의를 받을 자격이 전혀 없는 사람에게 호의를 베푸는 것"입니다. 하나님께 죄를 지었을 때, 이미 인간은 그 자리에서 소멸되어 마땅했습니다. 인간이나 세상은 그 자리에서 몰살되어 마땅했습니다. 그런데 그렇게 되지 않았습니다. 무엇 때문입니까? 하나님께서 그 풍성한 자비와 긍휼하심으로, 한마디로 요약하면 "은혜"로 오래 참아 주셨기 때문입니다. 세상이 여전히 존재하고 있는 것은 이 놀라운 특성, 곧 하나님의 은혜 때문입니다.

물론 인간의 정의定義는 적합하지 않습니다. 우리의 말로는 하나님의 은혜를 설명할 수가 없습니다. 어떤 설명과 묘사로도 부족합니다. 그러나 은혜가 작용하는 모습은 볼 수 있습니다. 구약성경은 그 모습을 아주 명확하게 보여주고 있습니다. 하나님께서는 자신을 위해 한 민족을 일으키셨습니다. 바로 이스라엘 자손들입니다. 하나님께서는 그들에게 율법을 주셨고, 복을 약속하셨습니다. 그러나 그들은 끊임없이 반역했습니다. 계속해서 다른 신들을 찾아다녔고, 하나님께 모욕이 되는 온갖 짓을 다 했습니다. 그들은 징벌받아 마땅하고, 멸절되어 마땅한 백성이었습니다. 그들은 누군가의 표현처럼 "어리석은 일"을 하다가 삼상 26:21, 하나님께 등을 돌리고 제 갈 길로 가다가, 그것이 곧 생명과 행복과 즐거움을 찾는 길이라고 생각하다가 벽에 부딪혔습니다. 그들은 모든 것을 잃고, 원수의 손에 넘겨졌습니다. 그때마다 그들은 극심한 좌절과 절망에 빠진 채 하나님께 돌아와 도움을 청했습니다. 놀라운 일은 하나님께서 매번 그들의 기도를 들으시고, 그들을 돕기 위해 임하셨다는 것입니다. 이것이 그 은혜의 크기입니다. 하나님께서는 몇 번이고 용서하시고 다시 받아들이실 준비가 되어 있었으며, 몇 번이고 다시 기회를 주실 준비가 되어 있었습니다.

이것이 제가 이 강단에 서 있는 이유입니다. 제가 이 자리에 서 있는 것은 이러한 하나님의 은혜 때문입니다. 하나님이 단지 능력의 하나님이시기만 하다면 저도 이 자리에 서지 못했을 것이고, 여러분도 이 자리에 와 있지 못했을 것이며, 이렇게 강단에서 전할 메시지도 없었을 것입니다. 그러나 하나님은 은혜의 하나님이십니다. "무리가 큰 은혜를 받아."

하나님의 은혜를 진정으로 알고 싶은 사람은 베들레헴 여관의 마구간으로 가야 합니다. 모든 방의 예약이 끝나서, 출산을 앞둔 여자는 방을 구할 수가 없었습니다. 이 여자를 위해 자기 방을 내줄 만큼 친절한 사람은 아무도 없었습니다. 사람들은 제각기 '내 방'을 고집했습니다. "난 아무 문제 없어, 잭. 자기들이 알아서 하게 둬. 어차피 자기들 일이니까. 그러니까 미리미리 예약을 했어야지." 그래서 아기는 마구간에 태어나 말구유에 누워야 했습니다.

이것이 무엇입니까? 하나님의 은혜입니다! "하나님이 세상을 이처럼 사랑하사 독생자를 주셨으니 이는 그를 믿는 자마다 멸망하지 않고 영생을 얻게 하려 하심이라"요 3:16. 그가 이처럼 세상을 사랑하셨다는 것을 기억하십시오. 그에게 반역한 세상, 그를 조롱한 세상, 그의 얼굴에 침을 뱉은 세상, 자신이 그보다 더 잘 안다고 생각했던 세상을 하나님은 사랑하셨습니다. 하나님께서는 아들을 그저 세상에 보내신 것이 아닙니다. 십자가에서 죽게 하시려고, 사람들의 죄를 지게 하시려고, '무례한 조롱'과 수치와 모욕과 온갖 고통스러운 일들을 견디게 하시려고 보내신 것입니다. 이것이 하나님의 은혜입니다.

바울은 디도서에서 이 점을 훌륭하게 진술하고 있습니다. "모든 사람에게 구원을 주시는 하나님의 은혜가 나타나"딛 2:11. 하나님의 은혜! "부요하신 이로서 너희를 위하여 가난하게 되심은"고후 8:9. 오, 얼마나 가난해지셨습니까! 그는 하나님이시면서도 "하나님과 동등됨을 취할 것으로 여기지 아니하시고 오히려 자기를 비"우셨습니다빌 2:6-7. 무엇 때문입니까? 여러분과 저를 구원하고 구속하셔서 하나님 앞에 온전히 회복시키기 위해서였습니다. 이것이 은혜입니다. 하나님이 이 모든 일을 행하셨습니다. 우리는 벌을 받아 지옥에 떨어질 수밖에 없는 사람들이었습니다. 그런데 하나님께서 은혜로 이 놀라운 복음을 우리에게 주신 것입니다.

하나님의 능력과 하나님의 은혜, 이것은 복음을 형성하는 두 물줄기입니다. 아이작 와츠Isaac Watts라는 시인이 이 점을 어떻게 표현하고 있는지 한 훌륭한 찬송을 보기로 하겠습니다.

주께 장엄한 찬송 드리세.
깨어라. 내 영혼아, 깨어라. 내 입술아.
영원한 이름 앞에 호산나,
한없는 그의 모든 사랑 선포해!

다음 가사를 들어 보십시오.

가장 밝은 은혜의 표상,
예수의 얼굴에서 빛나는 것 보라.
아들로 오신 하나님,
온갖 기적보다 더 큰 기적일세.

와츠는 이 점을 철저하게 논하고 있습니다. 와츠도 저처럼 창조의 능력을 먼저 이야기합니다.

광활한 땅, 넘쳐흐르는 물,
지혜롭고 능하신 하나님 선포해.
풍성한 그 영광 저 멀리
운행하는 별 중에 빛나네.
그러나 그가 하신 가장 숭고한 일,
영광 어린 그 모습에 있도다.
그 눈에서 빛나는 광채
하늘의 경이 무색하게 하도다.

하나님의 능력이 하늘과 하늘에서 운행하는 별들 속에서 나타납니다. 그러나 예수 그리스도의 은혜를 보십시오. 와츠는 그 눈에서 빛나는 광채가 하늘의 경이를 무색하게 한다고 말합니다.

> 은혜, 얼마나 감미롭고 매혹적인 주제인지,
> 예수 이름 생각하니 즐겁구나.
> 너희 천사들아, 이 소리 끝없이 외쳐라.
> 너희 하늘아, 이 소리 땅에 메아리치게 하라!

우리는 이미 이 소리를 들었지 않습니까? 하나님의 능력! 하나님의 은혜!

그러나 제가 정말 강조하고 싶은 바는 이것입니다. 복음은 하나님의 능력과 하나님의 은혜를 선포합니다. 그러나 무엇보다 놀라운 일은 복음이 하나님의 능력 있는 은혜를 선포한다는 것입니다. 복음은 이 두 가지를 한데 묶어 놓습니다. 그렇지 않다면 제가 여러분에게 전할 메시지도 없었을 것입니다. 여러분이든 저든 누구든, 구원을 받기 위해서는 먼저 능력과 은혜가 필요합니다! 이 두 가지는 함께 결합하여 작용해야 하는데, 이 일은 예수 그리스도 안에서만 가능합니다.

능력 있는 은혜! 여기에 사람들이 이해하지 못하는 기독교의 역설이 있습니다. 사도 바울은 디모데에게 편지를 쓰면서 이렇게 말합니다. "하나님이 우리에게 주신 것은 두려워하는 마음이 아니요 오직 능력과 사랑과 절제하는 마음[자기 절제]이니"딤후 1:7. 능력과 사랑! 이 두 가지가 같이 나오는 것은 당연한 일입니다. 세상은 이것을 정반대 되는 명제로 생각합니다. 세상의 좁은 사고로 볼 때는 그럴 수밖에 없습니다. 그러나 하나님께서는 그렇지 않습니다. 능력과 사랑, 능력과 은혜, 이 두 가지는 하나가 되어 함께 작용합니다. 이 일은 그리스도 안에서 완벽하게 이루어졌습니다. 이처럼 하나님께서 능력과 은혜를 결합하여 우리를 다루신 덕분에 구속의 기적이 일어날 수 있었습니다.

이 두 가지는 왜 같이 가야 합니까? 은혜 하나만으로는 구원이 이루어질 수 없기 때문입니다. 구원이 이루어지려면 능력이 필요합니다. 하나님께서 은혜에 능력을 결합시키신 것은, 누구든지 무엇보다. 먼저 "죽은 자들 가운데서 살아나야" 구원을 얻을 수 있기 때문입니다. 바울은 에베소 사람들에게 말합니다. "그는 허물과 죄로 죽었던 너희를 살리셨도다"엡 2:1. 타락의 결과로, 모든 사람은 영적으로 죽은 상태에서 세상에 태어나게 되었습니다. 세상이 베들레헴의 아기를 믿지 않은 이유가 여기 있습니다. 세상은 죽어있기 때문에 자기가 죽어 있다는 사실을 알지 못합니다. 이것이 전체적인 곤경의 원인입니다. 죽은 사람은 아무것도 할 수 없고 아무것도 알 수 없습니다. 영적으로 죽은 사람은 하나님을 알지 못하며, 하나님에 대한 진리도 알지 못하고, 하나님이 창조하신 우주 안에 자신들이 살고 있음도 깨닫지 못하며, 심판이 오고 있다는 사실도 전혀 알지 못합니다. 따라서 사람이 구원을 얻으려면 무엇보다 먼저 죄로 죽은 상태에서 살아나야 합니다. 그렇게 살아나기 위해서는 죽음보다 더 큰 능력, 곧 부활의 능력이 있어야 합니다. 그 능력은 오직 예수 그리스도 안에 있습니다. 능력 있는 은혜! 주님이야말로 성령으로 우리를 죄에서 살려 내실 수 있는 유일한 분입니다.

세상에 능력이 필요한 더 깊은 이유가 있습니다. 이것이야말로 오늘날 세상에 가장 필요한 일 가운데 하나입니다. 세상은 "진동할" 필요가 있는 것입니다. 온통 흔들려서 자기만족과 무관심과 안정감을 털어 내야 합니다. 자기만족과 무관심과 안정감이야말로 현재 우리를 사로잡고 있는 저주 아닙니까? 이것이 우리가 겪고 있는 문제 대부분의 원인 아닙니까? 이것은 이 나라가 이렇게도 경건치 못하고 악하며 점점 더 부도덕해지는 것에 대한 분명한 설명입니다. 풍족한 사회! "이보다 더 살기 좋은 때는 없었다!" 지금 이 나라에는 돈이 넘쳐나고 있습니다. 모든 것이 넘쳐나고 있습니다. 올해 크리스마스는 정말 기록적이라고 할 만합니다. 먹고 마시고 선물하고 온갖 종류의 쾌락을 누리는 데 그 어느 때보다 더 많은 돈을 쓰고 있습니다. 사람들은 말합니다. "만사형통이야! 복음 같은 건 생각할 필요 없어. 우리는 설교를 원치 않아. 기독교도 원치 않아. 우리 힘으로 완벽한 세상을 만들어 냈어." 오, 현대세계의 자기만족과 무관심, 부주의함과 안정감을 보십시오! 오, 화산 위에 살고 있으면서도 그것을 알지 못하는 사람들의 비극을 보십시오! 이 세상은 진동시키실 수 있는 하나님, 첫 신자들이 기도했을 때 모인 곳을 뒤흔드셨던 하나님을 알아야 합니다. 첫 신자들은 하나님의 능력이 살짝만 임했는데도 전능하신 하나님이 자신들 곁에 계심을 능히 알 수 있었습니다.

간단한 질문을 한 가지 드리겠습니다. 여러분은 자기 영혼에 대해 얼마나 자주 생각해 보았습니까? 자신의 죽음에 대해 얼마나 자주 생각해 보았습니까? 영원한 심판대에서 하나님을 대면하고 있는 자신의 모습을 얼마나 자주 그려 보았습니까? 모든 일에 능하신 전능하신 하나님, "세상을 심판하시는 이"창 18:25 앞에 서게 된다는 사실을 우리 모두 상기할 필요가 있습니다. 우리 모두 진동되어 자기만족을 털어버려야 합니다. 아무 생각도, 아무 관심도 없는 상태에서 벗어나야 합니다. 하나님께서 이 일을 하십니다. 복음을 통해 아들 안에서 보여주신 은혜로 이 일을 하십니다.

또한 우리에게는 우리의 죄를 입증해 줄 능력이 필요합니다. 논쟁이나 논증으로는 죄를 입증할 수 없습니다. "난 최선을 다했어"라고 말하거나 "그건 **그 사람의** 생각일 뿐이야"라고 대꾸하면 그만이기 때문입니다. 사람의 죄를 입증할 수 있는 것은 오직 하나, 성령의 능력뿐입니다. 다른 것으로는 안됩니다. 성령은 그 일을 하실 수 있고, 실제로 하고 계십니다. 그는 오순절 날에도 그 일을 하셨습니다. 베드로는 설교하면서 성경을 해설했고, 구약성경의 구절들을 인용하며 서로 연결시켜 설명했습니다. 여러분은 이 설교에 대해 "형편없는 설교로군. 웅변력도 없고 기교도 없잖아"라고 말할 수 있습니다. 그러나 제가 아는 한 가지 사실은, 그가 성령으로 충만해 있었다는 것입니다. 그가 설교했을 때 사람들은 "이 말을 듣고 마음에 찔려⋯⋯이르되 형제들아, 우리가 어찌할꼬"라고 물었습니다행 2:37. 죄를 입증하는 능력이 나타난 것입니다! 역사상 위대한 부흥의 이야기들을 읽어 보면 사람들이 단순히 죄를 깨닫는 데서 그치지 않고, 바닥에 쓰러지기도 하고, 집으로 돌아가면서 고뇌로 비틀거리기도 하고, 잠을 이루지 못한 채 몇 주 동안 고민에 빠지기도 했던 것을 볼 수 있습니다. 그것이 죄를 입증하시는 성령의 능력입니다. 이 능력이 우리가 의지하는 모든 것을 "진동시키고" 교란하며 무너뜨립니다.

우리가 올바로 회복되기 전에 필요한 것도 바로 이 능력입니다. 우리는 새롭게 창조되어야 합니다. 주님은 "네가 거듭나야 하겠다"고 말씀하셨습니다.요 3:7 여러분에게 부족한 것은 단지 새로운 개념이 아닙니다. 새로운 가르침만으로는 충분치 않습니다. 그렇다고 본보기가 부족한 것도 아닙니다. 여러분은 거듭나야 합니다. 그런데 그렇게 할 수 있는 것은 오직 하나, 하나님의 능력뿐입니다. 좋은 충고나 크리스마스에 대한 멋있고 짧은 말들, 예쁜 카드, 베들레헴의 아기에 대한 감상적인 생각들은 지금껏 아무도 구원할 수 없었고 앞으로도 구원하지 못할 것입니다. 우리에게 필요한 것은 새 본성, 새 생명, 새 방향입니다. 하나님의 은혜와 능력의 결합, 오직 그것만이 우리의 필요를 채워 줄 수 있습니다.

그다음으로 우리는 사탄―세상과 육신과 마귀―의 세력에서 구원받아야 합니다. 오, 그 세력이 얼마나 강력한지 모릅니다! 여러분은 그 세력에 대항할 수 있습니까? 같은 사무실이나 공장 친구들이 놀리고 조롱하며 교묘하게 비꼬는 것에 대항할 수 있습니까? 복음에 반하는 텔레비전이나 신문의 조소와 경멸과 암시에 당당히 대항할 수 있습니까? 정말 그럴 수 있습니까? 정말 그렇게 해본 적이 있습니까? 사탄과 죄와 악의 세력을 물리쳐 이길 수 있는 능력은 오직 하나, 주 예수 그리스도의 능력뿐입니다. 이 복되신 분 안에 결합되어 있는 하나님의 능력과 은혜뿐입니다. 예수 그리스도 한분만이 우리와 대치하고 있는 이 원수들에게서 우리를 구해 주실 수 있습니다.

그다음으로 생각할 것은 우리를 완전하게 하시는 사역, 곧 우리 안에 있는 악과 죄를 제거하고 정화시키고 깨끗하게 하여 그의 거룩하신 존전에 서게 하시는 사역입니다. 이런 일을 가능하게 하는 능력 역시 오직 하나뿐입니다. 바울은 에베소서 3장 끝부분에서 그 능력에 대해 언급하고 있습니다. "우리 가운데서 역사하시는 능력대로 우리가 구하거나 생각하는 모든 것에 더 넘치도록 능히 하실 이에게 교회 안에서와 그리스도 예수 안에서 영광이 대대로 영원무궁하기를 원하노라."

마지막으로, 우리가 죽을 때 필요한 능력, 몸이 무덤에 묻히거나 화장되거나 수장되거나 공중에서 폭발되어 없어질 때 필요한 능력이 있습니다. 그것은 우리 몸을 다시 모을 수 있는 능력, 다시 일으켜 세워 영광스럽고 완벽하게 만들 수 있는 능력, 그리하여 하나님의 존전에 세울 수 있는 능력입니다. 이렇게 할 수 있는 것 역시 오직 하나, 하나님의 능력뿐입니다. 하나님의 은혜와 결합된 능력의 목적은 바로 이 일을 하려는 데 있습니다. 그 능력은 이미 영광 중에 있는 수백만 명의 사람들에게 이 일을 해주었고, 믿는 우리에게도 이 일을 행하고 있습니다. 이것이 복음의 메시지입니다. 하나님의 능력! 하나님의 은혜! 하나님의 능력 있는 은혜입니다!

여러분은 이 메시지가 인류를 어떻게 갈라놓는지 보고 있습니다. 이 메시지는 처음부터 인류를 갈라놓았습니다. 산헤드린은 이 메시지를 증오했습니다. 그리스도를 증오하여 십자가에 못박아 버렸습니다. 그의 제자들, 사도들도 증오했습니다. 그래서 그들을 체포하고 정죄했으며, 죽이겠다고 위협했습니다. 이것이 인간들의 반응입니다.

그러나 이와는 다른 반응이 있습니다. 그것은 "큰 은혜"를 받는 것입니다. 이 얼마나 대조되는 반응입니까! 이것이 제가 가장 중대하고 중요한 질문의 형태로 여러분의 마음에 남겨 놓고 싶은 내용이기도 합니다. 우리는 모두 두 입장 가운데 하나를 취하고 있습니다. 제3의 선택이란 없습니다.

하나님의 진동시키는 능력만 알게 될 사람들이 있습니다. "내가 또 한번 땅만 아니라 하늘도 진동하리라"히 12:26. 진동시키는 하나님의 능력 외에는 아무것도 모를 사람들-지금 제 말을 듣고 생각하는 분들 중에는 제발 그런 사람이 없기를 바랍니다-이 있습니다. 그들은 하나님 앞에 설 때 진동하여 흔적도 없이 사라질 것입니다. 그들은 시편 1편에 묘사된 사람들과 같습니다. "그러므로 악인들은 심판을 견디지 못하며 죄인들이 의인들의 모임에 들지 못하리로다"시 1:5. 그들은 전부 쓸려나갈 것입니다. "악인들은 그렇지 아니함이여, 오직 바람에 나는 겨와 같도다"1:4. 진동은 영원한 멸망으로 이어집니다. 예상만 해도 무섭고, 생각만 해도 끔찍한 일입니다. 그러나 이것이 복음을 믿지 않는 모든 자의 운명입니다. 하나님의 은혜의 제안, 그리스도 예수 안에 있는 능력 있는 은혜의 제안에 귀를 틀어막은 모든 자의 운명입니다. 그들은 능력과 힘이 나타나는 광경과 마지막 재난의 끔찍함만을 보게 될 것입니다. 그러나 돌이키기에는 이미 늦을 것입니다.

감사하게도 이들과 달리 "큰 은혜"를 받은 이들이 있습니다. 정말 놀랍지 않습니까? 여기 나오는 한 무리의 그리스도인들은 권력자들에게 위협받고 있었으며, 죽음의 위협까지 받고 있었습니다. 그런데 성경은 그들이 "큰 은혜"를 받았다고 기록하고 있습니다. 이것은 하나님의 은총이 강력하게, 범상치 않은 방식으로 임했다는 뜻입니다. 하나님께서 건물을 진동시키신 이유가 여기 있습니다. 이 일을 통해 하나님은 다음과 같이 말씀하신 것입니다. "걱정하지 말라. 너희는 지금 위협을 받고 있다는 사실을 나에게 상기시켜 주었다. 그들은 자신들이 원하면 언제라도 자기 힘을 동원해 너희를 죽여 버리겠다고 위협하지만 상관할 것 없다. 내가 너희와 함께할 것이다. 그들을 겁내지 말라. 너희는 나를 알고 있다. 나의 능력에 대해서도 이미 기도로 다 고백한 바 있다. 내가 창조주라는 사실도 상기시켰다. 그런 내가 너희 뒤에 버티고 서 있을 것이다. 나는 너희를 사랑한다. 너희는 내 백성이다. 나는 너희를 떠나지 않을 것이다. 버리지 않을 것이다. 굳게 인내하라. 모든 일이 잘될 것이다."

무리는 "큰 은혜"를 받았습니다. 그래서 위협 속에서도 놀라운 기쁨과 찬양과 서로를 향한 사랑과 하나님을 향한 사랑의 영으로 충만할 수 있었습니다.

자신이 이 두 입장 가운데 어디에 속해 있는지 알고 싶습니까? 그렇다면 이 질문에 대답해 보십시오. 여러분은 큰 은혜를 받았습니까? 큰 은혜에 대해 알고 있는 바가 있습니까?

어떤 사람은 "어떻게 그것을 알 수 있지?"라고 물을 것입니다. 이 부분에서 모호함을 느끼는 분이 아무도 없기를 바랍니다. 큰 은혜를 받은 사람은 과거에 대해 염려하지 않습니다. 자신의 과거가 깨끗해졌음을 알기 때문입니다. 그들은 하나님께서 무한하고 전능하신 은혜로 자신의 모든 죄를 한분에게 지우셨다는 사실을 압니다. 그는 우리 죄의 형벌을 다 감당하고서도 죽은 자들 가운데서 살아나신 분이요 능히 우리를 해방시킬 수 있는 분입니다. 이 사실을 알고 계십니까? 이것이 과거에 대해 우리가 알아야 할 바입니다.

그렇다면 현재는 어떻습니까? 여러분은 그분 안에 거하고 있습니까? 여러분에게는 생명, 그리스도의 생명이 있습니까? 여러분은 세상의 큰 특징인 불안을 떨쳐 버렸습니까? 평화를 찾았습니까? 만족을 찾았습니까? 사도행전에 나오는 이 사람들을 다시 보십시오. 저는 다시 한번 이들을 상기시키려 합니다. 이들은 위협을 받고 있었음에도 평생 가장 큰 행복을 느끼고 있었습니다. 이들은 모두 큰 은혜를 받았습니다.

> 모든 것이 우리를 대적하는 듯
> 절망으로 몰고 갈 때에도
> 한 문은 열려 있음을 아나이다.
> 한 귀는 우리 기도 듣고 계심을 아나이다.
> ―오스왈드 앨런

바울이 로마인들에게 이 점에 대해 뭐라고 말하고 있는지 들어 보십시오.

그러므로 우리가 믿음으로 의롭다 하심을 받았으니 우리 주 예수 그리스도로 말미암아 하나님과 화평을 누리자. 또한 그로 말미암아 우리가 믿음으로 서 있는 이 은혜에 들어감을 얻었으며 하나님의 영광을 바라고 즐거워하느니라. 다만 이뿐 아니라 우리가 환난 중에도 즐거워하나니[기뻐하나니, 자랑스러워하나니] 이는 환난은 인내를, 인내는 연단을, 연단은 소망을 이루는 줄 앎이로다. 소망이 우리를 부끄럽게 하지 아니함은룜 5:1-5.

여러분은 환난 중에도 즐거워합니까? 세상과 상관없이 행복을 느낍니까? 여러분 안에 궁극적인 만족감이 있습니까? 세상과 그 모든 소음과 야단법석과 공허한 구경거리와 그 안에서 일어나는 모든 일에서 자유롭습니까? 세상이 줄 수도, 빼앗을 수도 없는 고요하고 잔잔하며 방해받지 않는 기쁨과 안식과 평화의 자리를 가지고 있습니까? 그런 자리가 있다면 여러분은 "큰 은혜"가 임한 사람입니다. 이것이야말로 예수 그리스도 안에 있는 하나님의 은혜입니다. 선물입니다.

미래는 어떻습니까? 여기 작은 무리가 있습니다. 이들은 위협받고 있는 상황에서도 즐거움과 찬양으로 가득 차 있습니다. 무엇 때문입니까? 미래에 대해 완벽한 확신을 가지고 있기 때문입니다. 큰 은혜가 임하면 삶을 두려워하지 않게 될 뿐 아니라 죽음도 두려워하지 않게 됩니다. 그 무엇도 여러분을 두렵게 할 수 없습니다. 여러분은 사도 바울 같은 사람이 됩니다. 그는 감옥에서 마지막 편지 중 하나를 쓰면서 다음과 같이 말했습니다. "이로 말미암아 내가 또 이 고난을 받되 부끄러워하지 아니함은 내가 믿는 자를 내가 알고 또한 내가 의탁한 것을 그날까지 그가 능히 지키실 줄을 확신함이라"딤후 1:12.

여러분은 이런 확신에 대해 아는 바가 있습니까? 혹 미래를 대면할 때 두려움이 생기고 공포심이 엄습합니까? 인생의 종말과 죽을 몸이 해체될 일을 미리 생각할 때 어떤 반응을 보입니까? 죽음을 정면으로 응시할 수 있습니까? 전쟁이나 박해가 일어나거나 폭탄이 터질 때 어떤 모습을 보이게 될 것 같습니까?

이것은 중요한 질문입니다. 이에 대해 바울은 뭐라고 대답했습니까?

누가 우리를 그리스도의 사랑에서 끊으리요. 환난이나 곤고나 박해나 기근이나 적신이나 위험이나 칼이랴.……그러나 이 모든 일에 우리를 사랑하시는 이로 말미암아 우리가 넉넉히 이기느니라. 내가 확신하노니 사망이나 생명이나 천사들이나 권세자들이나 현재 일이나 장래 일이나 능력이나 높음이나 깊음이나 다른 어떤 피조물이라도 우리를 우리 주 그리스도 예수 안에 있는 하나님의 사랑에서 끊을 수 없으리라 롬 8:35, 37-39.

여러분도 이렇게 말할 수 있습니까? 그럴 수 있다면 여러분에게도 "큰 은혜"가 임했다고 확언할 수 있습니다. 하나님의 능력 있는 은혜가 임한 것입니다. 여러분은 자신이 하나님의 것임을 압니다. 그 무엇도 자신을 하나님의 사랑에서 끊을 수 없다는 것, 앞으로 어떤 불행한 일이 일어난다 해도 넉넉히 이길 수 있다는 것을 압니다.

더 깊은 검증을 위해 묻겠습니다. 여러분은 다음과 같이 말할 수 있습니까?

> 나의 갈 길 다가도록
> 예수 인도하시니
> 내 주 안에 있는 긍휼
> 어찌 의심하리요.
> 믿음으로 사는 자는
> 하늘 위로 받겠네.
> 무슨 일을 만나든지
> 만사 형통하리라.
> 무슨 일을 만나든지
> 만사 형통하리라.
> -프랜시스 제인 반 알스타인 Frances Jane van Alstyne

또 다른 위대한 찬송을 보십시오.

나 그의 얼굴 보리라.
나 그의 능력 사모하리라.
그 은혜의 기적 노래하리라.
영원히.
—오거스터스 탑레이디

모인 곳이 진동했습니다! "무리가 큰 은혜를" 받았습니다. 모든 믿는 자들에게 임하는 이 능력은 은혜의 능력입니다. 그들을 구원하는 능력, 지키는 능력, 보호하는 능력, 마침내 영원한 영광으로 이끌어 주는 능력입니다.

사랑하는 여러분, 묵은해는 가고 삶은 계속됩니다. 저는 은혜의 때가 아직 끝나지 않았다고 말할 수 있는 특권을 기쁘게 누리려고 합니다. "보라, 지금은 구원의 날이로다"고후 6:2. 은혜의 때가 끝날 날이 올 것입니다. 그러나 감사하게도 아직은 아닙니다. "보라, 지금은 은혜받을 만한 때요"6:2. 열 처녀를 기억하십시오. 다섯 처녀는 지혜로웠고 다섯 처녀는 어리석었습니다. 자비의 문이 닫힐 날이 올 것입니다. 그러나 아직은 아닙니다. 아직은 늦지 않았습니다. 여러분은 은혜의 문에 들어섰습니까? 그렇지 못하다면 지금 들어서십시오. 지금 그분께 부르짖으십시오. 이 은혜를 주신 것에, 아직도 문이 열려 있는 것에 감사하십시오. 그분의 초청에 감사드리며 이렇게 말씀드리십시오.

큰 죄에 빠진 날 위해
주 보혈 흘려 주시고
또 나를 오라 하시니
주께로 거저 갑니다.
—샬롯 엘리엇 Charlotte Elliot

17

보이지 않는 실재

사도들이 큰 권능으로 주 예수의 부활을 증언하니 무리가 큰 은혜를 받아 그중에 가난한 사람이 없으니 이는 밭과 집 있는 자는 팔아 그 판 것의 값을 가져다가 사도들의 발 앞에 두매 그들이 각 사람의 필요를 따라 나누어 줌이라. 구브로에서 난 레위족 사람이 있으니 이름은 요셉이라. 사도들이 일컬어 바나바라(번역하면 위로의 아들이라) 하니 그가 밭이 있으매 팔아 그 값을 가지고 사도들의 발 앞에 두니라. 아나니아라 하는 사람이 그의 아내 삽비라와 더불어 소유를 팔아 그 값에서 얼마를 감추매 그 아내도 알더라. 얼마만 가져다가 사도들의 발 앞에 두니.

사도행전 4:33-5:2

17

보이지 않는 실재

이제 사도행전 4장 막바지에 이르렀습니다. 그동안 우리는 놀라운 것들을 보아 왔습니다. 역사적인 사건들도 보았고, 주어진 가르침도 배웠습니다. 그것은 몹시 흥분되는 일이었습니다. 그런데 이제 우리는 눈에 띄는 한 사건, 첫 네 장을 살펴본 후이므로 더욱더 충격적으로 다가오는 한 사건에 부딪치게 됩니다. 우리는 첫 네 장에서 오순절 성령강림을 보았고, 교회가 생긴 것을 목격했으며, 믿는 자들이 모든 일을 함께 겪으며 기뻐하고 행복해하는 아주 멋진 장면을 보았습니다. 물론 우리는 반대되는 광경도 보았습니다만, 그래도 교회의 모습이 얼마나 훌륭한 것이었는지 모릅니다!

그런데 책장을 넘겨 5장 도입부에 이르면서, 돌연 이 믿어지지 않는 사건과 마주치게 됩니다. 어떤 관점에서 봐도 이 구절은 평범하지 않습니다. 이 부분은 제가 상당한 두려움과 떨림으로 접근하는 본문의 하나임을 거리낌없이 고백하겠습니다. 제 생각에는 어떤 설교자도 이런 사건을 설교 주제로 택하지 않을 것 같습니다. 그러나 저는 주제를 취사선택하기 위해 이 자리에 서 있는 것이 아닙니다. 기록되어 있는 내용을 설명하고자 이 자리에 서 있는 것입니다. 이제 이 사건이 제 앞에 주어져 있습니다. 우리는 이 사건에 도달했고, 따라서 이 사건을 직시해야 합니다. 하나님께서 그렇게 할 수 있는 은혜를 주시기 바랍니다. 저에게 올바르고 적합하며 가치 있는 방식으로 이 본문을 직시할 수 있는 은혜를 주시며, 여러분에게도 같은 방식으로 제 말을 들을 수 있는 은혜를 주시기 원합니다.

먼저 이 사건의 일반적인 요점 몇 가지를 짚어 보는 것으로 이야기를 시작하겠습니다. 지금 이 사건을 철저하게 다룰 수는 없기 때문에 이 사건이 과연 어떤 것이었는지 소개만 하고 넘어가겠습니다. 이 사건은 아주 중요한 것이므로, 우리 중에 그 메시지를 놓치는 사람이 아무도 없기를 바랍니다. 첫번째 요점은 이 사건이 실제 사실, 곧 역사의 한 부분이었다는 것입니다. 제가 이 말을 먼저 하는 것은 다음과 같이 말하는 사람들이 있기 때문입니다. "당신이 심리학자라면 이런 일은 일어날 수 없다는 것을 알 겁니다. 물론 상상 속에서는 이런 일이 일어날 수도 있겠지요. 하지만 현실에서는 일어날 수 없습니다." 그러나 이것은 분명히 역사에 기록되어 있는 사건입니다. 우리가 이제껏 살펴본 모든 사건들과 똑같이 이것 역시 역사적인 사건입니다. 복음서에 기록된 주님의 탄생과 기적, 십자가의 죽음, 장사, 부활, 승천, 성령의 임재에 대한 이야기들과 똑같이 역사적인 이야기입니다.

더욱이 이 사건이 기독교 복음 전파에 크게 사용되었다는 사실을 성경이 얼마나 분명히 기록하고 있는지 보십시오. 이 사건이 일어난 후에, 그다음 구절들에 서술되어 있는 일종의 부흥이 일어났습니다. 이것은 초대교회 생활에서 단연 두드러진 사건이었습니다. 이 사건은 교회에 새로운 자극을 주었습니다. 이 사건은 평범한 목수에 불과해 보였던 한 인물에게서 비롯된 메시지, 팔레스타인의 이름 없는 한 인물에게서 비롯된 메시지가 어떻게 그렇게 짧은 기간에 문명세계를 지배하게 되었는지 이해하는 데에도 도움을 줍니다. 사도행전 기자는 성령의 인도로 이 사건을 기록했습니다. 이 사건은 그가 기록하고 있는 다른 사건들만큼이나 초대교회의 위대한 역사를 이해하는 데 지극히 중요한 요소였습니다.

두번째로, 이 기록의 정직함에 대해 언급하지 않을 수 없습니다. 이것은 특히 충격적인 것으로, 우리가 꼭 깨달아야 할 아주 중요한 사실입니다. 저는 성경이야말로 세상에서 가장 정직한 책이라고 주장합니다. 사실 저는 성경 외에 진정으로 정직한 책은 없으며, 진정으로 우리에게 진리를 말해 주는 책은 세상에 없다고까지 말할 수 있습니다. 여러분은 초대교회 이야기를 대하는 즉시, 이것이 이상화된 이야기나 변조된 역사가 아님을 발견할 수 있을 것입니다. 여기에는 좋은 이야기뿐 아니라 나쁜 이야기도 기록되어 있습니다. 제가 이 점을 강조하는 것은, 그리스도인들은 교회를 완벽한 사회로 생각하며, 자신들은 지금까지 잘못한 일이 전혀 없었고 지금도 없다고 주장한다고 오해하는 사람들이 있기 때문입니다. 정말 어리석기 짝이 없는 생각 아닙니까! 그리스도인들은 절대 그렇게 생각하지 않습니다. 성경은 교회가 생기자마자 발생한 이 무서운 사건의 전말을 있는 그대로 우리 앞에 보여주고 있습니다.

우리는 구약성경에서도 똑같은 정직함을 발견할 수 있습니다. 물론 현대 비평가들은 혼동을 일으킨 나머지 스스로 모순을 범하고 있습니다. 성경이 옛날이야기와 이상화된 묘사들과 비현실적인 이야기들의 집합체라고 말하는가 하면, 구약성경은 여자와 아이들이 읽을 만하지 못하다고-다윗에 관한 충격적인 일들, 예를 들면 무서운 간음과 살인행위 등-말하고 있는 것입니다. 이 모순된 말이 보여주고 있는 사실은, 비록 무의식적이기는 하지만 비평가들 역시 성경을 완벽하게 정직한 책으로 생각하고 있다는 것입니다. 성경은 각 인물에 대한 진실을 보여주되 그들의 흠까지 숨기지 않고 전부 보여주고 있습니다. 여러분은 성경에서 무서운 결함을 가지고 있는 인물들을 만나게 됩니다. 성경은 그 모든 것을 우리 앞에 제시해 주고 있습니다. 사도행전 역시 동일하게 솔직한 태도로 교회 역사를 기록하고 있습니다.

신문이 정직하다고 생각하십니까? 신문기사를 액면 그대로 믿으십니까? 기자와 편집자들은 사실 균형감각을 완전히 잃었다고 할 수 있습니다. 텔레비전도 마찬가지입니다. 신문이나 텔레비전을 보고 과연 무엇이 중요한 일인지 알 수 있습니까? 매주 보도되는 일들만 가지고 판단을 내리기란 매우 어렵습니다. 모든 것이 덧칠되고 이상화되고 미화되어 있기 때문에 진실을 알 수가 없습니다. 신문뿐 아니라 세상의 역사책에서조차 사람들에 대한 진실을 알 길이 없습니다. 신문이나 책들은 다 한쪽으로 편향되어 있고, 사실을 은폐하고 있으며, 누군가를 특별히 비호하고 있습니다. 성경처럼 정직한 이야기는 세상 어디에서도 찾아볼 수가 없습니다. 성경은 여러분이 상상하거나 생각하는 것보다 더 많이 교회를 깎아 내리고 있습니다. 성경은 신뢰할 수 있는 책입니다. 성경의 존재 목적은 감언이설로 여러분을 꾀려는 데 있지 않습니다. 성경은 여러분의 영혼과 영원한 운명에 결정적으로 중요한 메시지를 전하기 위해 존재하는 책입니다.

이제 다음 요점을 밝혀 보겠습니다. 아나니아와 그 아내 삽비라가 무슨 일을 했는지 알아보겠습니다. 사람들은 오늘 읽은 구절들이 4장 끝부분에 포함되어 있는 이유에 관해 종종 오해를 합니다. 이 구절들이 여기에 배치되어 있는 이유는 이렇습니다. 초대교회는 어느 누구에게도 자기 물건을 팔아 공동 재원에 내놓으라고 강요한 적이 없었습니다. 이미 지적했듯이, 이것이 초대교회가 공산주의와 전혀 무관한 이유입니다. 공산주의는 강제적인 체제입니다. 공산주의 아래 있는 사람에게는 선택권이 없습니다. 그러나 초대교회는 정반대였습니다. 사람들은 자발적으로 자기 물건을 팔았습니다. 사람들은 재산을 팔라는 강요나 명령을 받은 적이 없었습니다. 그런데도 바나바 같은 몇몇 사람들은 자기 속에서 느껴지는 부르심에 순종해서 자기 물건을 팔아 교회에 내놓은 것입니다. 아나니와와 삽비라도 자신들의 재산을 팔 필요가 전혀 없었습니다. 베드로가 아나니아에게 지적하고 있는 대로, 그들이 소유를 판 후에도 돈을 내라고 강요한 사람은 아무도 없었습니다^{행 5:4}. 혹시 무슨 명령이라도 있었다면 누구나 따라야 했을 테니, 이들을 감싸 주거나 변명해 줄 여지가 있을지도 모르겠습니다. 그러나 그런 명령 같은 것은 없었습니다. 아나니아와 삽비라의 행동을 정확하게 이해하려면 이 점에 주목해야 합니다. 이들은 자발적으로 소유를 판 다음, 고의적으로 교회를 속였습니다. 그것은 정직하지 못한 일이었고 위선적인 행동이었습니다.

일반적으로 생각할 수 있는 요점이 한 가지 더 있습니다. 저는 아나니아와 삽비라에게 일어난 일에 대해 반드시 짚고 넘어갈 사항이 있다고 생각합니다. 이 본문이 명확하게 전달하고 있는 핵심적인 가르침을 어떻게든 피해 가려고 애쓰는 몇몇 주석가들의 시도를 보면 웃음이 나올 정도입니다. 어떤 주석가는 베드로가 아나니아의 잘못을 폭로한 순간, 아나니아가 너무나도 큰 죄책감과 충격에 휩싸인 나머지 쓰러져 죽었다고 말합니다. 물론 그런 일이 일어날 수도 있고 실제로 일어난 경우도 있습니다만-나쁜 소식을 듣고 쓰러져 죽는 이들도 종종 있으니 말입니다-이 사건을 그렇게 설명하는 것은 전혀 합당치 못한 일로 보입니다. 삽비라도 곧 죽으리라는 것을 베드로가 미리 알고 있었다는 분명한 사실 하나만 봐도 그렇습니다. 베드로는 삽비라에게 이 점을 명확히 밝힌 바 있습니다. 앞으로 설명하겠지만, 이것은 이 사건 전체를 이해하는 데 아주 중요한 요점입니다. 더욱이 이런 일은 그후 두 번 다시 일어나지 않았습니다. 따라서 우리는 이것을 단순히 갑작스런 충격을 받아 죽은 사건으로 볼 수가 없습니다. 그렇습니다. 우리는 이런 주석가들의 설명을 전혀 받아들일 수 없습니다.

두번째로, 어떤 주석가들은 베드로가 아나니아와 삽비라에게 사형판결을 내렸다고 말하기도 합니다. 그러나 그렇지 않습니다. 이것을 깨닫는 것이 중요합니다. 베드로는 그런 판결을 내릴 위치에 있지도 않았고, 그런 역할을 맡지도 않았습니다. 저는 베드로가 한 사람의 사도로서 이런 일을 일으킬 능력을 가지고 있었다고 믿습니다. 사도들은 사람들을 눈멀게 하거나 벙어리 되게 하는 능력을 가지고 있었고, 저는 그들이 죽은 사람을 일으켜 세울 수 있었던 것처럼 필요한 경우에는 생명을 빼앗는 능력도 가지고 있었음을 믿어 의심치 않습니다. 그러나 베드로가 재판관 노릇을 했다는 암시는 이 말씀에 전혀 나와 있지 않습니다. 그는 단지 진리로써 아나니아와 삽비라의 죄를 입증했을 뿐입니다. 그는 하나님의 대변인으로서 그들의 죄가 얼마나 막중한지 폭로했습니다. 물론 하나님 편에서 볼 때에는 분명히 심판이었을 것입니다. 하나님께서는 교회가 생긴 지 얼마 안되는 이때 이들을 심판하심으로 한 가지 큰 원칙을 세우셨습니다. 이렇게 말해도 될지 모르겠지만, 이 사건은 일종의 큰 기념비나 큰 표지판 같은 것이었습니다. 교회 초기에 세워진 그 표지판은 지금도 그 자리에 서 있습니다. 하나님께서는 이 일을 통해 자신이 어떤 분이며 어떻게 행동하시는 분인지 백성들에게 보여주셨습니다. 그는 인간에 대한 지극히 중요한 진리를 교회에 가르쳐 주셨고, 또 교회를 통해 일반 사람들에게 가르쳐 주셨습니다.

이 주제의 마지막 요점은 이것입니다. 사람들은 "그렇다면 당신 말은 아나니아와 삽비라가 저주를 받아 그 즉시 지옥으로 떨어졌다는 겁니까?"라고 물을 것입니다. 이 질문에 유일하게 드릴 수 있는 정직한 대답은, 그것은 저뿐 아니라 누구도 모른다는 것입니다. 사도 바울은 고린도전서 11장에서 성찬예배와 관련하여 다음과 같이 쓰고 있습니다. "사람이 자기를 살피고 그후에야 이 떡을 먹고 이 잔을 마실지니 주의 몸을 분별하지 못하고 먹고 마시는 자는 자기의 죄를 먹고 마시는 것이니라. 그러므로 너희 중에 약한 자와 병든 자가 많고 잠자는 자도 적지 아니하니"고전 11:28-30. 여기에서 "병든 자"는 '죽은 자'를 의미합니다. 이를테면 바울은 그 사람들이 죄에 대한 형벌로 때가 되기도 전에 죽었다고 가르치고 있는 것입니다. 따라서 아나니아와 삽비라가 반드시 지옥에 갔다고 말할 수는 없지만, 하나님께서 두 사람의 생명을 일부러 거두어 가셨다고 생각할 수는 있습니다.

그러나 아나니아와 삽비라의 죽음에서 돌연사가 전부 하나님의 벌이라는 결론을 끌어내서는 안됩니다. 사람들은 이 사건에 대해 온갖 종류의 잘못된 추측들을 내놓았습니다. 그들은 "하나님이 벌로서 두 사람을 죽이신 것이 맞다면, 돌연사한 사람들은 당연히 하나님의 벌을 받아 죽은 것이라는 결론이 나온다"고 말합니다. 그러나 절대 그렇지 않습니다. 벌을 받아 죽는 경우도 있을 수 있고, 그렇지 않은 경우도 있을 수 있습니다. 이 기록에는 이 사건을 보편적인 법칙으로 주장할 근거가 전혀 없습니다.

서론에 해당하는 문제들을 처리했으니, 이제 이 말씀이 가르쳐 주고 있는 위대한 교훈을 살펴보겠습니다. 첫번째 교훈은 이것입니다. 이 말씀은 교회의 본질과 기독교 메시지 전체의 본질을 보여주고 있습니다. 제가 볼 때는 이 이야기의 분위기 자체가 교회는 세상에서 무엇인가 새롭고 유일무이한 존재임을 말해 주는 것 같습니다. 이스라엘 자손과 비교해 볼 때 그렇다는 말이 아닙니다. 이스라엘 자손은 구약의 교회였습니다. 제 말은 인류 전체의 역사에서 볼 때, 하나님의 백성인 교회가 무엇인가 유일무이한 모습을 보여주고 있다는 것입니다.

교회는 단순히 인간적인 단체가 아닙니다. 세상에는 정치, 문화, 문학, 과학 단체 등 많은 단체들이 있습니다. 사람들은 서로 모여 주제를 정하고 토론한 후에 결의안을 통과시키고 단체행동을 결정합니다. 교회도 그런 식의 단체로 생각하는 사람들이 있는데, 저는 그들을 탓하지 않습니다. 그들은 그렇게 배운 것입니다. 그들이 교회에서 받는 인상은 인간이 만든 단체일 뿐이라는 것입니다. 윤리적이기도 하고 정치적이기까지 하지만, 어쨌든 본질적으로는 인간적인 단체라는 것입니다. 그들은 교회를 우연히 종교를 갖게 된 사람들이 종교적인 주제에 대해 고찰하는 모임으로 생각합니다. 또한 찬송가를 부르고 일정 정도의 예전과 의식을 행하는 이들의 모임으로 생각합니다. 그러나 뭐니뭐니해도 교회의 본질은 도덕적이고 선한 삶에 관심을 가지며 남을 돕고자 노력하는 것, 이 시대에 우애와 선의의 정신을 전파하고자 노력하는 것에 있다고 생각합니다.

사도행전 5장의 이야기가 이런 일반인들의 생각 이상의 것을 가르쳐 주지 않는다면 논의의 대상으로 삼을 필요조차 없을 것입니다. 그러나 교회는 사람들이 생각하는 그런 곳이 아닙니다. 교회에는 그 이상의 것이 있고, 또 다른 요소가 있습니다. 교회가 사람들의 모임이라는 것은 맞습니다. 함께 모인 사람들을 무시한 채 이 이야기를 읽을 수는 없습니다. 그러나 이 사건은 교회가 사람들의 모임 그 이상이라는 것을 입증해 줍니다. 교회에는 보이지 않는 요소가 한 가지 더 있습니다. 즉 교회가 '모일' 때는 언제나 보이지 않는 능력이 임합니다. 인간의 말로는 도저히 설명할 수 없는 이상한 일들이 일어납니다. 진행 일정이 있기는 하지만, 무언가가 거기에 끼어들어 모든 것을 뒤집어 놓습니다. 이것이 교회입니다.

우리가 살펴보고 있는 이 사건, 이 기록은 성경의 모든 위대한 행동 및 사건들과 연속선상에 있습니다. 출애굽기 19장에서 모세가 율법을 받는 이야기를 다시 읽어 보면, 산이 크게 진동하고 불길이 타오르며 연기가 자욱한 장면을 보게 될 것입니다. 사도행전에서 사람들이 함께 모인 것은 사실입니다. 그러나 그것이 중요한 요소는 아닙니다. 정말 중요한 요소는 그들이 함께 모였을 때 무슨 일이 일어났느냐 하는 것입니다. 이 다른 요소, 이 불가사의한 요소, 이 이상한 능력의 나타남이 중요합니다. 오순절 날에도 이런 일이 있었습니다. 그때 사람들은 다락방에 모여 있었습니다. 열흘 동안 계속 모였는데, 만약 그들이 평범한 단체에 불과했다면 10년이 되고 100년이 넘게 모여도 아무 일도 일어나지 않았을 것입니다. 그러나 성경은 "홀연히" 어떤 일이 일어났다고 말하고 있습니다! "홀연히 하늘로부터 급하고 강한 바람 같은 소리가 있어." 누군가 제안하고 누군가 찬성한 것이 아닙니다. 일정한 행동지침을 따르기로 결정한 것도 아닙니다. 그렇습니다. 무엇인가 그와는 다른 일이 일어났고, 발생했고, 벌어졌습니다.

아나니아와 삽비라의 죽음은 베드로와 요한이 성전 미문 앞에 있던 사람에게 행한 일과도 연속선상에 있습니다. 성전으로 들어가던 두 사람이 날 때부터 못 걸은 남자를 보았습니다. 그때 그들이 자선단체를 출범시키겠다는 결정을 내렸습니까? 그를 위한 모금 결정을 내렸습니까? 그것은 여러분과 저도 할 수 있는 일이고, 사람이 만든 단체들이 이미 하고 있는 일이며, 마땅히 해야 할 일입니다. 제가 지적하고 싶은 것은, 그때 일어난 일은 절대 그런 일이 아니었다는 것입니다. 그때 일어난 일은 사람으로서는 절대 할 수 없는 것이었습니다. 못 걷는 자가 치유되었습니다! 한번도 걸어 본 적이 없는 사람이 성전으로 들어가면서 걷기도 하고 뛰기도 하며 하나님을 찬송했습니다.

더 나아가, 사도행전 5:1-11의 사건은 우리가 함께 살펴보았던 사도행전 4장의 또 다른 사건과도 연속선상에 있습니다. 믿는 자들이 함께 모여 하나님께 아뢰었습니다. 그들은 경배하고 사모하는 마음을 표현했으며 간청했습니다. 이것은 여러분과 저도 할 수 있는 일로서, 초대교회 생활과 관련하여 유일하게 중요한 일은 아니었습니다. 정말 중요한 일은 그들이 이렇게 기도했을 때 "모인 곳이 진동"했다는 사실입니다. 교회를 유일무이하게 만드는 요소가 바로 이것입니다. 이 다른 요소가 없다면 교회는 인간적인 단체 이상이 될 수 없습니다. 유일무이하다고 할 수 없는 평범한 기관機關에 그칠 뿐입니다. 교회는 정치인들이나 그들의 단체, 클럽, 당과 비슷한 것이 되고 말 것입니다. 그러나 초대교회는 그렇지 않았습니다. 교회가 모이자 건물이 진동했습니다. 이것이 교회를 이루는 또 다른 요소입니다. 달리 말해 우리가 교회에 대해 첫번째로 깨달아야 할 사실, 교회가 대변하는 진리 또는 사람들 앞에 제시하는 진리에 대해 첫번째로 깨달아야 할 사실은, "사람들이 무엇을 하는가"가 중요한 것이 아니라 "사람들에게 무슨 일이 일어나는가"가 중요하다는 것입니다.

보이지 않는 영적 영역이 실재한다는 것이야말로 세상에서 가장 중요한 사실입니다. 이 사실을 진정으로 붙든다면, 여러분의 경험과 삶 전체가 바뀔 것입니다. 이 사건이 우리에게 가르쳐 주는 두번째 교훈이 바로 이것입니다. 사도 바울은 중요한 점들을 종종 짚어 주곤 하는데, 이 점 역시 다음과 같은 잊을 수 없는 진술을 통해 짚어 주고 있습니다. "우리가 잠시 받는 환난의 경한 것이 지극히 크고 영원한 영광의 중한 것을 우리에게 이루게 함이니 우리가 주목하는 것은 보이는 것이 아니요 보이지 않는 것이니 보이는 것은 잠깐이요 보이지 않는 것은 영원함이라"고후 4:17-18.

현대세계에 어떤 것보다 필요한 메시지가 하나 있다면 바로 이것입니다. 이 세상과 이 세대의 근본적인 문제는 보이지 않는 것을 잊어버린 데 있습니다. 지금 우리는 물질주의시대에 살고 있으며, 전례가 없는 풍요로운 사회에 살고 있습니다. 번영의 시대, 기계와 가전제품의 시대, 안락하고 쾌적한 시대에 살고 있습니다. 이 시대는 과학과 과학의 발견에 고착되어 있는 시대이며, 보이는 것과 손에 잡히는 것과 측정할 수 있는 것을 강조하는 과학적 태도에 완전히 매여 있는 시대입니다. 이처럼 볼 수 있고 만질 수 있고 측정할 수 있는 것은 당연히 과학의 영역에 속한 것들입니다. 그러나 문제는 과학이 철학으로 변모하여, 볼 수 없고 만질 수 없고 측정할 수 없는 것과 무관하게 존재하는 것은 하나도 없다고 말한다는 것입니다.

다시 말해 인간이 만물의 척도가 되어 버렸습니다. 인간은 자기가 이해할 수 있는 것, 자기가 아는 것, 자기가 발견한 것, 자기가 인정한 것만 믿습니다. 현재 이 세상에 속해 있는 것만 실재로 여기고, 나머지는 모두 시詩나 상상의 소산으로 취급합니다. 인간의 머리로 파악할 수 없는 일을 제시하면, 터무니없는 공상이라고 조롱하며 간단히 무시해 버립니다. 그들은 말합니다. "좋습니다. 때로는 소설을 읽을 수도 있고, 때로는 성경을 읽을 수도 있지요. 뭘 읽든 뭐가 중요하겠습니까? 다 같은 종류인데요. 여러분은 그런 걸 읽을 때 일시적인 위안을 얻을 겁니다. 그러나 당연히 그것은 실재도 아니고 사실도 아닙니다. 여러분은 여전히 전과 똑같은 옛 세계로 돌아와 살아야 합니다." 어떤 심리학자들은 성경이나 종교가 아이들에게 해가 되기 때문에 가르치면 안된다고 말하기도 합니다. 또 종교가 감정의 균형을 방해한다고 말하는 사람도 있습니다. 이처럼 사람들은 보이지 않는 세계를 적극적이고도 전투적으로 부인하며 무시하고 있습니다.

이런 현대세계에 무엇보다 먼저 들려주어야 할 말은, 바로 이렇게 보이지 않는 것과 영적인 것을 부인하는 데 세상의 핵심적인 오류가 있다는 것입니다. 세상이 성경을 듣고 싶어하지 않는다면, 셰익스피어의 말을 들려주는 것이 어떨까요?

> 호레이쇼, 하늘과 땅에는
> 자네 철학으로 상상할 수 있는 것보다 더 많은 것들이 있다네.
> –햄릿

표현방식은 햄릿 쪽이 나을지 몰라도, 내용상으로는 이것이야말로 어떤 의미에서 성경이 전하고 있는 큰 메시지라고 할 수 있습니다. 결론적으로 말해서 현대세계는 자기 문제의 본질을 이해조차 못하고 있습니다. 현대인들은 다른 어떤 것보다 자기 문제의 본질과 관련해서 더 헤매고 있습니다. 그들은 사람을 교육하고 훈련해서 지식과 지각만

키워 주면 문제가 다 해결될 것이라는 확신으로 그 일을 하다가 결국 모든 것을 왜곡하고 말았습니다. 그 모든 교육과 훈련이 이루어진 지금, 우리는 어느 때보다 큰 어려움을 겪고 있습니다. 문제의 본질을 이해하지 못하는데 어떻게 바른 해결책을 찾을 수 있겠습니까? 거듭 말하지만, 세상이 이처럼 올바른 진단을 내리지 못한 전적인 원인은 초자연적인 것을 잊어버린 데 있습니다. 인간의 이해 범위 밖에 있는 것들을 전부 추방해 버린 데 있습니다.

성경의 직무는 보이지 않는 것의 실재성을 주장하는 것입니다. 더 나아가 보이지 않는 것이야말로 가장 우선되며 가장 중요하다고 주장하는 것입니다. "우리가 주목하는 것은 보이는 것이 아니요 보이지 않는 것이니 보이는 것은 잠깐이요 보이지 않는 것은 영원함이라." 이 세상은 진짜 세상이 아니라 지나가는 환영幻影에 불과합니다. 이 세계와 다른 세계야말로 진짜 세계이며 절대적인 세계입니다. 이 세계는 현상에 불과합니다. 성경은 저 세계야말로 위대한 실재라고 말합니다. 현상과 실재를 혼동하는 것보다, 또는 일시적인 것과 영원한 것을 혼동하는 것보다 더 큰 실수는 없습니다. 이것은 성경의 가장 기본적인 원리로서, 오늘 이 이야기는 이 원리를 우리에게 충격적으로 제시해 주고 있습니다. 저는 우리 중 누구도 다시는 이 원리를 잊지 못할 것이라고 믿습니다.

우리는 보이지 않는 것의 수중에 들어 있습니다. 그렇기 때문에 보이지 않는 것이 가장 중요한 것입니다. 성경은 이것을 다양한 방식으로 보여주고 있습니다. "태초에 하나님이"로 시작되는 창세기도 이것을 보여주고 있고, 이어지는 구약의 전 역사도 이것을 보여주고 있습니다. 셰익스피어를 비롯한 여러 사람들도 이것을 더듬더듬 찾았지만, 완전히 찾지는 못했습니다.

손질이야 우리가 대충 한다 해도
결국 결말을 결정짓는 이는 신이라네.
- 햄릿

이렇게 말할 수 있는 사람은 그래도 깊이, 심각하게 생각하기 시작한 사람입니다. 보통 사람들이 이런 것을 의식하는 수준에 이르려면 상당히 많은 시간이 필요합니다. 그들이 의식한 것은 이른바 '운명'입니다. 고대인들은 철학체계를 세우거나 어떤 계획을 세울 때마다 우리 운명을 인도하는 좀더 심오한 요소-운명, '숙명'kismet-를 보았습니다. 그들은 인간이 그 운명이나 숙명의 장난감에 불과하다고 생각했습니다. 이 세상에는 무언가 다른 힘이 있는 것입니다. 세상은 그 힘에 아주 가까이 다가가 있습니다. 세상은 그 힘을 더듬더듬 찾고 있습니다. 우리가 얼마나 작은 존재인지, 우리가 아는 것이 얼마나 적은지, 우리 위, 우리 너머, 우리 주변에 있는 이 힘이 얼마나 큰지 어렴풋이 의식하고 있습니다. 성경의 메시지, 성경 역사가 가르쳐 주는 바는 우리 삶을 지배하는 이 보이지 않는 실재야말로 그 무엇보다 중요하다는 것입니다.

우리는 보이지 않는 세계의 실재성을 특히 예언서에서 찾아볼 수 있습니다. 다른 설명이 필요 없습니다. 선지자들은 800년도 더 지난 미래에 일어날 일을 예언할 수 있었던 사람들입니다. 어떻게 그럴 수 있었습니까? 저는 시적 상상력을 믿습니다. 시적 상상력은 놀라운 것입니다. 그러나 어떤 시인도 구약의 선지자들만큼 상세하게 역사를 상상해 내거나 예언해 내지 못했습니다. 그것은 불가능한 일입니다. 그렇습니다. 선지자들에게 이런 지식과 계시를 준 다른 원천이 있는 것이 분명합니다. 보이지 않는 것, 영원한 것, 실제적인 것, 참된 것, 영속적인 것이 이들과 접촉했던 것이 분명합니다.

물론 영원이 시간을 뚫고 들어온 것을 무엇보다 잘 보여준 사건은 주님의 성육신이었습니다. 보이지 않는 분, 볼 수 없는 분이 볼 수 있게 찾아오셨습니다. 말씀이 육신이 되어 우리 가운데 거하셨습니다. 그는 육신으로 나타난 하나님이셨습니다. 우리는 그의 탄생과 기적적인 능력을 통해 그 사실을 알게 됩니다. 주님도 친히 그렇게 말씀하셨습니다. 어느 날, 사람들이 주님을 향해 바알세불의 힘을 빌어 귀신을 쫓아낸다고 주장했습니다. 그러자 주님은 그 주장을 일축하며 이렇게 말씀하셨습니다. "그러나 내가 만일 **하나님의 손**을 힘입어 귀신을 쫓아낸다면……"눅 11:20. 사람들은 기적 앞에 놀라며 이상한 일을 보았다고 말했습니다. 그들은 경외감을 느꼈습니다. 초자연적이고 영원한 것–하나님의 손–의 존재를 의식했습니다.

이 영원한 것의 능력을 무엇보다 잘 드러내 주는 사건은 우리 주님의 부활입니다. 그때 모든 것은 무너졌고 자연법칙은 깨졌습니다. 물론 똑똑한 현대인들은 물리적인 부활을 부인합니다. 심지어 자칭 그리스도인들과 교회 지도자들까지 그것을 부인하고 있는 것이 현실입니다. 그들은 "현대인들이 그런 것을 믿으리라고 기대할 수는 없다"고 말합니다. 저도 그들이 믿으리라고 기대하지는 않지만 이 말만큼은 해야겠습니다. 믿지 않는 사람들을 기다리고 있는 결말은 한 가지밖에 없습니다.

저는 이런 초자연적인 일들을 믿을 사람이 있으리라고 기대하지 않습니다. 육에 속한 사람은 그것을 믿지 못하는 것이 당연합니다. "육에 속한 사람은 하나님의 성령의 일들을 받지 아니하나니"고전 2:14. 왜 믿지 못합니까? 육에 속해 있기 때문입니다. 여기에 모든 곤경이 있습니다. 육에 속한 사람은 눈이 멀어서 성령의 일을 보지 못합니다. 죽을 인간이 어떻게 보이지 않는 영적인 것, 영원한 것을 이해하고 받아들이겠습니까? 그런 일은 일어날 수 없습니다. 그러나 성경은 그런 일이 일어났다고 주장하고 있습니다. "오직 하나님이 성령으로 이것을 우리에게 보이셨으니"2:10. 이것이 우리 앞에 제시되어 있는 역사입니다. 현대인들이 받아들일 수 있는 복음은 그 정의定義상 복음이라고 할 수 없습니다. 정치학이나 사회학이나 그 밖의 것은 될 수 있어도 복음은 될 수 없습니다. 진정한 복음의 토대는 우리를 좌절시킵니다. 그러므로 사도 바울처럼 뒤로 물러나 이렇게 말할 수 있을 뿐입니다. "크도다. 경건의 비밀이여"딤전 3:16. 그 앞에 엎드려 겸손히 경배하며 찬양하고 사모할 수밖에 없습니다.

여기 사도행전이 기록하고 있는 사건들–오순절, 기적, 건물의 진동, 베드로가 아나니아와 삽비라에게 닥칠 일을 미리 알았던 것–이 있습니다. 베드로는 그 소식이 두 사람을 죽게 하지 않을까 추측했던 것이 아닙니다. 결코 그런 것이 아닙니다. 그는 계시를 받았습니다. 그래서 특별히 삽비라에게 그런 말을 한 것입니다. 그는 사실상 삽비라에게 죽음을 예고한 것이나 다름없었습니다. 이러한 베드로의 통보는 보이지 않는 영원한 것이 세상에 침입한 결과였습니다. 무엇보다 중요한 사실은, 이 통보가 있은 후에 두 사람이 진짜로 죽었다는 것입니다. 그것은 하나님의 행동이었습니다. 다른 말로는 이 일을 설명할 길이 없습니다.

보이지 않는 것, 영적인 것, 영원한 것은 실재하며 모든 것에 우선한다는 것은 성경의 큰 가르침입니다. 오늘 말씀은 이 사실을 놀라운 방식으로 압축해 보여주고 있습니다. 복음의 메시지라는 것이 그저 우리 모두에게 서로 협력해서 세상을 원활하게 만들자고 호소하는 것입니까? 국가들을 향해 "자, 와서 피부색과 인종 문제 전반을 풀어 보자, 분별력을 가지고 회의석상에서 만나 보자"고 하면서 국제적으로 호소하는 것입니까? 그런 것이 기독교입니까? 성경을 한번이라도 읽었다는 사람들이 어떻게 그런 생각을 할 수 있는지 모르겠습니다. 그렇습니다. 복음 메시지는 성경의 메시지입니다. 하나님, 삼위로 계시는 하나님에 관한 메시지입니다. 계속해서 이 세상에 침입해 들어오시는 분에 관한 메시지입니다. "어찌하여 사탄이 네 마음에 가득하여 네가 성령을 속이고……사람에게 거짓말한 것이 아니요 하나님께로다." 바로 이것이 복음 메시지입니다.

어떤 사람은 "하지만 난 삼위일체 교리를 이해할 수 없습니다. 이해할 수 없으니까 믿지 않는 겁니다"라고 말합니다.

옹졸한 바보들입니다! 삼위일체 교리를 이해하려고 노력이나 해 보았습니까? 잠시 멈추어 서서, 자기가 이해하고 싶은 내용에 대해 생각하려는 노력을 기울여 보십시오. 삼위 하나님, 성부·성자·성령에 대해 생각해 보십시오. 이것이 성경의 메시지입니다. 하나님은 '모든 존재의 근거'도 '궁극적인 존재'도 '절대자'도 모호한 선의의 정신도 '사랑의 영'도 아닙니다. 하나님은 결코 그런 존재가 아닙니다. 하하나님은 생각하시고 행동하시며 간섭하시고 일하시는 인격체입니다. 성부 하나님께서 태초에 천지를 창조하셨습니다. "태초에 하나님이 천지를 창조하시니라." 어떤 힘이 사물을 존재하게 한 것이 아니라 한 인격이 사물을 존재하게 한 것입니다. 한 인격이 창조하기로 결정하시고, 실제로 창조하시고, 창조한 후에 유지시키고 계신 것입니다.

구약성경에서 다양한 천사의 모습으로 나타나신 성자 하나님은 때가 이르자 아기의 모습으로 베들레헴 마구간에 태어나셨습니다.갈 4:4 참조. 한 인간, 살아있는 인간으로 나타나신 것입니다. 그는 말씀하셨습니다. "나를 본 자는 아버지를 보았거늘"요 14:9. "나와 아버지는 하나이니라."요 10:30.

사도행전은 성령 하나님을 크게 강조하고 있습니다. "어찌하여 사탄이 네 마음에 가득하여 네가 성령을 속이고……사람에게 거짓말한 것이 아니요 하나님께로다."

오, 저는 스스로 이런 일을 이해하고 있다고 말하는 것도 아니고, 여러분에게 이런 일을 이해하라고 촉구하는 것도 아닙니다. 다만 제가 말하고 싶은 바는, 여러분이 자기 자신도 삶도 역사도 이해하지 못하고 있다는 것입니다. 항상 계셨고 지금도 계시는 하나님, 복되신 신격을 공히 갖고 계시며 모든 점에서 똑같이 동등하고 똑같이 영원하신 삼위 하나님, 지금도 이 세상에서 행동하고 계시는 하나님의 메시지를 믿지 않으면 여러분은 지옥에 갈 수밖에 없다는 것입니다. 이 세상은 우리 것이 아닙니다. 우리가 세상을 만든 것이 아닙니다. 우리 스스로 세상에 나온 것도 아닙니다. 우리는 살아계신 하나님의 수중에 있는 사람들입니다. 이 모든 것을 지으신 분, 이 모든 것을 유지시키고 계시는 분 밑에서 살고 있는 사람들입니다. 잠시 잠깐 스쳐 지나가는 이 세상에서 자로 잰 듯 왜소한 삶을 살고 있는 사람들입니다. 바보처럼 으스대는 인간들의 모습을 보십시오. 이 메시지가 없으면 인간은 자기 자신도, 하나님도, 그 어떤 것도 이해할 수 없습니다. 오직 이 메시지를 들을 때에만 이해와 설명이 가능해지기 시작합니다.

이제 저는 현대인들이 그야말로 어리석음의 극치로 여기는 것을 이야기하려고 합니다. 베드로는 "아나니아야, 어찌하여 사탄이 네 마음에 가득하여 네가 성령을 속이고 땅값 얼마를 감추었느냐"고 물었습니다. 여러분과 제가 어떻게 생각하고 싶어하는지와 상관없이 이 사건뿐만 아니라 성경 전체가 말해 주고 있는 메시지는 인격적인 한 존재인 마귀, 사탄이 분명히 있다는 것입니다. 마귀는 영적인 영역의 일부를 이루고 있습니다. 우리는 이 부분에서 또 한번 현대사상의 극심한 파탄을 목격하게 됩니다. 현대세계는 하나님만 믿지 않는 것이 아니라 마귀도 믿지 않습니다. 물론 이런 태도에는 상당한 일관성이 있습니다. 우주로 나간 러시아인들은 우주 어디에서도 하나님을 볼 수 없었다고 말했습니다. 신성모독의 문제를 떠나서, 그야말로 딱할 정도로 어리석은 말이요 쓰레기 같은 말 아닙니까! 물론 그들은 마귀도 보지 못했습니다. 그래서 많은 이들이 "우주에서조차 하나님을 못 봤으니 하나님은 없는 것이다. 마귀를 못 봤으니 마귀도 없는 것이다"라고 말하고 있습니다. 이것은 비극입니다.

그러나 성경이 기록된 목적의 일부는, 하나님의 존재와 인격성을 가르쳐 주는 것 못지 않게 마귀의 실재와 인격성을 가르쳐 주려는 데 있습니다. 왜 세상이 이 모양이 되었습니까? 왜 세상에 혼란과 고통이 있습니까? 왜 정욕과 탐욕과 시기와 질투가 있습니까? 왜 질병이 있습니까? 그 유일한 답이 창세기 3장 뒷부분, 마귀를 다룬 부분에 나옵니다. 하나님은 완벽한 세상-낙원-을 만드셨습니다. 하나님이 그 모든 것을 보시니 "보시기에 좋았"습니다. 그런데 어떤 피조물보다 간교했던 마귀가 찾아와 남자와 여자를 시험했고, 결국 그들은 타락하고 말았습니다. 우리는 여기에서 이상하게 대비되는 점을 한 가지 볼 수 있습니다. 첫번째 창조가 일어났던 태초에도 마귀가 들어와 문제를 일으켰습니다. 그런데 두번째 창조로 생겨난 교회에도 마귀가 들어와 움직이고 있습니다. 태초에도 남자와 여자가 휘말렸는데, 초대 교회에서도 남자와 여자가 휘말리고 있습니다. 이것은 동일선상에 있는 일입니다. 인격을 가지고 있는 마귀가 문제인 것입니다.

고린도후서 4:3 이하를 보십시오. 바울은 이렇게 말하고 있습니다. "만일 우리의 복음이 가리었으면 망하는 자들에게 가리어진 것이라. 그중에 이 세상의 신이 믿지 아니하는 자들의 마음을 혼미하게 하여 그리스도의 영광의 복음의 광채가 비치지 못하게 함이니." 우리가 살펴본 대로 사람들이 믿지 않는 주된 이유가 여기 있습니다. 마귀가 그들의 눈을 가려 버린 것입니다. 에베소서 2:1-2을 보십시오. "그는 허물과 죄로 죽었던 너희를 살리셨도다. 그때에 너희는 그 가운데서 행하여 이 세상 풍조를 따르고 공중의 권세 잡은 자를 따랐으니 곧 지금 불순종의 아들들 가운데서 역사하는 영이라." 이것이 사도 바울의 가르침입니다. 그는 에베소서 6:12에서 다시 이렇게 말하고 있습니다. "우리의 씨름은 혈과 육을 상대하는 것이 아니요." 문제가 되는 것은 우리 자신의 인간적인 본성이 아닙니다. "통치자들과 권세들과 이 어둠의 세상 주관자들과 하늘에 있는 악의 영들을 상대함이라." 이것이 문제입니다.

요한계시록 역시 같은 주제를 다루면서, 인간의 삶 전체를 좌우하고 지배하며 망쳐 놓는 짐승과 불못에 던져지는 마귀에 대해 서술하고 있습니다. 여기 사도행전 5장에도 같은 가르침이 나옵니다. "어찌하여 사탄이 네 마음에 가득하여." 성령세례를 받아 영적인 사람이 된 베드로는 정확히 무슨 일이 일어나고 있는지 간파하고 있었습니다. 거듭 말하지만, 이 사건은 보이지 않는 영역의 실재성에 대해 가르쳐 주고 있습니다. 우리가 살고 있는 세상은 보이지 않는 권세와 힘-선한 힘뿐 아니라 악한 힘-에 둘러싸여 있으며, 정사와 권세와 이 어둠의 세상 주관자들에 둘러싸여 있습니다. 바로 이 힘이 오늘날 세상에서 악을 조직하여 세상을 이토록 악마적으로 만들고 있는 것입니다. 단순히 인간이 그렇게 하는 것이 아닙니다. 인간은 그 힘에 조종당하는 피해자요 노예요 밥일 뿐입니다. 사실은 마귀가 사람의 마음에 들어가 지배하는 것입니다. 본문이 말하고 있는 대로 마귀가 사람을 다스리고 지배하는 것입니다.

세상이 이 모양이 된 이유가 바로 여기 있으며, 슬프게도 교회가 이렇게 된 이유 또한 여기 있습니다. 사도행전 5장에서, 마귀는 교회의 일원인 아나니아와 삽비라의 마음속에 들어가 이 악마적인 일을 행함으로 무서운 결과를 초래했습니다. 그는 지금도 교회 안에서 일하고 있습니다. 바울은 마귀가 빛의 천사로 가장할 수 있다고 말했습니다. 마귀는 지금도 그렇게 하고 있습니다. 그래서 교회의 저명한 인물들 중에도 믿음의 요소 그 자체를 부인하는 사람, 성자의 신성을 부인하는 사람, 하나님의 존재조차 부인하는 사람, 그러면서도 기독교의 이름을 내세우는 사람들이 있는 것입니다. 이런 것은 이 보이지 않는 세력, 사탄이 하는 짓입니다. 사탄이 하는 짓은 너무 똑똑하고 너무 극악하고 너무 복잡하고 너무 교묘해서 도저히 사람의 짓이라고 볼 수가 없습니다.

우리는 모두 이 세력에 둘러싸여 있습니다. 성경은 거대한 우주적 전투-하나님과 마귀, 빛의 나라와 어둠의 나라, 천국과 지옥의 전투-가 계속되고 있다고 가르칩니다. 여러분과 제가 그 모든 위대한 과학적 지식, 그 모든 모임과 단체와 조직과 회의, 완벽한 세상을 만들기 위한 그 모든 협정에도 불구하고 점점 더 나쁜 상황으로 빠져드는 것은, 이렇게 교묘한 방식으로 우리에게 영향을 끼치고 있는 세력을 의식하지 못하고 있기 때문입니다. 이 세력들이 언제나 나쁜 일만 하는 것은 아닙니다. 좋은 일을 할 때도 있습니다. 그러나 좋은 일은 때로 가장 좋은 일의 가장 큰 원수가 됩니다. 우리는 일반적으로 보통 사람들보다 도덕적인 사람들이 더 복음 전파에 저항해 왔다는 사실을 알고 있습니다. 그들은 복음의 필요를 느끼지 못했습니다. 바리새인과 서기관들보다는 속이는 세리와 죄인들이 항상 더 복음을 들을 준비가 되어 있었습니다. 이것이 문제입니다. 이것이 마귀가 하는 일입니다.

이 큰 전투는 오늘 말씀에서도 계속되고 있습니다. 성령과 사탄 모두 이 세상에 작용하고 있으며 여러분과 저에게 작용하고 있습니다. 성령과 사탄 모두 우리를 차지하려고 애쓰고 있습니다. 마귀는 천사로 창조되었다가 반역해 타락한 존재입니다. 마귀는 하나님을 증오하면서, 자기가 받을 최종적인 형벌의 자리에 온 우주를 끌고 가려고 합니다. 그래서 초대교회에도 이런 일이 일어난 것입니다. 이런 일은 지금도 일어나고 있습니다. 복음을 거부하게 하는 주체는 여러분의 위대한 두뇌가 아니라, 여러분의 마음에 영향을 끼쳐서 믿지 못하게 만드는 이 마귀입니다.

마지막으로 경고할 것—여기에서는 언급만 하고 넘어가겠습니다—이 있습니다. 이 말씀이 주는 마지막 일반적인 메시지는 최후의 심판이 있다는 것입니다. 저는 지금 이론적인 이야기나 우리와 동떨어진 이야기, 학문적인 이야기를 하고 있는 것이 아닙니다. 이것은 우리가 관심을 가져도 그만, 안 가져도 그만인 하나의 견해가 아닙니다. 이것은 우리 한 사람 한 사람과 긴밀하게 관련되어 있는 진리입니다. 인간은 책임 있는 존재, 즉 자기를 만드신 하나님 앞에서 책임을 져야 하는 존재입니다. 인간은 이 하나님, 모든 것을 아시는 이 하나님 앞에 서야 합니다. 아나니아와 그의 아내는 약간의 돈을 감추기로 모의하면서 이렇게 말했을지도 모릅니다. "사도들은 모를 거야. 누가 이걸 알겠어? 우리는 엄청나게 영적인 사람 행세를 하면서 이익은 이익대로 챙기는 거라고. 우린 정말 똑똑한 사람들이야!" 그들이 정말 똑똑한 사람들이었습니까? 사실 그것은 순전히 미친 짓이었습니다. 그들은 왜 그런 짓을 했습니까? 보이지 않는 것을 잊어버렸기 때문입니다. 영적인 것을 잊어버렸기 때문입니다. 하나님을 잊어버렸기 때문입니다. "오직 만물이 우리를 상관하시는 자의 눈앞에 벌거벗은 것같이 드러나느니라"히 4:13.

요한계시록 20:12은 "과연 그렇다"고 말합니다. 책들이 펼쳐지고 사람들의 기록이 공개될 날이 오고 있다고 말합니다. 사람이 행하는 것이나 말하는 것이나 생각하는 것 중에 하나님이 모르시는 것은 하나도 없습니다. 사람들은 하나님을 피할 수 없으며 하나님께로부터 도망갈 수 없습니다. 세상에 사는 동안에는 물론 많은 일을 할 수 있습니다. 그러나 그들의 시간은 전부 하나님의 수중에 들어 있습니다. 그들은 순식간에, 한순간에 쓰러질 수 있습니다. 그들의 목숨은 스스로 만든 것이 아닙니다. 그들은 자기 목숨을 통제할 수 없으며 궁극적인 의미에서 끊을 수도 없습니다. 만사가 편하다고 생각할 때 갑자기 멸망이 닥칠 것입니다. 이것은 주님이 친히 주신 위대한 메시지입니다. 종말이 오면 하나님께서 그분을 알려고 하지 않았던 모든 사람을 심판하실 것입니다. 사탄에게 속아 넘어가 그리스도–하나님께서 "저를 믿는 자마다 멸망하지 않고 영생을 얻게 하"시려고 세상에 보내신 독생자요 3:16 – 안에 나타난 하나님의 제안을 거부한 모든 사람을 심판하실 것입니다.

   이 빛 속에서 하나님은 우리 모두를 회개하라고 부르고 계십니다. 우리 죄와 수치와 어리석음과 하나님에 대한 무지를 인정하고 고백하라고 부르고 계십니다. 그분의 복음을 믿으라고 부르고 계십니다. 이것이 아나니아와 삽비라의 비극이 우리에게 주는 첫번째 중요한 메시지입니다. 하나님께서 우리의 눈을 열어 이 메시지를 보게 해주시기를 간절히 바랍니다.

18

마음과 그 원수들

아나니아라 하는 사람이 그의 아내 삽비라와 더불어 소유를 팔아 그 값에서 얼마를 감추매 그 아내도 알더라. 얼마만 가져다가 사도들의 발 앞에 두니 베드로가 이르되 아나니아야, 어찌하여 사탄이 네 마음에 가득하여 네가 성령을 속이고 땅값 얼마를 감추었느냐. 땅이 그대로 있을 때에는 네 땅이 아니며 판 후에도 네 마음대로 할 수가 없더냐. 어찌하여 이 일을 네 마음에 두었느냐. 사람에게 거짓말한 것이 아니요 하나님께로다. 아나니아가 이 말을 듣고 엎드러져 혼이 떠나니 이 일을 듣는 사람이 다 크게 두려워하더라. 젊은 사람들이 일어나 시신을 싸서 메고 나가 장사하니라. 세 시간쯤 지나 그의 아내가 그 일어난 일을 알지 못하고 들어오니 베드로가 이르되 그 땅 판 값이 이것뿐이냐. 내게 말하라 하니 이르되 예, 이것뿐이라 하더라. 베드로가 이르되 너희가 어찌 함께 꾀하여 주의 영을 시험하려 하느냐. 보라, 네 남편을 장사하고 오는 사람들의 발이 문 앞에 이르렀으니 또 너를 메어 내가리라 하니 곧 그가 베드로의 발 앞에 엎드러져 혼이 떠나는지라. 젊은 사람들이 들어와 죽은 것을 보고 메어다가 그의 남편 곁에 장사하니 온 교회와 이 일을 듣는 사람들이 다 크게 두려워하니라.

사도행전 5:1-11

계속해서 아나니아와 삽비라의 이야기를 살펴보겠습니다. 이 부부 역시 초대교회 교인들이 자기 소유를 나누는 일에 동참하기로 결심했습니다. 그러나 구체적인 행동은 달리했습니다. 소유물 판 값을 전부 내놓는 척하면서, 사실은 전부 내놓지 않았던 것입니다. 두 사람은 얼마의 돈을 감추기로 공모했습니다. 바로 이 행위 때문에 하나님께서 오늘 말씀에 나오는 무서운 방식으로 그들을 벌하신 것입니다.

이 이야기에서 우리는 복음의 가장 크고 첫째 가는 목적을 보게 됩니다. 그것은 우리가 영적인 세계, 영적인 영역에 살고 있다는 사실을 깨우치는 것입니다. 어떤 형태의 물질주의든 물질주의는 마귀의 가장 큰 거짓말입니다. 그 거짓말 때문에 세상은 보이지 않는 것과 영적인 것과 영원한 것을 잊어버리게 되었고, 결국 거기에서 온갖 비극이 나오게 되었습니다. 아나니아와 삽비라 이야기는 이 점을 상기시켜 주고 있습니다. 신자들이 함께 모여 기도했을 때 하나님께서 홀연히 행하심으로 모든 상황을 변화시켜 주셨습니다. 그러나 하나님을 미워하는 사탄 역시 지속적으로 활동하면서, 첫 창조나 '새 창조'-교회-를 가리지 않고 하나님의 모든 일을 있는 힘을 다해 망치려 든다는 것을 이 이야기는 일깨워 주고 있습니다.

복음 메시지는 아나니아와 삽비라처럼 우리 모두 하나님 앞에서 책임을 져야 할 자들이며, 우리가 알든 모르든 하나님의 수중에 있는 자들이라고 말합니다. 두 사람은 그 사실을 깨닫지 못했으나 그 사실에 직면해야 했습니다. 우리도 마찬가지입니다. 자신보다 훨씬 큰 능력과 힘을 가지신 분의 수중에 있다는 것을 깨닫지 못하는 우리는 얼마나 어리석은 자들입니까!

교회의 메시지는 바로 이런 세상에 주어졌습니다. 사도들은 바로 이런 세상에 복음을 전하도록 보냄받았습니다. 주님은 승천하시기 전, 사도들에게 "너희는 이 모든 일의 증인이라.……너희는 위로부터 능력으로 입혀질 때까지 이 성에 머물라"고 하셨습니다눅 24:48-49. 주님은 다음과 같이 말씀하신 것입니다. "내가 너희를 파송하는 것은 사람들에게 내 이야기를 하게 하기 위해서다. 내가 누구며, 왜 이 세상에 왔고, 무슨 일을 했는지 말하게 하기 위해서다." 구원과 해방의 위대한 소식, "말할 수 없는 영광스러운 즐거움으로" 이끄는 기쁜 소식을 말하게 하려고 파송하셨다는 것입니다벧전 1:8.

그렇다면 세상 모든 사람들은 왜 이 메시지를 믿지 않는 것입니까? 이렇게 무서운 곤란에 빠져 있으면서도, 문제의 해결책을 찾지 못해 어쩔 줄 모르고 있으면서도, 자신들의 모든 노력이 거듭 수포로 돌아가는 것을 보고 있으면서도, 왜 복음을 고려조차 해보지 않고 무시해 버리는 것입니까? 저는 그 답의 주된 부분을 이미 말씀드린 바 있습니다. 문제는 사탄, 마귀에게 있습니다. 그리스도의 영광스러운 복음을 믿지 못하도록 "믿지 아니하는 자들의 마음을 혼미하게 하"는 이 세상의 신에게 있습니다고후 4:4. 마귀가 어떤 방식으로 그 일을 하는지 살펴보겠습니다. 제가 여러분에게 드린 질문은 "왜 세상은 복음을 믿지 않는가?" 하는 것입니다. 그 답은 자신의 진정한 필요를 보지 못하기 때문입니다. 아주 간단합니다. 세상이 자신의 필요를 본다면 기꺼이 복음에 귀를 기울일 것입니다. 세상은 자신에게 무언가가 필요하다는 사실은 알고 있지만, 자신의 참된 필요, 진정한 필요가 무엇인지는 모르고 있습니다. 그 원인은 언제나 사탄의 역사 때문입니다.

이 놀라운 사건은, 인류의 곤경은 무엇이 잘못되었는지 모르는 데 있다고 말합니다. 인류는 자기 문제의 본질과 근본적인 필요에 대해 오해하고 있습니다. 사람들이 복음을 믿지 않는 이유가 여기 있습니다. 우리는 필요와 관련되어 발생하는 기초적인 문제를 크게 두 부분으로 나누어 생각할 수 있습니다. 첫째로, 인간은 자신의 본질-인간이 누구이며 어떤 필요를 가지고 있는지-을 잘못 보고 있습니다. 둘째로, 인간은 자신을 대적하는 세력을 다루는 방법을 잘못 알고 있습니다.

무엇인가 잘못되어 있다는 것은 모두가 인식하고 있으며, 이 땅의 삶에 일종의 싸움이 있다는 것도 모두가 알고 있습니다. 그러나 정작 중요한 질문은 그렇다면 정확히 무엇이 잘못되어 있는 것인가, 인간과 싸움을 벌이는 반대 세력의 본질은 정확히 무엇인가 하는 것입니다. 세상의 역사가들에게 그 답을 구하면, 세상이 그동안 자신들의 문제를 해결하기 위해 시도했던 많은 일들을 제시할 것입니다. 우리는 이른바 '문명의 역사'를 통해 이 문제와 씨름했던 사람들을 만나게 됩니다. 사람들은 이 문제를 해결하려고 정신없이 바쁘게 움직여 왔습니다. 그 이야기가 나오지 않는 역사책이 없을 정도입니다! 심지어 사람들은 전쟁중에도 평화를 추구했습니다.

그러나 그렇게 많은 에너지를 쏟아부었는데도 세상은 조금도 나아지지 않았습니다. 이처럼 인류의 발자취를 끊임없이 따라붙으며 방해하고 있는 것이 무엇입니까? 만사가 잘될 것처럼 생각되는 순간에 그토록 많은 일들이 어그러지는 이유가 무엇입니까? 인류의 오랜 역사상 이런 일들이 얼마나 자주 일어났는지-많은 역사가들이 세상은 순환하고 있을 뿐이라고 굳게 믿을 정도로-아십니까? 인류의 역사는 정상을 향해 곧장 올라가는 것처럼 보이다가도, 갑자기 곡선을 그리며 바닥으로 곤두박질치곤 했습니다. 이 같은 전진과 후퇴가 쉬지 않고 반복되어 왔습니다. 왜 이런 일이 일어납니까? 세상이 반드시 직면해야 하는 두 가지 큰 문제 때문입니다. 제가 아나니아와 삽비라 이야기에 비추어 이 두 문제의 본질에 대해 설명하려는 것도, 이들의 이야기가 이 두 문제의 본질에 대해 큰 통찰을 제공해 준다고 생각하기 때문입니다.

인간의 상황을 바라보는 현대의 관점은 정확히 어떤 점에서 잘못되어 있습니까? 첫째로, 여러분은 오늘날 우리가 직면하고 있는 도덕적·정치적 문제 전반을 해결하고자 애쓰는 사람들의 글을 읽는 즉시, 그들의 관점이 몹시 피상적이라는 인상을 받게 될 것입니다. 일반적으로 그들은 행위에만 관심을 보입니다. 그들은 청소년 비행과 절도와 강도사건 통계를 입수하고-제가 생각할 때 최근의 통계가 무엇보다 두드러지게 보여주는 사실은 이 나라에서 자행된 형사범죄와 기소 범죄 건수가 백만 건을 넘어섰다는 것입니다-거기에 모든 관심을 기울입니다. 그리고 사람들이 어떤 행동들을 했는지 먼저 살펴본 후에, 어떤 한 가지 행위에 전적인 문제가 있다고 간주해 버립니다.

그들은 "사람들의 행동양식에 대해 어떤 조처를 취할 수 있을까?"를 묻습니다. 그들은 사람들 그 자체나 그들이 반응하는 방식, 살고 있는 방식에는 관심이 없습니다. 그저 자신들이 '사회'라고 부르는 것에서 출발하여 '상호관계'까지 살펴본 후, 학자답게 숙련된 솜씨로 연구한 내용을 제시할 뿐입니다. 그들이 던지는 질문은 "죄를 짓고 사회를 교란시킨 이 사람들을 어떻게 좋은 사회 구성원으로 만들 수 있을 것인가?"라는 것입니다. 이처럼 그들은 문제의 표면을 살피는 일에 시간을 다 써버립니다.

여기에 두번째 오류가 잇따르는 것은 거의 필연적인 결과입니다. 이런 관점이 암시하고 있는 바는, 사회가 직면하고 있는 문제들은 전적으로 지식과 교훈의 결핍 때문에 발생한다는 것입니다. 더 나은 행동이 무엇인지 모르기 때문에, 그런 행동을 하도록 훈련받지도 못했고 지적인 이해력도 없기 때문에 잘못된 행동을 한다는 것입니다. 결론적으로, 조화롭고 행복한 사회에 필요한 것은 오직 교육밖에 없다는 것입니다. 사람들은 사회와 사회 다른 구성원들에게 순응해야 한다는 사실을 충분히 이해하지 못하기 때문에 잘못된 길로 들어선다는 것입니다. 그러므로 사회가 요구하는 바에 적응하는 방법만 가르쳐 주면 문제는 해결된다는 것입니다.

문제의 해결방안에 대한 일반적인 관점을 제가 공정하게 묘사했다는 데 모두 동의하시리라 믿습니다. 이것이 학교의 교육방법을 받쳐 주고 있는 이론입니다. 이것은 이른바 '갱생'-즉 사람들을 훈련시키는 일-에 강조점을 둔 죄수의 교정과 처벌에 대한 전반적인 관점을 지배하고 있는 이론입니다. 물론 이 일을 하기 위해서는 심리치료사를 불러야 할 수도 있습니다. 어쨌든 그 목적은 사람들을 똑바로 사고하게 하려는 데 있습니다. 이처럼 사람들의 머리를 치료하고 교육함으로써 더 나은 길을 제시하고자 설립되는 기관들의 숫자가 점점 늘어나고 있습니다.

그러나 저는, 아나니아와 삽비라 이야기 그 자체만 가지고서도 이 모든 것의 완벽한 피상성을 밝히기에 충분하다고 생각합니다. 이 두 사람과 이들에게 일어난 일을 보십시오. 교회라는 영역에서 발생한 이 사건을 보십시오! 아나니아와 삽비라를 단순히 지식이 부족했다거나 지각이 부족했다는 말로 설명할 수 있습니까? 과연 그렇게 설명할 수 있습니까? 이것은 성경 전체를 관통하고 있는 원리이니만큼 성경의 위대한 예들 가운데 아무것이나 택해서 살펴보시기 바랍니다. 그 인물들의 행위를 단순히 지적인 관점에서 설명할 수 있습니까? 이처럼 현대적인 관점들을 성경의 가르침에 비추어 보는 순간, 우리는 그 관점들이 말할 수 없이 피상적이라는 사실을 알게 됩니다.

좀더 적극적인 표현을 쓴다면, 세상의 진짜 큰 실패는 인류의 본질적인 문제가 바로 마음의 문제임을 보지 못한 것이라고 말할 수 있습니다. 성경은 전반적으로 이 점을 크게 강조하고 있습니다. 이렇게 말해도 될지 모르겠지만, 바로 이 점에서 성경적 심리학의 깊이가 드러납니다. 저는 오직 이 사실만을 전적인 토대로 삼고 나머지 현대의 이론들은 전부 배제하려고 합니다. 사람들은 심리학에 대해 너무 많은 말들을 하고 있습니다. 그런데 그들은 심리학을 전적으로 인간의 행동과 지각만을 의미하는 것으로 본다는 점에서 잘못을 범하고 있습니다. 성경, 오직 성경에서만 인간의 본질에 대한 참된 평가를 얻을 수 있으며, 깊은 심리적 이해에서 나온 분석을 얻을 수 있습니다.

베드로는 곧장 핵심을 찔렀습니다. "아나니아야, 어찌하여 사탄이 네 마음에 가득하여." 나중에 삽비라가 왔을 때에도 그는 사실상 똑같은 말을 했습니다. 베드로의 말을 다시 들어 보십시오. 그는 아나니아에게 핵심을 지적하면서 "어찌하여 사탄이 네 마음에 가득하여 네가 성령을 속이고 땅값 얼마를 감추었느냐. 땅이 그대로 있을 때에는 네 땅이 아니며 판 후에도 네 마음대로 할 수가 없더냐"고 물었습니다.

여러분도 알다시피, 베드로는 사실 이렇게 말하고 있는 것입니다. "처음부터 당신은 땅을 팔 필요가 없었소. 또 땅값을 받은 후에도 아무도 당신에게 돈을 내라고 강요하지 않았소. 당신은 얼마든지 그 돈을 다 가질 수 있었고 마음대로 처분할 수 있었소. 그런데도 두 번이나 일부러 속이기로 작심한 이유가 무엇이오?" 그는 계속해서 물었습니다. "어찌하여 이 일을 네 마음에 두었느냐." 이 일을 어디에 두었다고 말하고 있습니까? '네 머리'입니까? 아닙니다. "네 마음"입니다. 베드로의 말은 문제의 전모를 드러내 주고 있습니다.

이처럼 본질적인 문제는 사람의 마음에 있다는 사실을 전혀 보지 못한다는 것이야말로 현대적인 관점의 결함입니다. 인간의 본질적인 문제는 지적인 데 있는 것도 아니고 지식과 정보에 있는 것도 아닙니다. 본질적인 문제는 그보다 더 깊은 곳에 있습니다. 인간의 마음에는 인간의 머리보다 깊고 강하고 심원한 요소들이 들어 있습니다. 그 요소들은 한 사람의 삶 전체를 망가뜨리고 무너뜨릴 수 있을 만큼 지배적인 힘을 가지고 있습니다. 이것은 성경의 큰 메시지입니다. 성경은 마귀―여기에서 "사탄"이라고 부르는―가 처음에 타락한 것은 하나님을 대적하여 마음이 높아진 탓이라고 말하고 있습니다. 질투입니다! 그때도 무언가 깊고 심원한 것이 문제가 되었습니다. 마귀는 단순히 머리로 생각만 한 것이 아니라 마음으로 갈망했습니다. 그는 하나님과 동등해지기를 원했습니다. 성경이 인간과 관련해 곳곳에서 강조하고 있는 바가 바로 이것입니다.

저는 성경의 정직함을 줄곧 강조해 왔는데, 여기에서 그 두드러진 예를 한 가지 들려고 합니다. 구약성경에서 가장 위대한 인물에 속하는 다윗왕은 '이스라엘의 감미로운 시인'이자 아름다운 청년이었습니다. 그는 하나님을 경외했고, 골리앗에게 큰 승리를 거두었으며, 왕국을 든든히 세워 이후 누구도 필적할 수 없을 만큼 위대하고 놀랍게 발전시킨 사람이었습니다. 그의 모습을 있는 그대로 한번 보십시오. 정직한 성경은 그의 진실을 보여주고 있습니다. 성경은 다윗왕이 간음죄와 살인죄를 지었다고 말합니다. 그는 왜 이런 짓을 저질렀습니까? 지식이 부족해서였습니까? 사회의 다른 구성원들에게 적응하는 기술을 충분히 교육받지 못해서였습니까? 그에게 필요한 것이 과연 갱생이었을까요?

그것은 너무나 피상적이고도 우스운 생각입니다! 마침내 스스로 이유를 깨달은 다윗은 시편 51편에서 고뇌 가운데 부르짖었습니다. "하나님이여, 내 속에 정한 마음을 창조하시고 내 안에 정직한 영을 새롭게 하소서"시 51:10. 그는 문제가 어디에 있는지 알고 있었습니다. 다윗처럼 통찰력 있는 사람, 하나님께 메시지를 받고 성령이 감동하시는 바를 알아 비할 데 없이 훌륭한 시편을 쓴 사람, 하나님의 율법과 진리를 잘 알고 있었던 사람도 그렇게 무서운 짓을 범할 수 있었습니다. 왜 그렇습니까? 머리에 문제가 있었기 때문입니까? 하나님은 그렇지 않다는 것을 알고 계셨으며, 다윗도 결국은 그렇지 않다는 것을 깨달았습니다. 문제를 일으킨 것은 머리가 아니라 영이요 마음이었습니다. 인간의 본질 더 깊은 곳에 있는 것이었습니다. 오늘날 세상은 이 점을 잊고 있습니다.

주님도 성경 못지 않게 숨김없는 분입니다. 그는 바리새인과 서기관들이 똑같은 잘못을 저지르고 있다는 사실을 분명히 지적하셨습니다. 제자들이 그 말씀을 이해하지 못하자 다음과 같이 말씀하셨습니다. "입으로 들어가는 모든 것은 배로 들어가서 뒤로 내버려지는 줄 알지 못하느냐. 입에서 나오는 것들은 마음에서 나오나니 이것이야 말로 사람을 더럽게 하느니라. 마음에서 나오는 것은 악한 생각과 살인과 간음과 음란과 도둑질과 거짓 증언과 비방이니 이런 것들이 사람을 더럽게 하는 것이요 씻지 않은 손으로 먹는 것은 사람을 더럽게 하지 못하느니라"마 15:17-20.

마음이야말로 인격의 중심입니다. 마음에는 단순히 느낌과 감정만 있는 것이 아닙니다. 물론 그것도 있지만 그보다 훨씬 더 깊은 것도 있습니다. 우리 모든 사람에게는 하나의 중심부, 거대한 중심부가 있습니다. 그 중심부가 모든 것을 통제하며, 그 중심부에서 모든 것이 나옵니다. 그것이 우리의 곤경입니다. 우리의 문제는 단순히 지적인 데 있지 않습니다. 만일 그렇다면 우리의 교육체계로도 능히 해결할 수 있을 것입니다. 그렇습니다. 사람의 속에는 그 모든 것보다 더 깊은 것, 자기 지식을 짓밟고 어기고 거스르면서까지 뻔히 아는 잘못을 저지르게 만드는 무언가가 있습니다. 그것이 인간의 곤경입니다.

복되신 주님이 요한복음 3장에서 어떻게 말씀하셨는지 다시 보겠습니다. "그 정죄는 이것이니 곧 빛이 세상에 왔으되"–그런데도 왜 모든 사람이 믿지 않았습니까? 주님이 친히 그 답을 주고 계십니다–"사람들이 자기 행위가 악하므로 빛보다 어둠을 더 사랑한 것이니라"요 3:19. 어둠을 사랑하는 것, 여기에 인간의 곤경이 있습니다. 빛이 전혀 없었던 것이 아닙니다. 빛은 비치고 있었습니다. 어느 시대의 문명이든 하나님의 계시는 몰라도 빛은 알고 있었습니다. 여러분은 철학자들의 책을 읽을 수도 있고, 삶에 대한 그들의 훌륭한 관점과 더 높은 수준으로 올라가라는 권고를 연구할 수도 있습니다. 그들은 더 나은 길이 무엇인지 보여주었고, 전쟁의 어리석음과 헛됨과 광기를 보여주었습니다. 이처럼 인간이 빛과 교훈과 정보를 얻는 데에는 아무 어려움이 없었습니다. 오늘날 우리는 그 어느 때보다 그것들을 풍성히 누리고 있습니다. 그런데도 범죄와 폭력은 최악의 수치를 기록하고 있는 것입니다.

이것을 어떻게 설명하겠습니까? 거듭 말하지만, 이것을 설명할 수 있는 길은 한 가지뿐입니다. 인류의 곤경은 마음에 있습니다. 이것을 배제한 관점은 실패할 수밖에 없습니다. 야고보는 그의 서신에서 전쟁을 다루면서 이 점을 분명하게 가르쳐 주고 있습니다. 지금 사람들은 이 주제에 관해 혼동을 겪고 있습니다. 그들은 "왜 이렇게 개명한 시대, 개명한 세상에도 여전히 전쟁이 일어날까?"라고 묻습니다. 야고보는 "너희 중에 싸움이 어디로부터 다툼이 어디로부터 나느냐"라고 물은 후에 다음과 같이 대답합니다. "너희 지체 중에서 싸우는 정욕으로부터 나는 것이 아니냐. 너희는 욕심을 내어도 얻지 못하여 살인하며 시기하여도 능히 취하지 못하므로 다투고 싸우는도다. 너희가 얻지 못함은 구하지 아니하기 때문이요 구하여도 받지 못함은 정욕으로 쓰려고 잘못 구하기 때문이라"약 4:1-3.

베드로는 아나니아와 삽비라에게 왜 이런 짓을 했느냐고 물었습니다. "어찌하여 이 일을 네 마음에 두었느냐." 이 질문의 답 역시 똑같습니다. 답은 한 가지뿐입니다. 인간은 지적이기만 한 존재가 아닙니다. 아무리 많이 아는 사람도 자기가 좋아하는 것, 자기가 원하는 것의 지배를 받게 되어 있습니다. 가난하고 무식하고 못 배운 사람들만 간음을 저지르고 이혼법정에 서겠습니까? 절대 그렇지 않습니다. 저울로 재보면 간음을 먼저 저지른 사람들 쪽만 기울지 않습니다. 눈에 잘 띄지 않게 서서히 기울어서 그렇지, 다른 사람들 쪽도 이미 기울어져 있습니다.

대학교수라고 해서 모든 미덕의 귀감이 되는 것은 아닙니다. 많이 배우고 머리가 좋은 사람도 삶의 기술에서는 비참할 정도로 형편없을 수 있습니다. 무엇 때문입니까? 오늘날 '동인'動因이라고 일컫는 것, 즉 정욕과 욕망과 열정이 그의 지성만큼이나 크게 작용할 수 있기 때문입니다. 이것들은 머리보다 더 깊숙한 곳에 있습니다. 이것들은 마음에서 나옵니다! 인격을 만들어 내는 것은 사람의 속으로 들어가는 지식이 아니라 사람의 속에서 나오는 것들입니다. 사람의 속에는 인격의 근원과 원천을 더럽혀 모든 정화의 노력을 허사로 만드는 무언가가 있습니다. 그렇기 때문에 감옥을 비롯해 여러 곳에 상근하는 심리치료사들의 숫자를 대폭 늘리고, 원하는 경우에는 그들을 학교에 투입하며, 사회 전체를 교육시켜 적응시키는 일에 수많은 돈을 쏟아부어도 효과가 없고 도움이 되지 않는 것입니다. 세상이 이것을 증명하고 있습니다. 반복하지만, 그런 방법론은 인간의 문제를 지극히 피상적으로 보는 관점에서 나온 것입니다.

이제 아나니아와 삽비라 이야기가 아주 분명하게 말해 주고 있는 또 다른 사실을 보여드리겠습니다. 이 이야기가 전하는 메시지는 우리의 곤경이 마음에 있을 뿐 아니라, 그 마음이 아주 무서운 상태에 빠져 있으며 왜곡되고 뒤틀려 있다는 것입니다.

어떤 사람은 "오, 사람을 이렇게 우울하게 만드는 이야기를 하다니!"라고 말할 것입니다. 그러나 사랑하는 여러분, 잠깐만 기다려 보십시오. 여러분이 정말 원하는 것이 무엇입니까? 추구하는 것이 무엇입니까? 여러분은 진실을 원합니까? 만약 오락을 원한다면 이 자리에 잘못 오셨습니다. 오락을 원하는 분은 집에서 텔레비전이나 보면서 똑똑한 사람들이 복음을 부인하고 조롱하는 모습을 보십시오. 아마도 진실 대신 듣기 좋은 말과 오락을 얻을 수 있을 것입니다. 그러나 우리는 진실을 고찰하기 위해 이 자리에 모였습니다. 우리 자신과 이 세상에서의 삶, 죽음, 죽음 너머 있는 것에 관심이 있기 때문에 이 자리에 모였습니다. 이 세상의 상태에 진정한 관심이 있기 때문에 이 자리에 모였습니다.

우리가 알아야 할 진실은 인간의 마음이 부패했다는 것입니다. 그 점을 밝히는 것이야말로 설교자에게 맡겨진 임무의 하나입니다. 다른 사람들은 이렇게 말하지 않습니다. 복음만 이렇게 말합니다. 예레미야는 말했습니다. "만물보다 거짓되고 심히 부패한 것은 마음이라. 누가 능히 이를 알리요마는"17:9. 성경이 곳곳에서 말하는 인간의 타고난 마음에 대한 내용도 바로 이것입니다. 저는 사람이 자기 자신과 자기 마음에 대한 진실-옛 스승들이 '마음의 역병疫病'이라고 불렀던 것-을 발견하기 전까지는 진정한 삶을 시작한 것이 아니라는 생각을 가끔 합니다. 아나니아와 삽비라 이야기는 이 점을 완벽하게 예시해 주고 있습니다.

베드로는 자기의 놀라움을 "어찌하여 이 일을 네 마음에 두었느냐"는 말로 표현했습니다. "무엇이 당신을 이렇게 만들었는가? 무엇이 이런 짓을 하게 만들었는가? 당신은 자신이 이런 수준의 사람이라는 생각을 해본 적이 없었는가? 그렇다면 당신은 자기 자신을 모르고 있는 것이다. 당신의 행동과 생각에 놀란 적이 없었는가? 믿을 수 없을 만큼 흉하고 더러운 생각을 당신이 수용하고 보듬었다는 사실에 놀란 적이 없었는가? 어떻게 이런 악이 내 속에 있을까 자문한 적이 한번도 없었는가?"라는 것입니다.

여러분을 위해 이 점을 좀더 분석해 보겠습니다. 인간의 마음은 자기 자신도 속일 수 있을 만큼 무서운 상태에 빠져 있습니다. 인간은 어리석은데다가 이처럼 속이는 마음을 가지고 있기 때문에 자신을 원래 모습보다 늘 낮게 생각합니다. 우리 모두 이 죄에서 자유롭지 못합니다. 우리 모두 그것을 알고 있습니다. 우리는 이런 속임수로 훌륭한 방어벽을 칠 수 있습니다. 남은 나보다 항상 못나고, 나는 남보다 항상 더 잘났다고 말입니다!

이런 마음의 속임수 때문에 우리는 자신을 아주 똑똑한 사람으로 생각하기 쉽습니다. 이런 치명적인 착각이 범죄를 불러일으킵니다. 그렇지 않습니까? 범죄자들은 자신이 똑똑해서 완전범죄를 계획하고 만반의 준비를 해놓았다고 생각합니다. 그러나 자기 생각과는 달리 항상 무언가 실수를 저지릅니다. 우리의 가장 큰 실수는 이같이 자신을 원래보다 똑똑하게 여기는 것입니다. 아나니아와 삽비라는 두 세계에서 공히 최상의 것을 얻을 수 있다고 생각했습니다. 그래서 자신들의 계획이야말로 훌륭한 계획이라고 생각했습니다. 그렇습니다. 삽비라는 모든 정황을 알고 있었습니다. 그들은 이 일을 공모했습니다. 두 사람은 한마음으로 이렇게 말했습니다. "기부했다는 공로도 인정받고 우리 몫도 챙겨서 기분 좋게 누리며 사는 거야. 그러면 교회도 좋고 우리도 좋은 거지. 우리는 하나님과 재물을 같이 섬기는 거라고! 희생한 보람은 보람대로 누리면서 사람들의 인정과 갈채도 받고, 우리를 만족시켜 줄 것들도 챙기는 거지."

우리도 모두 이런 일을 할 수 있다고 자신하면서, 스스로 아주 똑똑하다고 생각합니다. 그러나 그것은 똑똑한 것이 아니라 자신을 우롱하는 것입니다. 오, 인간의 어리석음이여! 주님은 그런 사람을 향해 "너희가 하나님과 재물을 겸하여 섬기지 못하느니라"고 말씀하십니다 마 6:24. 천국에도 가고 싶고, 세상에서도 마음껏 누리며 살고 싶습니까? 그러나 그럴 수는 없습니다. 이것 아니면 저것입니다. 넓은 길과 좁은 길을 동시에 갈 수는 없습니다. 그것은 전혀 불가능한 일입니다. 그런데도 많은 사람들이 그 불가능한 일을 하려고 양다리를 한껏 벌려 두 길에 걸치고 있습니다. 그들은 스스로 똑똑하다고 생각합니다.

양쪽을 다 얻었다고 생각합니다. 교회 안과 밖에 동시에 있을 수 있다고 생각합니다. 자기 마음대로 믿었다가 안 믿었다가 할 수 있다고 생각합니다.

그뿐이 아닙니다. 사람들은 자기를 속이고 있을 뿐 아니라 남도 속일 수 있다고 생각합니다. 아나니아와 삽비라는 전 교회를 우롱했습니다. 저는 참을 수가 없습니다. 이것은 너무도 큰 잘못입니다. 그렇지 않습니까? 이것은 역겨운 일이 아닐 수 없습니다. 이 모든 일의 기만과 허구와 속임수와 위선이 보입니까? 오, 얼마나 혐오스러운 일입니까! 그러나 사실은 우리도 다 똑같습니다. 우리도 남들에게 실제와 다른 인상을 심어 주고자 애쓰고 있지 않습니까? 사회에는 이처럼 부정직한 태도가 만연해 있습니다. 거짓으로 칭찬해 주고 거짓으로 겉모습을 꾸미는 태도가 만연해 있습니다. 이것은 사람들이 일부러 가면을 쓰는 사회에 나타나는 비극의 일부입니다. 이런 것이 위선입니다. 사람들은 실제 모습과 다른 모습을 가장합니다. 그러면서 자기가 똑똑해서 그 일을 성공적으로 해냈다고 생각합니다. "만물보다 거짓되고 심히 부패한 것은 마음이라. 누가 능히 이를 알리요마는"렘 17:9.

그러나 이런 비극과 어리석은 마음의 절정은 하나님까지 속일 수 있다고 확신하는 데 있습니다. 우리가 다루고 있는 문제가 바로 이것입니다. 사람들에게 필요한 것은 하찮은 심리치료가 아닙니다. 우리 내면 아주 깊은 곳에 있는 이것은 심리치료사까지 속여 넘길 수 있습니다. 이것은 사람을 설득하고 속여서 하나님도 내막을 모를 것이라고 믿게 만듭니다. 스스로 하나님까지 속일 수 있을 만큼 똑똑하고 교묘하고 훌륭한 조작자라고 착각하게 만듭니다.

이것이 우리가 알아야 할 진실입니다. 그러나 세상은 이 진실을 깨닫지 못하고 있습니다. 그 모든 대책과 치료책들이 미처 시도되기도 전에 폐기처분 되는 이유가 바로 여기 있습니다. 이것이 인류가 자기 자신의 상태를 생각할 때 저지르는 첫번째 큰 오류입니다.

그 뒤를 따르는 두번째 오류가 있습니다. 그것은 치명적으로 잘못된 관점으로 우리를 대적하는 원수를 바라보는 것입니다. 사실 세상은 우리를 대적하는 권세가 있다는 사실조차 모르고 있습니다. 앞서 지적했듯이, 세상은 사탄의 존재를 인식하지 못합니다. 악이 구체적이고 적극적이며 객관적인 것임을 이해하지 못합니다. 현대사상의 큰 오류 가운데 하나는, 악을 실재로 보지 않고 인위적으로 만들어 낸 존재로 보는 것입니다. 사람들은 성경이 악을 적극적이고 구체적인 것으로 여긴다고 비난합니다. 또한 사탄이라는 한 인격체가 악을 관장하고 있으며, 그가 이 세상의 신으로서 자기 수하와 사자들을 통해 인간의 정신과 마음과 신체에 해로운 영향력을 행사하고 있다고 가르친다고—"공중의 권세 잡은 자를 따랐으니 곧 지금 불순종의 아들들 가운데서 역사하는 영이라"엡 2:2 – 비난합니다.

현대인들은 성경의 관점을 조롱하고 있습니다. 우리가 살펴본 대로, 전쟁은 순전히 지식이 부족해서 발생하는 문제라고 말하고 있습니다. 그들은 두 차례의 세계대전을 겪었으면서도 배우지 못한 것일까요? 전쟁은 지식이 부족해서 발생하는 것이 결코 아닙니다. 이 세상을 파멸의 상태에 묶어 두려고 작정한 권세가 있기 때문입니다. 이것은 세상이 곤경에 처한 이유를 설명해 줍니다. 여러 번 말씀드렸듯이, 우리의 곤경은 히틀러나 무솔리니나 스탈린 같은 사람들에게서 비롯되는 것이 아닙니다. 그렇다면 얼마든지 해결책을 찾을 수 있습니다. 그러나 우리의 곤경은 그런 사람들에게서 비롯되는 것이 아니라 그런 사람들을 지배하고 사용하고 일으키는 존재, 그들에게 아이디어와 극악한 교활함과 대담함을 제공하며 성공의 비책을 일러주는 한 존재에게서 비롯되는 것입니다.

세상에 벌어지고 있는 악한 일들은 객관적인 악의 권세가 세상에서 역사하고 있다는 증거이자, 악의 힘을 통제하는 거대한 지배자가 존재한다는 증거입니다. 그것이 아니라면 마법과 악마 숭배가 재연되고 있는 작금의 현상을 설명할 길이 없습니다. 오늘날 사람들은 비밀스럽고 해롭고 추악한 온갖 것들과 함께 마법과 악마 숭배로 급속히 회귀하고 있습니다. 교육을 받은 사람들도 거기에 정신을 빼앗겨서 더 굉장한 체험을 얻으려고 마약을 복용하는 형편입니다.

이 모든 일이 단지 인간성의 소극적인 특질 때문에 일어나는 것이 겠습니까? 사람들은 그렇게 믿으라고 말합니다. 성경은 악을 적극적인 것으로 가르치는 데 반해 사람들은 악을 소극적인 것, 즉 어떤 좋은 특질이 없는 상태나 좋은 특질을 발전시키지 못한 상태에 불과하다고 말합니다. 이처럼 우리가 처해 있는 곤경의 비극적인 원인은, 사탄이 우리를 지배하고 있으며 우리가 죄에 예속되어 있다는 사실을 세상이 모르는 데 있습니다. 반복하지만 성경의 가르침은 이것입니다. "죄가 너희를 주장하지 못하리니 이는 너희가 법 아래에 있지 아니하고 은혜 아래에 있음이라"롬 6:14. 죄가 세상을 주관하고 있습니다! 이것이 죄의 횡포요 권세입니다. 바울은 같은 로마서 6:17에서 이렇게 말합니다. "하나님께 감사하리로다. 너희가 본래 죄의 종[노예]이더니 너희에게 전하여 준 바 교훈의 본을 마음으로 순종하여." 로마의 그리스도인들은 죄의 노예였습니다. 그러나 이제는 아닙니다. 그들은 하나님의 종, 의의 종이 되었습니다. 바울은 로마서에서 다시 한번 말합니다. 머리로는 하나님의 법을 알고 있는데 "지체 속에서 한 다른 법이" 자기를 끌어내려 "지체 속에 있는 죄의 법으로 나[자기]를 사로잡는" 것입니다롬 7:23.

성경이 처음부터 끝까지 가르치고 있는 것이 바로 이것입니다. "나는 육신에 속하여 죄 아래에 팔렸도다"롬 7:14. 나보다 더 큰 권세, 우주 전체와 나를 비롯한 모든 인간 속에서 죄와 악을 조직해 내는 권세가 있습니다. 거듭나지 못한 속이는 마음과 더불어 죄와 악을 조장하는 엄청난 권세가 있는 것입니다. "어찌하여 사탄이 네 마음에 가득하여 네가 성령을 속이고……어찌하여 이 일을 네 마음에 두었느냐." 에덴동산에 들어와 "하나님이 참으로 [그러]시더냐"고 꼬드기던 마귀야말로 이 사건의 장본인입니다. 그는 아직도 우리 귓가에 이런저런 제안들을 속삭이고 있습니다. 이 사건에 따르면, 그리고 성경 전체의 가르침에 따르면, 오직 이것만이 인간의 상태와 상황에 대한 참되고 적합한 설명입니다. 저는 처음에 "왜 전 세계가 이 복음을 믿지 않는가?"라는 질문을 던졌습니다. 이제 그 답을 드리겠습니다. 그리스도의 영광의 복음을 믿지 못하도록 "이 세상의 신이 믿지 아니하는 자들의 마음을 혼미하게" 했기 때문입니다.^{고후 4:4}

마귀는 성경에 귀를 기울이지 말라고 말합니다. 문제는 단지 머리에 있는 것이며 모든 것은 단지 행동의 문제이므로 필요한 것은 교육뿐이라고 말합니다. 세상은 지금 개선되고 있으며 앞으로도 더 개선될 수 있다고 말합니다. 마귀는 본질적인 문제가 인간의 존재 깊은 곳, 그 핵심부, 그 중심부에 있다는 사실과, 마귀 자신이야말로 무서운 힘으로 세상과 육신을 지배하고 있는 장본인이라는 사실을 세상이 깨닫지 못하도록 온갖 짓을 다하고 있습니다. 세상이 그 사실을 깨닫는다면, 그 즉시 복음이 제시하는 길만이 유일한 희망임을 알게 될 것이기 때문입니다. 복음은 말합니다. "하나님이 세상을 이처럼 사랑하사 독생자를 주셨으니 이는 그를 믿는 자마다 멸망하지 않고 영생을 얻게 하려 하심이라."^{요 3:16}.

무엇 때문에 크고 영원하신 하나님께서 독생자를 세상에 보내셨습니까? 왜 하나님의 아들이 베들레헴에 아기로 태어나셨습니까? 인간의 마음이 말할 수 없이 악하고 기만적이기 때문입니다. 인간이 마귀의 밥이자 노예로 살고 있기 때문입니다. 아들이 오시는 것 말고는 인간을 바로잡을 방법이 없기 때문입니다. 여러분은 "교육이 있지 않습니까?"라고 말할 것입니다. 물론 하나님은 교육도 하셨습니다. 우리에게는 그가 주신 십계명과 도덕법이 있습니다. 하나님은 "어떻게 살아야 하는지 알고 싶은가? 여기 그 답이 있다. 교훈을 받고 싶은가? 모세 같은 사람, 아론 같은 사람을 보내고 선지자들을 일으켜 세울 것이다"라고 말씀하십니다. 우리는 구약성경에서 하나님이 사람들에게 삶의 길을 가르쳐 주시는 모습을 봅니다. 지식은 이미 주어졌습니다. 지식은 그리스의 철학자들도 가르쳐 주었습니다.

그러나 거듭 말씀드리지만, 지식만으로는 충분치 않습니다. 인간의 문제는 마음에 있기 때문에 인간은 도저히 스스로 구원할 수 없습니다. 하나님이 구원해 주셔야 하며, 하나님만 구원해 주실 수 있습니다. 자신의 삶과 세상을 곤경에 빠뜨리는 마귀의 힘과 자기 마음의 기만성을 깨닫고 나면, 희망은 오직 하나밖에 없다는 사실을 알게 됩니다. 우리가 구원받기 위해서는, 하나님의 아들이 세상에 오셔서 하나님께 순종하는 완전한 삶을 사시고, 모든 힘을 다해 대항하는 마귀와 악을 물리쳐 이기시고 쫓아내셔야 합니다. 그다음에는 주님께서 우리의 죄와 허물의 짐을 감당해 주셔야 합니다. 우리는 모두 하나님의 목전에서 악을 행한 자들입니다. 모두 고의적으로 하나님께 등을 돌린 자들입니다. 우리는 아나니아와 삽비라처럼 자신이 무슨 짓을 하고 있는지 알고 있었고, 하나님의 법도 알고 있었습니다. 우리는 "이것은 잘못이다. 이러면 안된다"라는 양심의 소리를 들었습니다. 그런데도 "나는 할거야. 하는 게 좋아. 하고 싶어. 해야 해"라고 말한 것입니다. 이것이 우리의 지난 이야기입니다. 우리는 빛과 지식과 우리가 아는 진리를 거스르고 죄를 지었습니다. 심지어 우리 중에는 하나님까지 속일 수 있다는 생각으로, 속으로는 제 욕심을 차리면서 겉으로는 하나님을 믿고 섬기는 척 가장하는 위선자까지 있을 수 있습니다.

우리는 모두 죄를 지었으며 우리 힘으로는 그 죄를 제할 수 없습니다. 그 죄를 무효로 돌릴 수도 없고 우리 자신을 변화시킬 수도 없습니다. 앞으로는 더 잘살겠다고 약속은 하지만-우리는 그런 약속을 자주 합니다-그 약속을 지키지는 못합니다. 우리는 새해의 다짐을 잊고 금세 원래 자리로 돌아가 버립니다. 우리는 그런 짓을 수없이 많이 했습니다. 그런 다짐에는 아무 희망이 없습니다.

그렇기 때문에 우리에게 복음이 필요한 것입니다. 사람은 자기 모습을 한번도 본 적이 없는 탓에 복음의 필요성을 깨닫지 못하고 있습니다. 사람은 문제의 본질을 본 적이 없습니다. 거듭나지 않은 자기 마음이 얼마나 캄캄하고 소름끼치며 왜곡되어 있는지 본 적이 없습니다. 자기가 얼마나 부패해 있는지도 본 적이 없고, 결국 하나님 앞에 아무 희망이 없다는 사실도 깨달은 적이 없습니다. 그들은 죽음 뒤에 심판이 있으며 그 심판에서 영원한 복과 영원한 화가 선고된다는 사실도 깨달은 적이 없습니다. 그들은 한번도 그런 것을 깨달은 적이 없습니다.

그러나 일단 그것을 깨달은 사람은 복음을 의지할 것이며, 쏜살같이 그리스도께 달려갈 것입니다. 오직 한분만이 마귀와 지옥의 세력에서 자신을 구해 주실 수 있으며, 하나님의 거룩한 율법의 정죄에서 자신을 구해 주실 수 있음을 깨달을 것입니다. 오직 한분만이 자기 안에 새 마음을 창조하실 수 있으며 정직한 영을 새롭게 하실 수 있음을 깨달을 것입니다. 그 한분은 바로 하나님의 아들 예수 그리스도십니다. 그는 승천하시기 직전에 제자들에게 사명을 주시며 말씀하셨습니다. "예루살렘과 온 유대와 사마리아와 땅 끝까지 이르러 내 증인이 되리라"행 1:8. 그는 교회를 만드시고 사람들을 부르셨습니다. "임박한 진노를 피하라"고 우리를 부르셨습니다마 3:7. 회개하라고, 자기 자신을 직면하라고, 자신의 행동뿐 아니라 무엇이 그런 행동을 하게 만들었는지 보라고, 악하고 더럽고 왜곡되고 거듭나지 못한 자기 마음을 보라고, 그리스도 예수 안에 있는 하나님의 놀라운 사랑을 찾으라고 우리를 부르셨습니다.

아나니아와 삽비라는 죽었습니다. 믿는 자들은 그들의 시신을 옷에 싸서 메고 나갔습니다. 그들은 세상적인 의미에서 망했고, 아마 더 큰 의미에서도 망했을 것입니다. 거듭나지 않은 사람은 삶과 죽음에서만 망하는 것이 아니라 영원히 망하게 되어 있습니다. 여러분의 마음이 어떤 상태에 있는지 이제 알겠습니까? 여러분에게 진정으로 필요한 것은 빛을 사랑하고 어둠을 미워하는 마음, 영원토록 하나님을 뵙게 되리라는 사실을 확실히 아는 가운데 하나님을 사랑하며 그의 소중한 아들을 계속해서 따라가는 마음이라는 것을 이제 알겠습니까? "마음이 청결한 자는 복이 있나니 그들이 하나님을 볼 것임이요"마 5:8. 우리 모두 이 복을 받게 되기를 간절히 바랍니다.

19

인간의 필요를 채우신 하나님

아나니아라 하는 사람이 그의 아내 삽비라와 더불어 소유를 팔아 그 값에서 얼마를 감추매 그 아내도 알더라. 얼마만 가져다가 사도들의 발 앞에 두니 베드로가 이르되 아나니아야, 어찌하여 사탄이 네 마음에 가득하여 네가 성령을 속이고 땅값 얼마를 감추었느냐. 땅이 그대로 있을 때에는 네 땅이 아니며 판 후에도 네 마음대로 할 수가 없더냐. 어찌하여 이 일을 네 마음에 두었느냐. 사람에게 거짓말한 것이 아니요 하나님께로다. 아나니아가 이 말을 듣고 엎드러져 혼이 떠나니 이 일을 듣는 사람이 다 크게 두려워하더라. 젊은 사람들이 일어나 시신을 싸서 메고 나가 장사하니라. 세 시간쯤 지나 그의 아내가 그 일어난 일을 알지 못하고 들어오니 베드로가 이르되 그 땅 판 값이 이것뿐이냐. 내게 말하라 하니 이르되 예, 이것뿐이라 하더라. 베드로가 이르되 너희가 어찌 함께 꾀하여 주의 영을 시험하려 하느냐. 보라, 네 남편을 장사하고 오는 사람들의 발이 문 앞에 이르렀으니 또 너를 메어 내가리라 하니 곧 그가 베드로의 발 앞에 엎드러져 혼이 떠나는지라. 젊은 사람들이 들어와 죽은 것을 보고 메어다가 그의 남편 곁에 장사하니 온 교회와 이 일을 듣는 사람들이 다 크게 두려워하니라.

사도행전 5:1-11

아나니아와 삽비라 이야기를 계속 고찰하면서, 원칙의 문제에 해당하는 사항을 짚어 보겠습니다. 저는 현대인을 위해 이 말씀을 드리려고 합니다. 현대인에게는 일관성이 있습니다. 또 아주 논리적입니다. 신앙과 불신앙은 진리의 체계로서, 신앙에 일관성이 있는 것처럼 불신앙에도 일관성이 있다는 사실을 인정해야 합니다. 비그리스도인들과 관련해 제가 주장하는 것은, 그들이 이런저런 점에서 잘못되었거나 어떤 특정 면에서 잘못되었다는 것이 아니라 전체적으로 잘못되었다는 것입니다. 이 특별한 사건이 주는 가르침을 살펴볼 때, 또한 사도 베드로가 이 가르침을 분명히 밝히고 있는 것과 그 가르침이 실제로 실현되고 있는 것을 볼 때, 우리는 이 그림의 각 부분이 서로 꼭 들어맞는다는 사실을 알게 됩니다. 불신앙은 하나의 체계, 전체적으로 잘못된 체계입니다. 신앙 역시 하나의 체계, 전체적으로 올바른 체계입니다. 이런 주제들을 놓고 토론해 보면, 어떤 한 부분에서만 서로 의견이 다른 것이 아니라 모든 부분에서 의견이 다르다는 것을 알 수 있지 않습니까?

이 이야기를 계속 살펴보면, 이 사실이 한 번 더 예시되고 있다는 것을 알게 될 것입니다. 사람들이 복음을 거부하는 것은 자신의 진정한 필요를 깨닫지 못한 탓이라고 이미 말씀드렸습니다. 그들은 자신들이 더 나아질 수 있다는 말에 언제든지 동의할 준비가 되어 있습니다. 더 나아지기를 갈망한다고 말할 준비도 되어 있습니다. 개혁과 개선과 진보의 필요성을 인정할 준비도 되어 있습니다. 여러분은 세상이 언제든지 여러 가지 권고와 교훈을 들을 준비를 하고 있다는 사실을 발견할 것입니다. 세상에는 문화와 도덕의 문제를 다루는 기관들이 많이 있습니다. 사람들은 이런 것들에 예민한 관심을 가지고 있으며, 이런 문제에 열성을 보이고 있습니다. 그러면서도 복음만큼은 경멸하며 거부합니다.

많은 사람들이 일반적인 가르침과 훈화와 철학뿐 아니라 예수에 관한 설교 역시 들을 준비가 되어 있습니다. 그들에게 예수를 한 인간, 위대한 인간, 실제로 세상에 살았던 가장 훌륭한 인간으로 제시할 때는 아무 어려움도 발생하지 않습니다. 그들은 거리낌 없이 그것을 받아들입니다. 그들은 예수에 관한 글을 읽고 예수에 관한 말을 들을 준비가 되어 있습니다. 그를 존경하며 칭송할 준비가 되어 있으며, 기꺼이 나서서 비할 데 없이 훌륭한 스승이자 완벽한 본보기인 예수를 본받을 준비가 되어 있습니다. 그것은 사람들이 전부 하고 싶어하는 일들입니다.

실제로 이런 사람들은 어떤 의미에서 종교를 전혀 반대하지 않는다고 말할 수 있습니다. 여기에서 종교란 하나님을 기쁘게 하고 경배하고자 애쓰며, 선하고 경건한 삶을 살려고 애쓰는 것이라는 뜻입니다. 그러나 그들은 이 사건에 나오는 일 같은 것은 단연코 거부합니다. 곧 살아계셔서 행동하시는 하나님, 형벌, 죽음과 지옥, 동정녀 탄생에 관한 놀라운 진리, 한 사람 속에 두 본성이 공존하는 신비, 기적적이고 초자연적이고 신적인 요소 같은 것은 전부 반대합니다. 그들은 이런 것들을 거부합니다.

여기에서 우리는 이 문제의 진짜 핵심에 직면하게 됩니다. 사람들은 왜 초자연적인 것에 반대하는 것일까요? 왜 성경에 기록되어 있는 일들을 반대하는 것일까요? 왜 사도행전 앞부분에 등장하는 사건들, 성령강림과 기적적인 표적들을 반대하는 것일까요? 왜 이런 것들을 특별히 반대하는 것일까요? 답은 오직 하나, 인간이 자신의 진정한 필요를 깨닫지 못했기 때문입니다. 이 점에 관해서는 인간의 곤경이 마음에서 비롯된다는 사실을 밝히면서 일부 생각해 본 바 있습니다. 그런데 그보다 더 중요한 점이 이 사건에 나오고 있습니다. 우리는 이 사건에서 네 종류의 주요한 원수들과 대면하고 있는 인간의 모습을 보게 됩니다. 그 원수들이 각각 무엇입니까?

첫번째 원수는 죄입니다. 우리 안에 거하는 악, 우리의 머리를 능가하는 힘, 우리 속에서 계속 역사하고 있는 힘입니다. 우리는 지난 설교에서 이것에 대해 살펴보았습니다.

두번째 원수는 사탄입니다. 움직이면서 조종하면서 음모를 꾸미면서 세상에서 역사하고 있는 보이지 않는 권세입니다. 그는 모든 인간의 대적이자 맞수입니다.

세번째 원수는 오늘 말씀에서 아주 강력하게 상기시키고 있는 것, 바로 우리 앞에 놓인 죽음입니다. 바울의 묘사에 따르면, 맨 나중 원수인 죽음이 사탄의 뒤를 따라 들어왔습니다. 아담이 사탄의 유혹을 받아 타락한 순간 영적인 죽음이 들어왔고, 육체적인 죽음으로 이어졌습니다. 처음에 창조된 인간은 죽을 필요가 없었습니다. 하나님의 명령에 계속 순종하기만 했다면 결코 죽지 않았을 것입니다. 하나님은 "네가 먹는 날에는 반드시 죽으리라"고 미리 경고하셨습니다 창 2:17. 죽음은 죄에 대한 벌이며, 따라서 우리의 원수입니다. 인간은 늘 죽음을 원수로 생각해 왔습니다. 죽음만 피할 수 있다면 무슨 일을 못하겠습니까! 죽음은 생각만 해도 두려운 존재입니다. 셰익스피어는 그 두려움을 다음과 같이 잘 표현해 놓았습니다.

어떤 나그네도 그 경계선을 넘어
돌아오지 못한 미지의 나라.
- 햄릿

죽음은 가증스러운 원수입니다. 우리가 죽음을 미워하는 것은 죽음이 우리를 미워한다고 느끼기 때문입니다. 죽음은 늘 세상에 존재하면서, 우리 앞으로 점점 더 다가섭니다. 무슨 짓을 해도 피할 수가 없습니다. 그렇게 피하기에는 너무나 큰 존재입니다. 죽음, 원수, 맨 나중 원수. 몇 년 동안은 이 원수를 피할 수 있을지도 모릅니다. 그러나 결국에는 맞이할 수밖에 없습니다.

> 영광의 길도 무덤으로 나아갈 뿐.
> ―토마스 그레이Thomas Gray

인간은 긴 역사 내내 이 큰 원수를 대면해 왔습니다. 이 원수는 언제 들이닥칠지 모릅니다. 아나니아와 삽비라에게도 죽음은 갑자기 들이 닥쳤습니다. 그들은 자신들이 정말 치밀하게 일을 잘 꾸몄다고 생각 했습니다. 얼마나 훌륭한 일 처리였습니까! 그들은 자신들의 힘으로 일을 잘 완수했습니다. 이제는 평생토록 잘사는 일만 남은 것 같았습니다. 성도로 칭송도 받고 자기들이 원하는 것들도 누리면서 잘살 수 있을 것 같았습니다. 그런데 아나니아는 죽어서 실려 나갔고, 삽비라도 세 시간 뒤에 남편처럼 엎드러져 죽었습니다. 이것이 우리가 살고 있는 세상의 형편입니다.

마지막으로, 우리는 이 모든 것 뒤에 율법이 자리잡고 있는 것을 보게 됩니다. 저는 지금 위대한 전통에 따라 하나님의 율법을 우리의 원수로 취급하고 있습니다. 이 말에 놀라는 분이 있을지 모르겠지만, 기독교 초기 이레나이우스Irenaeus부터 마르틴 루터를 거쳐 오늘날에 이르기까지, 사람들은 하나님의 율법을 우리의 원수로 묘사해 왔습니다. 물론 율법이 처음부터 원수였던 것은 아닙니다. 율법을 원수로 만든 것은 죄에 빠진 우리의 상태입니다. 죄만 짓지 않았다면 우리의 친구가 되어, 우리가 해야 할 일과 삶의 방법을 가르쳐 주었을 것입니다. 그러나 우리가 죄를 지었기 때문에 율법은 우리를 대적하게 되었습니다. 우리는 계속해서 율법의 거룩한 요구에 직면하게 됩니다. 율법은 가차없이 우리를 정죄합니다.

성경에 따르면, 이와 같은 것들이 인간의 원수입니다. 물론 현대 인들은 이 사실을 모르고 있습니다. 조금만 더 나아지면 된다고, 조금만 더 선을 행하고 조금만 덜 악을 행하면 된다고 생각합니다. 그것이 현대인들의 생각입니다. 그들은 개혁이 확실히 필요하다고 생각합니다. 가르침도 당연히 필요하다고 생각합니다! 본보기로서의 예수님도 아무 거리낌 없이 받아들입니다. 그리고 그 이상 필요한 것은 없다고 생각합니다. 그러나 그들의 행동은 바로 이 네 가지 원수 때문에 나오는 것입니다.

현대인에게 참으로 필요한 것은 다음과 같은 것들입니다. 첫째로, 각 사람에게는 죄를 기분 좋게 바라보며 사랑하는 대신 죄를 미워하는 새로운 본성이 필요합니다. 저는 지금 우리의 마음이 개선되어야 한다고 말하는 것이 아닙니다. 우리에게는 그보다 근본적이고 기본적인 것, 곧 새 마음이 필요합니다. 이것이 인간의 첫번째 큰 필요입니다.

그러나 새 본성이 생겼다 해도, 언제든지 틈을 보며 유혹하려고 대기하고 있는 사탄이 있습니다. 따라서 우리의 두번째 큰 필요는 마귀를 정복하고 다스리며 무너뜨릴 수 있는 능력입니다.

셋째로, 우리에게는 죽음을 다룰 수 있는 능력이 필요합니다. 인간은 모두 죽게 되어 있습니다. 여러분은 방금 태어난 아기를 보면서 "이제부터 삶을 시작하는구나"라고 말할 수 있습니다. 그러나 동시에 "이제부터 죽어가기 시작하는구나"라고 말할 수도 있습니다. 이처럼 사람의 일생은 한정되어 있고 맨 나중 원수-죽음-가 버티고 있기 때문에, 우리에게는 죽음과 무덤을 정복할 능력이 필요합니다.

마지막으로 우리에게 필요한 것은 하나님의 율법에 대한 해답입니다. 우리에게는 하나님을 만족시키고 그분의 심판대 앞에 능히 설 수 있는 능력이 필요합니다.

제가 확실히 하고 싶은 요점은 인간이 이 복음, 특별히 복음의 가장 영광스러운 부분을 거부하는 것은 이 네 가지 기본적인 큰 필요를 모르기 때문이라는 것입니다. 혹시 이 말을 듣고 있는 여러분도 자신의 진정한 문제를 모르고 있는 것은 아닙니까? 여러분 자신의 마음과 그 상태에 대해 한번이라도 생각해 본 적이 있습니까? 자신을 계속해서 넘어뜨리고 무너뜨리는 원수인 죄에 대해 한번이라도 생각해 본 적이 있습니까? 이를테면 죄를 객관적으로 바라본 적이 있습니까? 사탄과 그의 해로운 능력에 대해 한번이라도 생각해 본 적이 있습니까? 죽음이라는 명백한 사실을 깊이 생각해 본 적이 있습니까? 주 하나님을 직면해 본 적이 있습니까? 이런 것들이야말로 우리의 큰 필요입니다. 아나니아와 삽비라 이야기는 그 필요들을 전부 보여주고 있습니다. 오셔서 심판하시는 하나님, 죽음, 사탄, 죄가 모두 등장하고 있는 것입니다. 이것이 첫번째 큰 원리입니다. 저는 이것을 깨닫지 못한 사람들이 복음을 믿을 것이라고 기대하지 않습니다. 당연히 아닙니다. 그런 사람들은 믿을 필요가 없다고 생각할 뿐 아니라 믿는 것을 아주 우습게 생각합니다.

두번째 원리는 이 네 가지 문제를 지적해 주었는데도 깨닫지 못하는 사람은 자신에게 이 문제들을 풀 능력이 전혀 없다는 사실 또한 깨닫지 못한다는 것입니다. 이것은 논리적으로 연결된 단계로서, 두 단계가 긴밀하게 맞물려 있습니다. 사실 이 진리의 모든 측면이 전체적으로 긴밀하게 연결되어 있습니다. 각각의 측면들이 하나의 큰 메시지를 구성하고 있는 것입니다. 설령 여러분이 사람들에게 이 네 가지 기본적인 필요를 말해 주었고 그들이 그 필요를 어렴풋이 이해했다고 해도, 바로 다음 순간에 그들은 스스로 그 필요들을 해결할 수 있다고 생각하는 오류에 빠질 것입니다. 이것은 아나니아와 삽비라의 이야기에 기초해서 하는 말입니다. 왜 이런 사건이 벌어졌습니까? 베드로가 말한 그대로입니다. "어찌하여 사탄이 네 마음에 가득하여 네가 성령을 속이고 땅값 얼마를 감추었느냐.", "어찌하여 이 일을 네 마음에 두었느냐", "너희가 어찌 함께 꾀하여 주의 영을 시험하려 하느냐." 인간은 정신을 가다듬어 원수들을 물리치고 자신을 다시 일으켜 세우려 노력하지만, 치명적인 무언가가 끊임없이 달라붙어 우리를 실패하게 만듭니다.

성경뿐 아니라 문명 전체의 큰 줄거리를 이루고 있는 것은 바로 이러한 실패의 이야기들입니다. 신문이나 텔레비전이나 라디오에서 일주일 내내 외쳐 대고 있는 것도 이런 이야기입니다. 세상이 이 모양이 되어 버린 것은 우리가 이처럼 실제 원수들의 공격에 대처하는 데 완전히 실패했기 때문입니다. 인류의 긴 역사를 돌아볼 때 현대세계야말로 그 어느 시대보다 선명하게 성경의 주장을 입증해 주는 것 같습니다. 이처럼 현대세계의 상황 자체가 우리 눈앞에서 이 사실을 보여주고 있는데도 사람들은 이것을 보지 못하고 있습니다. 정부도 보지 못하고 있고, 사회학자들과 교육자들도 보지 못하고 있습니다. 실상을 제대로 보고 있는 사람은 그리스도인들뿐입니다. 이것이야말로 교회가 전 시대에 걸쳐 전해 온 메시지요 지금도 전하고 있는 메시지입니다.

사람들이 해결하지 못하는 첫번째 문제는 바로 자기 자신의 문제입니다. 세상은 여전히 스스로 완벽하다고 믿고 있습니다. 이른바 사상가들은 인간이 완벽해질 수 있다고 믿을 뿐 아니라 실제로 완벽해지는 중이라고 믿고 있습니다. 오늘날 사람들은 무지한 탓에 복음을 믿었던 선조들보다 자신들이 훨씬 더 우월하다고 생각합니다. 따라서 우리가 해야 할 일은 지식의 보급뿐이라고 생각합니다. "아는 것이 힘이다"라는 것이야말로 현대의 가장 큰 표어입니다. 비교적 최근까지도 사람들은 범죄의 두 가지 큰 원인으로 교육 결핍과 빈곤을 생각했습니다. 이것이 정치가들과 철학자들과 사회학자들이 내놓는 설명입니다. 그런데 더 좋은 교육을 받고 이전 어느 때보다 잘살게 된 요즈음, 범죄는 오히려 이전 어느 때보다 높은 수치를 기록하고 있습니다.

여기에 문제의 본질이 있습니다. 사람들은 눈앞에서 벌어지고 있는 상황들을 보면서도 여전히 완벽해질 수 있다고 생각합니다. 처음에 말씀드렸듯이 불신앙에는 일관성이 있습니다. 그러나 그 체계를 분석해 보면, 그 일관성이 어떻게 무너져 버리는지 알 수 있습니다. 현대인은 스스로를 현실주의자라고 부릅니다. 그들은 그리스도인들이 현실을 외면한다고 생각합니다. 미개인들이 늘 그렇듯이 진리도 모르고 죄와 악과 범죄 같은 명백한 사실도 직시하지 못하면서, 그저 옛날이야기와 노래를 부르면서 행복을 느끼려 한다는 것입니다. 믿지 않는 자신들은 진짜 문제가 무엇인지 알고 있지만, 그리스도인들은 당면한 문제에 등을 돌려 버리거나 진짜 악의 존재 가능성조차 모를 정도로 무지한 사람들—마냥 착하기만 한 사람들—이라는 것이 그들의 생각입니다. 이제야 텔레비전을 통해 악의 존재가 알려지기 시작했으니 망정이지, 과거에는 그야말로 아무것도 몰랐다는 것입니다. 이것이 그리스도인들에 대한 세상의 묘사입니다! 그러나 그것은 다 허튼소리에 불과합니다! 마치 복음을 전하는 사람은 모두가 성인(聖人)인 것처럼, 교회사에는 죄를 지어 지옥 입구까지 갔다가 회복되어 설교자가 된 사람이 단 한 명도 없는 것처럼 착각하고 하는 말입니다!

진짜 현실주의자는 바로 그리스도인들입니다. 우리 앞에 있는 통계수치와 사실들을 보면서도 인간이 완벽해지고 있다고 생각하는 사람들은 현실주의자가 아닙니다. 그들은 환상 속에 살고 있습니다. 인간이 진보하고 있다고 믿는 사람들은 낭만주의자들입니다. 그들은 사실을 직면하지 않습니다. 어둠 속에서 용기를 잃지 않으려고 휘파람이나 불면서 행복한 척할 뿐입니다. 만일 그들이 사실을 직면했다면, 인간을 무너뜨리려고 갖은 애를 쓰고 있는 그 무언가-어떤 영향력이나 권세-가 세상에 존재하고 있다는 사실을 깨달았을 것입니다.

성경은 바로 이 점에 대해 큰 가르침을 주고 있습니다. 세상은 아나니아와 삽비라처럼 부정직한 사기꾼들로 가득 차 있다고 아주 분명하게 말하고 있습니다. 그런 사람들은 겉모습을 그럴듯하게 꾸미게 마련입니다. 겉으로는 다정한 척하면서 마음속으로는 살인을 계획합니다. 칵테일 파티장에서는 물론 상냥하게 행동합니다. 그러나 그 영혼에는 칼을 품고 있습니다!

왜 그렇습니까? 사람들은 자기 자신을 바꿀 수가 없기 때문입니다. 사람들은 자신을 바꾸려고 노력해 왔고 지금도 노력하고 있습니다. 문명의 노력은 이처럼 전부 자신을 바꾸려는 노력이었다고 할 수 있습니다. 그러나 성경은 한 유명한 질문을 통해 그 노력의 헛됨을 지적하고 있습니다. "구스인이 그의 피부를, 표범이 그의 반점을 변하게 할 수 있느냐"렘 13:23. 그럴 수 없습니다. 전도서는 말합니다. "구부러진 것도 곧게 할 수 없고 모자란 것도 셀 수 없도다"전 1:15. 집을 개조하는 것으로 사람을 바꿀 수 없고, 심리치료로 사람을 바꿀 수 없습니다. 요즈음 명백하게 밝혀지고 있는 사실 한 가지는, 프로이트식 분석 및 거기에서 가정하고 있는 치료법과 함께 프로이트의 체계 전체가 붕괴

하고 있다는 것입니다. 프로이트의 체계는 실패했고, 이 사실은 점점 인정되고 있는 추세입니다. 그런 것으로는 사람을 바꿀 수 없습니다. 주님이 바리새인들에게 말씀하신 그대로입니다. "너희 바리새인은 지금 잔과 대접의 겉은 깨끗이 하나 너희 속에는 탐욕과 악독이 가득하도다"눅 11:39. 그렇습니다. 겉모습은 얼마든지 더 좋게 꾸밀 수 있습니다. 일개 설교자가 이런 말을 한다고 놀라실지 모르겠지만, 제가 볼 때 그것이 빅토리아시대 전반의 문제였습니다. 빅토리아시대는 체면치레에서는 크게 성공했을지 몰라도, 인간의 본성을 바꾸는 일에서는 전혀 성공하지 못했습니다. 그렇습니다. 체면은 지키게 할 수 있습니다. 의회 활동을 하고 단체를 세우며 동기를 제공함으로써 어느 정도까지는 그렇게 할 수 있습니다. 그러나 사람 자체를 바꿀 수는 없습니다. 더 나은 옷은 입힐 수 있을지 몰라도 사람 자체는 조금도 바꿀 수가 없습니다. 사람이 바꿀 수 있는 것은 "잔과 대접의 겉"뿐입니다. 그러나 문제는 속에 있습니다. 속에 탐욕과 악독이 있습니다.

그러나 사람들이 자신을 바꾸지 못하는 더 중요한 이유가 있습니다. 그것은 우리가 전에 살펴본 내용과 연결되는 것입니다. 사람들은 다음과 같은 이유로 자기 자신을 바꾸지 못합니다. 곧 자신에 대한 진실을 모른다는 것입니다. 아나니아와 삽비라도 그것을 몰랐습니다. 그들은 자신들이 똑똑해서 사도들과 하나님을 속인다고 생각했습니다. 그러나 실제로 속고 있는 사람은 자신들뿐이라는 것을 그들은 몰랐습니다. 스스로 속고 속이는 인간은 온 우주에서 가장 어리석은 바보입니다. 인간은 그 중심이 본질적으로 정직하지 못합니다.

성경은 이러한 기만과 부정직성을 보여주는 무서운 예를 제시해 주고 있습니다. 성경에서 가장 훌륭한 인물이라고 할 수 있는 다윗왕은 무서운 죄-간음을 범하고 살인으로 그것을 무마하는 죄-를 짓고서도 아주 즐거워했습니다. 그는 원하던 것을 얻었습니다. 원하던 여자를 얻었습니다. 그러나 성경은 "다윗이 행한 그 일이 여호와 보시기에 악하였더라"고 말하고 있습니다삼하 11:27. 하나님께서 나단 선지자를 보내시기 전까지 다윗은 자기 행위가 악하다는 것을 전혀 몰랐습니다. 나단은 다윗이 한 일을 정확히 반영하는 아주 교묘한 이야기를 지어 다윗에게 제시했습니다. 그것은 자기 양을 잡는 대신 가난한 사람이 애지중지하는 양을 빼앗아 행인을 대접한 부자에 관한 이야기였습니다. 다윗은 정의감이 강한 훌륭하고 고결한 사람이었습니다. 그래서 나단의 이야기에 일말의 주저함도 없이 "이 일을 행한 그 사람은 마땅히 죽을 자라"고 말했습니다. 그러자 나단이 조용히 그를 쳐다보며 말했습니다. "당신이 그 사람이라"12:7. 다윗은 다른 사람의 불의는 알아보았지만 자신의 불의는 알아보지 못했습니다. 우리도 마찬가지입니다. 말로는 히틀러를 비난하면서도 원칙적으로는 히틀러가 한 짓과 다름없는 짓을 하는 사람들이 많이 있습니다.

사도 바울은 로마인들에게 편지를 쓰면서, 인간은 모두 무엇이 옳고 그른지 알고 있으면서도 그 기준을 자신에게 적용하지 않기 때문에 변명의 여지가 없다고 지적했습니다. 그는 말합니다. "이런 이들은 그 양심이 증거가 되어 그 생각들이 서로 혹은 고발하며 혹은 변명하여 그 마음에 새긴 율법의 행위를 나타내느니라"롬 2:15. 우리는 남의 잘못은 보면서도 자기 잘못은 보지 못합니다. 우리는 늘 방어적인 태도로 자기 행동을 합리화하고 해명할 준비를 하고 있습니다. 그러면서도 남들의 경우에는 어떤 변명도 통할 수 없다고 생각합니다! 이런 자세를 가지고 있는 한 우리는 결코 바뀔 수가 없습니다. 우리는 늘 자신을 방어하기 때문에 자신의 참모습을 보지 못하며, 따라서 자신의 참모습에 대처하지도 못합니다.

사람들이 해결하지 못하는 두번째 문제는 마귀의 문제입니다. 우리는 마귀를 정복할 수가 없습니다. 구약성경은 더 이상 다른 증거가 필요 없을 정도로 이 사실을 분명히 입증해 주고 있습니다. 구약성경에 등장하는 위대한 거인들을 보십시오. 하나같이 마귀에게 무너졌다는 사실을 발견할 것입니다. 에덴동산의 완벽한 환경 속에서 살았던 아담과 하와도 마귀에게 정복당했습니다. 완벽한 남자와 여자도 무너졌습니다. 이처럼 완벽한 사람들도 무너졌는데, 완벽하지 못한 사람들이 무너지는 것은 놀랄 일이 아닙니다. 주님도 똑같이 가르치셨습니다. 주님은 마귀를 "강한 자가 무장을" 한 것으로 묘사하면서눅 11:21, 그가 바로 우리와 대치하고 있는 상대라고 말씀하셨습니다. 베드로도 마귀를 우는 사자로 묘사하면서 "너희 대적 마귀가 우는 사자같이 두루 다니며 삼킬 자를 찾나니"라고 말했습니다벧전 5:8. 바울은 그를 "공중의 권세 잡은 자"엡 2:2, "이 세상의 신"고후 4:4으로 부르고 있습니다. 유다도 그와 동일하게 가르쳤습니다. 그는 "권위를 업신여기"지 말라고 하면서, "천사장 미가엘이 모세의 시체에 관하여 마귀와 다투어 변론할 때에 감히 비방하는 판결을 내리지 못하고 다만 말하되 주께서 너를 꾸짖으시기를 원하노라 하였거늘"이라고 말합니다유 1:8-9. 천사장은 마귀의 힘과 권세를 알고 있었기 때문에 경솔하게 말하거나 직접 꾸짖지 못하고 다만 "주께서 너를 꾸짖으시기를 원하노라"고 말한 것입니다.

요한도 첫번째 서신에서 "하나님의 아들이 나타나신 것은 마귀의 일을 멸하려 하심이"라는 것을 상기시키고 있습니다요일 3:8. 성경 마지막 책인 요한계시록을 보십시오. 거기 나오는 "큰 용……옛 뱀 곧 마귀"를 보십시오계 12:9. 짐승과 나라와 교회에 권세를 부여하며, 그것들을 조종해서 자기의 악독하고 해로운 목적에 사용하는 강력한 존재를 보십시오. 성경 마지막에 있는 이 책은 입에서 검이 나오는 백마 탄 자만이 이 이상하고 강력한 권세를 무너뜨릴 수 있다고 말합니다. 이것이 성경의 가르침입니다.

인간은 이 마귀 앞에 무력하게 서 있을 뿐 아니라 맨 나중 원수인 죽음 앞에도 똑같이 무력하게 서 있습니다. 죽음과 관련하여 여러분이 하고 싶은 일들을 다 해보십시오. 이를테면 노화에 대해 연구해 보십시오. 수명을 얼마간 연장시킬 수 있을지도 모릅니다. 이것은 아주 필요한 일로서, 우리는 마땅히 그런 연구를 해야 합니다. 저는 그런 시도 자체를 반대하는 것이 아닙니다. 그러나 아무리 연구해도 죽음은 어찌할 수 없습니다. 건강 증진을 위한 어떤 체계와 발견과 계획으로도 죽음을 없앨 수는 없습니다. 죽음은 우리가 정복해야 할 맨 나중 원수입니다.

마지막으로, 지금까지 말한 것들을 능가하는 훨씬 더 중요한 문제가 있습니다. 그것은 우리가 하나님을 만족시킬 수 없다는 것입니다. 거듭 말하지만, 이것이야말로 가장 중요한 문제입니다. "한번 죽는 것은 사람에게 정해진 것이요 그후에는 심판이 있으리니"히 9:27. 하나님이 요구하시는 것이 무엇입니까? 아나니아와 삽비라 이야기는 "여호와는 중심을 보"신다는 것을 아주 명백히 보여주고 있습니다삼상 16:7. 주님도 직접 말씀하시지 않았습니까? 주님은 바리새인들에게 "너희는 사람 앞에서 스스로 옳다 하는 자들이나 너희 마음을 하나님께서 아시나니 사람 중에 높임을 받는 그것은 하나님 앞에 미움을 받는 것이니라"고 말씀하셨습니다눅 16:15. 오, 현대인은 이것을 모르고 있습니다. 다윗은 앞서 말했던 그 무서운 일을 겪는 가운데 이것을 알게 되었습니다. 그는 시편 51편에서 "주께서는 중심이 진실함을 원하"신다고 고백합니다시 51:6. 여러분은 하나님 앞에 자기 마음을 숨길 수 없습니다. 하나님을 속일 수 없습니다. 아나니아와 삽비라는 그럴 수 있다고 생각했습니다. 그러나 하나님은 우리의 모든 것을 알고 계십니다. "우리의 결산을 받으실 이의 눈앞에 만물이 벌거벗은 것같이 드러나느니라"히 4:13.

하나님이 우리에게 요구하시는 것이 단순히 몇몇 행동을 하지 않는 한낱 점잖고 괜찮은 사람이 되는 것이겠습니까? 정말 우스운 생각입니다! 하나님이 우리 모두에게 원하시는 것이 무엇인지 알고 싶습니까? 하나님이 원하시는 것은 이것입니다. "네 마음을 다하고 목숨을 다하고 뜻을 다하고 힘을 다하여 주 너의 하나님을 사랑하라 하신 것이요. 둘째는 이것이니 네 이웃을 네 자신과 같이 사랑하라 하신 것이라"막 12:30-31. 이것이 하나님의 거룩한 율법의 요구이며, 마음에 들든 들지 않든 우리 모두가 직면해야 하는 요구입니다. 최종 결산일이 다가오고 있습니다. 지금도 계산은 계속되고 있습니다. 그럼에도 현대인들은 떠들썩하게 놀면서 시간을 보내고 있습니다. 그들은 결산일이 다가오고 있다는 것을 모르고 있습니다. 세상이 이 모양이 된 것도 그 때문입니다. 그들은 법도, 질서도 믿지 않습니다. 징벌도 믿지 않습니다. 그들은 이것을 모르기 때문에 이기적이고 자기중심적으로 살면서 사회에 혼란을 야기하고 있습니다.

위선으로는 하나님께 값을 치를 수가 없습니다. 우리는 우리의 모든 것을 알고 계시는 하나님과 그의 거룩한 법을 대면해야 합니다. 사도 바울은 이것을 다음의 몇 마디로 표현했습니다. "우리가 알거니와 무릇 율법이 말하는 바는 율법 아래에 있는 자들에게 말하는 것이니 이는 모든 입을 막고 온 세상으로"—온 세상입니다—"하나님의 심판 아래에 있게 하려 함이라"롬 3:19. "의인은 없나니 하나도 없"습니다3:10. 그렇다면 선을 많이 행한 사람은 어떻게 되는 것입니까? 사회에서 선을 행하며 산 사람들은 어떻게 되는 것입니까? "의인은 없나니 하나도 없"습니다. 그들 역시 세상과 함께 하나님 앞에서 철저하게 정죄받아야 합니다. 하나님이 보시기에는 런던 시에서 가장 흉악한 죄인이나 도덕적으로 가장 훌륭한 사람이나 아무 차이가 없습니다. 전혀 없습니다. 이것이 복음입니다.

> 계급은 금화로 찍은 도장일 뿐,
> 사람의 금만 주면 얻을 수 있다네.
> —로버트 번즈Robert Burns

하나님은 옷이나 겉모습에는 관심이 없습니다. 오직 자신의 요구와 사람들의 마음에만 관심이 있습니다. 하나님은 여러분에게 얼마나 선한 일을 많이 했느냐고 묻지 않으십니다. 그분이 물으시는 것은 "네 마음을 다하고 목숨을 다하고 뜻을 다하고 힘을 다하여 나를 사랑했느냐"는 것입니다. 구약성경은 우리의 실상을 이렇게 표현하고 있습니다. "우리의 의는 다 더러운 옷 같으며"사 64:6. 스스로 아주 아름다운 옷을 차려입었다고 생각했고 바리새인으로서 산더미 같은 의를 쌓았다고 생각했던 다소의 사울은 자신이 자랑하던 것들이 전부 배설물과 찌꺼에 불과하다는 사실을 알게 되었습니다. 우리가 말하는 선량함이나 우리가 행하는 온갖 선한 일들은 형편없이 빈약한 것들입니다. 하나님 앞에서는 찌끼에 불과한 것들입니다. 그것들은 가장 영광스러운 요소, 곧 거룩함과 아름다움, 자기를 부인하고 잊어버리는 태도가 결여된 자기중심주의이자 자기 의이기 때문에 하나님 앞에 더러울 수밖에 없습니다.

참된 하나님의 요구가 무엇인지 깨달은 사람들은 오거스터스 탑레이디의 찬송가 가사에 기꺼이 동의할 것입니다.

내 손의 수고가
주의 법의 요구를 채울 수 없고
쉼 없는 나의 열심
늘 흐르는 나의 눈물도
죄를 사할 수 없도다.

우리는 그럴 수 없습니다. "인생이 어찌 하나님 앞에 의"롭겠습니까? 욥 9:2 "주의 성산에 사는 자"가 누구겠습니까? 시 15:1 누가 타오르는 불꽃 가운데 계시는 주님과 함께 거할 수 있겠습니까? 이것은 중요한 질문입니다. 인간은 이것을 모르기 때문에 기적적이고 초자연적인 복음을 거부하는 것입니다. 인간이 완전하게 실패하는 지점이 바로 여기입니다. 인간은 자신을 바꿀 수 없고, 죄와 싸울 수 없고, 마귀에게 대처할 수 없고, 죽음에 대처할 수 없습니다. 주 하나님 앞에서 할 수 있는 말 또한 아무것도 없습니다.

인간이 복음을 거부하는 마지막 이유가 있습니다. 인간은 복음이 무엇을 제공하는지 모르기 때문에 복음을 거부합니다. 그들이 그것을 모르는 것은 아예 알고 싶은 마음이 없는 탓이며, 이미 살펴보았듯이 자신들의 진정한 필요를 보지 못한 탓입니다. 그들은 복음을 하나의 권고나 일종의 미화된 사회주의, 평화주의로 생각합니다. 그러나 그것은 거짓말입니다. 복음은 그런 것이 아닙니다. 구약성경에서 하나님이 백성들에게 율법을 주시면서 "이것을 지키면 구원받을 것이다"라고 말씀하신 것만 봐도-그러나 그들은 율법을 지킬 수가 없었습니다-알 수 있습니다.

신약성경의 가르침도 동일합니다. 산상설교를 읽고 나서도 스스로 자신을 바로잡을 수 있고 하나님 앞에 당당하게 설 수 있다는 생각을 과연 할 수 있을까요? 산상설교는 우리가 살아야 할 삶의 방식을 보여주고 있습니다. 여러분은 나사렛 예수를 본받겠다고 말하는데, 그 나사렛 예수가 과연 어떤 사람이었는지 깊이 생각해 본 적이 있습니까? 그의 일생을 살펴본 적이 있습니까? 그의 행동을 살펴본 적이 있습니까? 그를 본받겠다구요! 가장 복된 그의 이름으로 이 강단에서 말씀드리건데, 만일 나사렛 예수가 내 할 일이나 가르쳐 주고 본보기나 보여주려고 세상에 오신 것이라면, 예수보다 더 저를 파멸로 몰아넣는 존재는 없을 것입니다. 십계명도 고약하지만 예수 그리스도는 더 고약합니다! 저는 완전히 망할 수밖에 없습니다. 만일 제가 예수처럼 살아야만 구원받아 하나님 앞에 설 수 있다면, 이미 지옥에 간 것이나 다름없습니다. 제가 아는 바, 나사렛 예수의 인격과 삶보다 더 저를 정죄하는 것은 아무것도 없기 때문입니다.

그러나 정말 다행스럽게도 복음은 그런 것이 아닙니다. 그렇다면 실패할 수밖에 없는 가르침은 어떤 것입니까? 이른바 '선한 삶'을 살고 있는 현대의 도덕가들의 말을 들어 보십시오. 그들이 시궁창에 빠진 사람들에게 주는 것이 무엇입니까? 죄를 지어 정절과 순결과 정직함을 잃은 사람들에게 주는 것이 무엇입니까? 이미 덕을 잃어버린 사람들에게 주는 것이 무엇입니까? 없습니다. 전혀 없습니다. 하나도 없습니다. 그러나 감사하게도 복음은 그런 것이 아닙니다. 복음은 사도들이 처음부터 전한 바로 이것입니다. 주님이 먼저 전하시고 사도들이 이어서 전한 이것, 사도들에게 능력이 임함으로써 이미 검증이 끝난 이것입니다.

복음은 어떤 것입니까? 오, 복음은 영광스러운 것입니다. 복음은 우리의 모든 필요가 채워졌으며 모든 문제가 해결되었다고 말합니다. 복되신 한분 나사렛 예수 안에서 이 모든 일이 일어났다고 말합니다. 이 나사렛 예수가 누구입니까? 그저 한 인간에 불과합니까? 아닙니다. 절대 아닙니다. 그는 하나님이신 사람입니다. 이 세상에 오신 하나님의 아들, 한몸에 두 본성을 지니신 성자 하나님입니다. 그는 단순한 인간이 아닙니다. 인간이면서 동시에 육신을 입으신 하나님입니다. "말씀이 육신이 되어 우리 가운데 거하시매"요 1:14. 그는 우리의 본성을 입으셨습니다. 우리의 문제에 직면하셨습니다. 모든 일에 우리와 똑같이 되셨습니다. 그는 세례받으실 필요가 없었지만, 우리와 같은 자리에 서서 세례받기를 청하셨습니다. 그는 네 가지 원수와 마주하셨으며, 네 가지 궁극적인 문제들과 대면하셨습니다. 그는 한번도 죄를 짓지 않으셨고, 아버지의 명령을 하나도 어기지 않으셨습니다. 그는 완벽한 삶을 사셨습니다.

그 결과 마귀는 어떻게 되었습니까? 여러분은 그에 대한 기록을 읽을 수 있습니다. 마귀는 모든 면에서 예수를 넘어뜨리려 했습니다. 그를 유혹했고 시험했습니다. 그러나 주님은 마귀를 쉽게 무너뜨리셨습니다. 마귀를 정복하고 장악하셨습니다. 마귀를 제압하여 도망치게 만드셨습니다.

하나님과 화해하는 일은 어떻게 되었습니까? 우리는 하나님 앞에 죄를 지었고, 온 세상도 하나님 앞에 죄를 지었습니다. 이러한 내 죄는 어떻게 되었습니까? 나는 내 죄를 처리할 수 없습니다. 그러나 주님이 처리해 주셨습니다. "친히 나무에 달려 그 몸으로 우리 죄를 담당하셨으니 이는 우리로 죄에 대하여 죽고 의에 대하여 살게 하려 하심이라. 그가 채찍에 맞음으로 너희는 나음을 얻었나니"벧전 2:24. 그래서 사도 바울은 절망에 빠져 막 자살하려 했던 빌립보 간수에게 "주 예수를 믿으라. 그리하면 너와 네 집이 구원을 받으리라"고 말할 수 있었습니다행 16:31.

우리의 악한 마음, 우리 속에 있는 죄의 문제는 어떻게 되었습니까? 여러분에게 깨끗하게 회복된 새로운 본성, 새로운 탄생, 새로운 시작을 주기 위해 인간의 본성을 입으신 분이 여기 계십니다. 그가 하나님의 본성을 여러분에게 나누어 주실 것입니다. 여러분은 자기를 바꿀 수 없습니다. 그러나 그는 바꾸실 수 있습니다. 이것이 복음의 영광이요 구원하시는 하나님의 능력입니다. 그가 여러분에게 성령을 주셔서 마귀를 정복하게 하실 것이며, 여러분과 함께 계시면서 공급하시고 지원해 주시며 힘을 주실 것입니다. "그가 시험을 받아 고난을 당하셨은즉 시험받는 자들을 능히 도우실 수 있느니라"히 2:18. 그는 "볼지어다, 내가 세상 끝 날까지 너희와 항상 함께 있으리라"고 말씀하셨습니다마 28:20. 그가 친히 이 여정이 끝날 때까지 여러분을 이끌어 주실 것입니다.

그러나 잠깐 기다리십시오. 그리스도인이라고 해서 죽지 않는 것은 아닙니다. "영광의 길도 무덤으로 나아가는" 법입니다. 우리는 맨 나중 원수를 대면해야 하며, 그 점에서 여전히 무력합니다. 그러나 여러분과 함께 계신 분, 여러분 옆에 계신 분을 보십시오. 그는 이미 죽음을 정복하셨습니다. 그는 죽었습니다. 사람들은 그의 시신을 내려 무덤에 두었고, 돌을 굴려 입구를 막은 후에 인봉하고 군사를 두어 지키게 했습니다. 그러나 그는 무덤에서 일어나셨습니다. "그는 사망을 폐하시고 복음으로써 생명과 썩지 아니할 것을 드러내신지라"딤후 1:10. 죽음은 맨 나중에 정복당할 원수입니다. 그러나 주님은 이미 죽음을 정복하셨습니다. 그러므로 우리는 그분 곁에 서서 "사망아, 너의 승리가 어디 있느냐. 사망아, 네가 쏘는 것이 어디 있느냐. 사망이 쏘는 것은 죄요 죄의 권능은 율법이라. 우리 주 예수 그리스도로 말미암아 우리에게 승리를 주시는 하나님께 감사하노니"고 말할 수 있습니다고전 15:55-57. 하나님의 아들 나사렛 예수를 믿는 사람은 누구나 사망에서 생명으로, 심판에서 영생으로 옮겨집니다. 그들은 새롭게 창조됩니다. 그리스도인들은 죽지 않습니다. 잠시 잠들 뿐입니다. 그들은 "그리스도와 함께 있"게 될 것이며 이것이 "훨씬 더 좋"을 것입니다빌 1:23.

우리에게는 해결책이 주어져 있습니다. 하나님께 감사하십시오! 우리의 필요는 너무나도 뿌리 깊은 것이어서, 합당한 해결책은 하나밖에 없습니다. 그것은 초자연적이고 기적적이고 신적인 해결책입니다. 현대인들이 무엇보다 강하게 거부하는 이것이야말로 그들에게 가장 필요한 것입니다. 반복하지만, "하나님께서 그리스도 안에 계시사 세상을 자기와 화목하게"^고후 5:19 하신 이 구원의 복음을 그들이 마음을 열어 받아들이지 않는 것은 자신들의 진정한 필요를 보지 못했기 때문입니다. 지금 그리스도께 달려가십시오. 그분께 자신을 드리십시오. 여러분의 무력함과 소망 없음을 깨닫고 소리쳐 자비를 구하십시오. 그러면 응답받을 것입니다. 구원받을 것입니다. 우리는 모두 심각하고 무서운 문제를 가지고 있습니다. 그러나 감사하게도 복음은 "모든 믿는 자에게 구원을 주시는 하나님의 능력"입니다^롬 1:16. 여러분의 과거가 어떠하든지, 복음은 모든 믿는 자에게 구원을 주시는 하나님의 능력입니다.

20

큰 싸움

빌기를 다하매 모인 곳이 진동하더니 무리가 다 성령이 충만하여 담대히 하나님의 말씀을 전하니라.······베드로가 이르되 아나니아야, 어찌하여 사탄이 네 마음에 가득하여 네가 성령을 속이고 땅값 얼마를 감추었느냐.

사도행전 4:31; 5:3

다시 한번 아나니아와 삽비라의 이야기로 돌아가겠습니다. 이번에는 사도행전 5:3에 비추어 이 이야기를 살펴보고자 합니다. 이것은 사도 베드로가 아나니아에게 한 말로, 세 시간 후 아나니아의 아내 삽비라에게 그대로 반복한 말입니다. 저는 베드로의 이 말을 4장 끝에 나오는 다른 구절과 나란히 놓고 생각해 보고자 합니다. 기억하시겠지만, 4장에는 갓 태어난 교회가 긴박한 상황에서 기도드렸을 때 일어난 일이 묘사되어 있습니다. "모인 곳이 진동하더니 무리가 다 성령이 충만하여."

"성령이 충만하여"와 "어찌하여 사탄이 네 마음에 가득하여", 이 두 구절을 함께 살펴보려는 것은 이 두 구절이 성경 전체의 큰 메시지를 정확하게 짚어 주고 있다는 점을 밝히고 싶어서입니다. 이 두 구절은 확실히 아나니아와 삽비라에 얽힌 이 겁나고 무서운 사건이 전하고자 하는 메시지에 초점을 맞추고 있습니다. 저는 이 사건이 교회 역사 초기에 발생했다는 사실과, 이 사건이 보여주는 기본진리를 영원히 잊지 못하게 하는 일종의 표지판 또는 기념물 역할을 한다는 사실을 이미 말씀드린 바 있습니다. 이 점을 염두에 두는 것이 아주 중요합니다. 물론 사도행전 앞장에 나오는 다른 사건들도 전부 같은 역할을 하고 있습니다. 전에도 말씀드렸듯이, 이 앞장들이 기록된 목적은 진정한 기독교가 무엇인지 알려 주려는 데 있습니다. 교회는 개혁과 부흥의 시기가 올 때마다 이 사건들로 되돌아가 그것을 재경험함으로써, 오직 여기에 나타나 있는 기독교만이 참된 기독교임을 보여 주었습니다.

저의 첫번째 명제이자 사실상 성경 전체의 근본적인 명제는, 인류의 역사는 두 종류의 큰 세력이 세상에 작용하고 있다는 사실에 비추어 볼 때에만 제대로 이해할 수 있다는 것입니다. 성경은 하나님과 그 세력, 마귀와 그 세력 간에 벌어지고 있는 강력하고도 범우주적인 싸움의 기록입니다. 이 싸움이 시작되고 종결되기까지의 모든 이야기가 여기 우리 앞에 주어져 있습니다. 더 나아가 이 세상과 우리에게 일어나는 일들은, 이 두 세력 가운데 어느 쪽이 우세한가 하는 한 가지 사실에 달려 있다고 말할 수 있습니다. 그러므로 성경의 메시지는 "사탄이 우리 마음을 채우느냐, 성령이 우리 마음을 채우느냐 둘 중에 하나"라는 말로 표현될 수 있습니다. 바로 이 점이 성경의 메시지를 그토록 놀랍고 영광스럽게 만드는 것입니다. 이 사실은 인간의 문제를 단순화함으로써, 결정적인 요점으로 직행할 수 있게 해줍니다.

그러나 제가 지금껏 여러분에게 밝히고자 애쓴 것처럼, 현대세계의 비극은 이 사실을 전혀 깨닫지 못하는 데 있습니다. 사람들은 자기의 지각-우리가 생각하는 것, 남들이 생각하고 말하는 것-으로 인간의 문제를 해결하겠다고 고집하며, 이것은 인간의 문제이므로 인간이 해결해야 한다고 생각합니다. 그러나 문제가 해결되기는커녕, 세상은 갈수록 심각한 곤경에 빠져들고 있습니다. 사람들은 자신들이 직면하는 문제가 사실은 영적인 문제라는 것, 하나님의 능력과 사탄의 능력이 강하게 충돌하는 데서 비롯되는 문제라는 것을 보지 못하고 있습니다. 그런데 이 사건이 우리 뇌리에서 지워지지 않을 만큼 극적인 방식으로 그 사실을 보여주고 있습니다. 우리는 이 사건을 통해 두 세력의 존재를 보게 되며, 두 세력의 특징과 본질을 보게 됩니다. 또 두 세력이 과연 무슨 일을 하며, 그 결과 어떤 일이 발생하는지를 보게 됩니다. 그러므로 무엇보다 중요한 질문은 "내 마음은 사탄으로 충만한가, 성령으로 충만한가?" 하는 것입니다. 이보다 더 중요한 질문은 없습니다. 이것이야말로 성경이 전하고 있는 큰 메시지입니다.

지금까지 아나니아와 삽비라 이야기를 여러 측면에서 살펴보았는데, 이번에는 이 두 세력에 집중해서 살펴보고자 합니다. 먼저, 베드로가 아나니아에게 한 말에 언급되어 있는 세력을 보시기 바랍니다. "아나니아야, 어찌하여 사탄이 네 마음에 가득하여 네가 성령을 속이고 땅값 얼마를 감추었느냐." 성경은 사탄에 대해 많은 이야기를 하고 있습니다. 사실 사탄을 이해하지 못하면 인류의 역사 또한 처음부터 이해할 수가 없습니다. 성경은 마귀가 완벽한 존재로 지음받았으며 비범한 지혜와 이해력을 타고났을 뿐 아니라, 큰 권위와 능력을 부여받은 광명의 천사였다고 가르치고 있습니다. 그러나 그는 자기 마음을 높여, 성경의 표현대로라면 하나님을 대적했습니다. 그는 하나님을 질투했습니다. 자신이 하나님 아래 있는 피조물이라는 사실에 분노했습니다. 그는 신이 되고 싶었습니다. 그래서 하나님께 반역했습니다. 결국 그는 타락하여 하나님의 지독한 원수가 되고 말았습니다. 그를 온통 사로잡고 있는 야심은 하나님이 하시는 모든 일을 훼방해서 악평을 듣게 하고 망치는 것입니다.

이처럼 한쪽에는 하나님의 원수인 사탄이 있습니다. 베드로가 즉각 사탄의 주된 특징에 집중하는 것에 주목하십시오. "어찌하여 사탄이 네 마음에 가득하여 네가 성령을 속이고." 사탄의 지배적인 특징은 항상 거짓말을 한다는 것입니다. 이것은 주님의 권위로 이미 입증된 사실입니다. 어느 날 주님이 설교하실 때 유대인들이 나서서 그의 신분을 놓고 논쟁을 벌였습니다. 그때 주님은 이렇게 말씀하셨습니다. "너희 문제가 무엇이냐? 왜 이런 짓을 하는 것이냐? 너희는 내가 진리를 말한다고 해서 나를 죽이려 하는구나." 유대인들은 아브라함의 자손임을 자처하며 하나님이 자신들의 아버지라고 말했습니다. 그러자 주님이 말씀하셨습니다.

하나님이 너희 아버지였으면 너희가 나를 사랑하였으리니 이는 내가 하나님께로부터 나와서 왔음이라. 나는 스스로 온 것이 아니요 아버지께서 나를 보내신 것이니라. 어찌하여 내 말을 깨닫지 못하느냐. 이는 내 말을 들을 줄 알지 못함이로다. 너희는 너희 아비 마귀에게서 났으니 너희 아비의 욕심대로 너희도 행하고자 하느니라. 그는 처음부터 살인한 자요 진리가 그 속에 없으므로 진리에 서지 못하고 거짓을 말할 때마다 제 것으로 말하나니 이는 그가 거짓말쟁이요 거짓의 아비가 되었음이라요 8:42-44.

주님은 사탄을 이렇게 묘사하셨고, 성경도 같은 식의 언급을 거듭하고 있습니다. 히브리서는 죄의 "기만성"에 대해 말하고 있으며히 3:13, KJV, 사도 바울은 고린도 교인들에게 어떻게 "뱀이 그 간계로 하와를 미혹"했는지 상기시키고 있습니다고후 11:3. 사탄은 "미혹"합니다. 그는 거짓말쟁이요 거짓의 아비입니다. 그는 속이는 자입니다. 바울이 거듭 말하고 있는 것처럼, 그는 "모든 속임으로" 일하는 거짓의 영입니다살후 2:10. 이 특징은 사탄이 하는 모든 일에서 드러납니다. 사탄은 자기 목적에 따라 얼마든지 전략을 바꾸어 활용합니다. 목적만 이룰 수 있다면 자기모순된 일도 서슴지 않습니다. 100년 전에는 참이라고 했던 일을 이제는 참이 아니라고 합니다. 이처럼 그는 조변석개하는 존재입니다. 바울은 그가 "광명의 천사"로도 가장할 수 있다고 말했습니다고후 11:14. 주님께 그러했듯이 사탄은 성경을 믿는 척, 진심으로 성경 이야기를 하려는 척하며 성경을 인용할 수도 있습니다. 사탄은 자신의 사악한 목적을 성취하기 위해서라면 어떤 수치스러운 일도 마다하지 않습니다. 이것이 사탄의 특징입니다. 사탄은 처음부터 거짓말쟁이였습니다. 불쌍한 아나니아와 삽비라는 이 뛰어난 거짓말쟁이의 밥이 되었습니다.

그렇다면 마귀가 인류를 속여서 믿게 만든 거짓말이 구체적으로 무엇입니까? 불행히도 이 질문에 대답하기란 전혀 어렵지 않습니다. 그의 방법만 알고 나면, 경험만으로도 능히 그의 거짓말을 알아낼 수 있기 때문입니다. 그러나 성경도 그가 어떤 거짓말을 하는지 분명하게 보여주고 있습니다. 마귀의 첫번째 거짓말은 당연히 마귀 자신에 대한 것입니다. 여러 면에서 볼 때 마귀의 온갖 거짓말 가운데 가장 교활한 거짓말이, 바로 마귀는 없다는 것입니다. 이것은 마귀의 진짜 걸작품입니다. 제가 알기에 낚시 기술의 수준 차이는 낚시꾼이 고기 눈에 띄지 않도록 얼마나 잘 숨을 수 있느냐에 달려 있습니다. 여러분은 위장하고 숨어서 고기를 잡습니다. 마귀는 바로 이 분야의 대가입니다. 인격적인 마귀의 존재를 믿는 일을 세상이 이처럼 우습게 아는 것을 보면, 마귀는 지금도 놀라운 성공을 거두고 있는 것이 분명합니다.

더 나아가, 마귀는 악 같은 것은 없다고 믿게 만듭니다. 조드C. E. M. Joad라는 철학자에 대해 들어 보셨을 것입니다. 그는 수년간 무신론자로 지내다가, 어느 날 자신이 그리스도인이 되었다고 선포했습니다. 그가 이처럼 자신의 옛 입장을 철회하게 된 발단은 스페인 내전을 통해 악이 하나의 힘으로 실재한다는 사실을 확신하게 된 데 있었습니다. 전에는 한 사람의 철학자로서 한번도 악을 적극적인 것으로 생각해 본 적이 없었습니다. 그저 특정한 특질의 결핍으로만 여겼을 뿐입니다. 그런데 전쟁을 겪으면서 오히려 그 반대의 확신을 갖게 만드는 사건들을 목격하게 되었습니다. 이것이 그가 겪은 변화의 첫 단계였습니다.

악의 실재를 발견한 후에 밟게 되는 두번째 단계는 악의 배후에 마귀가 있다는 사실과 큰 군대의 막강한 병력과 용병-이렇게 표현할 수 있다면-을 거느린 한 인격적인 권세가 있다는 사실을 발견하는 것입니다. 사도 바울은 에베소서 6장에서 이 모든 것에 대해 이야기하고 있습니다. "우리의 씨름은 혈과 육을 상대하는 것이 아니요 통치자들과 권세들과 이 어둠의 세상 주관자들과 하늘에 있는 악의 영들을 상대함이라"6:12. 이 보이지 않는 악하고 해로운 영적 세력은 마귀를 수장으로 삼고 있습니다. 그런데도 마귀는 이런 것들이 없다고 사람들을 속입니다. 마귀는 마귀 자신도, 악한 영도, 귀신도, 존 번연John Bunyan의 위대한 찬송가에 나오는 '도깨비'hobgoblin도, 아무것도 없다고 속이고 있습니다. 그런 것들은 다 옛날이야기에나 나오는 헛소리에 불과하다고 말하고 있습니다. 과거에는 이런 것들을 교묘히 믿게 만든 데 반해, 오늘날에는 정반대의 일을 하고 있는 것입니다. 이것이 인류를 속이는 사탄의 첫번째 큰 거짓말입니다.

두번째 거짓말은 우리 자신에 관한 것입니다. 여기에서 우리는 또 한번 마귀가 치밀한 교활함의 대가임을 확인하게 됩니다. 그는 우리에게 인간이란 동물에 불과한 존재로서, 혼이나 영 같은 것은 없다고 믿게 하며 그것을 자랑스러워하게 만듭니다. "인간이란 추론하는 동물로서 다른 동물보다 좀더 발달되기는 했지만, 그래도 여전히 동물의 범주에 속한 존재다. 다른 동물과 비교할 때 정도의 차이만 있을 뿐 종의 차이는 없다"고 말하는 것을 자랑스러워하게 만듭니다. 아서 키스 경Sir Arthur Keith은 여러 신체를 해부해 보았지만 혼이라는 기관은 보지 못했다고 말하기도 했습니다. 그 말을 들은 엘리트들은 큰 웃음을 터뜨렸습니다!

그다음으로 마귀는, 인간은 본질적으로 선한 동물이므로 실제로 잘못된 부분 같은 것은 없고, 죄에 대한 성경의 교리는 진실이 아닐뿐더러 거의 중상모략에 해당하는 말이라고 믿게 만듭니다. 물론 이렇게 믿으려면 세상의 현실도 보지 말고, 인간들이 하는 짓도 보지 말아야 합니다. 눈 딱 감고 이 거짓말만 믿어야 합니다. 그런데도 사람들은 기꺼이 이 거짓말을 믿으려고 합니다. 그들은 자기가 거짓말을 붙잡고 있다는 사실을 모르고 있습니다. 그들은 자기의 참모습을 직면할 만큼 정직하지 못하기 때문에 이 거짓말을 그냥 받아들입니다. 그뿐 아니라 인간은 자신들이 저지른 죄 이상으로 억울하게 비난받고 있다고 생각합니다. 하지만 세상이 이 모양이 된 것이 인간의 책임이 아니라면 대체 누구의 책임이란 말입니까?

"그건 모르지요. 어쨌든 난 책임 없어요. 다른 사람들이 잘못한 게 틀림없습니다. 하지만 그들도 저 같은 사람이니 어쨌든 그들 책임이라고 할 수도 없겠군요. 내가 본질적으로 선하다면 그들도 본질적으로 선한 거니까요."

그렇다면 이 악은 어디에서 온 것입니까?

"글쎄요, 잘 모르겠습니다. 다른 데 어딘가 잘못이 있겠지요. 하지만 사람은 본질적으로 선한 존재이고, 자기가 지은 죄 이상으로 비난받고 있는 것이 분명합니다."

우리가 살펴본 대로, 마귀는 또한 세상이 개선되고 있다고 믿게 만듭니다. 인류는 더 친절해지고, 더 이해심이 깊어지고 있으며, 갑자기 수천, 수백만 명을 죽이는 일 따위는 이제 꿈도 꾸지 않는다고 말합니다. 그러나 그렇지 않습니다. 마귀는 인류가 전체적으로 상승세를 타고 있다는 거짓말을 하고 있으며, 20세기에 목격한 모든 일에도 불구하고 사람들은 여전히 그 거짓말을 믿고 있습니다. 우리가 놀라운 진화 과정을 거쳐서 결국에는 완벽한 수준에 도달할 것이라고 믿고 있는 것입니다.

마귀는 당연히 하나님에 대해서도 거짓말을 늘어놓습니다. 첫째로, 마귀는 항상 하나님은 없다고 말합니다. 이것은 새삼스러운 일이 못 됩니다. 사람들은 이것을 새로운 생각처럼 여기지만 사실은 그렇지 않습니다. 시편 14:1은 이렇게 말하고 있습니다. "어리석은 자는 그의 마음에 이르기를 하나님이 없다 하는도다." 이것은 오래된 마귀의 술수이지만 오늘날에도 여전히 많은 사람들이 이 술수에 걸려들고 있습니다.

이 거짓말이 통하지 않을 때 마귀는 또 다른 거짓말을 동원합니다. 누군가 하나님의 존재를 믿게 되면 다가가서 이렇게 속삭이는 것입니다. "그래, 하나님은 분명히 있지. 그런데 문제는 그가 너를 억압하기 좋아하는 악마라는 거야. 그는 불공평한 존재지. 하나님은 확실히 존재해. 그런데 왜 기형아가 태어나는 걸까? 왜 전쟁이 일어나는 거지? 그건 하나님이란 존재가 독재자이기 때문이야. 그는 너를 싫어해." 사탄은 아담과 하와를 처음 유혹할 때도 이 거짓말을 했습니다. 그들은 이 거짓말을 믿었고, 그후의 인간들도 계속해서 이 거짓말을 믿었습니다. 인간들은 일이 잘 풀리지 않을 때는 하나님을 비난할 준비를 하고, 일이 잘 풀릴 때에는 하나님을 완전히 잊어버리는 짓을 반복하며 살아왔습니다. 이것은 모두 마귀가 쓰는 속임수입니다.

그다음으로 사탄이 믿게 만드는 거짓말은, 자유와 참된 행복을 진정으로 누리려면 하나님께 대항하여 그에게 등을 돌리고 더 이상 그와 상관하지 말아야 한다는 것입니다. 이것 역시 첫 유혹 때 동원되었던 속임수입니다. "하나님이 참으로……하시더냐." 하나님은 오로지 우리를 억압하고, 이 지식을 얻지 못하도록 금지하는 일에만 관심이 있다는 것입니다. 만일 그에게 대항해서 이 열매를 따먹기만 하면 금세 눈이 밝아져 지각이 생기고 신처럼 된다는 것입니다. 그에게서 해방되어 진정 인간의 이름에 걸맞는 역할을 하게 된다는 것입니다. 그러면 참된 행복을 얻을 수 있다는 것입니다.

더 나아가 마귀는 이 세상 너머에는 아무것도 없으며 죽으면 그것으로 끝이기 때문에 사실 우리가 지금 무엇을 하느냐는 그리 중요치 않다고 말합니다. "즐길 수 있을 때 즐겨라." "내일 죽을 테니 먹고 마시고 즐거워하자." 삶 이후에는 심판도, 영원한 미래도, 그 무엇도 없다는 것입니다. 이처럼 미래에 대해서는 걱정할 게 없으니, 율법과 정죄와 심판에 대해 설교하면서 책임을 요구하는 설교자들의 말에 귀를 기울이지 말라는 것입니다. 절대 그러지 말라는 것입니다. 무릇 사람은 매사에 만족하며 즐겁고 재미있는 인생을 살아야 한다는 것입니다.

이스라엘에는 두 부류의 선지자들 – '거짓 선지자'로 묘사되어 있는 선지자들과 참 선지자들 – 이 있어서 항상 큰 싸움을 벌였습니다. 거짓 선지자들의 메시지는 언제나 똑같았습니다. 예레미야는 다음과 같은 말로 이 점을 백성들에게 깊이 각인시킨 바 있습니다. "그들이 내 백성의 상처를 가볍게 여기면서 말하기를 평강하다 평강하다 하나 평강이 없도다"렘 6:14; 8:11. 거짓 선지자들은 아직도 이렇게 말하고 있습니다. 거짓의 영이 요직에 있는 사람들의 머리와 마음을 장악하여, 세상이 지옥으로 치닫는 상황에서도 여전히 이렇게 말하게 합니다. "다 잘되고 있습니다. 겁내거나 동요하지 마세요. 심판이나 영원한 세계나 형벌 같은 건 없습니다. 다 잘될 겁니다. 우리는 평강하고도 평강합니다. 그러니 계속 지금처럼 사십시오. 계속 마시고 춤추세요. 즐겁게 사세요. 어떤 식으로든 다 잘될 겁니다." 거짓 선지자들은 세상의 현실을 뻔히 보면서도 이런 말을 합니다. 그러나 그것은 물론 마귀의 거짓말입니다. "어찌하여 사탄이 네 마음에 가득하여 네가 성령을 속이고."

마지막으로, 마귀는 당연히 주 예수 그리스도에 대해 쉬지 않고 거짓말을 합니다. 이것은 여러분도 이미 예상한 일 아닙니까? 하나님께서는 예수 그리스도를 두번째 아담으로 전투에 내보내셨습니다. 이것은 하나님의 행동 중에서도 최고의 행동이었습니다. 그 사실을 알았던 마귀는 이 일에 대해 여러 가지 거짓말을 조작해 냈습니다. 성경에는 이에 대한 이야기가 너무 많이 나오기 때문에 아주 간략하게 요약해서 말씀드릴 수밖에 없습니다. 우리는 이 거짓말을 무엇보다 완벽하게 보여주는 예를 주님이 광야에서 시험받으신 사건에서 찾을 수 있습니다. 주님은 40주야를 광야에 계시면서 마귀의 시험을 받으셨습니다. 그가 받으신 시험의 형태는 이러했습니다. 마귀는 치밀하고 교활하게도 "네가 만일 하나님의 아들이어든"이라고 말했습니다. "만일"이라고 의문을 제기한 것입니다. 문제는 여기 있었습니다. 마귀는 이 사실을 흔드는 일에 항상 골몰해 왔습니다. 주님도 바리새인들에게 말씀하실 때 이 점을 언급하셨습니다^{요 8장}. 또 바울은 이렇게 말하고 있습니다. "하나님의 영으로 말하는 자는 누구든지 예수를 저주할 자라 하지 아니하고 또 성령으로 아니하고는 누구든지 예수를 주시라 할 수 없느니라"^{고전 12:3}. 예수를 저주할 자라고 하는 자는 성령으로 말하지 **않는** 자입니다.

또한 요한은 이렇게 말하고 있습니다.

> 사랑하는 자들아, 영을 다 믿지 말고 오직 영들이 하나님께 속하였나 분별하라. 많은 거짓 선지자가 세상에 나왔음이라. 이로써 너희가 하나님의 영을 알지니 곧 예수 그리스도께서 육체로 오신 것을 시인하는 영마다 하나님께 속한 것이요 예수를 시인하지 아니하는 영마다 하나님께 속한 것이 아니니 이것이 곧 적그리스도의 영이니라. 오리라 한 말을 너희가 들었거니와 지금 벌써 세상에 있느니라^{요일 4:1-3}.

이것은 처음부터 있었던 큰 싸움입니다. 이를테면 교회가 태어나는 순간부터 악한 자가 거짓말을 가지고 들어왔다는 것입니다. 그중에서도 가장 큰 거짓말은 나사렛 예수가 한낱 인간에 불과하며, 예수를 하나님과 동등한 자요 하나님의 아들로 주장하는 것은 신성모독이라는 것이었습니다. 사람들이 주님을 죽인 이유가 여기 있었습니다. 그들은 말했습니다. "이자가 누군가? 요셉의 아들이요 일개 목수가 아닌가? 이자의 주장은 거짓말이다. 이자는 사기꾼이다." 그들은 예수가 미워서 이를 갈다가 마침내 갈보리 언덕 십자가 위에 못박아 버렸습니다. 그들은 이 거짓말을 끝까지 지키기 위해 온 힘을 다해 싸웠습니다. 베드로는 그 일에 대해 이렇게 표현하고 있습니다. "그러나 백성 가운데[이스라엘 자손 중에] 또한 거짓 선지자들이 일어났었나니 이와 같이 너희 중에도 거짓 선생들이 있으리라. 그들은 멸망하게 할 이단을 가만히 끌어들여 자기들을 사신 주를 부인하고 임박한 멸망을 스스로 취하는 자들이라"벧후 2:1.

성경 마지막에 나오는 요한계시록은 다름 아닌 이 큰 싸움을 다루고 있는 책입니다. 특히 이 싸움이 마지막을 향해 치닫는 장면을 생생하고 극적으로 제시해 주고 있습니다. 큰 용인 마귀가 입에서 물을 토하여 여자와 아이를 빠뜨리려 하는 장면을 묘사한 12장에서, 우리는 이 싸움에 대한 완벽한 요약을 읽을 수 있습니다.

거짓말은 오늘날도 계속되고 있습니다. 오, 그렇습니다. 사람들은 주님을 위대한 선인善人으로 찬양할 준비는 하고 있으면서도, 다른 인간들과 똑같이 태어난 인간에 불과한 존재라는 생각은 접으려 들지 않습니다. 최근에 들은 말로는, 예수가 세례 요한의 아버지 사가랴의 사생아라고 말할 정도로 어리석은 사람도 있다고 합니다. 이런 말을 한 사람은 불쌍하기 짝이 없는 마귀의 종입니다. 이런 말에서는 교활함조차 찾아볼 수가 없습니다. 이것은 의도가 뻔히 드러나는 말이요, 자기 거짓말을 노골적으로 우습게 만드는 말입니다. 이런 말은 차라리 하지 않는 편이 나았을 것입니다. 이 말을 한 사람은 자기 주인 마귀에게 질책당했을 것이 틀림없습니다. 이것은 효과적인 방법이 아닙니다. 진짜 교활한 방법은 주님을 인간으로서 찬양하는 것입니다. 그를 단순한 인간으로만 생각하게 할 수 있다면, 초자연적인 것과 기적적인 것과 신적인 것과 속죄의 죽음 전부를 무시하게 만들 수 있기 때문입니다. 즉 주님의 영광과 신성을 제거해 버릴 수 있는 것입니다. 이것이 거짓말쟁이 마귀의 본질적인 가르침입니다. 마귀는 시대를 막론하고 사람들을 설득해서 이것을 믿게 했습니다.

그렇다면 사람들이 마귀의 말을 들은 결과는 무엇입니까? 그 결과는 항상 똑같습니다. 우리는 아나니아와 삽비라 이야기에서도 같은 결과를 볼 수 있습니다. 마귀의 가르침은 항상 사람을 속박하게 되어 있습니다. 마귀는 자유를 약속하지만, 결코 자유를 주지 않습니다. "사악한 자의 길은 험하니라" 잠 13:15. 마귀의 말이 사실이라면 세상에는 불행이란 것이 없어야 합니다. 문제도 없고, 고통도 없고, 비참한 일도 없고, 전쟁의 위협도 없어야 합니다. 그러나 현실은 그렇지 못합니다. 마귀는 항상 혼란을 일으켜서 사람을 속박합니다. 마귀의 말을 듣는 순간 사람은 그의 권력 아래 들어가게 되며, 성경의 표현대로 죄와 사탄이 그를 "주관"하게 됩니다. 첫 사람 아담이 마귀의 거짓말을 믿었을 때 어떻게 되었습니까? 세상과 육신과 마귀의 희생자가 되었습니다. 이것이 오늘날 세상이 빠져 있는 전반적인 곤경입니다. 사람들은 자유롭지 않습니다. 그들 역시 아담 같은 희생자들입니다.

사람들은 왜 이렇게 마귀의 말을 듣는 것일까요? 남들도 다 이렇게 하기 때문입니다. 그들은 세상의 길과 사회적으로 합의된 바, 남들이 해야 한다고 말하는 것, 훌륭한 사람들이 하고 있는 것들을 따라 합니다. 무슨 이유를 알아서 그러는 것이 아닙니다. 노예로서 따라 하는 것일 뿐입니다. 그들은 대중적인 신문과 라디오와 텔레비전이 제공하는 견해를 그대로 흡수합니다. 그들은 생각을 하지 않습니다. 그렇기 때문에 무서운 종살이를 할 수밖에 없는 것입니다.

저는 특별히 이기심이라는 측면에 여러분의 주의를 환기시키려 합니다. 마귀의 거짓말을 듣는 사람은 항상 이기심에 사로잡히게 되어 있습니다. "아나니아야, 어찌하여 사탄이 네 마음에 가득하여 네가 성령을 속이고." 이기심이 문제입니다. 여러분은 남에게 주는 척, 남을 돕는 척 가장하지만 실제로는 주지도 않고 돕지도 않습니다. 자기 것은 자기 것대로 뒤에 많이 챙겨 놓고 있습니다. 여러분은 그냥 거짓말쟁이가 아니라 이기적인 거짓말쟁이입니다. 여러분은 항상 자기만 생각합니다. 자기만 우선시합니다. 어떤 의미에서 세상의 전반적인 곤경은 바로 이런 이기심에서 나오는 것이 아닙니까? 사람들은 전부 자기만 생각합니다. "난 괜찮네, 잭. 나만 괜찮으면 됐지, 남이야 어떻게 되든 말든, 무슨 일을 겪든 말든 무슨 상관인가!"

물론 우리는 자선을 베푸는 등의 시늉을 내기도 하지만, 다 겉치레일 뿐입니다. 남자는 자기 아내에게 만족하지 않고 남의 아내를 탐냅니다. 사업과 직업의 세계는 질투와 시기와 원한과 악의로 들끓고 있으며, 그 점에서는 사회 상류층도 다를 바 없습니다. 아나니아와 삽비라 이야기에도 그런 모습이 나오고 있습니다. 이처럼 마귀의 거짓말을 믿으면 반드시 이기심에 사로잡히게 되어 있습니다. 이것이 인류가 겪고 있는 비극의 원인입니다.

또한 마귀의 거짓말을 믿으면 항상 근시안이 된다는 점에도 주목하시기 바랍니다. 술을 마실 때는 행복하지만, 다음날 아침에는 비참해집니다. 신성한 것에 침을 뱉고 하나님의 거룩한 법을 모독할 때는 행복하지만, 나중에는 후회 속에 그 벌을 받으며 비겁한 패배자가 된 듯한 느낌에 괴로워하게 됩니다. 만족도 잠깐, 행복도 잠깐입니다. 히브리서 기자는 모세에 대해 "도리어 하나님의 백성과 함께 고난받기를 잠시 죄악의 낙을 누리는 것보다 더 좋아"했다고 말하고 있습니다. 히 11:25. 죄악의 낙이 지속되는 기간은 잠시에 불과하며, 그나마 그 낙을 누리는 "잠시"마저 점점 줄어들게 되어 있습니다. 만족은 결코 영원히 지속되지 않습니다.

마귀는 사기꾼에 거짓말쟁이입니다. 마귀의 강령은 속이는 것입니다. 그가 제공하는 쾌락은 반드시 심판을 초래하게 되어 있습니다. 여러분은 스스로 똑똑하게 처신했다고 생각하며, 발생 가능한 모든 상황에 대비책을 세워 놓았다고 생각합니다. 그러다가 갑자기 "사람에게 거짓말한 것이 아니요 하나님께로다"라는 베드로의 말에 부닥치게 되는 것입니다. 베드로는 삽비라에게 "너희가 어찌 함께 꾀하였느냐. 그 땅 판 값이 이것뿐이냐"고 물었습니다. 그러자 삽비라가 대답했습니다. "예, 이것뿐이라." 그것은 뻔뻔한 거짓말이었습니다.

심판은 갑자기 들이닥칩니다. 그렇기 때문에 도망가거나 피할 수 없습니다. 여러분은 결국 붙잡히게 되어 있습니다. 여러분은 여러분이 받아야 할 형벌과 운명－심판에 따른 영원한 운명－에 직면해야 합니다. 이것이 이 거짓말쟁이 마귀, 사탄, 하나님을 증오하는 자, 궁극적으로는 인간을 증오하는 자, 우리의 원수, 우리의 대적에 관한 진실입니다. 이것이 마귀의 특징이요, 마귀가 가르치는 바요, 그 가르침을 믿을 때 따라오는 결과입니다.

그러나 그와 다른 방향으로도 갈 수 있다는 것은 얼마나 큰 기쁨이요 안심이 되는 축복입니까! 기독교는 바로 이런 것입니다. 자, 여러분에게 말씀드릴 놀라운 일이 있으니 여러분 자신의 삶을 위해 한 번 들어 보시기 바랍니다. 우리 마음을 충만하게 채울 준비를 하고 있는 존재가 또 있습니다. "무리가 다 성령이 충만하여." 이것은 사도행전 2장에서 이미 읽은 내용입니다. 이것은 이미 약속되어 있던 일이었고－성부께서 약속하셨습니다－주님께서도 "내가 떠나가는 것이 너희에게 유익이라. 내가 떠나가지 아니하면 보혜사가 너희에게로 오시지 아니할 것이요 가면 내가 그를 너희에게로 보내리니"라고 말씀하시면서 약속해 주신 일이었습니다요 16:7. 주님은 그 약속대로 오순절 날 성령을 보내 주셨습니다. 그럼으로써 교회가 생기게 되었으며, 우리가 함께 고찰해 온 그 모든 경이로운 사건들이 벌어지게 된 것입니다.

하나님의 영이신 성령 하나님, 그는 어떤 분입니까? 오, 성령의 특징은 마귀의 특징과 얼마나 다른지 모릅니다! 얼마나 대조되는지 모릅니다! 그의 이름은 거룩의 영, 진리의 영입니다. 주님은 "그가 너희를 모든 진리 가운데로 인도하시리니"라고 말씀하셨습니다16:13. 그는 모든 면에서 마귀와 영원히 대조가 되시지만, 특별히 위대한 진리의 영이라는 점에서 가장 큰 대조가 됩니다. 정말 놀라운 사실은, 성령은 진리의 영이기 때문에 시대를 막론하고 항상 동일하시다는 것입니다. 제가 지금 여러분에게 설교할 특권을 누리고 있는 진리는 '변하지 않은 진리, 변하지 않는 진리'입니다. "예수 그리스도는 어제나 오늘이나 영원토록 동일하"신 분입니다.히 13:8.

그렇다면 제가 전하는 메시지는 무엇입니까? 제가 전하는 메시지는 새로운 것이 아닙니다. 오, 여러분이 직접 그것을 들을 수 있도록 하나님의 영이 저를 가려 주시기를 바랍니다. 저는 그저 사도들이 전한 메시지를 단순히 반복하고 있습니다. 1960년대에 갑자기 발견된 내용을 전하고 있는 것도 아니고, 몇몇 위대한 철학자들의 최근 책에서 읽은 내용을 전하는 것도 아닙니다. 감사하게도 제가 전하는 메시지는 그런 것이 아닙니다. 저는 영원한 진리, 영속하는 복음, 성도와 사도와 선지자와 순교자들이 전 시대에 걸쳐 전했던 메시지를 전하고 있는 것입니다.

그렇다면 성령이 가르쳐 주시는 이 진리의 내용은 무엇입니까? 요약된 형태로 말씀드리겠습니다. 성령은 우리 자신에 대한 진리를 말씀해 주시는데, 그것은 우리가 동물이 아니라는 것입니다. "우리의 모양대로 우리가 사람을 만들고……하나님의 형상대로 사람을 창조하시되"창 1:26, 27. 우리는 다 혼을 가지고 있고 영을 가지고 있는 존재들입니다. 우리는 하나님을 닮도록 만들어졌습니다. 내적으로는 우리도 그 사실을 알고 있습니다. 우리는 어떤 것에도 만족을 느끼지 못합니다. "더 광대한 정기精氣, 더 신성한 공기"를 달라고 소리칩니다워즈워스. 그러나 하나님 외에는 세상 그 어떤 것도 우리를 궁극적으로 만족시킬 수 없습니다. 우리는 목말라하고 있고, 배고파하고 있으며, 불안해하고 있습니다. 어거스틴도 같은 경험을 했습니다. "당신을 위해 저희를 지으셨으니, 주님 안에서 안식을 얻기까지 저희 마음은 쉴 수 없나이다." 그는 여기저기 돌아다니기도 하고 정부情婦를 두기도 했지만, 그런 것들로 채우기에는 그의 영혼이 너무 컸습니다.

> 너는 흙이니 흙으로 돌아가라는 것은
> 영혼에게 하신 말이 아니었다.
> —롱펠로우H. W. Longfellow

사람의 속에는 손에 만져지지 않는 이것, 동물과 구별지어 주는 이것이 있습니다. 성경은 이것에 대해 기록하고 있습니다. 진리의 영이신 성령도 이것에 대해 말씀하고 계십니다. 성령은 한 걸음 더 나아가, 인간은 하나님 앞에 책임을 져야 하는 존재이지 자기의 정욕과 열정과 욕망에 따라 과도히 먹고 마시며 성에 탐닉하는 무책임한 동물이 아니라고 말씀하십니다. 우리는 절대 그런 존재가 아닙니다. 우리는 훈련을 받아야 하는 책임 있는 존재요, 피조세계를 다스리는 주인이요, 우주에서 하나님을 대리하고 있는 대리인입니다.

그러나 성령은 거기서 멈추지 않고 다른 말씀도 하시는데, 불행히도 우리는 그 말씀이 진실임을 알고 있습니다. 성령은 인간이 어리석어서 마귀의 말을 듣고 타락했으며, 자신들의 후손과 세계 전체에 혼돈을 몰고 왔다고 말씀하십니다. 지금 인간은 타락한 피조물로서, 그들이 겪는 모든 고통은 그 결과라고 말씀하십니다.

성령은 계속해서 하나님과 하나님의 영광에 대한 진리를 말씀해 주십니다.

썩지 아니하시고 보이지 아니하시고 홀로 지혜로우신 하나님,
우리 눈 닿지 못할 빛 가운데 거하시며
지극히 복되시며 지극히 영화로우시며 옛적부터 항상 계신 이시니
영광과 찬양이 당신을 둘렀나이다.
—월터 차머즈 스미스 Walter Chalmers Smith

"하나님은 빛이시라. 그에게는 어둠이 조금도 없으시다는 것이니라"
요일 1:5. 창조자 하나님, 전능하신 하나님, 공평하고 의로우시며 거룩하신 하나님은 얼마나 순결하신지 죄를 보지도 못하시는 분입니다. 땅끝의 심판자이신 하나님께서 이 우주의 도덕적인 통치를 유지시키고 계십니다. 하나님은 우리를 만드신 분입니다. 우리는 모두 그분 밑에서 살아가는 존재들이며, 그분 앞에서 결산 보고를 해야 하는 존재들입니다.

이것이 성경에 나타나는 바, 하나님에 관한 성령의 가르침입니다. 그러나 감사하게도 이것이 전부는 아닙니다! 만약 이것이 전부라면 우리는 여기에 모이지도 못했을 것입니다. 저부터도 그분 앞에 나아가기는커녕 겁에 질려 도망쳐 버렸을 것입니다. 그의 목전에 나아가는 것은 고사하고, 어떻게 감히 그런 분에 대해 입을 열 수 있겠습니까? 그러나 성령이 계속해서 제게 말씀해 주시는 것은, 이 하나님은 사랑의 하나님이시며 무한한 인자와 자비와 긍휼의 하나님이시라는 것입니다. 이에 대해 사도 바울이 에베소 사람들에게 말한 것을 들어 보십시오. "긍휼이 풍성하신 하나님이 우리를 사랑하신 그 큰 사랑을 인하여 허물로 죽은 우리를 그리스도와 함께 살리셨고……"-무엇 때문입니까?-"이는 그리스도 예수 안에서 우리에게 자비하심으로써 그 은혜의 지극히 풍성함을 오는 여러 세대에 나타내려 하심이라"엡 2:4-5, 7.

구약의 시편기자들과 선지자들은 계시를 통해 하나님의 사랑을 어렴풋이 보기도 하고 체험하기도 했습니다. 시편기자는 하나님 앞에 죄를 짓고 어찌할 바를 몰랐습니다. 그러나 하나님 말고는 기댈 데가 없었기 때문에 결국 하나님께 돌아갈 수밖에 없었습니다. 그는 어렵게 입을 열어 더듬거리며 부르짖었습니다. "그러나 사유하심이 주께 있음은 주를 경외하게 하심이니이다"시 130:4. 그런 다음 시편기자가 이야기하는 것이 바로 주의 인자하심입니다. "동이 서에서 먼 것같이 우리의 죄과를 우리에게서 멀리 옮기셨으며"103:12. 이것이 하나님에 관한 성령의 가르침입니다. 하나님은 우리의 이런 모습에도 불구하고 우리를 대적하기는커녕 사랑하시는 분입니다. 하나님은 아담과 하와가 완벽한 낙원에서 반역했을 때에도 그들을 영원한 세계의 한없는 비참함에 내던지지 않으셨습니다. 오히려 이미 작정해 놓은 구속과 회복의 계획을 알려 주셨습니다. 인간이 어리석게도 반항하고 매도하며 모욕하고 있을 때조차도 인간을 인간 자신과 마귀의 거짓말이 불러온 결과로부터 구원하고 구속할 방법을 생각하신 것입니다.

여러분은 구약성경에서 하나님의 구원 선포를 읽을 수 있습니다.

하나님은 아브라함이라는 한 사람을 택하여 나라를 이루게 하심으로 그를 계시의 한 방편으로 사용하셨습니다. 아브라함에게서 나온 이 이스라엘 자손들을 어떻게 대하셨는지 보십시오. 그들은 얼마나 파렴치한 사람들이었습니까! 아시다시피 그들은 우리보다 못할 게 없었으면서도 하나님께 죄를 짓고 굽실거리며 돌아오곤 했습니다. 그리고 하나님께서 용서하시고 축복해 주시면 또다시 그를 버리고 떠나 죄를 범했습니다. 우리가 볼 때는 도저히 용서하실 수 없을 것만 같은 때가 얼마나 많은지 모릅니다. 그런데도 하나님은 용서하셨습니다! 오, 하나님은 이 완악한 백성에 대해 얼마나 오래 참으시며 인내하셨는지 모릅니다. 성령이 계시하시는 하나님은 바로 이런 분입니다.

그러나 성령이 교회에 보냄받으신 것은, 무엇보다 주 예수 그리스도의 영광을 나타내기 위해서입니다. 주님도 친히 "그가 내 영광을 나타내리니"라고 말씀하셨습니다요 16:14. 이것이 성령이 하시는 최고의 사역입니다. 그는 나사렛 예수에 관한 진리를 말씀해 주십니다. 예수가 과연 누구입니까? 이것이야말로 결정적으로 중요한 질문입니다. "너희는 그리스도에 대하여 어떻게 생각하느냐"마 22:42. 성령은 우리가 신약이라고 부르는 이 놀라운 기록 전체에 걸쳐 이 질문에 답하고 계십니다. 그 대답이 여기 있습니다. "하나님이 세상을 이처럼 사랑하사 독생자를 주셨으니 이는 그를 믿는 자마다 멸망하지 않고 영생을 얻게 하려 하심이라"요 3:16. 베들레헴에 태어난 아기는 영원하신 하나님의 아들이요 육신이 되신 말씀이었습니다. 찰스 웨슬리는 "육신에 싸이신 하나님을 보도다"라고 노래했습니다. 이 사실을 계시하시는 분은 성령밖에 없습니다. 바울은 고린도전서 2:8에서, 그리스도가 오셨을 때 "이 세대의 통치자들이 한 사람도 알지 못하였나니 만일 알았더라면 영광의 주를 십자가에 못박지 아니하였으리라"고 말합니다. 세상의 위대한 사람들은 그를 거부했습니다. 그들은 목수로서의 예수만 보았습니다. 그러나 성령은 그를 육신을 입으신 하나님으로 계시해 주십니다.

또한 성령은 주님의 완벽하고도 놀라운 생애와 그의 인자하심을 계시해 주십니다. 바리새인과 서기관들은 그를 좋아하지 않았으며, 그래도 괜찮은 사람이라는 생각조차 하지 않았습니다. 그들의 눈에 비친 예수는 세리나 죄인들과 어울려 식사를 하고, 창녀가 눈물로 자기 발을 씻고 머리털로 닦도록 내버려두는 형편없는 사람이었습니다. 그들은 "저자는 사기꾼이로군"이라고 말했습니다. 그러나 사실상 그는 인자와 긍휼이 가득한 분이었습니다. 그는 "나를 본 자는 아버지를 보았거늘"이라고 말씀했습니다요 14:9. 하나님은 바로 자신과 같은 분이라고 말씀하신 것입니다. 남들이 예수에 대해 하는 말들을 듣지 마십시오. 그는 여러분과 동떨어져 있는 분도, 여러분을 대적하는 분도 아닙니다. 그는 바로 여러분과 저를 위해 오신 하나님의 아들이십니다. "인자가 온 것은 잃어버린 자를 찾아 구원하려 함이니라"눅 19:10. "내가 온 것은 양으로 생명을 얻게 하고 더 풍성히 얻게 하려는 것이라"요 10:10.

주님은 곧 체포될 줄 아셨으면서도 예루살렘으로 올라가셨습니다. "인자가 온 것은 섬김을 받으려 함이 아니라 도리어 섬기려 하고 자기 목숨을 많은 사람의 대속물로 주려 함이니라"마 20:28. 그는 죽으려고 오셨습니다. 그에 관한 성령의 모든 가르침은, 그가 자발적으로 십자가로 나아가셨음을 알려 주고 있습니다. 왜 그러셨습니까? 오직 그것만이 사람들을 구원하고 용서하며 구속할 수 있는 유일한 길임을 아셨기 때문입니다. 그는 십자가 위에서 내 죄를 지셨습니다. 내 허물을 감당하셨습니다. 이것이 그가 오신 이유입니다. 그는 "모든 사람을 위하여 죽음을 맛보려" 오셨습니다히 2:9. 이것이 성령이 그에 대해 가르치시는 내용입니다. 그들은 주님을 무덤에 장사지냈지만 그는 다시 살아나셨습니다. 몸의 부활은 실제 일어난 사실입니다. 그것은 그의 사역이 완성되었음을 입증하는 증거였습니다. 주님은 자신의 삶과 죽음을 목격했던 사도들 앞에서 승천하여 영원한 영광 중에 하나님 우편에 앉으셨습니다. 그리고 이와 같은 일들을 알리시고, 자신의 백성과 설교자들에게 능력을 주시며, 자신에 관한 진리가 참된 것임을 입증하시기 위해 오순절 날 성령을 보내 주셨습니다.

사도 바울은 로마서에서 다음과 같은 말로 이 메시지를 요약하고 있습니다.

> 우리가 아직 연약할 때에 기약대로 그리스도께서 경건하지 않은 자를 위하여 죽으셨도다. 의인을 위하여 죽는 자가 쉽지 않고 선인을 위하여 용감히 죽는 자가 혹 있거니와 우리가 아직 죄인되었을 때에 그리스도께서 우리를 위하여 죽으심으로……곧 우리가 원수되었을 때에 그의 아들의 죽으심으로 말미암아 하나님과 화목하게 되었은즉 화목하게 된 자로서는 더욱 그의 살아나심으로 말미암아 구원을 받을 것이니라롬 5:6-8, 10.

이것을 믿을 때 어떤 일이 일어납니까? 오, 자기 죄가 용서받았고 하나님과 화목하게 되었다는 것을 즉시 깨닫게 됩니다. 더 이상 심판을 두려워하지 않고 하나님과 평화를 누리게 됩니다. 그뿐만이 아니라 새 본성과 새 생명을 얻어 새 출발을 하게 됩니다. 구원을 얻게 됩니다. 이것은 철학이 아닙니다. 윤리적인 가르침도 아닙니다. 복음은 자신을 질책하여 선한 삶을 살기 위해 노력함으로써 하나님과의 관계를 바로잡고 자신의 문제를 해결하라는 권고가 아닙니다. 복음은 여러분이 그렇게 할 수 없음을 압니다. 복음은 절대 그런 것이 아닙니다. 복음 메시지는 초자연적이고 신적인 구원을 이야기합니다. 이에 대해 바울은 다음과 같이 말하고 있습니다. "내가 복음을 부끄러워하지 아니하노니"-왜 그렇습니까?-"이 복음은 모든 믿는 자에게 구원을 주시는 하나님의 능력이 됨이라"롬 1:16. 복음은 사회학자의 능력이나 정부가 제정한 법령의 능력이 아니라, 하나님의 능력입니다. 바로 그 능력이 우리를 마귀에게서 구해 내며, 흑암의 나라에서 하나님이 사랑하시는 아들의 나라로 옮겨 주고, 우리를 해방시켜 새로운 성품, 사도행전에 등장하는 바나바 같은 신자들의 성품을 부여해 주는 것입니다. 그들은 정직하고 진실하게 자기 소유를 팔아 얻은 수익을 내놓았습니다. 그들은 이기적이고 자기중심적인 옹졸한 삶에서 벗어나 남에게 진정한 관심을 보여주었습니다.

마귀가 사람들로 하여금 아주 간단하게 잊게 만드는 사실들이 있는데, 그 사실들을 다 일깨우려면 몇 시간이 필요할 것입니다. 역사적으로 세상에서 가장 좋은 일을 많이 한 기관은 바로 교회였습니다. 정치인들이 개혁에 동의하기 전부터 이미 교회는 빈민을 구제했으며, 빈민 교육제도를 도입했고, 병원 문을 열었습니다. 단순한 하나의 기관이 아니라 진실한 그리스도인들의 모임으로서의 교회는 어느 시대에나 모든 일에서 개척자 역할을 해왔습니다. 이것은 명백한 사실입니다. 영국에서나 다른 나라에서나 그리스도인들은 남을 위해 자신들을 희생해 왔습니다. 여기 사도행전에도 그런 사람들이 나옵니다. 이들은 모두 한마음이 되어 새로운 삶을 살면서 성령의 열매를 보여주었습니다.

두 가지 삶-마귀의 말을 듣는 삶과 성령의 말을 듣는 삶-의 차이를 알고 싶다면 사도 바울이 갈라디아서 5장에 쓴 말을 읽어 보시기 바랍니다. "육체의 일은 분명하니"-이것은 사탄이 마음을 가득 채우고 있는 사람들의 삶입니다-"곧 음행과 더러운 것과 호색과 우상숭배와 주술과 원수 맺는 것과 분쟁과 시기와 분냄과 당 짓는 것과 분열함과 이단과 투기와 술 취함과 방탕함과 또 그와 같은 것들이라"갈 5:19-21. 그때도 그랬지만 오늘날 런던의 생활도 이와 다를 바가 없습니다. 이것은 모두 마귀의 거짓말을 들은 결과입니다.

성령의 가르침을 들은 결과는 어떻게 다른지 알고 싶습니까? "오직 성령의 열매는 사랑과 희락과 화평과 오래 참음과 자비와 양선과 충성과 온유와 절제니"갈 5:22-23. 얼마나 대조가 되는 특징들입니까! 놀라운 사실은 여러분이 이 메시지를 믿기만 하면, 성령이 여러분 안에 찾아가신다는 것입니다. 그러므로 이제는 더 이상 이길 승산 없는 적들과 홀로 맞서 싸우지 않아도 된다는 것입니다. "무리가 다 성령이 충만하여." 신적인 힘이 내 속에 들어와 나를 일으켜 세웁니다. 나의 한계를 뛰어넘어 전에는 할 수 없었던 일을 하게 해줍니다.

그래서 어떻게 됩니까? 여러분, 지극히 물질적이고 금전적인 인생관으로 풋볼 도박과 돈에만 관심을 갖는 이 현대세계에서 돈 없이도 만족하며 살 수 있는 삶이 여기 있습니다. 이런 삶을 사는 사람들은 언제든지 자기의 모든 소유를 팔아 남들을 위해 내놓을 준비가 되어 있습니다. 여러분도 그들처럼 돈 없이도 행복하게 살 수 있습니다. 돈에 의존하지 않고도 행복하게 살 수 있습니다. 성령이 마음을 채우고 있는 사람에게 처음으로 나타나는 현상은 세상과 상황과 환경에 좌우되지 않는 것입니다. 모든 것이 우리를 대적하며 공격할 수는 있지만, 결코 우리를 건드릴 수는 없습니다. 우리는 궁극적으로 안전합니다. 성령은 우리에게 "영구적인 기쁨과 순전한 보물"을 주십니다. "말할 수 없는 영광스러운 즐거움"을 주십니다[벧전 1:8]. 평강을 주십니다.

또한 성령은 죽음과 종말에 대한 두려움을 없애 주십니다. 믿지 않은 자들의 종말은 보지 않아도 분명합니다. 원수 사탄의 운명은 이미 결정되어 있습니다. 이를테면 사탄은 지금 유예기간을 살고 있는 것입니다. 사탄은 그리스도께서 십자가에서 죽으셨을 때 치명적인 상처를 입었습니다. 그에게 허락된 시간은 한정되어 있습니다. 그래서 더 광분하고 있는 것입니다. 그러나 그리스도가 오시면 그 입의 기운으로 이 으뜸가는 거짓말쟁이, 하나님과 인간의 원수인 사탄을 멸하여 영원한 멸망의 자리로 보내실 것입니다. 마귀가 거짓말을 산더미같이 늘어놓을 때, 바로 이 사실을 기억하십시오.

당국자들에게 대항하는 사도들의 담대함을 보십시오. 그들은 더 이상 죽음을 두려워하지 않았습니다. 초기의 순교자들과 목숨을 걸고 신앙을 고백했던 자들은 경기장의 사자들 앞으로 나아가면서도 기뻐했습니다. 마침내 하나님께서 자신들을 고난받기에 합당한 자로 여겨 주신 것에 대해 사랑하는 복되신 주님의 이름으로 감사와 찬양을 드렸습니다. 존 웨슬리의 표현대로 "그들은 훌륭하게 죽었습니다." 무엇 때문입니까? 영광의 소망을 가지고 있었기 때문입니다. 이 세상은 다만 잠깐 스쳐 지나가는 곳임을 알았기 때문입니다. 이 세상은 실재가 아닌 현상에 불과합니다. 사라지지 않는 세상은 따로 있습니다.

순결한 빛의 땅이 있어,
성도들 거기서 영원히 다스리네.
―아이작 와츠

아직 계시되지 않은 영광이 있습니다. 하나님 아들의 영광이 나타날 날이 오고 있습니다. 최종적인 정복과 승리의 날, 대관식 날이 오면 예수께서 이 끝에서 저 끝까지 온 세계를 다스리실 것입니다. 이 사람들은 바로 이 사실에 근거하여 우리가 보는 것과 같은 삶을 살았으며, 시련의 한복판에서도 기쁨을 견지했습니다.

저는 지금까지 두 가지 측면을 여러분에게 제시해 드렸습니다. 먼저 사탄의 특징을 밝혔고, 그의 메시지를 이야기했습니다. 그 메시지를 믿을 때 따라오는 결과도 이야기했습니다. 또 성령의 특징과 그에 관련된 사항들도 말씀드렸습니다. 저는 성령이 전하는 메시지를 밝혔고, 성령의 메시지를 믿을 때 따라오는 결과도 이야기했습니다. 자, 이제 여러분께 묻겠습니다. 지금 여러분의 마음을 채우고 있는 것은 무엇입니까? 사탄의 거짓말입니까, 성령입니까? 이것은 중요한 문제입니다. 제가 여러분에게 이런 질문을 드리는 것은 여러분과 여러분의 영원한 운명을 염려하기 때문입니다. 저는 사탄의 거짓말을 알고 있습니다. 한때는 그 거짓말을 믿기도 했습니다. 그러나 감사하게도 성령께서 제 눈을 열어 주셨습니다. 이제 이 두 길을 여러분 앞에 제시하며 촉구합니다. 성령이 계시하시는 주 예수 그리스도를 믿고, 하나님의 영께 승복하십시오.

21

표적과 기사

온 교회와 이 일을 듣는 사람들이 다 크게 두려워하니라. 사도들의 손을 통하여 민간에 표적과 기사가 많이 일어나매 믿는 사람이 다 마음을 같이하여 솔로몬 행각에 모이고 그 나머지는 감히 그들과 상종하는 사람이 없으나 백성이 칭송하더라. 믿고 주께로 나아오는 자가 더 많으니 남녀의 큰 무리더라.

사도행전 5:11-14

우리는 지금까지 아나니아와 삽비라의 비극적인 이야기를 다루면서, 교회란 실제로 어떤 곳이며 어떻게 생겨났고 어떻게 성장하기 시작했는지, 또 기독교 메시지는 어떻게 퍼져 나갔는지에 대해 많은 것을 배웠습니다. 이제 우리는 오늘 말씀에서 아나니아와 삽비라의 죽음이 끼친 영향을 보게 됩니다. "온 교회와 이 일을 듣는 사람들이 다 크게 두려워하니라." 계속해서 성경은 "사도들의 손을 통하여 민간에 표적과 기사가 많이 일어나매"라고 기록하고 있습니다. 하나님께서는 이 일도 동일한 목적을 위해 사용하셨는데, 오늘은 이 점에 대해 말씀드리려고 합니다. 계속해서 성경은 이렇게 말합니다. "믿는 사람이 다 마음을 같이하여 솔로몬 행각에 모이고 그 나머지는 감히 그들과 상종하는 사람이 없으나 백성이 칭송하더라[찬양하더라, 경의를 표하더라]. 믿고 주께로 나아오는 자가 더 많으니 남녀의 큰 무리더라."

다시 말해서 이 기록이 말하고 있는 바는, 한줌의 무리가 어떻게 이처럼 큰 세력을 이루었는지-어떻게 그렇게 작게 시작해서 이처럼 멀리, 넓게 퍼져 나가게 되었는지-알고 싶다면, 건물의 진동과 아나니아와 삽비라의 죽음, 사도들이 행한 기적과 표적과 기사 같은 사건들에서 일부 답을 찾으라는 것입니다. 이 일들은 그 소수의 사람들이 큰 세력으로 성장한 일을 설명하는 데 중요한 부분을 차지하고 있는 것이 분명합니다. 그렇기 때문에 일차적으로는 데오빌로에게 주는 역사책인 사도행전에 이런 일들이 기록되어 있는 것입니다. 데오빌로는 유능하고 교양 있는 이방인으로서 기독교에 대해 알고 싶어하는 사람이었습니다. 누가가 누가복음을 쓰고 사도행전을 쓴 것은 이 때문입니다. 누가는 이 일들이 실제 일어난 일이라고 기록하고 있습니다. 여러분은 그의 기록에서 알고 싶은 것들에 대한 설명을 들을 수 있습니다.

따라서 우리는, 사도행전이 기록하고 있는 이 현상과 사실들을 직면해야 합니다. 제가 이 점에 주의를 환기시키는 것은, 많은 이들이 이것을 당혹스럽고 어려운 일로 생각하기 때문입니다. 아예 이런 사건들이 있었다는 것 자체를 믿지 않는 사람들도 많이 있습니다. 심리학자들은 자기들이 볼 때 이런 사건들은 아주 간단히 설명될 수 있다고 가르칩니다. 미개한 사람들은 항상 기적적이고 마술적인 것들을 염원하는 경향과 무엇이든 믿으려 드는 경향이 있는데, 초창기 그리스도인들도 그처럼 아주 단순한 사람들이었다는 것입니다. 건물이 진동한 사건을 심리학자들이 어떻게 설명하고 있는지는 이미 말씀드린 바 있습니다. 그들은 주님이 행하신 모든 기적을 부인하며, 부활의 사실도 부인하고, 오순절 성령강림도 부인하고, 아나니아와 삽비라가 심판을 받아 죽은 일도 부인합니다. 그들은 기적과 관련된 성경의 모든 보고를 부인합니다. 물론 그들의 설명은 일면 그럴듯하게 들리기도 합니다. 그러나 그들은 교회의 확산이라는 문제에 대해서는 어떤 답변이나 해결책도 내놓지 못하고 있습니다.

심리학자나 그 밖의 사람들은 왜 이처럼 초자연적인 사건들을 부인하는 것입니까? 기적은 일어날 수 없다는 가정을 전제해 놓고 출발하기 때문입니다. 기적은 일어날 수 없으므로 일어나지 않는다는 것입니다. 첫번째 진술이 옳다면 두번째 진술도 당연히 옳을 것입니다. 그러나 기적은 일어날 수 없다는 것을 어떻게 알 수 있습니까? 여러분은 그것을 증명할 수 있습니까? 증명할 수 없습니다. 따라서 사도행전에 나오는 사건들을 믿지 못하겠다고 고집하는 사람들에게 제가 해주고 싶은 말은, 사람들이 믿지 못하겠다고 말했던 일들이 얼마 안 가 '참'으로 입증되는 경우가 종종 있다는 것입니다. 여러분은 그런 부류의 사람들을 알고 있습니다. 그런 사람들은 러시아가 인공위성을 띄우는 데 성공해서 지금 그 인공위성이 우주공간을 돌고 있다는 소식을 듣고서도 "난 못 믿어, 안 믿어"라고 말합니다. 그러나 이제는 안 믿으려고 해도 안 믿을 수가 없습니다. 실제로 달에 착륙한 사람까지 나왔기 때문입니다.

이것이 믿지 않는 사람들에게 주는 첫번째 답변입니다. 그러나 그보다 훨씬 더 중요한 답변이 있습니다. 사도행전에 나오는 이 사실들을 부인한다면 도대체 무엇으로 교회를 설명하겠습니까? 한줌의 무식한 사람들이 이 메시지를 문명세계 전체에 퍼뜨리는 일이 어떻게 가능했다고 보십니까? 그렇다고 이런 일들을 전한 자들이 다 정직하지 못하고 미개하기 때문에 그들의 말은 아무 의미도 없고 고려할 가치조차 없다고 일축할 수 있습니까? 교회사 전체를 살펴보면 이것은 거짓된 주장임을 금세 알 수 있습니다. 교회야말로 세계 역사상 가장 큰 문명 세력이었으며, 그리스도인들이야말로 세상에 가장 큰 은혜를 베푼 사람들이었기 때문입니다.

그러나 어떤 이들은 이보다 더 심각한 문제로 어려움을 겪습니다. 그들은 묻습니다. "좋습니다. 그 점은 받아들이겠습니다. 하지만 제가 알고 싶은 것은, 만약 교회가 그런 식으로 시작된 곳이라면 왜 오늘날의 교회에는 그런 일들이 일어나지 않느냐는 것입니다." 이것은 좀더 심각한 질문으로서, 주의 깊게 살펴볼 가치가 있습니다. 제가 볼 때 그 답은 다양한 편차가 있다는 사실 자체가 초자연적인 것이 존재한다는 증거라는 것입니다. 다양한 편차가 있다는 것이야말로 하나님이 계시다는 증거이며, 주님이 교회의 머리이자 교회 활동을 다스리는 분이라는 증거입니다. 바로 이 부분에서 저는 교회가 인간의 단체나 기관이 아니라는 훌륭한 증거를 발견합니다. 먼저 이야기할 점은, 인간 혼자서는 강력하고 경이로우며 기적적인 일들을 행할 수 없다는 것입니다. 이미 살펴본 대로, 사도들은 이 사실을 신중하게 짚고 넘어갔습니다. 베드로와 요한은 자신들을 신처럼 숭배하려 드는 예루살렘 사람들에게 이렇게 말했습니다. "우리 개인의 권능과 경건으로 이 사람을 걷게 한 것처럼 왜 우리를 주목하느냐"행 3:12. 이 일은 자신들이 하지 않았다는 것입니다. "그 이름을 믿으므로 그 이름이 너희가 보고 아는 이 사람을 성하게" 했다는 것입니다3:16. 자신들은 도구요 통로에 불과했다는 것입니다.

그다음으로, 이러한 편차는 오직 하나님께로부터만 능력이 나온다는 사실을 입증해 줍니다. 만약 교회가 원할 때마다 기적을 일으킬 수 있었다면 교회의 전체적인 입지 자체가 아주 달라졌을 것입니다. 그러나 교회가 종종 기적을 일으키려 했음에도 불구하고, 기적은 일어나지 않았습니다. 그렇습니다. 이런 편차가 있다는 것이야말로 교회의 능력이 다른 존재의 통제 아래 있다는 증거입니다. 이것은 사도행전 앞장들이 전해 주고 있는 큰 메시지이기도 합니다. 교회가 세워진 초창기에 하나님께서는 무식하고 배우지 못한 사람들에게 이 능력을 주셨고, 그 때문에 그들은 사도 바울처럼 고백할 수 있었습니다. "우리가 이 보배를 질그릇에 가졌으니 이는 심히 큰 능력은 하나님께 있고 우리에게 있지 아니함을 알게 하려 함이라"고후 4:7. 주님께서는 기적으로 그들의 메시지를 인증해 주셨습니다. 히브리서 기자는 2:4에서 그 점을 이렇게 정확히 표현하고 있습니다. "하나님도 표적들과 기사들과 여러 가지 능력과 및 자기의 뜻을 따라 성령이 나누어 주신 것으로써 그들과 함께 증언하셨느니라."

이처럼 표적과 기사는 교회의 시초이자 출발점이 되었으며, 메시지를 인증하고 그 메시지에 사람들의 관심을 끌어당기는 역할을 했습니다. 여러분도 처음에는 이런 기적을 보기를 기대했을 것입니다. 교회의 삶을 지배하는 큰 원리들이 자기 눈앞에 명백히 제시되기를—저는 그 원리들이 여기 사도행전에 제시되어 있다고 말씀드리고 싶습니다—기대했을 것입니다. 이러한 다양성은 구약성경에도 나타납니다. 선지자 엘리야와 엘리사는 기적을 행할 수 있었습니다. 그런데 다른 선지자들도 같은 은사를 받았다는 기록은 나오지 않습니다. 왜 그렇습니까? 이 두 사람은 첫 선지자, 즉 선지자들의 시작이자 시초로서 초자연적인 능력을 통해 인증을 받은 것입니다. 이렇게 백성들이 들을 준비가 된 다음에 등장한 선지자들은 따로 인증받을 필요 없이 메시지를 전할 수 있었습니다.

훨씬 더 재미있는 이야기를 하겠습니다. 우리는 계속되는 교회 역사를 통해서도 초자연적인 것이 다양하게 나타나는 방식을 볼 수 있습니다. 교회의 긴 역사에는 우리가 부흥이라고 부르는 예외적인 시기들이 있습니다. 그런 부흥의 시기라고 해서 하나님의 즉각적인 능력이 반드시 기적과 표적으로 나타난 것은 아니지만, 누가 봐도 성령의 능력임을 알 수 있을 만큼 두드러진 방식으로 나타났습니다. 말 그대로 사람들이 바닥에 쓰러져 버리는 일도 종종 있었습니다. 죄를 입증하는 성령의 능력이 거역할 수 없을 정도로 사람들을 압도했습니다. 이것은 하나님의 능력과 성령의 보이지 않는 능력이 직접 나타난 사례입니다. 이처럼 우리가 사도행전에서 본 것과 똑같은 일을 다시 보여주시는 목적은, 교회를 빈사 상태에서 일으켜 세우고 사람들로 하여금 교회의 메시지에 귀를 기울이게 하시려는 데 있습니다. 따라서 왜 지금은 이런 일들이 일어나지 않느냐는 질문에 대한 저의 대답은 사실 모른다는 것입니다. 그러나 이것이 하나님께서 역사의 전 과정에 걸쳐 행해 오신 방법이라는 것은 압니다. 저는 이것을 생각할 때 혼란을 느끼는 것이 아니라, 오히려 믿음이 강해지는 것을 느낍니다. 우리는 이런 일을 마음대로 일으킬 수 없습니다. 이런 일은 오로지 하나님만 일으키실 수 있는 것입니다.

　　기적과 관련하여 사람들이 종종 맞닥뜨리는 세번째 어려움이 있는데, 저는 이것이야말로 아주 긴급하고도 실제적으로 중요한 문제라고 생각합니다. 오늘날 우리에게 기적이 일어나지 않는 것을 보면서 불공평하다고 느끼는 사람들이 있습니다. 그들은 "우리가 그 당시에 살아서 이런 일들을 보기만 했어도 쉽게 믿을 수 있었을 텐데"라고 말합니다. 여러분도 아마 그런 생각을 한 적이 있었을 것입니다. "하나님의 아들이 세상에 오셨을 때 살았더라면! 직접 그의 얼굴을 들여다보고 그의 눈을 보기만 했어도, 그의 입에서 흘러나오는 은혜로운 말씀을 듣기만 했어도, 믿는 데 아무 어려움이 없었을 텐데." 그러나 제가 볼 때 이것은 그 어떤 오류보다 심각한 오류입니다. 이것은 그런 기적적인 일들은 저절로 일정한 결과를 낳게 되어 있다는 가정을 근거로 하고 있기 때문입니다. 그러나 그렇지 않습니다.

　　누가복음 16장에서 주님이 부자와 나사로에 관해 하신 말씀을 읽어 보십시오. 그는 천국에 있는 아브라함과 지옥에 있는 부자 사이에 벌어진 논쟁에 대해 말씀해 주고 계십니다. 아브라함이 천국과 지옥, 낙원과 음부 사이에 오갈 수 있는 수단이 없음을 분명히 밝히자 부자가 이렇게 말했습니다. "저도 거기 갈 수 없고 나사로도 이리 와서 저를 구할 수 없다면, 청컨대 나사로를 제 형제들에게 보내 주십시오. 예전에 제가 살던 세상에는 형제 다섯이 남아 아직도 저처럼 살고 있습니다. 그들은 저보다 더 아는 게 없습니다. 그러니 나사로를 보내 진실을 알려 주십시오."

아브라함이 말했습니다. "그러나 애야, 저들에게는 구약성경이 있다. 모세와 선지자들의 가르침을 들으면 되지."

"오, 그렇지 않습니다." 부자가 말했습니다. "아버지 아브라함이여, 죽었던 사람이 살아서 찾아가기만 한다면, 그런 기적적인 현상이 일어나기만 한다면, 제 형제들도 다 알고 있는 이 불쌍한 거지, 다들 이미 죽어서 장사된 줄 알고 있는 이 거지가 다시 살아나서 말하기만 한다면 그들도 믿을 것입니다."

"아니, 믿지 않을 것이다." 아브라함이 말했습니다. "모세와 선지자의 말을 믿지 않는 사람은 죽은 사람이 다시 살아나서 하는 말도 믿지 않는다."

이것이 완벽한 대답입니다. 사람들은 늘 이 부자처럼 "이런 기적적인 일들을 봤다면 믿었을 텐데"라고 생각합니다. 그러나 그것은 근본적인 오류입니다.

다른 예를 들어 보겠습니다. 제자 가운데 한 사람인 도마를 보십시오. 우리는 그를 의심하는 도마라고 부릅니다. 어느 날 주님이 제자들에게 나타나셨는데, 마침 도마가 그 자리에 없었습니다. 마침내 도마가 돌아오자 제자들은 "우리가 주를 보았노라"고 말했습니다. 그러나 그는 "내가 그의 손의 못자국을 보며 내 손가락을 그 못자국에 넣으며 내 손을 그 옆구리에 넣어 보지 않고는 믿지 아니하겠노라"고 했습니다. 나중에 도마도 있을 때 주님이 다시 나타나셨습니다. 성경은 이렇게 말하고 있습니다. "도마에게 이르시되 네 손가락을 이리 내밀어 내 손을 보고 네 손을 내밀어 내 옆구리에 넣어 보라. 그리하여 믿음 없는 자가 되지 말고 믿는 자가 되라. 도마가 대답하여 이르되 나의 주님이시요 나의 하나님이시니이다. 예수께서 이르시되 너는 나를 본 고로 믿느냐. 보지 못하고 믿는 자들은 복되도다 하시니라".요 20:24-29.

이것이 우리가 배워야 할 교훈입니다. 이 일은 이런 현상들이 저절로 일정한 결과를 낳는 것은 아니라는 사실을 보여주고 있습니다. 실제로 사도행전은 이런 일들을 보고 들었으면서도 여전히 믿지 않는 사람들이 많았다고 말합니다. 오늘 말씀의 다음 문단은 이렇게 시작되고 있습니다. "대제사장과 그와 함께 있는 사람 즉 사두개인의 당파가 다 마음에 시기가 가득하여 일어나서"행 5:17. 그러므로 이런 일들을 보지 못했다고 해서 불공평하다고 생각할 필요는 없습니다. 중요한 것은 우리가 이런 일들에 대해 들었다는 것입니다. "온 교회와 이 일을 듣는 사람들이 다 크게 두려워하니라." 이 말씀은 여러 번 반복되고 있습니다. 5절은 "아나니아가 이 말을 듣고 엎드러져 혼이 떠나니 이 일을 듣는 사람이 다 크게 두려워하더라"고 기록하고 있으며, 11절은 "온 교회와 이 일을 듣는 사람들이 다 크게 두려워하니라"고 기록하고 있습니다. 13절에도 "그 나머지는 감히 그들과 상종하는 사람이 없으나"라는 말씀이 나옵니다. 우리도 이 일을 들었던 그 당시 사람들처럼 이 일을 다 들었습니다.

여기 우리 모두에게 중요한 원칙이 있습니다. 그것은 이런 일을 내 눈으로 보았는가가 중요한 것이 아니라, 이런 일의 의미를 내가 이해했는가가 중요하다는 것입니다. 이 사건들은 우리에게 무언가 말해 주기 위해서, 무언가 메시지를 전해 주기 위해서 일어난 것입니다. 그러므로 우리 눈으로 꼭 보아야 할 필요는 없습니다. 사도행전에 나오는 사람들이 이 일들에 대해 들었던 것처럼 우리도 이 일들에 대해 들었습니다. 그때 그 자리에 있던 여러 부류의 사람들은 각기 다른 반응을 보였습니다. 그러므로 우리에게 중요한 질문은 이것입니다. 사도행전 앞장에 기록된 일들을 듣고 난 여러분의 반응은 무엇입니까? 이 일들은 여러분에게 어떤 영향을 끼쳤습니까?

저의 모든 소원은 이 일에 대한 참되고 바람직한 반응이 무엇인지 보여드리는 것입니다. 오늘 말씀은 그 반응을 아주 분명하게 제시해 주고 있습니다. 물론 저는 무엇이 참된 반응인지 보여드릴 뿐 아니라, 무엇이 사람을 그리스도인으로 만드는지에 대해서도 말씀드릴 것입니다. 거의 2천 년 동안 설교되어 오면서, 전 시대에 걸쳐 동일한 영향을 끼쳐 온 메시지가 여기 있습니다. 이 메시지는 인류를 항상 둘로 갈라놓았습니다. 이 메시지 때문에 믿는 자들과 믿지 않는 자들이 생겨났고, 주님께 더해지는 사람들과 그렇지 않은 사람들이 생겨났습니다. 참된 그리스도인이 되는 사람들에게는 과연 무슨 일이 일어날까요? 내가 들은 이런 일들이 나에게 어떤 영향을 끼쳐야 참된 그리스도인이 될 수 있습니까? 우리는 사도행전에 나오는 사람들처럼 이 일을 들었습니다. 이제 우리는 어떻게 반응해야 합니까?

참된 반응은 이런 것입니다. 첫째로, 이런 유의 사건들은 항상 두려움을 불러일으키게 되어 있습니다. 두려움! "온 교회와 이 일을 듣는 사람들이 다 크게 두려워하니라." 물론 요즘 사람들이 여기에 심하게 반발한다는 사실은 알고 있습니다. 복음과 저 자신의 설교에 대해 가장 자주 들었던 비난이 바로 이것이었습니다. 사람들은 말합니다. "당신은 우리를 겁주려 하고 있군요. 이런 종류의 설교는 사라져야 합니다. 이런 설교는 정말 잘못된 것입니다. 당신은 사람들을 위협해서 하나님 나라에 밀어 넣으려 하고 있습니다. 과거에는 그런 방법이 통했을지 몰라도 지금은 안 통합니다. 당신은 우리를 겁줄 수 없어요. 어찌 되었든 사람들을 겁주어서 당신네 복음을 믿게 하려는 것은 정당하지 못한 일이고 잘못된 일입니다."

이제 이 비난에 대해 살펴보겠습니다. 오늘 본문은 "온 교회와 이 일을 듣는 사람들이 다 크게 두려워하니라"고 말하고 있습니다. 그다음으로 나오는 말은 "믿고 주께로 나오는 자가 더 많으니 남녀의 큰 무리더라"는 것입니다. 여러분도 아시겠지만 여자와 아이들만 나온 것이 아니라 남녀의 큰 무리가 나왔습니다. 따라서 두려움의 요소를 끌어들이는 것은 정당하지 못하다는 비난에 답하는 데는 다른 것이 필요 없습니다. 그저 조금만 정직하게 생각해 보면 됩니다. 이런 일들을 보고하고 전하는 일차적인 목적은 두려움을 불러일으키려는 데 있지 않습니다. 두려움은 늘 무엇인가 다른 것의 결과물로 나타나는데, 제가 관심을 기울이는 것은 바로 이 '무엇인가 다른 것'입니다.

우선 억지로 복음을 믿게 하려는 것은 변명의 여지 없이 잘못된 일이라는 데 저 또한 동의한다는 것을 아주 분명하고도 솔직하게 밝히겠습니다. 무슨 일이든 겁을 주어 하게 하는 것은 전적으로 잘못된 일이며 정당하지 못한 일입니다. 누군가를 협박하는 것, 이를테면 때려 눕혀서 항복을 받는 것은 잘못된 일이라는 데 저도 100퍼센트 동의합니다. 더 나아가, 과거의 많은 설교자들이 그런 식으로 접근함으로써 덫에 걸린 사례가 종종 있었다는 사실도 기꺼이 인정합니다. 저는 여기에 두 가지 이유가 있다고 생각합니다. 하나는 사람들의 영혼에 대한 관심 그 자체 때문에 극단으로 치닫는 경우가 가끔 생긴다는 것입니다. 그들의 동기는 선하지만, 그 동기를 실천으로 옮기는 방법은 문제가 있을 때가 많습니다. 사람들이 이런 방법을 택하는 두번째 이유도 있습니다. 저는 그들이 자기 말솜씨에 현혹되는 것은 아닐까 종종 의심이 됩니다. 처음에 진리를 전하려고 만들어 놓은 그림에 자기 자신이 현혹되어 버리는 게 아니냐는 것입니다. 그 그림이 너무나 극적이다 보니, 결국은 자신이 전하려는 진리보다 그 예화 자체에 더 관심을 갖게 될 수 있습니다. 저는 이 모든 위험성을 기꺼이 인정합니다.

그러나 중요한 요점은 이것입니다. 여기 이 성경이 기록된 목적은 우리에게 사실을 제시하려는 데 있습니다. 친구 데오빌로에게 이 기록을 써 보낼 마음을 먹었던 누가는 정직한 역사가였습니다. 아시다시피 그가 기록한 사실들은 이미 검토가 끝난 것들입니다. 비평가들은 거의 150년 동안 그를 추적하면서 잘못을 입증해 내려고 있는 힘을 다했습니다. 그러나 실제로 입증된 것은 누가가 기록한 이 일들, 50-60년 전에는 무시를 당했던 이 일들이 전부 사실이라는 점이었습니다. 20세기 초 무렵, 윌리엄 램지 경^{Sir William Lamsay}은 누가가 아주 정확한 역사가임을 논증해 낼 수 있었습니다. 누가는 한 가지 관심밖에 없었습니다. 그는 데오빌로에게 겁을 주려고 한 것이 아니라 사실을 보고하려 했던 것입니다. 오순절 사건처럼 놀라운 일이 발생했을 때, 그 일을 있는 그대로 보고하는 것이 정확한 역사가의 임무입니다. 마찬가지로, 아나니아와 삽비라 사건 같은 것도 있는 그대로 기록하는 것이 정확한 역사가가 할 일입니다. 누가는 보고자reporter였습니다. 그가 한 일은 사실을 친구에게 제시하고 보여주는 것이었습니다. 친구를 겁주는 것은 그의 주된 목적이 아니었습니다. 친구를 생각하게 만드는 것이야말로 그의 확실한 목적이었습니다. 그렇습니다. 이것이 누가가 이런 기록을 남긴 동기이고 이유입니다. 이런 사실과 사건들이 기록된 목적은 우리를 생각하게 하려는 데 있습니다. 깊이 묵상하고 숙고하게 하는 데 있습니다. 그래서 궁극적으로는 우리를 구원하려는 것입니다. 단순히 신자를 늘리는 것이 목적이 아니라 우리를 구원하는 것이 목적입니다.

이렇게 볼 때, 성경이 이런 사실들을 보고한다고 해서 비난하는 주장들은 모두 근거가 없는 것입니다. 사람들에게 미리 위험을 경고해 주는 것은 좋은 일입니다. 부모가 아이에게 불에 손가락을 넣지 말라고 경고하는 것이 잘못된 일이고 부당한 일입니까? 아이를 정신적으로 협박하는 일입니까? 해수욕장 관리자가 "경고, 밟으면 빠지는 모래임! 이 지역에서 수영하면 위험합니다"라는 표지판을 세우는 것이 부당한 일입니까? 여러분은 그런 일에 반대하고 싶습니까? '위험!'이라는 표지판이 세워져 있는 경우를 상상해 보십시오. 일반적으로 자기만족과 허세는 무지에 근거한 것임을 잊지 마십시오. 어떤 사람은 그 표지판을 보고서도 "난 상관없어. 계속 갈 거야"라고 말합니다. 그러나 그 사람은 자기가 무슨 말을 하고 있는지도 모를뿐더러 위험이 기다리고 있는 것도 모르는 바보이므로 여러분이 옆에서 말려 주어야 합니다.

꼭 가야 할 용무가 없는 한, 급성 전염병에 감염된 집에는 가지 말라고 말하는 것이 잘못입니까? 말씀해 보십시오. 종양이 있거나 급성

염증이 있는 사람을 설득해서 긴급히 수술을 받게 하는 것이 잘못입니까? 그럴 때 여러분은 환자에게 "제가 볼 때 이것은 좀 심각한 증세이니 수술을 받으셔야 합니다"라고 말할 것입니다. 그런데 환자가 "아뇨, 수술은 받기 싫습니다. 내일이면 분명히 나을 텐데요"라고 대답했다고 합시다. 그 앞에서 의사가 "강력하게 말하는데, 정말 심각하게 생각해야 합니다. 내일 아침까지 미루다가는 때를 놓칠 수가 있어요"라고 말하는 것이 잘못입니까? 환자는 여전히 마땅찮아 합니다. 자기 필요를 보지 못하고 있기 때문입니다. 그는 수술을 받고 싶어하지 않습니다. 그럴 때 의사는 좀더 심각하게 말할 것입니다. "이대로 내버려두면 터져서 번진다니까요. 그러면 패혈증이 될 수도 있습니다. 아주 위험한 상황이 될 수도 있으니 제발 수술을 합시다" 하면서 더욱 압력을 가할 것입니다. 여러분은 이것이 부당한 일이라고 생각합니까? 의사가 이렇게 말해서는 안된다고 생각합니까? 이것을 정신적인 협박이라고 말하겠습니까? 당연히 아닙니다!

단순한 두려움 그 자체는 본질적으로 아무 가치가 없습니다. 두려움은 사람의 주의를 끌기 위해 울리는 종소리에 불과합니다. 중병으로 죽음을 눈앞에 둔 사람이 있다고 합시다. 그는 "다시 낫기만 한다면 성자처럼 살겠어"라고 말합니다. 그러나 일단 회복되고 나면 그런 결심은 싹 잊어버리고 옛 생활로 돌아가 버립니다. 단순한 두려움이 할 수 있는 일은 여기까지가 고작입니다. 그런 두려움은 비이성적이고 비합리적인 두려움, 아무 가치도 없는 두려움입니다. 이런 두려움은 대개 마비를 일으킵니다. 여러분도 두려움이 어떤 영향을 끼치는지 알고 있을 것입니다. 두려움을 느끼는 사람은 일단 마비가 되어 버립니다. 그러고 나서는 공포에 질려 "이렇게 해야지, 저렇게 해야지" 하며 온갖 결심을 하게 마련입니다. 물론 두려움이 사라지면 그 결심들도 전부 날아가 버립니다. 그러니까 그런 두려움은 결국 사람에게 아무 영향도 끼치지 못하는 것입니다. 그러나 우리가 정말로 두려움이 무엇인지 이해할 때, 두려움은 커다란 표지판이 될 수 있습니다. 두려움은 그 자체가 아닌 다른 것을 가리킵니다. 여러분이 해야 할 일, 여러분이 가야 할 곳을 지시해 줍니다. 사도행전에 나오는 이 기록의 역할은 우리가 잊어버린 사실들을 직면하게 하는 것입니다. 두려움은 이 메시지로 들어가는 입구이자 우리에게 주어진 도움의 손길에 지나지 않습니다. 아나니아와 삽비라 사건은 이러한 두려움을 통해 일련의 행동에는 위험이 따른다는 사실을 아는 것이 현명하다는 메시지를 전달해 주고 있습니다.

여기 "온 교회와 이 일을 듣는 사람들이 다 크게 두려워하니라"는 말씀에 주목하십시오. 세상 사람들뿐 아니라 교회도 두려움에 가득 찼습니다. 저는 두려움이 참된 그리스도인의 경험을 이루고 있는 본질적인 요소라는 사실을 강조하고자 합니다. 여러분은 왜 주 예수 그리스도를 여러분의 구주로 믿습니까? 어떤 그리스도인들은 말할 것입니다. "저는 겁먹은 적이 한번도 없습니다. 저는 구원받고 싶어서 그리스도께 나아왔고 주님께 나아온 겁니다. 무서운 경험 같은 것은 해본 적이 없습니다."

그렇다면 한 가지만 묻겠습니다. 여러분은 왜 주님을 구주라고 부릅니까? 주님이 여러분을 무엇으로부터 구원해 주셨기에 구주라고 부르고 있습니까? 여러분은 어떤 이유로 그분께 나아갔습니까? 어떤 이유로 그분을 믿게 되었습니까? 보십시오. '구주'라는 말은 우리가 무언가로부터 구원받아야 한다는 뜻을 담고 있습니다. 그렇다면 무엇으로부터 구원받아야 합니까? 복음서가 그 답을 말해 주고 있습니다. 우리는 "장차 올 진노"에서 구원받아야 합니다. 세례 요한은 바리새인들에게 말했습니다. "누가 너희에게 일러 장차 올 진노를 피하라 하더냐"눅 3:7. 베드로도 오순절 날 설교하면서 말했습니다. "너희가 이 패역한 세대에서 구원을 받으라"행 2:40. 자신이 길 잃은 자로서 율법의 정죄 아래 있으며 지옥에 매여 있는 존재임을 깨닫지 못한 채 입으로만 구주를 믿는다고 말하는 것은 아무 의미가 없는 일입니다.

그러므로 저는 두려움의 요소가 빠진 그리스도인의 경험은 참된 그리스도인의 경험으로 인정할 수 없습니다. 우리에게는 형벌이 있는 두려움이 아니라요일 4:18 장차 올 진노를 피하게 해주는 두려움, 구주께 달려가게 만드는 두려움이 있어야 합니다. 크게 두려워하니라! 오해하지 마십시오. 저는 여러분을 겁주기 위해 이 자리에 서 있는 것이 아닙니다. 역사적인 사실을 제시하기 위해, 그 사실들이 무엇을 의미하며 무엇을 함축하고 있는지, 그 사실들이 여러분에게 말하고 있는 바는 무엇이며 여러분은 그 사실들 앞에서 무엇을 해야 하는지 숙고할 것을 촉구하기 위해 이 자리에 서 있는 것입니다. 제가 지금 여러분을 협박하고 있다고 생각합니까? 오히려 여러분과 더불어 추론하고 있다고 생각지 않습니까? 어떤 분들은 제가 추론을 너무 많이 한다고 불평합니다. 그러나 두 가지 노선을 동시에 취할 수는 없지 않겠습니까? 여러분은 지겨워하면서, 이쯤에서 그만하길 바라며 머리가 다 지끈거린다고 말합니다. 여러분이 이런 말을 한다는 것은 제가 그만큼 여러분을 생각하게 만들었다는 뜻 아닙니까? 저는 여러분을 겁주려는 것도 놀라게 하려는 것도 아닙니다. 제가 말하고 싶은 것은 이것입니다. 자, 이런 일들이 일어났습니다. 이 모든 일의 의미는 무엇입니까? 이 모든 일이 저에게 말하는 바는 무엇입니까? 이 모든 일이 여러분에게 말하는 바는 무엇입니까?

이것은 이 사건에 대한 두번째 참된 반응에 대해 생각하게 만듭니다. 그리스도인은 두려움이 무엇인지 압니다. 그러나 단지 두려움을 느끼는 데서만 멈추지는 않습니다. 그리스도인은 믿음으로 반응합니다. "믿고 주께로 나아오는 자가 더 많으니 남녀의 큰 무리더라." 우리가 살펴본 대로 초대교회 초창기에 일어난 기적은 우리를 돕기 위해 주어진 것입니다. 우리는 이 기록을 읽으면서 이 기적들이 가리키고 있는 메시지를 듣습니다. 기적만 보고 마는 것은 두려움만 느끼고 마는 것만큼이나 잘못된 일입니다. 기적은 진리를 대면하고 믿게 만드는 도구일 뿐입니다.

그렇다면 이런 기적들이 가리키고 있는 진리는 무엇입니까? 누가는 왜 친구 데오빌로에게 보내는 두번째 편지에 이 일들을 기록한 것입니까? 여기 그 목적이 있습니다. 그는 데오빌로에게 교회는 인간이 만든 기관이 아니라는 것을 말하고 싶었습니다. 새로운 착상을 가지고 새로운 단체를 설립해서 그 단체를 선전하는 일에 익숙한 인간의 관점으로 설명할 수 있는 곳이 아니라는 것, 교회는 절대 그런 곳이 아니라는 것을 알려 주고 싶었습니다. 또한 그는 보이지는 않지만 강력하고 영광스러운 성령과 하나님의 능력을 알려 주고 싶었습니다. 사복음서를 읽어 보면, 우리 구주되신 주님께서 기적을 행하실 때에도 같은 현상이 계속 나타났던 것을 알 수 있습니다. 주님이 기적을 행하셨을 때 거의 변함없이 나타난 첫번째 현상은 사람들이 두려움에 가득 차는 것이었습니다. 그들은 "오늘 우리가 놀라운 일을 보았다"고 말했습니다. 그러나 어떤 때는 주님이 행하시는 기적을 보고 하나님께 영광을 돌리기도 했습니다. 이처럼 기적은 하나님의 영광을 가리켜 보게 해줍니다.

약 300년 전에 살았던 늙은 청교도 한 사람은, 죽음 앞에 설 때마다 자기가 보이게 되는 반응을 이렇게 서술해 놓았습니다. "나는 죽음 앞에 설 때마다 그분의 위엄 앞에 머리를 숙이지 않을 수 없다." 그는 하나님을 느꼈습니다! 여러분도 그런 경험이 있지 않습니까? 누군가 아는 사람이 죽었을 때, 여러분은 그의 시신 외에는 아무것도 없는 방으로 들어갑니다. 여러분이나 그 방에 같이 들어간 친지들은 모두 조용히 무언가를 속삭입니다. 무엇 때문입니까? 죽은 사람은 그 말을 들을 수도 없는데 말입니다. 여러분은 단순한 관습이나 보이지 않는 것에 대한 두려움 때문에 그렇게 하는 것이 아닙니다. 절대 그런 것이 아닙니다. 여러분은 의식하고 있는 것입니다. 역설적으로 들릴지 몰라도, 여러분을 만든 분, 여러분의 하나님이 앞에 계시다는 사실을 무의식적으로 의식하고 있는 것입니다. 여러분은 자기 죽음의 기한이 그의 수중에 들어 있다는 사실을 깨닫습니다. 그래서 그 늙은 청교도처럼 하나님의 위엄 앞에 머리를 숙이는 것입니다.

이 일들이 기록된 이유가 여기 있습니다. 첫 신자들은 우리와 다를 바가 없는 평범한 사람들이었습니다. 그러나 그들이 살았던 세상은 여러 일들이 막 벌어지고 있는 세상, 성령이 임하시고 사람들이 변화되는 세상, 건물이 진동하고 사람들이 엎드러져 죽는 세상이었습니다. 그들은 "나는 누구인가? 이 세상은 어떤 곳인가? 내 너머, 내 위에 어떤 존재가 있다"는 생각을 하게 되었습니다. 하나님의 큰일들이 일어난 목적이 여기 있습니다. 이 일들은 하나님의 존재와 그의 크심과 영광스러움을 우리에게 상기시키기 위해 일어난 것입니다. 오, 보이는 것만 인정하고 보이지 않는 것-만유를 다스리시고 만유를 유지하시는 하나님-에 대해서는 아무것도 모르는 현대세계는 얼마나 어리석고 피상적입니까! 이 일들은 우리 모두 하나님의 다스림을 받고 있는, 지극히 왜소하고 제한적이며 연약한 존재임을 기억하게 하려고 일어난 것입니다. 신약성경이 "경건함과 두려움"이라고 부르는 것을 불러일으키려고 일어난 것입니다히 12:28. 겁쟁이의 두려움이나 미칠 듯한 공포나 불합리한 불안감이나 일종의 마비를 일으키려고 일어난 것이 아니라, 하나님을 믿는 믿음으로 이끄는 경건한 두려움을 불러일으키려고 일어난 것입니다. 이 일들은 만유 위에 계시는 영원히 복되신 하나님이 다스리시는 우주 속에 우리가 살고 있다는 것과, 우리 인간은 하나님 앞에 아무것도 아닌 존재들이면서도 거만하게 뻐기고 다니는 난쟁이들이라는 사실을 일깨우기 위해 일어난 것입니다.

　이 기사奇事들이 기록된 목적은 이처럼 하나님을 보게 하려는 데 있을 뿐 아니라 여러분 자신에 대해 생각하게 하려는 데 있습니다. 이 일들은 여러분이 아나니아나 삽비라와 너무나 흡사하다는 사실, 여러분도 그들과 똑같이 비틀린 본성을 갖고 있다는 사실을 보게 해줍니다. 인생의 참된 사실들을 진정으로 직면한 사람의 눈에는 예전에 자랑하던 모든 것과 똑똑한 머리가 전부 공허하고 불쾌한 가짜로 보이게 됩니다. 이 큰일들은 잠시 텔레비전을 끄고 모든 소음을 차단한 채 앉아 있게 만듭니다. 그렇게 앉아서 자신에게 묻게 만듭니다. "난 대체 어떤 사람이지? 나는 이 세상에서 대체 뭘 하고 있는 걸까? 나는 왜 존재할까? 난 정말 동물에 불과한 존재일까?" 여러분은 여러분 자신의 마음과 삶을 진정으로 살펴본 적이 있습니까? 자기 속에 있는 악을 직면한 적이 있습니까? 그 악은 다른 사람들 안에도 있으며, 그 악 때문에 세상은 이 모양이 되고 말았습니다.

아나니아와 삽비라 사건은 여러분을 생각하게 만듭니다. "내가 살고 있는 세상은 바로 이런 세상이고, 난 그 사실을 직면해야 해. 아나니아와 삽비라는 갑자기 죽었다. 나는 오래오래 살다가 나이가 차서 명예롭게 평안히 죽을 수도 있을 거야. 하지만 어쨌든 죽긴 죽을 테고, 그들처럼 하나님을 만나야겠지. 언제까지나 도망다닐 수는 없을 거야. 결국에는 잡히고 말 거라고." "너희 죄가 반드시 너희를 찾아낼 줄 알라"민 32:23. 이 사건은 바로 이런 생각을 하게 만듭니다. 여러분은 그저 "난 그런 일 못 믿어"라거나 "왜 그런 일이 지금은 일어나지 않는 거지?"라고 말할 수 없습니다. 절대 그럴 수 없습니다. 여러분은 오히려 이렇게 말할 것입니다. "하지만 나도 이런 일이 일어나는 세상에 살고 있어. 이것이 인생이지. 아나니아와 삽비라는 아주 극적인 경우라고 할 수 있지만, 어쨌든 죽음은 누구에게나 찾아오는 거야. 그리고 일단 죽고 나면 나 자신과 내 행동에 대해 설명을 해야 하고 심판대 앞에서 하나님과 마주해야겠지."

또한 이 큰 사건들이 일어난 목적—저는 이것으로 인해 하나님께 감사드립니다—은 사람들로 하여금 사도들이 전한 복음 메시지를 직면케 하려는 데 있습니다. 이들을 보십시오. 이 무식하고 배우지 못한 자들을 보십시오. 이런 자들이 얼마나 놀라운 기적을 행했는지 모릅니다. "사도들의 손을 통하여 민간에 표적과 기사가 많이 일어나매." 성경은 백성들이 "병든 사람을 메고 거리에 나가 침대와 요 위에 누이고 베드로가 지날 때에 혹 그의 그림자라도 누구에게 덮일까 바"랐다고 말하고 있습니다.

"그런 것은 다 미신이다!"라고 말할 수도 있습니다. 물론 사람들이 이렇게 열광한 데는 미신적인 요소도 있었을 것입니다. 그러나 베드로가 사람들을 치유할 수 있었다는 것은 의심의 여지 없는 사실이었습니다. 이것은 기록의 일부로서, 실제로 일어난 일이었습니다. 이제 우리가 던져야 할 질문은 이것입니다. 무엇이 베드로로 하여금 이런 일을 할 수 있게 했습니까? 자기 목숨 하나 건지려고 비겁하게 주님을 부인했던 이 어부로 하여금 이렇게 담대한 말을 하게 만들고, 이런 기적과 기사와 표적을 행할 수 있게 만든 것이 무엇입니까?

답은 한 가지뿐입니다. 그 답을 들으려면 베드로와 다른 사도들의 말에 귀를 기울여야 합니다. 기적은 여러분의 관심을 끌기 위한 수단에 지나지 않습니다. 여러분은 그들의 이야기와 설명을 듣고 메시지를 들어야 합니다. 그 메시지의 내용은 베드로가 이런 기적을 행한 것이 바로 나사렛 예수 때문이라는 것입니다. 그 예수는 베들레헴에 태어나심으로 세상에 오셨고, 목수 일을 하다가 서른 살이 되면서부터 설교하시기 시작했습니다. 그가 이 제자들을 부르셨고, 이들은 그의 말씀을 들었으며 그의 기적을 보았습니다. 처음에는 이들도 이해하지 못해서 매우 혼란스러워했으며, 그가 십자가에서 죽어 장사되는 모습을 보았을 때는 아예 모든 희망을 버리기까지 했습니다. 그런데 그가 갑자기 그들 앞에 나타나 가르쳐 주시고, "위로부터 능력으로 입혀질 때까지 이 성에 머물라"고 명하셨습니다눅 24:49. 그들은 그가 하늘로 오르시는 것도 보았습니다. 그후에 능력이 그들에게 임했고, 그들은 이처럼 놀라운 일을 행할 수 있게 되었습니다.

이것이 사도들이 여러분에게 들려 주는 말입니다. 그들은 자신들이 완전히 변화된 덕분에 지금과 같은 모습이 되었다고 말합니다. 주님은 그들이 전부 길을 잃고 저주받은 죄인임을 가르쳐 주셨으며, 그들을 구원하려고 세상에 오셨다는 것을 가르쳐 주셨습니다. 그들의 죄를 사하기 위해 죽으실 것에 대해, 친히 나무에 달려 그들이 받을 벌을 대신 지실 것과, 그들을 의롭게 하시려고 다시 살아나셔서 처소를 예비하러 하늘로 가실 것에 대해 말씀해 주셨습니다. 사도들은 이런 이야기를 하면서 다음과 같이 덧붙일 것입니다. "이 일들을 믿으면 주님께서 여러분에게도 똑같은 일을 해주실 것입니다. 우리처럼 반드시 기적을 행하게 되는 것은 아니라 해도, 자신의 죄가 용서되었다는 사실은 확실히 알게 될 것입니다. 그가 여러분을 사랑하시며 여러분을 위해 죽으셨다는 사실, 여러분의 죄를 사하시기 위해 죽으셨다는 사실을 알게 될 것입니다. 여러분 안에 새 생명이 있으며 하나님의 영이 계시다는 사실을 알게 될 것입니다. 이제 새사람이 되어 새 세상에 속하게 되었다는 것을 느끼게 될 것입니다. 이 모든 것이 그로부터 나올 것입니다!"

예루살렘에 있던 사람들은 공포나 겁에 마비되지 않았습니다. 그렇습니다. 성경은 "믿고 주께로 나아오는 자가 더 많"았다고 기록하고 있습니다. 사람들은 이 사건들을 보면서 스스로 질문을 던졌고, 사도들에게서 그 답을 들었습니다. 우리는 성경에서 그 설교를 들을 수 있습니다. 사도들은 말합니다. "이것은 우리가 한 일이 아니라 예수께서 하신 일입니다. 그는 영광스러운 분이십니다. 하나님의 아들이십니다." "주 예수를 믿으라. 그리하면 너와 네 집이 구원을 받으리라"^{행 16:31}. 믿음! 오, 그렇습니다. 이 일이 가져온 첫번째 효과는 두려움을 일으키는 것이었습니다. 여러분은 자기 죄를 깨닫게 됩니다. 그러나 그 상태로 계속 방치되지는 않습니다. 이 메시지를 따라가 보십시오. 그러면 여러분에게 필요한 구원을 줄 영광의 소식을 만나게 될 것이며, 두려움에서 벗어나 믿음으로 나아가게 될 것입니다.

마지막으로, 이들에게는 큰 변화가 일어났습니다. 그 변화를 누가는 어떻게 표현하고 있습니까? "믿고 주께로 나아오는 자가 더 많으니." 그는 믿는 자들이 교회에 많이 합류했다고 말하고 있지 않습니다. 그렇습니다. 믿는 자들은 교회에 합류한 것이 아니라 "주께로 나아"왔습니다. 이 점이 지극히 중요합니다. 이 말에는 이들의 마음에 진정한 변화가 일어났다는 의미가 담겨 있습니다. 그런데 13절을 보면 "다 마음을 같이하여 솔로몬 행각에 모이고"라는 구절에 이어 "그 나머지는 감히 그들과 상종하는 사람이 없으나 백성이 칭송하더라"고 되어 있습니다. 참된 신자의 무리와 감히 상종하지 못한 "그 나머지"는 과연 누구일까요? 그들이 다 불신자였다고 말할 수는 없습니다. 성경은 그들 중 많은 사람들이 믿었다고 말하고 있기 때문입니다. 그렇습니다. 이 구절은 그 당시 상당히 많은 사람들이 일종의 호기심과 눈에 보이는 현상에만 현혹되었음을 시사해 줍니다. 시대를 막론하고 교회의 역사에는 항상 이런 일들이 있었습니다. 참된 신자가 있는가 하면 거기 기생하는 사람들이 있었습니다.

사람들은 항상 군중이 모인 곳에 끌리게 되어 있습니다. 무언가 이상하고 흔치 않은 일이 일어나면 호기심 많은 사람들이 우르르 몰려듭니다. 그들은 참된 신자 같은 인상을 풍길 수도 있습니다. 그러나 참된 신자는 아닙니다. 자신도 참된 신자라고 생각하고 남들도 그렇게 생각한다 해도 마찬가지입니다. 그들은 피상적인 매력과 단순한 호기심에 끌려서 온 사람들입니다. 그러다가 예루살렘에서 아나니아와 삽비라가 엎드러져 죽는 사건 같은 것을 목격하면 "우리가 원한 것은 이런 것이 아닌데"라고 말합니다. 그 전까지는 걸릴 것이 없었습니다. 공동기금도 마련되어 있었고, 모두가 서로의 물건을 공유하며 지내고 있었습니다. 그때 그들은 "아, 여기야말로 우리 같은 사람을 위한 곳이야"라고 말하면서 그리스도인들의 모임에 끼어들었습니다. 그들은 이 모임에 좋은 것이 있음을 알아차렸습니다. 그래서 오늘날의 표현대로 시류에 편승한 것입니다. 그런데 어느 날 아나니아와 삽비라가 갑자기 엎드러져 죽는 사건이 일어났습니다. 그들은 "다음에는 우리가 당할지도 몰라!" 하면서 겁에 질려 도망쳐 버렸습니다. 하나님의 능력은 이렇게 무서운 것입니다. 하나님의 능력이 나타나면 참과 거짓이 드러나고, 사이비 신자와 참된 신자가 드러나게 됩니다.

　　유감스럽지만, 아무 감정 없이 교회에 합류하기로 결심했던 이 사람들은 "주께로 나아오는 자"들이 아니었다는 사실을 강조해야겠습니다. 이들은 주께로 나온 자들이 아니었습니다. "주께로 나아오는 자"라는 말에는 누군가 그들을 나오게 했다는 뜻이 담겨 있습니다. 그들을 나오게 하신 분은 주님이시요 성령이십니다. 2장에도 같은 말씀이 나오지 않습니까? 성경은 베드로가 오순절 날 설교했을 때 "그들이 이 말을 듣고 마음에 찔려 베드로와 다른 사도들에게 물어 이르되 형제들아, 우리가 어찌할꼬 하거늘"이라고 말합니다.[2:37] 그리고 47절에서는 "주께서 구원받는 사람을 날마다 더하게 하시니라"라고 말하고 있습니다. 사람을 교회에 더하게 하실 수 있는 분은 오직 한분뿐입니다. 사람들을 자기에게로 나오게 하실 수 있는 분은 주님 한분밖에 없습니다. 누구도 다른 사람을 그리스도인으로 만들 수 없으며, 여러분과 저 또한 스스로 주께로 나아가겠다고 결심할 수 없습니다. 이것은 오직 성령의 능력으로만 이루어지는 일입니다.

그렇다면 성령께서는 어떤 방법으로 사람을 그리스도인으로 만드십니까? 성령께서는 사람의 마음을 밝히십니다. 이해할 수 있는 눈을 열어 주십니다. 그래서 이런 일들을 제대로 볼 수 있게 해주십니다. 우리 죄를 깨닫게 해주십니다. 주님은 말씀하셨습니다. "그가 와서 죄에 대하여, 의에 대하여, 심판에 대하여 세상을 책망[세상의 죄를 입증]하시리라"요 16:8. 성령은 그렇게 하십니다. 오순절 날에도 그렇게 하셨고, 여기 사도행전 5장에서도 그렇게 하셨습니다. 그 앞에서 어떤 이들은 불쾌해했고, 어떤 이들은 겁에 질렸으며, 어떤 이들은 자기들도 갑자기 죽을까 봐 도망쳐 버렸습니다. 그러나 이 사람들에게는 이해할 수 있는 눈을 열어 주셨습니다. 나중에 루디아의 마음을 열어 "바울의 말을 따르게 하"셨듯이 말입니다행 16:14. 오직 성령만이 이런 일을 하실 수 있습니다. 제가 굳이 사람들에게 겁을 주어 하나님 나라로 밀어 넣으려 하지 않는 이유가 여기 있습니다. 저는 예배가 끝날 무렵에 사람들을 앞으로 나오라고 초청하는 일을 하지 않습니다. 성령 하나님께서 여러분을 다루시고 변화시키시며 새 정신과 새 마음을 주시면, 제가 굳이 초청하지 않아도 여러분이 먼저 저나 다른 사람을 찾아와 그 사실을 말해 주리라는 것을 알고 있기 때문입니다. 저는 저 자신조차 스스로 결단할 수 없다는 것을 알기 때문에, 당장 이 자리에서 결단하라고 촉구하지 않습니다. 유창한 말솜씨와 조명과 음악으로 결단을 끌어낼 수도 있겠지만, 저는 그런 방법을 쓰지도 않을뿐더러 그런 방법을 쓰고 싶지도 않습니다. 저는 그저 진리를 전할 뿐입니다. 그 진리를 적용시킬 수 있는 분은 살아계신 하나님의 성령 한분뿐입니다. 그리고 지금도 그 일을 하고 계십니다.

사람들은 주께로 나아왔습니다. 그들은 아나니아와 삽비라의 죽음이나 건물의 진동에 겁먹지 않았습니다. 그들은 그것이 하나님의 능력인 줄 알고 있었으며, 복음이 "모든 믿는 자에게 구원을 주시는 하나님의 능력"이라는 것도 알고 있었습니다롬 1:16. 전에는 유대 권력자들을 두려워했으나, 이제는 더 이상 사람을 두려워하지 않게 되었습니다. 물론 하나님은 두려워했지만, 그것은 일종의 사랑에서 나오는 두려움이었습니다. 그들은 경외감과 압도감을 느꼈습니다. 그러나 거기에 마비되는 대신 하나님 앞으로 이끌려 갔습니다. 그들은 이 모든 일의 배후에 사랑의 마음이 자리잡고 있으며 의와 평강이 서로 맞잡고 있다는 것, 전능하신 하나님께서 독생자를 세상에 보내심으로 "그를 믿는 자마다 멸망하지 않고 영생을 얻게 하"셨다는 것을 알았습니다요 3:16.

하나님의 영은 현상을 사용하여 그들의 정신을 밝히셨고, 자신들의 부정함과 편협함과 왜소함을 볼 수 있도록 각 사람의 생각을 이끄셨습니다. 하나님의 아들 나사렛 예수에 관한 진리를 보고 자신들 안에서 역사하며 존재 전체를 새롭게 하는 힘을 느낀 사람들은 황급히 주께로 달려갔습니다. "믿고 주께로 나아오는 자가 더 많으니 남녀의 큰 무리더라."

이제 여러분도 이 일을 다 들었습니다. 그렇다면 여러분에게도 이런 반응이 나타났습니까? 여러분도 두려움을 알게 되었습니까? 여러분도 이 메시지를 믿게 되었습니까? 진리 안에 있는 하나님의 능력이 내 안에서 역사하여 나를 변화시키고 기쁨을 주며 이 복된 메시지를 기꺼이 믿게 하시는 것을 느꼈습니까? 부디 이런 일이 일어나게 해주옵소서. 아멘.